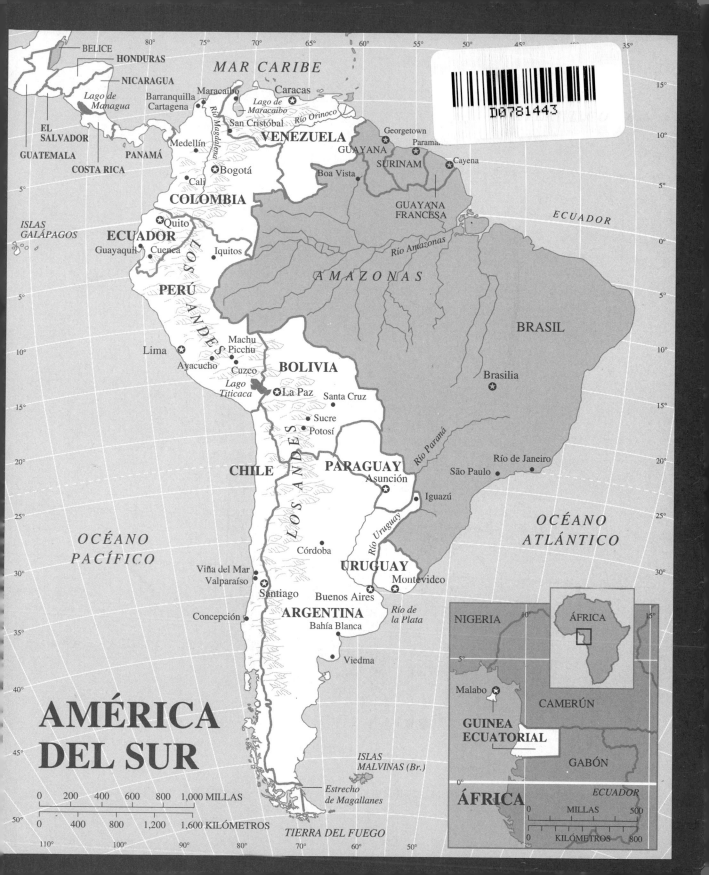

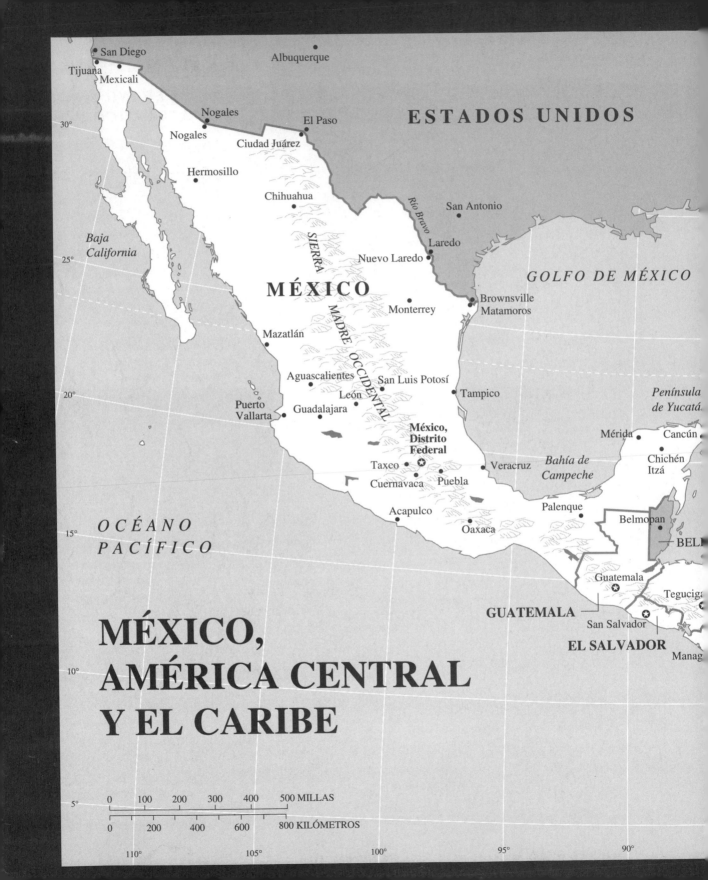

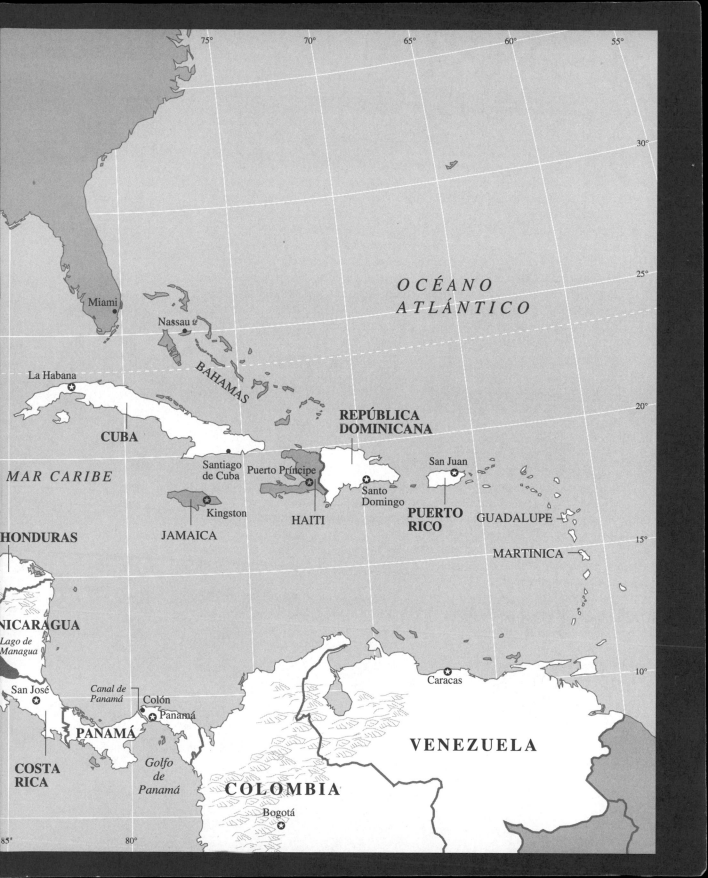

SUECIA

FINLANDIA

NORUEGA

MAR DE
NORUEGA

ISLANDIA

1   LA REPÚBLICA CHECA
2   SLOVAKIA
3   AUSTRIA
4   HUNGRÍA
5   ESLOVENIA
6   CROACIA
7   BOSNIA Y HERZEGOVINA
8   YUGOSLAVIA
9   ALBANIA
10 MACEDONIA

RUSIA

REINO
UNIDO   DINAMARCA

REPÚBLICA
DE
IRLANDA

HOLANDA

POLONIA   BELARÚS

BÉLGICA   ALEMANIA

UCRANIA

ARMÉNIA

ASIA

KAZAJSTÁN

TURKMENISTÁN

MONGOLIA

COREA
DEL NORTE

FRANCIA

EUROPA

SUIZA

1.   2.

3.   4.

MOLDOVA

RUMANÍA

UZBEKISTÁN

KIRGUISTÁN

REPÚBLICA
POPULAR
CHINA

ITALIA

6. 7. 8.

9.   10.

BULGARIA

GEORGIA

TAYIKISTÁN

AFGANISTÁN

JAPÓN

PORTUGAL

ESPAÑA

GRÉCIA   TURQUÍA

AZERBAIYÁN

NEPAL

BHUTÁN

LAO

COREA
DEL SUR

REP. ÁRABE
SARAHUÍ

CHIPRE
LÍBANO
ISRAEL

SIRIA

IRÁN

TAIWÁN

ISLAS
CANARIAS
(ESPAÑA)

TÚNEZ

IRAQ

KUWAIT

PAKISTÁN

VIET NAM

MARRUECOS

JORDANIA

QATAR

INDIA

GAMBIA

ARGELIA

LIBIA

EGIPTO

BAHREIN

ARABIA
SAUDITA

EMIRATOS
ÁRABES
UNIDOS

BANGLADESH

TAILANDIA

CAMBOYA

SENEGAL

ÁFRICA

OMÁN

FILIPINAS

MAURITANIA

MALI

NÍGER

CHAD

ERITREA

YEMEN

MYANMAR

PAPÚA-
NUEVA
GUINEA

BURKINA
FASO

NIGERIA

SUDÁN

ETIOPÍA

DJIBOUTI

SRI LANKA

INDONESIA

GUINEA-
BISSAU

REP. CENTRO
AFRICANA

UGANDA

SOMALIA

ECUADOR

GUINEA

SIERRA
LEONA

CAMERÚN

ZAIRE

KENYA

LIBERIA

GABÓN

RUANDA

OCÉANO
ÍNDICO

COSTA DE MARFIL

BURUNDI

TANZANÍA

ZAMBIA

GHANA

TOGO

BENÍN

ANGOLA

MALAWI

GUINEA
ECUATORIAL

NAMIBIA

BOTSWANA

MADAGASCAR

AUSTRALIA

LESOTO

ZIMBABWE

SUDÁFRICA

MOZAMBIQUE

SWAZILANDIA

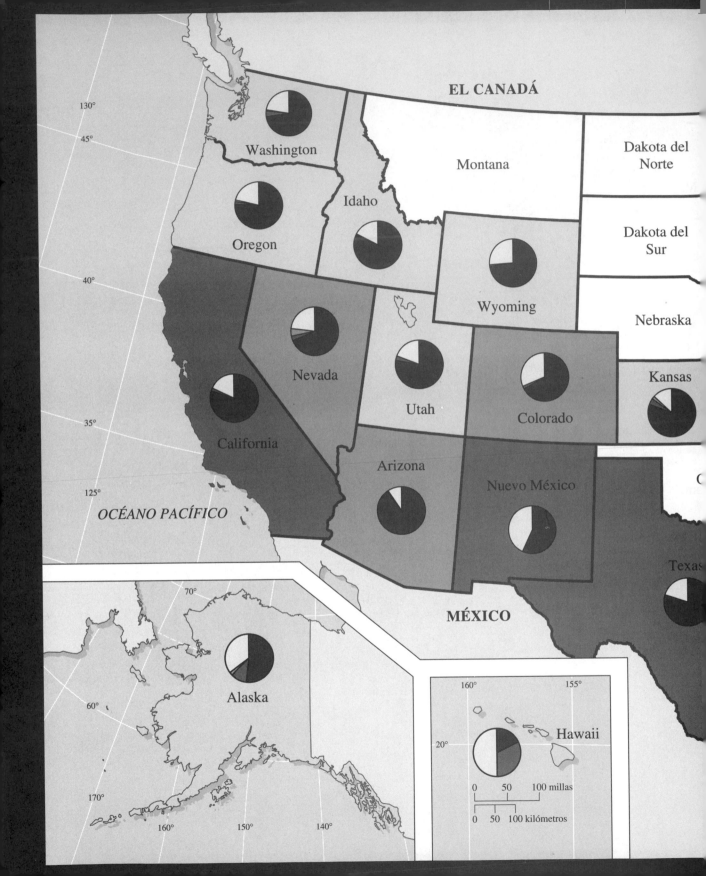

EL CANADÁ

Washington

Montana

Dakota del Norte

Oregon

Idaho

Dakota del Sur

Wyoming

Nebraska

Nevada

Utah

Colorado

Kansas

California

Arizona

Nuevo México

Texas

OCÉANO PACÍFICO

MÉXICO

Alaska

Hawaii

0   50   100 millas

0   50   100 kilómetros

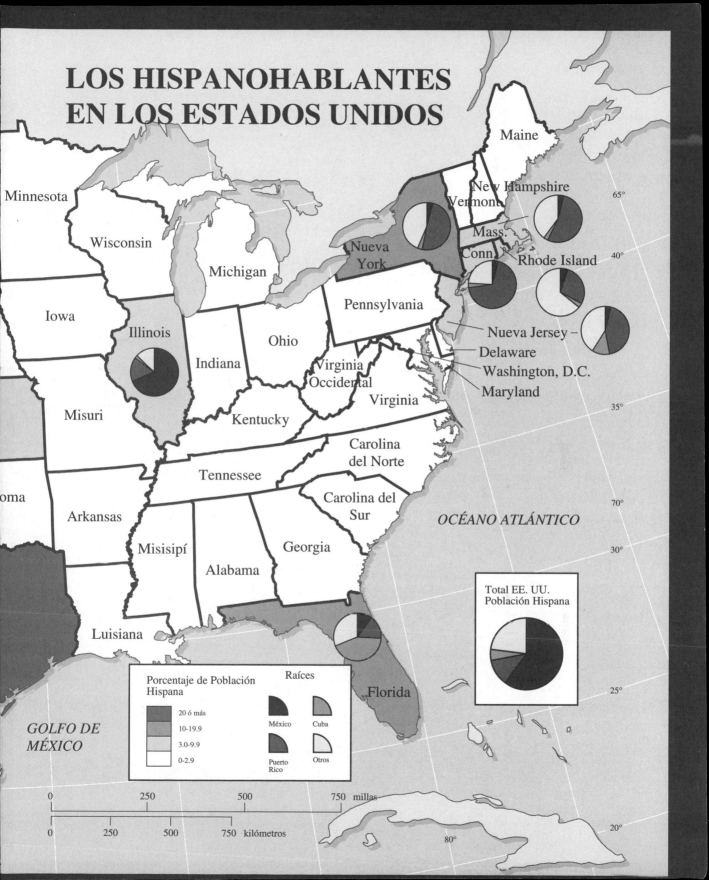

LOS HISPANOHABLANTES EN LOS ESTADOS UNIDOS

Maine

Minnesota

Wisconsin

New Hampshire

Vermont

Michigan

Mass.

Conn.

Rhode Island

Nueva York

Iowa

Illinois

Pennsylvania

Nueva Jersey

Delaware

Washington, D.C.

Maryland

Indiana

Ohio

Virginia Occidental

Virginia

Misuri

Kentucky

Carolina del Norte

Tennessee

Carolina del Sur

OCÉANO ATLÁNTICO

oma

Arkansas

Misisipí

Georgia

Alabama

Total EE. UU. Población Hispana

Luisiana

Florida

GOLFO DE MÉXICO

Porcentaje de Población Hispana

Raíces

20 ó más

10-19.9

México

Cuba

3.0-9.9

0-2.9

Puerto Rico

Otros

| 0 | 250 | 500 | 750 | millas |

| 0 | 250 | 500 | 750 | kilómetros |

65°

40°

35°

70°

30°

25°

20°

80°

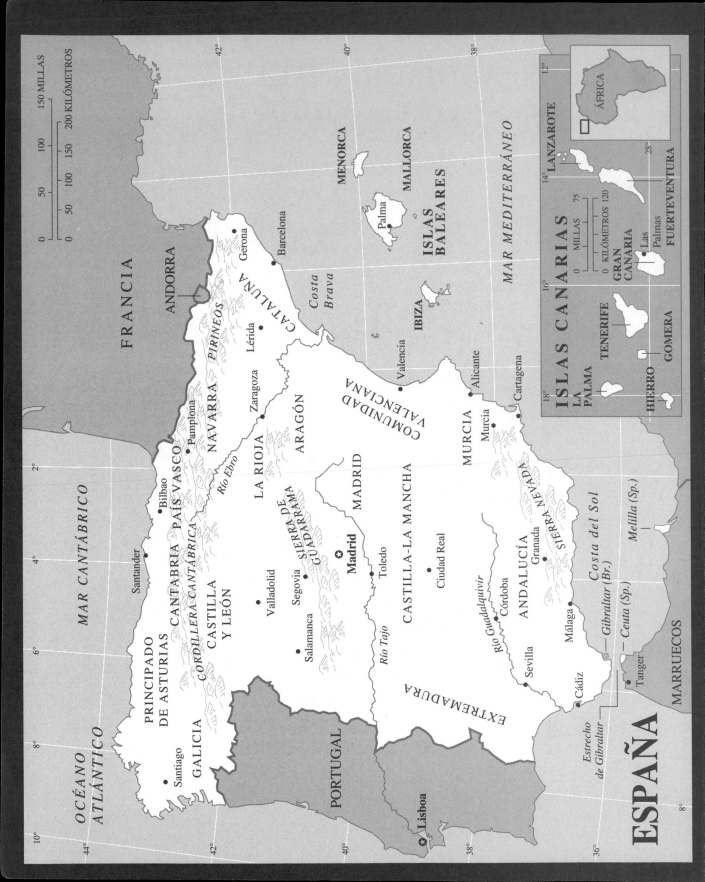

Con mucho gusto

Jean-Paul Valette

Gene S. Kupferschmid
Boston College

Rebecca M. Valette
Boston College

Con mucho gusto

Cuarta edición

HEINLE & HEINLE

THOMSON LEARNING

Australia Canada Mexico Singapore Spain United Kingdom United States

HEINLE & HEINLE
™
THOMSON LEARNING

Con mucho gusto/Cuarta edición
Valette • Valette • Kupferschmid

Vice President, Publisher: Ted Buchholz
Senior Acquisitions Editor: Jim Harmon
Senior Developmental Editor: Jeff Gilbreath
Senior Production Manager: Tad Gaither

Project Editors: Lupe Garcia Ortiz
Juliet George
Art Director: Sue Hart

For more information contact Heinle & Heinle,
25 Thomson Place, Boston, MA 02210 USA, or
you can visit our Internet site at
http://www.heinle.com

For permission to use material from
this text or product contact us:
Tel: 1-800-730-2214
Fax: 1-800-730-2215
Web: www.thomsonrights.com

ISBN: 0-03-006939-4

Library of Congress Catalog Card Number:
94-076480

Cover Image: Mary Thelen

Preface

CON MUCHO GUSTO, fourth edition, is a beginning Spanish course designed to introduce American students to the language and culture of the Hispanic world from Spain to Mexico, and from Argentina to California and New York. It is a thoroughly integrated cultural approach to language learning, emphasizing the everyday aspects of the contemporary Spanish-speaking world while teaching the four basic skills: listening, speaking, reading, and writing. By the end of the course, the students should feel comfortable traveling in Spanish-speaking areas and be better able to communicate with Hispanics.

Organization

CON MUCHO GUSTO is divided into ten *Unidades,* each built around a cultural theme. In addition, a Preliminary Unit covers fundamentals of the language such as the alphabet, basic pronunciation guides, and commonly used expressions.

Each *Unidad* is divided into three thematically connected *Lecciones,* which are organized as follows:

a. *Presentation material.* The presentation text, followed by a series of comprehension questions, introduces the students to the new vocabulary and structures of the lesson through a wide variety of formats: narratives, dialogues, interviews, letters, and questionnaires. These texts focus on cultural topics of interest to young people, such as leisure-time activities, student life, and contemporary issues.

b. *Grammar and vocabulary*. The section called *Lengua española* introduces aspects of Spanish grammar in small, manageable segments. The grammar presentation is in English to prevent any confusion on the part of the students. The important points and key constructions are highlighted by a screen for easy student reference.

The active vocabulary of the lesson is listed in thematically organized *Vocabulario* sections. Vocabulary words are frequently introduced through line drawings. To facilitate the learning of gender, masculine nouns are listed on the left and feminine nouns on the right. Where appropriate, verbs, adverbs, and prepositions are presented in sentence context.

The exercises accompanying the grammar and vocabulary presentations are lively and innovative, frequently simulating real-life situations. In addition to role play, directed dialogues, and personalized questions, there are also some more traditional learning exercises such as completions and substitutions. In the second half of the book, the instruction lines of the exercises are given in Spanish. The last exercise, *En español,* requires students to translate a conversation or paragraph from English to Spanish.

The first eighteen lessons contain a *Fonética* section that provides practice with specific aspects of the Spanish sound system.

Each lesson concludes with a creative writing activity based on the lesson's theme and structures, *Ahora le toca a Ud.* Here, the students are first asked to produce simple sentences and then progress to guided compositions and later to freer expression.

At the end of each *Unidad,* there is a review section called *En resumen.* This is followed by an enrichment section entitled *Otras perspectivas.* The opening *Lectura cultural* focuses on social, political, economic, and literary aspects of the Hispanic world that are of particular interest to college students. The second part, *Día por día,* develops oral proficiency skills along the lines of the ACTFL Guidelines.

The Appendix contains charts of regular and irregular verbs. The Spanish-English vocabulary lists all the words used in the book, while the English-Spanish list contains only the active vocabulary.

Ancillaries

Student Workbook and Lab Manual. The workbook provides students with additional writing practice. It is carefully coordinated with the text, lesson by lesson, both in its usage of grammatical structures and vocabulary. Each unit in the workbook concludes with a *Repaso de vocabulario* section, which lets the students review all the active vocabulary of the three preceding lessons. The lab manual contains worksheets to accompany the tape program.

Tape Program. The tape program contains recordings of the basic material of each lesson in CON MUCHO GUSTO: the presentation text, *Fonética,* key vocabulary words, and grammatical structures. In addition, it provides further language practice through listening, speaking, and writing exercises.

Testing Program. The testing program includes three alternative tests for each unit, thus allowing the instructor flexibility in selecting the tests appropriate for a given class. Optional questions are provided for each *Otras perspectivas* section. The testing program also contains a first semester and second semester final exam.

Acknowledgments

The authors would like to thank the many students, teachers, and colleagues who helped with their suggestions and encouragement. In addition, the following reviewers' comments were instrumental in the revision of this text:

Jack S. Bailey, *The University of Texas at El Paso;*
José Ballón, *Ohio Wesleyan University;*
Arthur E. Cicero, *Community College of Allegheny County;*
Michael Scott Doyle, *University of New Orleans;*
Emery L. Hollar, *Davidson County Community College,* Lexington, KY;
Robert Modee, *Northeastern University;*
Rita Ricaurte, *University of Nebraska, Lincoln;*
Manuel H. Rodriguez, *Los Angeles Valley College;* and
Philip E. Smith, *St. Louis Community College at Meramec.*

And to our diligent editor Jeff Gilbreath, we wish to say ¡ *Gracias* !

Contents

Unidad IV   145

Unidad V   185

Unidad X   395

Con mucho gusto

Lección preliminar A ¡Qué coincidencia!

Lesson Objectives
In this lesson you will learn to . . .
- introduce yourself
- tell where you are from
- introduce others and tell where they are from
- greet someone and say good-bye
- pronounce the Spanish alphabet

UNIDAD PRELIMINAR

Lección preliminar B ¡Menos mal!

Lesson Objectives
In this lesson you will learn to . . .
- name some of your courses
- enlarge your vocabulary with Spanish words that look like English words
- count from 0 to 100
- use the accent mark to help you pronounce correctly
- Use the formal or familiar forms of address
- recognize useful classroom expressions in Spanish

¡ Hola !

La entrada al Prado

Lección preliminar A

¡Qué coincidencia!

Two young tourists are visiting the Prado Museum in Madrid. They smile, nod, and strike up a conversation.

ANTONIO	¡Hola! Me llamo Antonio Gómez. ¿Y tú?
CARMEN	Me llamo Carmen Montoya. Soy de Panamá.
ANTONIO	Yo también.
CARMEN	¿De la universidad?
ANTONIO	Claro.
CARMEN	Momentito... ¡La clase de historia...
ANTONIO	...con el profesor Castro!
CARMEN	¡Exactamente!
ANTONIO Y CARMEN	¡Qué coincidencia!

ANTONIO	Hi! My name is Antonio Gómez. (*literally,* I call myself . . .) And what's your name? (*literally,* And you?)
CARMEN	My name is Carmen Montoya. I'm from Panama.
ANTONIO	So am I. (*literally,* I also.)
CARMEN	From the university?
ANTONIO	Of course.
CARMEN	Just a moment . . . The history class . . .
ANTONIO	. . . with Professor Castro!
CARMEN	That's it! (*literally,* Exactly!)
ANTONIO AND CARMEN	What a coincidence!

Vocabulario *Presentaciones (Introductions)*

¡ Hola !	*Hi!*
Buenos días.	*Hello. Good morning. Good day.*
Buenas tardes.	*Good afternoon.*
Buenas noches.	*Good evening. Good night.*
¿ Cómo te llamas ?	*What's your name?*
Me llamo Olivia García.	*My name is Olivia García.*
Soy de México.	*I am from Mexico.*
Mucho gusto.	*Pleased to meet you.*

Nota lingüística Accent Marks and Punctuation

1. **ACCENT MARKS.** In Spanish, some vowels bear accent marks. These accent marks are part of the spelling and cannot be omitted. They indicate that the syllable so marked is stressed. Sometimes an accent mark is used to distinguish between two words. Compare:

tú	*you*	**tu**	*your*
sí	*yes*	**si**	*if*

2. **PUNCTUATION.** In Spanish, punctuation is used to mark both the beginning and the end of a question or exclamation.

   ¡ Hola ! ¿ Cómo te llamas ?   *Hello! What's your name?*

   Ejercicio 1. *Presentación*
Introduce yourself to a classmate by giving your name and telling where you are from. Your classmate will say that he or she is pleased to meet you.

   Modelo: —Me llamo Bob Miller. Soy de San Francisco.
   　　　　　—Mucho gusto.

Fonética Mastering Spanish Pronunciation

1. All vowels are clearly pronounced, whether they are accented or not. Spanish does not have the *uh* sound characteristic of unstressed vowels in English. Contrast:

(Spanish)		(English)	
Panamá		*Panama*
Colorado		*Colorado*
Arizona		*Arizona*
California		*California*

2. The rhythm of Spanish is more even than that of English. To some people, Spanish sounds "fast," like a series of rapid, staccato sounds. This is because both the accented and the unaccented syllables in Spanish are of about the same length. (In English, accented syllables are much longer than unaccented syllables.) Repeat, maintaining an even rhythm:

Me llamo Ricardo Sánchez.
Soy de Barcelona.
Bogotá es la capital de Colombia.

3. Spanish is almost always spoken the way it is written, and written the way it is spoken. (Only the letter **h** does not represent a sound.) Once you have become familiar with the sounds of Spanish, you will find it easy to read the language aloud.

El alfabeto

The Spanish alphabet contains three letters that do not exist in the English alphabet*:

ch   (which comes between **c** and **d**)
ll   (which comes between **l** and **m**)
ñ   (which comes between **n** and **o**)

The letters **k** and **w** are only found in words of foreign origin.

a	a	Ana	**n**	ene	Nicolás
b	be	Blanca	**ñ**	eñe	mañana
c	ce	Carlos; Cecilia	**o**	o	Olga
ch	che, ce hache	Chela	**p**	pe	Pablo
d	de	Diego	**q**	cu	Enrique
e	e	Elena	**r**	ere	María; Ramón
f	efe	Felipe	**s**	ese	Susana
g	ge	Gloria; Gilberto	**t**	te	Teresa
h	hache	Hernando	**u**	u	Arturo
i	i	Isabel	**v**	ve, uve	Víctor
j	jota	Juan	**w**	doble ve	sándwich
k	ka	kilómetro	**x**	equis	examen
l	ele	Luis	**y**	i griega	Yolanda
ll	elle	Guillermo	**z**	zeta	Beatriz
m	eme	Marcos			

*The cluster **rr (erre)** is not treated as a separate letter. It is always alphabetized as two **r**'s.

Ejercicio 2. *Capitales*
Name the capitals of the countries below, following the model.

> **Modelo:** Madrid / España
> **Madrid es la capital de España.**

1. Bogotá / Colombia
2. La Paz / Bolivia
3. La Habana / Cuba
4. Managua / Nicaragua
5. San José / Costa Rica
6. Tegucigalpa / Honduras
7. Buenos Aires / la Argentina
8. Santiago / Chile

Ejercicio 3. *El club hispano*
The following students have decided to join the Spanish club and are introducing themselves. Play the role of each one, following the model.

> **Modelo:** Carmen / Panamá
> **¡ Hola ! Me llamo Carmen. Soy de Panamá.**

1. Ricardo / Chile
2. Ana María / la Argentina
3. Esteban / México
4. Paco / California
5. Victoria / Colorado
6. Adela / Nevada
7. Elena / Costa Rica
8. Inés / Puerto Rico
9. Susana / España
10. Luis / Nueva York

Fonética Diphthongs

1. Spanish vowels can be divided into two groups: strong vowels **(a, e, o)** and weak vowels **(i, u).** When an unstressed weak vowel comes either before or after a strong vowel, a *diphthong* is usually formed. The strong vowel of the pair is the one that predominates, while the weak vowel is reduced to a glide. (In a diphthong, the strong vowel may or may not bear an accent mark.)

   strong before weak: aire   seis   coincidencia   auto   Europa
   weak before strong: historia   siete   adiós   cuánto   buenos

2. A diphthong is also formed when a strong vowel is followed by **y** at the end of a word.

   soy   ¡ay!

3. When two weak vowels occur next to each other, a diphthong is formed with the second vowel predominating.

   two weak vowels: Luis   Luisa   ciudad

4. When two strong vowels occur next to each other, or when an accented weak vowel occurs next to a strong vowel, no diphthong is formed. Each vowel is pronounced with equal clarity.

   two strong vowels: Rafael   Beatriz   Andrea   Leonor   Timoteo   Noemí
   strong vowel and accented weak vowel: día   Lucía   María   Raúl   Saúl

5. When unstressed weak vowels occur both before and after a strong vowel, a *triphthong* is formed. The strong center vowel predominates, while the other two vowels are reduced to glides.

   Paraguay   Uruguay

Ejercicio 4.   ¡*Buenos días!*
Greet the following people.

   Modelo: señor Gamboa   **¡Buenos días, Sr. Gamboa!**

1. señor García
2. señora Gutiérrez
3. señorita Perea
4. señor Cuevas
5. señora León
6. señorita Ruiz

Vocabulario *¡Adiós!*

Adiós.	*Good-bye.*
Hasta luego. ⎫	*So long. See you soon.*
Hasta la vista. ⎭	
Hasta mañana.	*See you tomorrow.*

Ejercicio 5. *¡Adiós!*
Say good-bye to the following people.

Modelo: Claudia **¡Adiós, Claudia, hasta luego!**

1. Diego   3. Rafael   5. Eduardo
2. Ana María   4. Consuelo   6. Raúl

Escenas de la vida diaria

¡ Buenos días, Carlos !

≈Ahora le toca a Ud. *(Now it's your turn)*

 1. Momentito...

Imagine that you and a classmate run into each other several years from now in Madrid. Prepare a dialogue similar to the one between Carmen and Antonio. Add the name of your school, and refer to **la clase de español con el profesor / la profesora...**

2. ¿Quién es?

The professor will ask you to identify a classmate.

a. *If you know the person's name, say so.*

Modelo:	Professor:	**¿Quién es?** *(pointing to Student A)*
	Student B:	**Es Rita Sánchez.**

b. *If you do not know the person's name, find out what it is.*

Modelo:	Professor:	**¿Quién es?**
	Student B (to Student A):	**¿Cómo te llamas?**
	Student A (to Student B):	**Me llamo Rita Sánchez.**
	Student B (to Professor):	**Es Rita Sánchez.**

En un café

Lección preliminar B

¡Menos mal!

Felipe and Paco are students at the Universidad de San Marcos in Lima, Peru. They have just met each other in a café.

FELIPE	Hola, Paco. ¿Cómo estás?
PACO	Bien, gracias. ¿Y tú?
FELIPE	Regular. ¿Qué estudias este semestre?
PACO	¿Yo? Estudio biología, filosofía, historia... ¿Y tú?
FELIPE	Muchos problemas.
PACO	¡Ay, qué lástima! ¿Problemas personales? ¿con tu vida sentimental?
FELIPE	No, problemas de matemáticas... cálculo, trigonometría...
PACO	¡Menos mal!

FELIPE	Hi, Paco. How are you?
PACO	Well, thank you. ¿And you?
FELIPE	OK. What are you studying this semester?
PACO	Me? I'm studying biology, philosophy, history . . . And you?
FELIPE	Lots of problems.
PACO	Oh, too bad. Personal problems? With your love life?
FELIPE	No, math problems . . . calculus, trigonometry . . .
PACO	Thank goodness! (*literally,* Less bad [than it might have been]!)

Vocabulario *Las asignaturas (School Subjects)*

¿ Qué estudias ?	*What are you studying?*
Estudio historia,	*I'm studying history,*
ciencias,	*science,*
inglés,	*English,*
español y	*Spanish, and*
matemáticas.	*mathematics.*

Nota lingüística Cognates

Because of their common Latin and Greek origins, there are many words in English and Spanish that have similar spellings and meanings. Words such as **biología, historia, filosofía,** and **matemáticas** are called **cognates.**

  While the existence of large numbers of these cognates will greatly simplify your task of vocabulary learning, you should be aware of three important points:

1. Cognates are pronounced differently in Spanish and in English.
2. Cognates are often spelled differently in the two languages.
3. Although cognates may be very close in meaning, their meanings are not always identical in the two languages. For instance, when Spanish-speakers talk about **la familia,** they usually have in mind an extended family, which includes uncles, aunts, cousins, grandparents, and grandchildren. Americans, on the other hand, tend to identify the *family* with the nuclear family: father, mother, and children.

  When you read a Spanish text, remember that the words and phrases not only differ in spelling and pronunciation but they also differ in connotation and reflect the reality of another culture. Studying Spanish is not just learning grammar and vocabulary. It is acquiring a Spanish point of view!

  Ejercicio 1.   *¿ Qué estudias ?*
Roberto asks his friends what they are studying. Play both roles, as in the model.

  Modelo: Raúl / biología
              Roberto: **¡ Hola, Raúl ! ¿ Qué estudias ?**
              Raúl: **¿ Yo ? Estudio biología.**

1. Lucía / italiano
2. Alicia / filosofía
3. Luis / historia
4. Juan / sociología
5. Javier / religión

6. Emilio / psicología
7. Diana / química *(chemistry)*
8. Diego / programación
9. Mario / ciencias sociales

Vocabulario   *Los números desde el 0 al 20*

0	cero	*6*	seis	*11*	once	*16*	dieciséis	(diez y seis)
1	uno	*7*	siete	*12*	doce	*17*	diecisiete	(diez y siete)
2	dos	*8*	ocho	*13*	trece	*18*	dieciocho	(diez y ocho)
3	tres	*9*	nueve	*14*	catorce	*19*	diecinueve	(diez y nueve)
4	cuatro	*10*	diez	*15*	quince	*20*	veinte	
5	cinco						

¿ Cuánto es el libro ?   *How much is the book?*
Veinte dólares.   *Twenty dollars.*

¿ Cuánto son ocho y doce ?   *How much are eight and twelve?*
Ocho y doce son veinte.   *Eight and twelve are twenty.*

OBSERVACIÓN

The numbers 16 – 19 may be written either as one word or as three words.

Ejercicio 2.   *Las matemáticas*
Do the following arithmetic problems in Spanish.

Modelo: 7 + 5   **Siete y cinco son doce.**

1. 4 + 0	6. 2 + 11	11. 16 + 0
2. 1 + 5	7. 9 + 10	12. 8 + 9
3. 2 + 6	8. 15 + 5	13. 7 + 7
4. 6 + 3	9. 12 + 4	14. 9 + 4
5. 7 + 8	10. 18 + 1	15. 2 + 10

Fonética   Accent and Stress

In Spanish, it is easy to determine which syllable of a word is stressed, because accent patterns follow two basic rules.

1. Words that end in a *vowel,* **n,** or **s** are stressed on the *next to the last* syllable.

> *final vowel:* señora   señorita   quince   accidente   claro   cero
> *final* **n** *or* **s:** Carmen   llaman   examen   buenas   tardes   gracias

2. Words that end in *consonants* other than **n** or **s** are stressed on the *last* syllable.

> *final other consonant:* señor   hospital   universidad   profesor   doctor

Written accent marks are placed over the vowels of the stressed syllables of words that do not follow the above rules.

> *final vowel:* **nú**mero   **lás**tima   me**cá**nico   be**bé**   es**tá**   Pana**má**
> *final* **n** *or* **s:** opera**ción**   tam**bién**   per**dón**   es**tás**   a**diós**   mate**má**ticas
> *final other consonant:* **Cé**sar   **Héc**tor   Ve**láz**quez   **Gó**mez   **dó**lar   **án**gel

OBSERVACIONES

1. The written accent mark always falls on the stressed syllable. The accent mark also performs the following functions.

   a. It differentiates pairs of words that are pronounced the same.

   > **sí** *yes*   **si** *if*   **tú** *you*   **tu** *your*   **él** *he*   **el** *the*

   b. It signals interrogative words.

   > **¿ cómo ?** *how?*   **¿ quién ?** *who?*   **¿ qué ?** *what?*

   c. It distinguishes the stressed **i** or **u** (which does not form a diphthong) from its unstressed counterpart (which may form a diphthong).

   > lote**rí**a   his**to**ria   Ra**úl**   **au**to

2. When the accent falls on a syllable containing a diphthong, the accent mark is placed over the strong vowel (**a, e,** or **o**).

   > **observación**   **dieciséis**   **también**

Gramática

Hay y no hay

One of the most practical verb forms in Spanish is **hay,** which means *there is* or *there are*. It may be followed by a singular or plural noun.

Hay un problema...	*There is a problem . . .*
Hay dos soluciones...	*There are two solutions . . .*
No hay una solución. **Hay** dos.	*There is not one solution. There are two.*

Ejercicio 3.   *Uno menos (One less)*
Rafael and Ana are on the organizing committee of a Latin American student conference. As they are checking the number of students from each country, they find one less per country than expected. Express this as in the model:

Modelo:	5 / Costa Rica
Rafael:	¿ **Hay cinco estudiantes de Costa Rica ?**
Ana:	**No hay cinco. Hay cuatro.**

1. 18 / México
2. 11 / Chile
3. 8 / Venezuela
4. 3 / Guatemala
5. 20 / la Argentina
6. 10 / Panamá
7. 15 / Bolivia
8. 13 / Colombia
9. 7 / Nicaragua
10. 17 / la República Dominicana

Nota lingüística   Formal and Familiar Address

When we speak to others, we use different levels of language, depending upon whom we are addressing. A college professor who is the father of four-year-old twins will express himself differently when speaking to his students, to his children, or to his colleagues, even though he addresses them all as *you*.

   Similarly there are different levels of language in Spanish, ranging from the very casual to the very formal. In Spanish, however, the distinction between formality and familiarity is also reflected in the existence of two forms of address: **tú** and **usted.** Although both are equivalent to *you* in English, **tú** is the "familiar" form used among close friends, family, and young people, while the "formal" **usted** is used with adults who are not close friends or relatives.

Vocabulario   *Saludos (Greetings)*

señor	*sir*	**Sr. Flores**	*Mr. Flores*
señora	*ma'am, madam*	**Sra. Flores**	*Mrs. Flores*
señorita	*miss*	**Srta. Flores**	*Miss Flores*

¿ Qué tal ?	*How's everything?*
¿ Cómo estás, Pedro ?	*How are you, Pedro?*
¿ Cómo está usted, señora García ?	*How are you, Mrs. García?*

MUY BIEN   REGULAR   MAL

BIEN   MÁS O MENOS   MUY MAL

OBSERVACIÓN

The titles **señor, señora, señorita,** and **usted** are *not* written with capital letters. (Capitals are used, however, in abbreviations: **Sr., Sra., Srta.,** and **Ud.**)

Ejercicio 4.   *En México*
You are spending the year in Mexico City. As you walk down the street, you meet various people. Greet them appropriately, using the formal form for all those with whom you are not on a first-name basis.

Modelo: Miss Meléndez (your professor)
¡ Buenos días, Srta. Meléndez ! ¿ Cómo está usted ?

1. Raquel (a friend)
2. Mr. Romero (the mailman)
3. Mrs. González (the pharmacist)
4. Clara (a fellow student)
5. Mrs. Ochoa (your landlady)
6. Ramón (another fellow student)

Vocabulario *Los números desde el 21 al 100*

21	veintiuno	(veinte y uno)	*30*	treinta
22	veintidós	(veinte y dos)	*31*	treinta y uno
23	veintitrés	(veinte y tres)	*40*	cuarenta
24	veinticuatro	(veinte y cuatro)	*50*	cincuenta
25	veinticinco	(veinte y cinco)	*60*	sesenta
26	veintiséis	(veinte y seis)	*70*	setenta
27	veintisiete	(veinte y siete)	*80*	ochenta
28	veintiocho	(veinte y ocho)	*90*	noventa
29	veintinueve	(veinte y nueve)	*100*	ciento (cien)

OBSERVACIONES

1. The numbers 21–29 are often written as one word. However, the numbers 31–39, 41–49, etc., are always written as three words.
2. When **ciento** introduces a noun, it is reduced to **cien: cien dólares.**

Ejercicio 5.   *Información, por favor*

In some Spanish-speaking cities, the telephone numbers consist of six digits, which are given in pairs. The following phone numbers are for the city of Jerez de la Frontera in Spain. When a classmate tells you which number he or she wants, respond accordingly. (Note: Three-digit numbers are given singly.)

Modelo: —Cruz Roja *(Red Cross),* por favor.
—**Treinta y cuatro, setenta y cuatro, cincuenta y ocho.**

Policía — Police	091
Ambulancias — Ambulances	34 15 49
Bomberos — Fire Brigade	34 16 47
Cruz Roja	34 74 58
Guardia Civil — Police	33 03 62
Taxis	34 48 11
Telegramas — Telegrams	34 16 92
Información Renfe — Railways Information	34 23 19
Aeropuerto de Jerez — Airport	33 22 10
Información Urbana — Urban Information .	003
Información Horaria — Information Regarding Time	093
Información Meteorológica — Weather Information	094

Expresiones útiles en la clase de español

Expresiones corteses (courteous) y útiles (useful)

≋Ahora le toca a Ud. *Situaciones*

Imagine that you are attending a summer program at the Universidad de San Marcos in Lima, Peru. What would you say in the following situations? Use one of the illustrated expressions.

Modelo: You have lost your wallet. **¡Caramba!**

1. Someone finds your wallet and returns it to you.
2. You see something amusing, and you want your friends to look at it.
3. You drop your books while walking down the street.
4. Someone asks you where the Plaza de Armas is.
5. A lady thanks you for having offered her your seat on the bus.
6. Someone asks you a question that you think you can answer if it is repeated.
7. You ask a Peruvian friend how to say "taxi" in Spanish.
8. While trying to get off a crowded bus, you step on someone's toe.

Lección 1 Adela Vilar (de los Estados Unidos)

Lesson Objectives
In this lesson you will learn to . . .
- tell of some of your activities
- ask questions that invite a *yes* or *no* response

Lección 2 Ana María Solé (de España)

Lesson Objectives
In this lesson you will learn to . . .
- tell what you like to do
- state what you hope to do
- express opinions
- express desires
- request information

UNIDAD I

Lección 3 Víctor Marini (de la Argentina)

Lesson Objectives
In this lesson you will learn to . . .
- describe yourself and others
- give some important dates, such as your birthday
- name the days of the week and the months

Otras perspectivas I

In this section you will . . .
- discuss the many Spanish words in the English language and the many places in the United States that have Spanish names
- learn the names of the capital cities of the Spanish-speaking world
- practice meeting and greeting people

Ellos esperan el autobús en Buenos Aires, Argentina.

Una mexicoamericana

Lección 1

Adela Vilar
(de los Estados Unidos)

¡Hola!
Me llamo Adela Vilar.
Soy estudiante de la Universidad de California.   I am a student at
Estudio psicología, historia, biología...
Pero ¡no estudio español!   But
¿Por qué no?   Why not?
Porque yo ya hablo español... y ¡muy bien!   Because I already
Hablo español porque soy chicana.   speak
Y hablo **inglés** porque **también** soy norteamericana.   English / also
Soy bilingüe.
¿Y ustedes? ¿Hablan español?

¿Sí o no?
Are the following statements true? Answer **sí** *or* **no**.

1. Adela es estudiante.
2. Adela estudia psicología.
3. Adela estudia sociología.
4. Adela estudia español.

5. Adela habla español.
6. Adela es norteamericana.
7. Adela es bilingüe.
8. Adela habla inglés.

Lengua española

A. Pronombre como sujeto

The subject pronouns in Spanish are:

	SINGULAR		PLURAL	
first person	**yo**	*I*	**nosotros** **nosotras**	*we* (masculine) *we* (feminine)
second person	**tú**	*you*	**vosotros** **vosotras**	*you* (masculine) *you* (feminine)
third person	**él** **ella** **usted (Ud.)**	*he* *she* *you*	**ellos** **ellas** **ustedes (Uds.)**	*they* (masculine) *they* (feminine) *you*

NOTAS GRAMATICALES

1. **Tú** and **usted**

   A Spanish-speaker who is addressing another can use either **tú** or **usted**.

   tú   This "familiar" form of address implies a close or informal relationship. It is used among members of a family, among good friends, and generally among people who are on a first-name basis.

   > Delia, **tú** hablas inglés   *Delia, **you** speak English*
   > muy bien.   *very well.*

   usted   This "formal" mode of address indicates respect and implies a more distant relationship. It is most often used among adults who are not relatives or close friends. Children address adults as **usted**. Note: **usted** is abbreviated as **Ud.** or **Vd.**

   > Señor Chávez, **Ud.** habla   *Mr. Chávez, **you** speak*
   > inglés muy bien.   *English very well.*

   In the classroom, you should use **tú** to address a classmate and **usted** to address the professor.

2. **Ustedes** and **vosotros**

When addressing two or more people, most Latin American speakers use **ustedes,** which serves as the plural of both **tú** and **usted.** Note: **ustedes** is abbreviated as **Uds.** or **Vds.**

Spaniards use **ustedes** as the plural of **usted,** and **vosotros/vosotras** as the plural of **tú.**

In this course, you will use only the **ustedes** form. However, the **vosotros** forms will be presented in the charts so that you will be able to recognize them if you ever hear or see them used.

3. **Ellos** and **ellas**

In Spanish, there are two pronouns that correspond to the English pronoun *they.*

Ellos is used to refer to a group in which at least one member is male. **Ellas** is used to refer to a group comprised entirely of females.

Luis, Juan, Antonio:	**ellos**
Luisa, Juanita, Antonia:	**ellas**
but Luisa, Juanita, Antonio:	**ellos**

The same distinction applies to **nosotros/nosotras** and **vosotros/vosotras.**

In Spanish, the masculine gender predominates. Whenever a group of persons includes a man, the masculine form is used—even if the women are in the majority.

Ejercicio 1.   *¿ Cómo estás ?*
If you spend your junior year abroad in a Spanish-speaking country, you will probably meet the following people in the course of a day. When they ask how you are, complete your replies with ¿ Y tú ?, ¿ Y Ud. ?, ¿ Y Uds. ?, as you respond.

> **Modelo:**   Sra. Montero *(a neighbor)* "¡ Hola ! ¿ Cómo estás ?"
> Ud.: **¿ Yo ? Muy bien, gracias. ¿ Y Ud. ?**

1. Sra. Durán *(your landlady)*
2. Carmen y Luisa *(other neighbors)*
3. Sr. Camacho *(the newspaper vendor on the corner)*
4. Pedro y Felipe *(classmates)*
5. Mónica *(another classmate)*
6. Sra. García *(your professor)*

Ejercicio 2.   *Béisbol*

Imagine that you are going to a baseball game and your friend Gabriela wants to know who else is going along. Answer affirmatively when a classmate playing the role of Gabriela asks about the other people. (Note: **también** *means too / also.)*

> Modelo: Gabriela: ¿ Y Carlos ?
> Ud.: **Si, él tambien.**

1. ¿ Y Marta ?   3. ¿ Y María y Felipe ?   5. ¿ Y Claudia y Carmen ?
2. ¿ Y Luis Y Alberto ?   4. ¿ Y José y Lucía ?   6. ¿ Y Roberto ?

B. Verbos regulares que terminan en *-ar*

As you read the following sentences, pay special attention to the forms of the verbs **hablar** *(to speak)* and **estudiar** *(to study)*.

	HABLAR	ESTUDIAR	*ENDINGS*
(yo)	**Hablo** inglés.	**Estudio** física.	**-o**
(tú)	**Hablas** español.	**Estudias** medicina.	**-as**
(él)	Luis **habla** inglés.	**Estudia** sociología.	**-a**
(ella)	Ana **habla** francés.	**Estudia** música.	**-a**
(Ud.)	Ud. **habla** italiano.	Ud. **estudia** arquitectura.	**-a**
(nosotros)	**Hablamos** ruso.	**Estudiamos** política.	**-amos**
(vosotros)	**Habláis** chino.	**Estudiáis** cerámica.	**-áis**
(ellos)	Pablo y Carlos **hablan** español.	**Estudian** literatura.	**-an**
(ellas)	Clara y María **hablan** francés.	**Estudian** filosofía.	**-an**
(Uds.)	Uds. **hablan** portugués.	Uds. **estudian** historia.	**-an**

Spanish verbs are divided into three groups, according to their infinitive endings: **-ar, -er,** and **-ir.** Verbs whose present tense is formed like **hablar** and **estudiar** are called regular **-ar** verbs because their conjugations follow a predictable pattern.

NOTAS GRAMATICALES

1. There are three English equivalents for the Spanish present tense.

Estudio física. $\begin{cases} \textit{I study physics.} \\ \textit{I am studying physics.} \\ \textit{I do study physics.} \end{cases}$

2. The present tense of any regular **-ar** verb is formed as follows:

stem + ending

The *stem* is the infinitive minus **-ar: habl-, estudi-.** The stem does not change.

The *endings,* which are in boldface (dark print) in the verb chart on page 23, change with the subject.

3. The third-person singular form of the verb is used with **usted.** This is because **usted** is the contraction of an older form of address: **vuestra merced** *(your grace),* which is a third-person subject. Similarly, the third-person plural verb form is used with **ustedes.**

4. Since the verb endings in Spanish indicate who the subject is, the subject pronouns are usually omitted, except when needed for emphasis, for clarity, and in compound subjects where a pronoun is used together with a noun or another pronoun.

(emphasis)	Pedro habla español. **Yo** hablo inglés.
(clarification)	Carmen y Luis estudian mucho. **Él** estudia historia. **Ella** estudia medicina.
(compound subjects)	**María** y **yo** visitamos México. **Ella** y **yo** hablamos español.

Ejercicio 3. *Empleos de verano (Summer jobs)*
The following students have summer jobs in different countries. Tell where they are working and what language they speak.

Modelo: Isabel / Portugal / portugués
Isabel trabaja en Portugal. Habla portugués.

1. Pablo / Australia / inglés
2. Uds. / Francia / francés
3. yo / Italia / italiano
4. nosotros / España / español
5. tú / México / español
6. Carmen y Roberto / los Estados Unidos / inglés
7. Ud. / el Brasil / portugués
8. Silvia y Luisa / Bélgica / francés *an*
9. Clara y yo / la China / chino
10. José y Anita / Rusia / ruso

<u>Vocabulario</u> *Verbos regulares que terminan en -ar*

ganar (dinero)	*to earn (money)*	**viajar**	*to travel*
hablar	*to speak, talk*	**visitar**	*to visit*
trabajar	*to work*		

BAILAR   CANTAR   ESTUDIAR

MIRAR (LA TELEVISIÓN)   NADAR   MANEJAR (EL COCHE)

ESCUCHAR (LA RADIO)   TOCAR (LA GUITARRA)

Ejercicio 4.   *Actividades*

Replace the italicized subjects with the subjects in parentheses. Change the verbs accordingly.

Modelo: *Pilar* nada. (nosotros)   **Nosotros nadamos.**

1. *Pedro* canta. (Felipe y Luis ; yo ; nosotras ; tú ; Uds.)
2. *Luisa* toca el piano. (yo ; Isabel ; el profesor y yo ; tu ; Juan y José)
3. *El señor García* viaja. (Carmen ; Elena y Ud. ; tú ; Ud. y yo)
4. *Isabel* mira la televisión. (yo ; tú ; nosotros ; Enrique ; Uds.)
5. *Carmen* escucha la radio. (Manuel y Carmen ; (sótras ; tú ; yo ; Ana)
6. *Mamá* maneja el coche. (yo ; nosotros ; papá ; tú ; mamý papá)
7. *Luis* gana dinero. (nosotros ; Luis y Luisa ; yo ; tú ; Elba)

Vocabulario   *Palabras útiles*

EXPRESIONES

y	*and*	Isabel **y** Luis estudian ciencias naturales.
o	*or*	¿ Estudian biología **o** física ?
pero	*but*	Trabajan mucho **pero** ganan poco dinero.
a	*to*	Viajamos **a** México.
con	*with*	Hablo **con** Luisa.
de	*from, of, about*	Soy **de** México. Hablo a menudo **de** Acapulco.
en	*at, in*	Estudiamos **en** la Universidad de San Marcos.
bien	*well*	Delia toca **bien** la guitarra,
mal	*badly, poorly*	...pero canta **mal.**
mucho	*much, hard, a lot*	Pedro trabaja **mucho.**
poco	*not much, little*	José trabaja **poco.**
un poco	*a little*	Tú estudias **un poco.**
más	*more*	Yo estudio **más.**
siempre	*always*	Juanita canta **siempre.**
a menudo	*often*	Nado a **menudo.**
también	*also, too*	Uds. nadan **también.**
Sí.	*Yes.*	

Claro. **Por supuesto.** }	*Of course.* }	**Sí (Claro, Por supuesto),** trabajo mucho.
No. **Claro que no.**	*No.* *Of course not.* }	**No (Claro que no),** no gano mucho.

OBSERVACIÓN

E is used instead of **y** before a word beginning with **i** or **hi.**
U is used instead of **o** before a word beginning with **o** or **ho.**

Hablo español **y** francés.   Pedro habla español **e** inglés.
¿ Luis **o** Pedro ?   ¿ Luis **u** Olga ?

Ejercicio 5. *¡ Por supuesto !*

Ask a classmate if he or she is taking the following subjects. In the answers, your classmate will use one of the affirmative or negative expressions presented in the Vocabulario.

Modelos: español: — ¿ **Estudias español ?**
—**Por supuesto.**

italiano: — ¿ **Estudias italiano ?**
—**Claro. (Claro que no.)**

1. francés *(French)*
2. alemán *(German)*
3. ruso *(Russian)*
4. música
5. arte
6. matemáticas
7. física
8. química *(chemistry)*
9. biología
10. sociología
11. psicología
12. historia
13. economía
14. literatura
15. ciencias políticas

Ejercicio 6. *Diferencias*

Read how the following people do something. Then say that the person in parentheses does the same thing differently.

Modelo: Carlos toca la guitarra bien. (Clara / mal)
Clara toca la guitarra mal.

1. Yo manejo bien. (Tú / mal)
2. Nosotros estudiamos mucho. (Uds. / más)
3. Tomás y David siempre escuchan la radio. (Yo / a menudo)
4. El señor Blanco trabaja mucho. (El doctor Gómez / poco)
5. Tú hablas inglés a menudo. (Ellos / siempre)
6. El profesor toca el piano bien. (Pablo / mal)
7. Ud. gana mucho. (Uds. / poco)
8. Uds. viajan a menudo. (Nosotros / más)

C. Frases negativas

Compare the following affirmative and negative sentences.

Hablo español.	**No** hablo italiano.	*I do **not** speak Italian.*
Pilar canta bien.	Carmen **no** canta bien.	*Carmen does **not** sing well.*
Tú viajas mucho.	Ana **no** viaja **nunca.**	*Ana **never** travels.*

Negative sentences are formed according to the following patterns:

subject (if expressed) + **no** + verb + rest of sentence (if any)
subject (if expressed) + **no** + verb + **nunca** + rest of sentence (if any)

NOTA GRAMATICAL

When **nunca** *(never)* follows the verb, the negative word **no** must be placed before the verb. When **nunca** precedes the verb, the word **no** is omitted.

> **No** trabajo **nunca.** ⎫
> **Nunca** trabajo. ⎭ *I **never** work.*

Ejercicio 7. *Los turistas*

Say that the following tourists do not speak the languages of the countries they are visiting. Respond as in the model.

> **Modelo:** Linda (México / español)
> **Linda visita México pero no habla español.**

1. Luis (Francia / francés)
2. Carmen y Anita (Italia / italiano)
3. Felipe y Enrique (el Canadá / inglés)
4. Clara y yo (la China / chino)
5. tú (Australia / inglés)
6. yo (Guatemala / español)
7. nosotros (el Brasil / portugués)
8. Uds. (España / español)

Ejercicio 8. *¿Sí o no?*

Say whether or not you or your family do the following things.

> **Modelo:** yo / hablar italiano
> **Sí, hablo italiano.** or **No, no hablo italiano.**

1. yo / bailar bien
2. yo / estudiar matemáticas
3. yo / trabajar mucho
4. mi papá / hablar español
5. mi papá / tocar la guitarra
6. mi papá / viajar a menudo
7. mi mamá / ganar dinero
8. mi mamá / nadar bien
9. mi mamá / manejar el coche
10. mis hermanos *(my brothers and sisters)* / cantar bien
11. mis hermanos / tocar el piano
12. mis hermanos y yo / escuchar música latina

Ejercicio 9. *Actividades*

*Exchange information with a classmate about how much or how often you and your friends enjoy the following activities. (Use the expressions **siempre, a menudo, nunca, mucho, poco.***

> **Modelo:** A: ¿Escuchan Uds. música latina?
> B: **Sí, escuchamos música latina siempre (a menudo).**
> **(No, no escuchamos nunca música latina.)**

1. ¿Escuchan Uds. programas en español?
2. ¿Bailan en fiestas?
3. ¿Trabajan?
4. ¿Hablan español?
5. ¿Visitan Disneylandia?
6. ¿Viajan a Europa?

7. ¿Miran Jay Leno en la televisión?
8. ¿Cantan en la ópera?

umos

D. Preguntas de *sí* o *no*

The questions below invite yes/no answers. Contrast the word order in each set of questions and answers.

¿**Estudia Eduardo** inglés?	Sí, **Eduardo estudia** inglés.
¿**Toca** la guitarra bien **Isabel?**	Sí, **Isabel toca** la guitarra bien.
¿No **miran** la televisión **Ana y Rafael?**	No, **Ana y Rafael** no **miran** la televisión.

Yes/no questions are formed according to the following patterns:

> ¿ verb + subject (if expressed) + rest of sentence (if any)?
> ¿ verb + rest of sentence (if any) + subject (if expressed)?

NOTAS GRAMATICALES

1. The negative word **no** comes before the verb, in questions as well as in statements.

2. In conversational speech, declarative statements are often transformed into questions as follows:

   a. by having the voice rise at the end of the sentence.

   ¿ José gana mucho dinero?   *José earns a lot of money?*

   b. by the addition of a "tag" such as ¿ **no?** or ¿ **verdad?***

   Tomás y Ana bailan bien, ¿ **no?**   *Tomás and Ana dance well, don't they?*

   María es de Puerto Rico, ¿ **verdad?**   *María is from Puerto Rico, isn't she?*

3. Except for **usted** and **ustedes,** subject pronouns are usually not included in questions. They may, however, be used for emphasis or clarification.

   ¿ Trabajas mucho?
   ¿ Trabaja mucho Ud.?   *Do you work hard?*

   ¿ Y Clara? ¿ **Ella** trabaja mucho?   *And Clara, does **she** work hard?*

**Literally:* [Isn't that the] truth?

Ejercicio 10. *Diálogo: ¿ Sí o no ?*
Ask a classmate if he or she does the following things.

> Modelo: trabajar siempre
> — ¿ **Trabajas siempre ?**
> —**Sí, trabajo siempre.**   or   —**No, no trabajo nunca.**

1. hablar italiano
2. tocar la guitarra
3. mirar la televisión a menudo

4. viajar mucho
5. visitar California a menudo
6. cantar bien

 Ejercicio 11. *Diálogo: ¿ Verdad ?*
Ask your classmates if they and their friends do any of the following activities.

> Modelo: viajar a menudo
> *an* —**Uds. viajan a menudo, ¿ verdad ?**
> —**Claro. Viajamos a menudo.**   *amos*
> or   — **¡ Claro que no ! Nunca viajamos.**

1. escuchar la radio siempre
2. mirar la televisión a menudo
3. estudiar siempre
4. nadar mucho

5. tocar el piano
6. cantar a menudo
7. trabajar siempre
8. bailar

Ejercicio 12. *Diálogo: ¿ No ?*
Ask your professor if he or she does the following things.

> Modelo: cantar bien
> *a* —**Ud. canta bien en español, ¿ no ?**
> —**Por supuesto, canto bien en español. ¿ Y Ud. ?** *o*

1. tocar la guitarra
2. trabajar siempre
3. hablar inglés
4. ganar mucho dinero
5. viajar mucho

6. visitar España a menudo
7. bailar la salsa
8. manejar un Alfa Romeo
9. mirar la televisión
10. escuchar música

Ejercicio 13. *En español*
Translate the following paragraph into Spanish. Avoid word-for-word translation.

Pepe Martínez studies in Mexico. He speaks Spanish and French and is studying English. He studies a lot. He also plays the guitar and sings very well. José Delgado also studies in Mexico, but he doesn't work much. He is always watching television or listening to the radio.

≋Ahora le toca a Ud. *Mi familia y yo*

Describe yourself in a short paragraph. You may use Adela Vilar's presentation of herself as a model. If you wish, you may use the following phrases as a guide.

Me llamo...
Soy estudiante de la Universidad...
Estudio... (¿ español ? ¿ francés ? ¿ música ? ¿ historia ? ¿ matemáticas ? ¿ computación [*computer science*] ?)
Toco... (¿ la guitarra ? ¿ el piano ? ¿ el violín ? ¿ la flauta ?) pero no toco...
Hablo... (¿ español ? ¿ francés ? ¿ italiano ? ¿ chino ?) y también hablo...
Mi familia habla...
Mi familia es de origen... (¿ europeo ? ¿ africano ? ¿ indio ? ¿ asiático ?
   ¿ latinoamericano ?)

Fonética *La* h

The letter **h** is always silent in Spanish.

Práctica

Hablo* , Historia   Honduras   Hasta   Hola   Hospital
Hotel   Hernando y Humberto   Hablan

---

*In all pronunciation exercises in the first six lessons, the vowels of the stressed syllables will be underlined.

Ella trabaja en la Compañía de Teléfonos

Lección 2

Ana María Solé (de España)

Buenos días.
Me llamo Ana María Solé.
Trabajo en la compañía de teléfonos. Soy secretaria.
¿Me gusta trabajar **aquí?**   Do I like / here
¡Sí y no!
Me gusta trabajar, y me gusta ganar dinero.   I like
Pero **quiero** trabajar en una compañía internacional.   I want
Por eso estudio dos **lenguas:** el inglés y el francés.   For that reason / languages
¿Cuándo estudio?   When
Por la noche.   In the evening
¿Con **quién** estudio?   whom
Con **mi novio,** Alejandro. Él trabaja en una compañía internacional y viaja   my boyfriend
mucho.
Y, ¿**por qué** quiero trabajar en una compañía internacional?   why
¡Porque yo también **espero** viajar!   Because / I hope

¿Sí o no?
Are the following statements true? Answer **sí** *or* **no**.

1. Ana María es de España.
2. Es secretaria.
3. Trabaja en una compañía internacional.
4. Gana dinero.
5. Estudia español e inglés.
6. El novio viaja poco.
7. Ana María espera viajar.
8. El novio trabaja en la compañía de teléfonos.

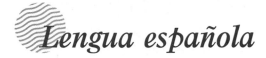Lengua española

A. Sustantivos y artículos

Nouns are often introduced by articles. Read the sentences below and pay special attention to the articles in boldface.

Pablo habla con **un** muchacho. **El** muchacho habla español.	*Pablo is talking with **a** boy.* ***The** boy speaks Spanish.*
Enrique habla con **una** muchacha. **La** muchacha habla italiano.	*Enrique is talking with **a** girl.* ***The** girl speaks Italian.*
Ana habla con **unos** amigos. **Los** amigos hablan inglés.	*Ana is talking with **some** friends.* ***The** friends speak English.*
María habla con **unas** estudiantes. **Las** estudiantes hablan francés.	*María is talking with **some** (female) students.* ***The** students speak French.*

Every Spanish noun has a *gender*. It is either *masculine* or *feminine*.

- *Masculine articles* introduce *masculine nouns*.
- *Feminine articles* introduce *feminine nouns*.

Every noun is either *singular* or *plural*.

- *Singular articles* introduce *singular nouns*.
- *Plural articles* introduce *plural nouns*.

Note the forms of the nouns and articles in the chart below.

	DEFINITE ARTICLES *(THE)*		INDEFINITE ARTICLES *(A, AN, SOME)*	
	Masculine	Feminine	Masculine	Feminine
Singular	**el** muchacho **el** profesor	**la** muchacha **la** profesora	**un** muchacho **un** profesor	**una** muchacha **una** profesora
Plural	**los** muchachos **los** profesores	**las** muchachas **las** profesoras	**unos** muchachos **unos** profesores	**unas** muchachas **unas** profesoras

NOTAS GRAMATICALES

1. In Spanish, all nouns have gender, whether they refer to people or things.

   masculine nouns: el piano   el libro   el dinero
   feminine nouns: la guitarra   la televisión   la radio

2. Most plural nouns are formed as follows:

   a. by adding **s,** if the singular form ends in a vowel

   un muchach**o**   dos muchach**os**   una amiga   dos amig**as**
   un hombr**e** *(man)* dos hombr**es**   una estudiante   dos estudiant**es**

   b. by adding **es,** if the singular form ends in a consonant

   un profeso**r**   dos profesor**es**   una muje**r** *(woman)*   dos mujer**es**

3. Whether a word is singular or plural, the same syllable is always stressed. An accent mark is used if the syllable stressed does not follow the regular pattern. Contrast:

   joven, jóvenes   explicación, explicaciones

4. Proper names never take a plural ending.

   los Ruiz   los García

5. Titles of address **(Sr., Sra., Srta., doctor, doctora, profesor, profesora)** are preceded by the definite article when speaking about the person, but not when the person is addressed directly.

   El doctor Sánchez trabaja en el hospital.
   Doctor Sánchez, ¿ trabaja Ud. en el hospital ?

Vocabulario *La gente*

un amigo	*friend* (male)		**una amiga**	*friend* (female)
un chico	*boy*		**una chica**	*girl*
un estudiante	*student* (male)		**una estudiante**	*student* (female)
un joven	*young man*		**una joven**	*young woman*
un hermano	*brother*		**una hermana**	*sister*
un hombre	*man*		**una mujer**	*woman*
un muchacho	*boy*		**una muchacha**	*girl*
un novio	*boyfriend*		**una novia**	*girlfriend*
un profesor	*professor, teacher* (male)		**una profesora**	*professor, teacher* (female)
un señor	*gentleman*		**una señora**	*lady*
			una señorita	*young lady*
			la gente	*people*
			una persona	*person*

OBSERVACIONES

1. The gender of a noun that refers to a person almost always reflects that person's sex.

   But: **Persona** is always *feminine,* even when the person referred to is male. **Gente** is always *feminine,* even when the people referred to include men, and it usually takes a singular verb.

2. Most nouns ending in **-ista** can be masculine or feminine.

   un dentista   **una** dentista   **un** artista   **una** artista

Ejercicio 1. *Curiosidad*
Ana notices that Rafael is talking to various people in the school cafetería.
She asks a friend who they are.

Modelo: muchacha
> Ana: **Rafael habla con una muchacha.**
> **¿Cómo se llama la muchacha?**

1. chico		9. señor	
2. hombre		10. amiga	
3. señora		11. joven *(f.)*	
4. joven *(m.)*		12. señorita	
5. mujer		13. estudiante *(f.)*	
6. chica		14. profesora	
7. muchacho		15. estudiante *(m.)*	
8. profesor		16. amigo	

Ejercicio 2.   *Más curiosidad*
*Ana notices that now Rafael is talking to more people, and she asks her friend
who they are. Use the same people as in Ejercicio 1 but make them plural.*

> Modelo: muchachas
> > Ana: **Rafael habla con unas muchachas.**
> > **¿ Cómo se llaman las muchachas ?**

B. El infinitivo

Note the use of the infinitive in the sentences below.

Carlos **desea trabajar** en Madrid.	*Carlos **wishes to work** in Madrid.*
Espero visitar Barcelona.	*I **hope to visit** Barcelona.*
Me gusta viajar.	*I **like to travel**.*

NOTA GRAMATICAL

The infinitive in Spanish is a single word. In English, the infinitive is often
introduced by *to*.

trabajar   *to work*   **visitar**   *to visit*

Vocabulario   *Verbos y expresiones con el infinitivo*

desear	*to wish*	Manuel **desea** visitar Toledo.
esperar	*to hope*	¿ **Esperas** ganar mucho dinero ?
necesitar	*to need*	¿ **Necesitan** Uds. trabajar mucho ?
¿ Te gusta... ?	*Do you like . . . ?*	¿ **Te gusta** viajar ?
Me gusta...	*I like . . .*	Sí, **me gusta** mucho viajar.
¿ Quieres... ?	*Do you want . . . ?*	¿ **Quieres** escuchar la radio?
Quiero...	*I want . . .*	No, **quiero** mirar la televisión.
Es importante...	*It is important . . .*	¿ **Es importante** ganar dinero ?
Es necesario...	*It is necessary . . .*	¿ **Es necesario** estudiar mucho?
Es fácil / difícil...	*It is easy / difficult . . .*	¿ **Es fácil** o **difícil** tocar el piano ?
Es útil / inútil...	*It is useful / useless . . .*	¿ **Es útil** o **inútil** hablar español ?

OBSERVACIÓN

Literally, **me gusta viajar** means *to travel pleases me.*

Ejercicio 3.   *¡ Yo también !*

When a classmate tells you what the following people wish to do on a class trip to Spain, tell whether you hope to do them also or whether you don't want to, as in the model.

> **Modelo:**   Roberto / visitar Córdoba
> A: **Roberto desea visitar Córdoba.**
> B: **Yo también espero visitar Córdoba. (No quiero visitar Córdoba.)**

1. Isabel y Luisa / visitar Sevilla
2. Antonio / hablar español
3. Elena y Anita / trabajar un poco
4. Nosotros / viajar mucho en España

5. José / escuchar música flamenca
6. Beatriz / bailar en un club
7. Eduardo / manejar un coche
8. Fernando y Elena / estudiar la flora y la fauna

Ejercicio 4.   *Opiniones personales*

Ask your classmates what they think about the following activities, using the expressions in parentheses.

> **Modelo:**   (es útil) hablar español
> — ¿ **Es útil hablar español ?**
> —**Sí, es útil hablar español.**   or   —**No, no es útil hablar español.**

(es útil)
1. hablar francés
2. mirar la televisión
3. estudiar matemáticas
4. escuchar la radio

(es importante)
5. hablar con el profesor
6. ganar mucho dinero
7. manejar bien
8. trabajar

(es difícil)
9. tocar el piano
10. estudiar con amigos
11. bailar el tango
12. nadar bien

Ejercicio 5.   *Diálogo : ¿ Te gusta ?*

Working with a classmate, ask each other about your likes and dislikes.

> **Modelo:**   viajar
> A: —¿ **Te gusta viajar ?**
> B: —**Sí, me gusta viajar. (—No, no me gusta viajar.)**
>   ¿ **Y tú ?**
> A: —**Sí, me gusta viajar. (—No, no me gusta viajar.)**

1. mirar el programa de Oprah Winfrey
2. escuchar música rock
3. estudiar con un/a amigo/a
4. hablar español en la clase
5. trabajar mucho

6. ganar dinero
7. bailar
8. tocar un instrumento
9. nadar
10. manejar

Ejercicio 6.   *Yo*

Express your desires and opinions by completing the sentences below.

Modelo: Es difícil...
           Es difícil estudiar y mirar la televisión.

1. Quiero...
2. No quiero...
3. Me gusta...
4. No me gusta...

5. Es necesario...
6. No es fácil...
7. Es inútil...
8. Espero...

9. Deseo...
10. Necesito...
11. Es útil...
12. Es importante...

C. Preguntas que solicitan información

The questions below request specific information rather than *yes / no* answers.
Note that each question begins with an interrogative word.

¿ **Dónde** trabaja Ana María ?   Trabaja **en Barcelona.**
¿ **Qué** estudia Ud.?   Estudio **literatura.**
¿ **Cómo** toca el piano Anita ?   Toca **muy bien.**

Information questions are formed according to the following patterns:

¿ interrogative expression + verb + subject (if expressed) + rest of sentence ?

¿ interrogative expression + verb + rest of sentence + subject (if expressed) ?

Note: In an information question, the interrogative expression is the most
heavily stressed. The voice rises at the beginning of the sentence and falls at
the end.

Vocabulario   *Palabras interrogativas*

¿ **cómo** ?	*how?*	¿ **Cómo** estás ?
¿ **cuándo** ?	*when?*	¿ **Cuándo** miras la televisión ?
cuando...	*when . . .*	**Cuando** quiero.
¿ **dónde** ?	*where?*	¿ **Dónde** estudias ?
donde...	*where . . .*	Estudio **donde** trabajo.
¿ **por qué** ?	*why?*	¿ **Por qué** estudian Uds. español ?
porque...	*because . . .*	**Porque** esperamos viajar a España.
¿ **qué** ?	*what?*	¿ **Qué** escuchas ?
¿ **quién / quiénes** ?	{ *who?* *whom?*	¿ **Quién** toca la guitarra ? ¿ Con **quién** hablas ?

OBSERVACIONES

1. Interrogative expressions always have a written accent mark. When these words are not used in an interrogative sense, the accent mark is dropped.

> No escucho la radio **cuando** estudio.   *I do not listen to the radio **when** I study.*
>
> Estudio **donde** trabajo.   *I study **where** I work.*

2. When a who-question refers to more than one person, the plural form **¿ quiénes ?** is used.

> **¿ Quiénes** cantan ?   ***Who** is singing?*
>
> Las chicas.   *The girls.*

3. **¿ Quién / quiénes ?** is also used after prepositions.

> **¿ Con quién** estudias ?   ***With whom** are you studying?*

Ejercicio 7.   *¿ Por qué ?*
The following people are engaged in different activities. Ask why.

> Modelo: El joven estudia inglés.
> **¿ Por qué estudia inglés el joven ?**

1. El estudiante estudia mucho.
2. La señora canta en español.
3. Los chicos escuchan la radio.
4. La gente viaja a España.
5. El profesor habla con los estudiantes.
6. El Sr. Gómez no maneja.
7. La gente trabaja.
8. Los jóvenes visitan Madrid.

Ejercicio 8.   *Información*
A friend tells you what the following people are doing, and you want to find out all of the details. Formulate questions using the words in parentheses.

> Modelo: Esteban nada. (¿ Dónde ?)
> **¿ Dónde nada Esteban ?**

1. Manuel estudia. (¿ Qué ? ¿ Dónde ? ¿ Con quién ? ¿ Por qué ?)
2. Isabel y Clara trabajan. (¿ Dónde ? ¿ Con quiénes ? ¿ Para quién ? ¿ Cuándo ?)
3. Ernesto habla inglés. (¿ Con quién ? ¿ Por qué ? ¿ Cómo ? ¿ Cuándo ?)
4. Pedro y Emilio miran la televisión. (¿ Dónde ? ¿ Cuándo ? ¿ Por qué ?)
5. Pilar estudia medicina. (¿ Por qué ? ¿ Dónde ?)
6. Dolores y Jaime cantan. (¿ Cómo ? ¿ Qué ? ¿ Por qué ? ¿ Cuándo ? ¿ Dónde ?)
7. Carmen maneja. (¿ Qué ? ¿ Cómo ? ¿ Cuándo ? ¿ Por qué ?)
8. Antonio baila. (¿ Cómo ? ¿Con quién ? ¿ Cuándo ?)

Ejercicio 9.   *Diálogo: Actividades*
Ask a classmate about his or her activities, using the suggested interrogative words. In each answer, your classmate will use one or both of the phrases in parentheses.

Modelo: estudiar / ¿ qué ? (español o francés)
—¿ **Qué estudias** ?
—**Estudio español.**   or   —**Estudio español y francés.**

1. hablar español / ¿ cómo ? (bien o mal)
2. hablar español / ¿ dónde ? (en la clase o en la cafetería)
3. hablar con la familia / ¿ qué ? (español o inglés)
4. estudiar / ¿ cuándo ? (siempre o nunca)
5. cantar / ¿ cuánto ? (a menudo o nunca)
6. escuchar / ¿ qué ? (música clásica o música popular)
7. bailar / ¿ dónde ? (en la fiesta o en la clase)
8. manejar / ¿ cómo ? (bien o mal)

D. Pronombres con preposiciones

Note the pronouns that replace the nouns in boldface.

¿ Nadas con **Manuel** ?   Sí, nado con **él.**   *Yes, I swim with him.*
¿ Hablas de **Isabel** ?   No, no hablo de **ella.**   *No, I'm not talking about her.*
¿ Trabajas para **Ana y Luis** ?   Sí, trabajo para **ellos.**   *Yes, I work for them.*

In Spanish, the pronouns used after prepositions such as **de** *(of, from, about)*, **con** *(with)*, and **para** *(for)* are the same as the subject pronouns, with the following two exceptions:

(yo)   **mí**   ¿ Hablas de **mí** ?   *Are you talking about me?*
(tú)   **ti**   No, no hablo de **ti.**   *No, I am not talking about you.*

NOTA GRAMATICAL

Mí and **ti** are never used after **con.** Instead, the single-word forms **conmigo** and **contigo** are used.

—¿ Quieres estudiar **conmigo** ?   *Do you want to study with me?*
—No, no quiero estudiar **contigo.**   *No, I don't want to study with you.*

Ejercicio 10.   *Preguntas personales*
Ask a classmate the following questions, replacing the nouns with pronouns.

Modelo: ¿ Trabajas para el decano *(dean)* ?
No, no trabajo para él.

1. ¿ Hablas a menudo de los profesores ?
2. ¿ Quieres hablar español conmigo ?
3. ¿ Estudias con tu *(your)* novio/a ?
4. ¿ Manejas el coche de tu papá o de tu mamá ?
5. ¿ Tocas la guitarra con Bruce Springsteen ?
6. ¿ Canta el/la profesor/a para los estudiantes ?
7. ¿ Hablas mucho de tu novio/a ?
8. ¿ Quieres bailar conmigo ?

Ejercicio 11.   *En español*
Esteban runs into his friend Alicia. Put their conversation into Spanish.

ALICIA   Hi, Esteban. Are you working?
ESTEBAN   No, I don't need to earn money.
ALICIA   But don't you want to work?
ESTEBAN   No, I like to dance, to sing, to play the guitar . . .
ALICIA   It is useless to talk with you. So long!

≋Ahora le toca a Ud. *Una descripción personal*

Write a short paragraph describing what you do, what you like to do, and what you hope to do. You may use Ana María Solé's presentation of herself as a model. If you wish, use the following questions as a guide.

¿ De dónde eres ? Soy de...
¿ Trabajas ? ¿ Dónde ? ¿ Ganas mucho o poco dinero ?
¿ Escuchas música popular ? ¿ « rock » ? ¿ música clásica ?
¿ Quieres viajar ? ¿ Quieres visitar Puerto Rico ? ¿ México ? ¿ España ?
  ¿ Sudamérica ?
¿ Dónde deseas trabajar ?
¿ Quieres trabajar para una compañía internacional ? ¿ para qué compañía ?
¿ Te gusta bailar ? ¿ estudiar ? ¿ nadar ?

Fonética *Las consonantes* r y rr

Except at the beginning of a word, the letter **r** represents the Spanish /**r**/, which is produced by a single tap of the tongue against the upper front gum ridge. Say the English phrase *pot o' tea* rapidly, and you will approximate the Spanish **para ti** *(for you)*.

Práctica

María   miro   secretaria   pero   dinero   quiero
primero   miércoles   viernes

Sara espera ganar mucho dinero el martes.

The **erre** sound is similar to the Spanish /**r**/, but in the **erre,** the tongue touches the upper front gum ridge several times in succession. This trilled **r** is represented by the letter **r** at the beginning of a word (or after **n,** as in **En-rique**) and by the letter **rr** in the middle of a word.

Práctica

radio   regular   Roberto   Ricardo   Rita   Rosa
guitarra   terrible   horrible   puertorriqueño

Un conjunto argentino

Lección 3

Víctor Marini (de la Argentina)

¡Hola! ¿Qué tal?
Me llamo Víctor Marini.
Mi apellido es italiano pero soy argentino, ¡cien **por ciento**!
No soy estudiante. Soy **músico** y toco con un **conjunto,** Los Fantásticos.
Yo toco la guitarra.
Los **otros** muchachos también tocan instrumentos o cantan.
¿Somos famosos?
Todavía no.
Pero somos jóvenes inteligentes, **simpáticos** y muy **trabajadores.**
Y... ¡somos músicos **estupendos**!

My surname / percent
musician / group

other

Not yet.
nice / very
   hardworking
great

Comprensión

1. ¿Es italiano o argentino Víctor Marini?
2. ¿Por qué no estudia?
3. ¿Qué instrumento toca?
4. ¿Cómo se llama el conjunto con que toca?
5. ¿Son famosos los jóvenes?
6. ¿Son inteligentes y simpáticos?

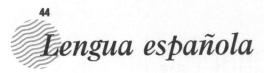

Lengua española

A. Ser

Some of the most frequently used verbs in Spanish are not conjugated according to a predictable pattern. For this reason, they are called *irregular verbs*.

As you read the sentences below, pay special attention to the present-tense forms of the irregular verb **ser** (*to be*).

(yo)	**Soy** estudiante.	(nosotros)	**Somos** hermanos.
(tú)	**Eres** músico.	(vosotros)	**Sois** novios.
(él)	Víctor **es** un joven.	(ellos)	Ellos **son** doctores.
(ella)	Teresa **es** una amiga.	(ellas)	**Son** hermanas.
(Ud.)	Ud. **es** profesor.	(Uds.)	Uds. **son** personas famosas.

NOTAS GRAMATICALES

1. The word **es** also means *it is* in sentences such as:

   ¿Quién **es**?   *Who is it?*
   Es Antonio.   *It is Antonio.*

2. After the verb **ser,** the indefinite article is *not* used before a noun defining one's occupation, religion, political belief, or nationality.

   Víctor no es **español.**   *Víctor is not a Spaniard.*
   La Sra. Ruiz es **profesora.**   *Mrs. Ruiz is a professor.*

   However, the indefinite article *is* used when the noun is modified.

   Víctor es **un músico excelente.**   *Víctor is an excellent musician.*

Ejercicio 1.   *Una conferencia internacional*
The following people are attending an international conference in Argentina. Name the cities the participants are from, and say that they are not from the other city listed.

   Modelo: Teresa Mena (Madrid / Buenos Aires)
   Teresa Mena es de Madrid. No es de Buenos Aires.

1. Rafael Puig (Barcelona / Madrid)
2. Uds. (Lima / Bogotá)
3. Andrea y Carmen Ruiz (Caracas / Lima)
4. yo (San Juan / San José)
5. tú (México / Guatemala)
6. Isabel Cañedo (Bogotá / Caracas)
7. José Castro (San Francisco / Los Ángeles)
8. Manuel y Elena Medina (Bilbao / Sevilla)
9. nosotros (Nueva York / Miami)
10. Ud. (Asunción / Montevideo)

B. Los adjetivos

Words used to describe nouns or pronouns are called *adjectives*. Study the forms of the adjectives below, and pay special attention to the endings.

Pedro es generos**o**.   Carmen es generos**a**.
Felipe es inteligent**e**.   Clara es inteligent**e** también.
Juan es libera**l**; no es conservado**r**.   Luisa no es liberal; es conservado**ra**.
Luis y Miguel son mexican**os**.   Julia y Marta son mexican**as**.

Adjectives *agree in gender and number* with the nouns they modify.

● *Masculine forms* of adjectives are used with *masculine nouns*.
● *Feminine forms* of adjectives are used with *feminine nouns*.

For regular adjectives, masculine and feminine forms follow the pattern below.

	SINGULAR ENDING		PLURAL ENDING	
Masculine	-o	generoso	-os	generos**os**
Feminine	-a	generosa	-as	generos**as**
Masculine	-e		-es	
Feminine		inteligente		inteligent**es**
Masculine	-consonant	liberal	-consonant + **es**	libera**les**
Feminine				

NOTAS GRAMATICALES

1. Note the following major exceptions:
   a. Adjectives of nationality that end in a consonant add **-a** in the feminine:

   español   español**es**   inglé**s**   ingle**ses**
   español**a** español**as**   ingle**sa**   ingle**sas***

   b. Adjectives that end in **-dor** add **-a** in the feminine.

   conserva**dor**   conserva**dores**   trabaja**dor**   trabaja**dores**
   conserva**dora** conserva**doras**   trabaja**dora** trabaja**doras**

2. When a noun or adjective refers to several people or things, at least one of which is masculine, the masculine form is used.

   Luis y Carmen son simpátic**os**.

*When the last syllable of an adjective denoting nationality bears a written accent in the masculine singular form, this accent is dropped in the feminine and plural forms.

Vocabulario *Descripción*

ADJETIVOS *el aspecto*

MORENA ≠ RUBIA
(MORENO ≠ RUBIO)
Dark *Lighter*

ALTO ≠ BAJO
(ALTA ≠ BAJA)

VIEJO ≠ JOVEN
(VIEJA ≠ JOVEN)

DELGADA ≠ GORDA
(DELGADO ≠ GORDO)

GUAPO ≠ FEO
(GUAPA ≠ FEA)

LINDA = BONITA
(LINDO = BONITO)

ADJETIVOS *el carácter*

bueno ≠ malo	*good ≠ bad*
generoso ≠ egoísta	*generous ≠ selfish*
inteligente ≠ tonto	*intelligent, smart ≠ stupid, foolish*
interesante ≠ aburrido	*interesting ≠ boring*
liberal ≠ conservador	*liberal ≠ conservative*
serio ≠ divertido	*serious ≠ amusing, funny, fun*
simpático ≠ antipático	*nice, agreeable ≠ disagreeable*
trabajador ≠ perezoso	*hardworking ≠ lazy*

ADJETIVOS *la nacionalidad*

español	**(de España)**	*Spanish*
latinoamericano	**(de Latinoamérica)**	*Latin American*
mexicano	**(de México)**	*Mexican*
norteamericano	**(de los Estados Unidos)**	*American (from the United States)*

ADVERBIOS

bastante	*rather, quite, enough*	Carlos es **bastante** trabajador,
demasiado	*too*	**demasiado** serio,
muy	*very*	pero **muy** simpático.

OBSERVACIONES

1. **Guapo** *(handsome)* is used to describe men. **Linda** and **bonita,** as well as **guapa** (meaning *beautiful, pretty, good-looking*), are used to describe women.

2. Adjectives of nationality are not capitalized in Spanish.

Ejercicio 2.   *¿Cómo son?*
The people named below have certain predominant qualities. Tell what does or does not characterize each one. Your responses might be rather subjective.

> **Modelo:**   Miss Piggy (francesa; simpática; adorable, romántica, ¿ _____ ?)
> **Miss Piggy no es francesa, es romántica,...**

1. Bill Clinton (simpático ; guapo ; trabajador ; norteamericano ; ¿ _____ ?)
2. Roseanne Arnold (gorda ; interesante ; divertida ; antipática, ¿ _____ ?)
3. Andy García (guapo ; delgado ; moreno ; viejo ; ¿ _____ ?)
4. Geraldo Rivera (aburrido ; guapo ; trabajador ; simpático ; ¿ _____ ?)
5. Murphy Brown (inteligente ; perezosa ; seria ; fea ; española ; ¿ _____ ?)
6. Madonna (buena ; egoísta ; simpática ; mexicana ; estúpida ; ¿ _____ ?)
7. Mis amigos (fantásticos ; buenos ; ¿ _____ ?)
8. Yo (fascinante ; sentimental ; ¿ _____ ?)

 Ejercicio 3.   *Características opuestas*
It is said that opposites attract. The couples listed below have opposite characteristics. Describe each one when a classmate asks you about them.

> **Modelo:**   Felipe (moreno) / Margarita
> A: **Felipe es moreno. Y Margarita, ¿ es morena también ?**
> B: **No, Margarita no es morena. Es rubia.**

1. Jaime (alto) / Clara
2. Rafael (gordo) / Anita
3. Guillermo (egoísta) / Alicia
4. Esteban (conservador) / Juanita
5. Carlos (perezoso) / Lucía

6. Alonso (aburrido) / Dolores
7. Raúl (simpático) / Pilar
8. Juan (divertido) / Ana
9. Ricardo (feo) / Raquel
10. Alberto (tonto) / Carmen

Ejercicio 4. *Retratos* (Portraits)

Prepare simple word portraits of the following people. Use at least three adjectives to describe each one. You may also want to use the adverbs **bastante,** **demasiado,** *and* **muy.**

> **Modelo:** mi mejor *(My best)* amigo
> **Mi mejor amigo es simpático y generoso. Nunca es aburrido. Siempre es muy divertido.**

1. Garfield	4. el/la profesor	7. la Princesa Diana
2. mi novio/a	5. Santa Claus	8. Andy García
3. Al Gore	6. Los Muppets	9. la Bella *(Beauty)* y la Bestia

Julio Iglesias canta.

C. La posición de los adjetivos

Note the position of the adjectives in the answers to the questions below.

¿ Es serio el Sr. Miranda ?   Sí, es un profesor **serio.**
¿ Es simpática Anita ?   Sí, es una chica **simpática.**
¿ Son inteligentes los chicos ?   Sí, son chicos **inteligentes.**

> In Spanish, descriptive adjectives usually come *after* the nouns they modify.

NOTAS GRAMATICALES

1. A few adjectives, such as **bueno** and **malo,** may come before or after nouns. When used before masculine singular nouns, **bueno** and **malo** are shortened to **buen** and **mal.**

    Felipe es un **buen** chico. *or* Es un chico **bueno.**
    Carlos es un **mal** estudiante. *or* Es un estudiante **malo.**

2. In questions with **ser** and an adjective, the word order is:
   ser + adjective + subject.

    ¿ Son serios los estudiantes ?   *Are the students serious?*

 Ejercicio 5. *El recién llegado (newcomer)*
A new student has just arrived at your school and wants to know more about the following people. Play both roles with another student, following the models.

Modelos: Carlos / chico / simpático   María y Adela / chicas / serias
     Estudiante :   **¿ Quién es ?**   **¿ Quiénes son ?**
           Ud. :   **Es Carlos.**   **Son María y Adela.**
     Estudiante :   **¿ Es simpático ?**   **¿ Son serias ?**
           Ud. :   **¡ Sí ! Carlos es un chico simpático.**   **¡ Sí ! María y Adela son chicas serias.**

1. Isabel / chica / simpática
2. Roberto / muchacho / inteligente
3. El profesor Leyva / profesor / aburrido
4. Ignacio / amigo / divertido
5. Ana / amiga / trabajadora
6. La profesora Reyes / profesora / conservadora
7. Luisa y Silvia / estudiantes / mexicanas
8. Juan y Paco / muchachos / egoístas
9. Carmen y Pilar / amigas / generosas
10. El profesor Piñero y la profesora Ruiz / profesores / buenos

Ejercicio 6.   *En mi opinion...*
See if the class is in agreement about the following people, using **bueno** *or* **malo**, *as in the model.*

Modelo: Robin Williams / cómico
          Es un buen (mal) cómico. Es un cómico bueno (malo).

1. el presidente de los Estados Unidos
2. Whitney Houston / cantante *(singer)*
3. Stevie Wonder / músico
4. el Dr. Jeckyl / médico
5. Gabriela Sabatini / atleta
6. nosotros / estudiantes

Ejercicio 7.   *¡Soy una persona estupenda!*
Things are off to a slow start socially, so you decide to register with a dating service. You are asked to tell about yourself.

Modelo: Aspecto físico:
          Soy bastante baja, soy rubia...

1. Nombre: Me llamo...
2. Ocupación:
3. Nacionalidad:
4. Aspecto físico:
5. Carácter:
6. Temperamento:

Ejercicio 8.   *¿Como son?*
A group of visiting foreign students are interested in knowing more about certain popular figures. Tell about them, using several adjectives and two sentences as in the model.

Modelo: Andy García (actor)
          Andy García es un actor guapo y moreno
          Es latinoamericano. Es muy popular.

1. el vice-presidente
2. la esposa *(wife)* del presidente
3. Spike Lee / cinematógrafo
4. Bart Simpson / chico
5. Fernando Valenzuela / atleta
6. Connie Chung / comentarista

Vocabulario   *Expresiones útiles*

¿ cuál ? ¿ cuáles ?	*which? what?*	¿ **Cuál** es la capital de México ?
¿ qué ?	*what? which?*	¿ **Qué** guitarra quieres ?
¿ cuánto ? ¿ cuánta ?	*how much?*	¿ **Cuánto** dinero gana Ud. ?
¿ cuántos ? ¿ cuántas ?	*how many?*	¿ **Cuántas** chicas hay ?
mucho, mucha	*much, a lot of*	Ganamos **mucho** dinero.
muchos, muchas	*many, a lot of*	¿ Hay **muchas** chicas ?
otro, otra	*other, another*	Necesito **otro** libro.
otros, otras	*other*	Hablo con **otras** estudiantes.
todo el, toda la	*all, all (of) the*	Bailamos **toda la** noche *(night)*.
todos los, todas las	*all, all (of) the; every*	Uso **todos los** libros **todos los** días.

OBSERVACIONES

1. **¿ Qué ?** is usually used instead of **¿ cuál ?** (**¿ cuáles ?**) to introduce a noun. However, **¿ cuál ?** (**¿ cuáles ?**) is used in front of **ser** when a choice is given. Compare:

   ¿ Qué libro deseas ?   *What (Which) book do you want?*
   ¿ Cuál es tu libro preferido ?   *What (Which) is your favorite book?*

   ¿ Qué amigos invitas ?   *Which friends are you inviting?*
   ¿ Cuáles son los amigos que invitas ?   *Which are the friends that you are inviting?*

2. Note that **otro** has two meanings: *other* and *another*. It is incorrect to use the indefinite article **un/a** with **otro/a** to give it the meaning of *another*.

   ¿ Quieres **otro** libro ?   *Do you want **another** book?*

Ejercicio 9.   *Preguntas académicas*
The group of visiting foreign students now have questions about you and your classes. Play the role of one of them as you ask the questions of a classmate.

1. ¿ Hay muchos hombres en la clase ? ¿ Cuántos ? ¿ Cómo son ?
2. ¿ Hay muchas mujeres ? ¿ Cómo son?
3. ¿ Hay muchos estudiantes extranjeros *(foreign)* en la universidad ?
4. ¿ Qué libro usan Uds. en la clase de español ?
5. ¿ Siempre hablan Uds. español en la clase o hablan otra lengua también ? ¿ Qué otra lengua hablan ?
6. ¿ Estudia Ud. español todos los días ?
7. ¿ Trabajan mucho todos los estudiantes de la clase ?
8. ¿ Qué programas de televisión son populares con los estudiantes ?

Ejercicio 10.   *Muchas preguntas*
Replace the italicized expressions with the ones in parentheses. Make all the necessary changes.

1. ¿ Qué *libros* necesitas ? (diccionario, enciclopedias)
2. ¿ Cuánto *dinero* gana Ud. ? (pesos, dólares, pesetas)
3. ¿ Hablas con mucha *gente* ? (personas, profesores, chicas)
4. ¿ Quiere hablar con otra *persona* ? (joven, hombres, personas)
5. ¿ Bailas con otras *chicas* ? (señorita, muchachas, estudiantes)
6. ¿ Necesitamos todos los *libros* ? (enciclopedias, dinero)
7. ¿ Cuál es *el estudiante argentino* ? (los estudiantes chilenos, la profesora de matemáticas)

D. La fecha y los días de la semana

Note how dates are expressed in the sentences below.

Hoy es el 12 (doce) de octubre.	*Today is October 12 (twelfth).*
Mi cumpleaños es el primero de mayo.	*My birthday is May first.*

In Spanish, the date is expressed according to the following pattern:

el + number + **de** + month

NOTAS GRAMATICALES

1. Cardinal numbers are used to give the date. The only exception is the first day of the month.

   el primero de enero   *the first of January; January first*

2. In an abbreviation, the day is given before the month.

   4/7 = el cuatro de julio

Note how the days of the week are used in the examples below.

El viernes trabajo.	*I am working **(on) Friday.***
Los sábados no trabajamos.	*We don't work **(on) Saturdays.***
Mañana es **domingo.**	*Tomorrow is **Sunday.***

The definite article is used with the days of the week, except after **ser.**

- The *singular* form is used to refer to a *specific day*.
- The *plural* form is used to refer to *regular* and *repeated events*.

NOTA GRAMATICAL

In Spanish, there is no equivalent for the word *on* before days of the week. The definite article is used instead.

El sábado no hay clases.   *(On) Saturday, there are no classes.*

Vocabulario *La fecha*

SUSTANTIVOS

el año	*year*
el cumpleaños	*birthday*
el día	*day*
el fin de semana	*weekend*
el mes	*month*
la fecha	*date*
la semana	*week*

LOS DÍAS DE LA SEMANA

(el) domingo	*Sunday*
(el) lunes	*Monday*
(el) martes	*Tuesday*
(el) miércoles	*Wednesday*
(el) jueves	*Thursday*
(el) viernes	*Friday*
(el) sábado	*Saturday*

LOS MESES DEL AÑO

enero	julio
febrero	agosto
marzo	septiembre
abril	octubre
mayo	noviembre
junio	diciembre

ADVERBIOS Y EXPRESIONES

ahora	*now*
hoy	*today*
mañana	*tomorrow*

¿Qué día es hoy?	*What day is it today?*
¿Cuál es la fecha de hoy?	*What (Which) is today's date?*

OBSERVACIONES

1. The days of the week and the names of the months are not capitalized in Spanish.
2. Days of the week that end in **-s** in the singular have the same form in the plural.

> **Los jueves** hay clases.   *(On) Thursdays, there are classes.*

Ejercicio 11.   *El calendario*

1. ¿Cuál es la fecha de hoy?
2. ¿Cuál es la fecha de su *(your)* cumpleaños?
3. ¿Qué día es hoy?
4. ¿Qué día es mañana?
5. ¿Hay clases en su universidad los sábados? ¿los domingos?
6. ¿Qué días tiene *(do you have)* la clase de español?
7. ¿Cuál es el día más *(most)* difícil de la semana?
8. ¿Cuál es la fecha de las siguientes *(following)* fiestas?
    ¿la Navidad *(Christmas)*? ¿el Día de San Valentín?
    ¿el Día de la Independencia? ¿el Día de los Veteranos?
    ¿el cumpleaños de Jorge Washington? ¿Halloween?
    ¿el Día de la Raza *(Columbus Day)*?

Ejercicio 12. *En español*
Silvia is telling Cristina about her chemistry professor. Put their conversation into Spanish.

CRISTINA   Does Professor Morales speak Spanish?
SILVIA   Oh, yes. He speaks Spanish very well. But he is not from Spain. He is from California.
CRISTINA   And is he nice?
SILVIA   Yes, and he is also intelligent, interesting, and amusing.
CRISTINA   How nice! With an interesting professor, chemistry is interesting also, isn't it **(¿ verdad ?)** ?
SILVIA   No, it is boring!

≋Ahora le toca a Ud. *¿ Cómo eres ? ¿ Cómo es ?*

1. Describe yourself in a short paragraph, using Víctor Marini's self-portrait as a guide.
2. Describe a friend.
3. Describe a famous person.

Fonética *La letra* j

The **jota** sound is similar to the one a person makes when breathing on a pair of glasses to clean them. In Spanish, the **jota** sound is represented by the consonant **j,** by **g** before **e** and **i,** and sometimes by **x.**

Práctica

julio   jueves   viajar   trabajar   joven   mujer   bajo

Julio es un joven muy trabajador.

generoso   gente   general   página *(page)*   Gilda

La gente de Gijón es muy generosa.

México   mexicano   Oaxaca   Texas

Jaime es mexicano. Es de Oaxaca.

EN RESUMEN

A. *Replace the italicized words with the words in parentheses. Make all the necessary changes.*

> **Modelo:**   *Yo* hablo español. (Nosotros)
> **Nosotros hablamos español.**

1. Juan *nada* bien. (hablar español; bailar; cantar; manejar; trabajar; tocar la guitarra)
2. Nosotros *viajamos* mucho. (trabajar; estudiar; escuchar la radio; ganar; mirar la televisión)
3. Adela baila *un poco*. (mal; mucho; con Eduardo; bien; también; a menudo; poco; siempre)
4. ¿*Deseas* hablar con el doctor? (Esperas; Necesitas; Te gusta; Quieres; Es difícil; Es útil)
5. ¿Cuántos *estudiantes* escuchan la radio? (chicos; chicas; gente; jóvenes; personas)
6. Laura es una chica *buena*. (trabajador; mexicano; alto; moreno; delgado; guapo; generoso; serio)
7. Las estudiantes son *inteligentes*. (simpático; español; divertido; interesante; bonito; rubio; liberal)
8. ¿Hay otra *persona* conservadora? (profesor; estudiantes; gente; hombres; mujeres)
9. *Los chicos* son muy divertidos. (Nosotras; Tú; Pablo; Alicia; Alicia y yo; Yo; Las chicas)

B. *Create a complete sentence with the words that are given. Other words can be added. Subject pronouns may be omitted.*

> **Modelo:**   yo / desear / hablar / Ud.
> **Yo deseo hablar con Ud.**   or   **Deseo hablar español con Ud.**

1. las estudiantes / mexicano / ser / simpático
2. nosotros / trabajar / mucho / también
3. Víctor / cantar / tocar / guitarra
4. ¿cuánto / estudiantes / hay?
5. Alberto / no querer / bailar / Inés
6. ser / útil / estudiar / español
7. yo / no mirar / televisión / a menudo
8. el profesor / no hablar / español / otro / estudiantes
9. ¿cuál / ser / fecha / tu cumpleaños?
10. hoy / ser / lunes / 28 / marzo
11. no hay / clases / sábados / y / domingos

Otras perspectivas I

Lectura cultural ¿Hablamos español?
¡Sí, señor!

El español es la lengua de **unas** veinte naciones. Es una de las lenguas oficiales de las Naciones Unidas, y es la **quinta** lengua **mundial. Como** el francés, el italiano, el portugués y el **rumano,** es una lengua romance, derivada del latín. **Se dice** que es la **segunda** lengua de los Estados Unidos.

some
fifth / world / Like
Rumanian
It is said / second

En Los Ángeles...

...**caminamos por Ventura** Boulevard o...
...**comemos** tacos en un restaurante mexicano o...
...**dormimos** la siesta en el patio o...
...entramos en un café y **pedimos** un **café** o un helado de chocolate.

we walk along /
  Happiness
we eat
we sleep
we ask for / coffee

En la televisión o en el **cinc** miramos un «Western» y escuchamos **palabras** como «vamoose, rodeo, bonanza, hoosegow, burro».

movies / words

Hay muchas palabras derivadas del español en el inglés. La influencia del español es especialmente evidente en el oeste de los Estados Unidos. Cuando los conquistadores españoles **llegan** al **Nuevo** Mundo en el **siglo** XVI, establecen colonias y misiones en **esa** región. Y, **hasta** el siglo XIX, una gran parte del oeste es territorio mexicano. La economía en **esa época** se basa en la agricultura, principalmente en la **ganadería. Por eso,** muchas palabras españolas que se refieren a la ganadería entran en el vocabulario de los **vaqueros** «Vamoose» es de **vamos**; «hoosegow» es de **juzgado**; y «rodeo» es de **rodear.**

arrive / New / century
that / until
that time
cattle raising /
  Because of this
cowboys
let's go / judged
to encircle

Los **mismos** conquistadores y misioneros **dan** nombres españoles a los **lugares** en el Nuevo Mundo: **Nevada, Colorado, Pueblo, San José** y muchos más.

same / give
places / Snowfall /
  Red / Town / St.
  Joseph

En las Américas los españoles **descubren** plantas y frutas que no existen en Europa en esa época: el tomate, la banana, el chocolate y el tabaco. Nosotros usamos palabras muy similares **para** estos productos.

discover

for

Hoy en día, algunas palabras del inglés entran en la lengua española. El béisbol y el básquetbol son muy populares en algunos **países.** La gente viaja en jet o come un sándwich o una hamburguesa. Es otra forma de **intercambio** cultural en nuestra época de comunicaciones fáciles y rápidas.

Nowadays / some
countries
exchange

La misión Carmel, una de las misiones construidas por los españoles en California.

Nota cultural   Americans

When asked their nationality, most citizens of the United States respond by saying "American." But the inhabitants of Canada, Central America, and South America are also Americans! Therefore, in Spanish, the inhabitants of the United States are called **estadounidenses** or **norteamericanos,** and those who live in Central and South America are **centroamericanos** and **sudamericanos.**

Actividad A.   *Comprensión de lectura*
Indicate whether the following statements are **Cierto** *or* **Falso.** *Correct the statements that are false.*

1. El español se habla *(is spoken)* en cinco naciones.
2. El español es una de las lenguas oficiales de las Naciones Unidas.
3. Solamente *(Only)* el español y el francés son lenguas romances.
4. Hay mucha influencia española en el oeste de los Estados Unidos por *(because of)* la presencia de los españoles y los mexicanos.
5. Los vaqueros usan muchas palabras derivadas del español.
6. Nosotros usamos palabras españolas, pero los hispanos no usan palabras del inglés.

Actividad B.   *La geografía*
Test your knowledge of the geography of the Spanish-speaking world by matching the countries on the right with their capitals on the left.

Modelo: Madrid
Madrid es la capital de España.

San Salvador	(la) Argentina*
Caracas	Bolivia
Buenos Aires	Colombia
México	Costa Rica
Quito	Cuba
Managua	Chile
Tegucigalpa	(el) Ecuador
La Paz	El Salvador
Montevideo	Guatemala
Lima	Honduras
San José	México
Panamá	Nicaragua
La Habana	Panamá
Santiago	(el) Paraguay
Guatemala	(el) Perú
Santo Domingo	(la) República Dominicana
Asunción	(el) Uruguay
Bogotá	Venezuela

*The definite article is sometimes used with certain geographical names. Modern usage tends to omit it, particularly after prepositions.

¡ Hola ! ¿ Qué tal ?

Día por día **Conversaciones**

I. ¿ QUÉ TAL ?
As Miguel is walking down the street with Carlos, he meets his friend Gloria.

MIGUEL   ¡ Hola, Gloria ! ¿ Cómo estás ?

               ¿ Qué tal ?

               ¿ Cómo andas ?   How are you doing?

               ¿ Cómo te va ?   How's everything?

GLORIA   ¡ Hola, Miguel ! **¡ Tanto tiempo !**   It's been a long time!

               ¡ Tanto gusto de verte !   It's great to see you!

MIGUEL   **Quiero presentarte a** mi amigo Carlos Estrada.   I want to introduce

           Me gustaría presentarte a...   you to . . .

GLORIA	Mucho gusto, Carlos.	
	Mucho gusto en conocerte, Carlos.	Pleased to meet you.
CARLOS	**Encantado.**	Delighted (to meet
GLORIA	Ay, Miguel. Quiero hablar más contigo, pero...	you).
	...ya es tarde.	
	...no tengo tiempo.	I don't have time.
	...tengo prisa ahora.	I'm in a hurry now.
	¿Me llamas?	Will you call me?
MIGUEL	¡Sí! ¡Cómo no!	
	¡Claro!	Of course!
	¡Por supuesto!	Of course!
GLORIA	¡Hasta luego!	
MIGUEL	**¡Hasta muy pronto!**	See you soon!
CARLOS	**¡Nos vemos!**	I'll be seeing you! (*literally,* We'll be seeing each other!)

Actividad C.   *Un encuentro (An encounter)*
Imagine that you have just run into José, an old friend whom you have not seen in a while. Play the roles with a classmate.

UD.   Hola, José. ¿ _____ ?
JOSÉ   Hola, _____ . ¿ _____ ?
UD.   ¡Tanto gusto de verte!
JOSE   ¡ _____ !

Actividad D.   *La presentación*
José would like to introduce you to his friend Silvia. Play the roles with two classmates.

JOSÉ   _____ a mi amiga Silvia.
UD.   _____ , Silvia.
SILVIA   _____ .

Actividad E.   *Tengo prisa (I'm in a hurry)*
Tell José that you cannot talk with him now, but ask him to call you. Then say good-bye to him and to Silvia. Play the roles with two other people.

UD.   Ay, José, quiero hablar más contigo, pero _____ . ¿ _____ ?
JOSÉ   ¡Sí, _____ !
UD.   ¡Adiós!
JOSÉ   ¡ _____ !
SILVIA   ¡ _____ !

II. UN LINDO DÍA

As Mrs. Delgado is out strolling with her friend Mrs. Ortega, she meets her neighbor, Mr. Beltrán.

SRA. DELGADO	Buenos días, Sr. Beltrán. ¿Cómo está Ud.?

¡Hola!...
Buenas tardes,...   ¿Cómo le va?

SR. BELTRÁN	Muy bien, Sra. Delgado. ¿Y Ud.?

Bastante bien, gracias...

SRA. DELGADO	Bien, gracias. Me gustaría presentarle a mi amiga, la Sra. Ortega.	
SR. BELTRÁN	Mucho gusto en conocerla, señora.	
SRA. ORTEGA	Encantada, Sr. Beltrán.	
SRA. DELGADO	Es un **lindo** día hoy, ¿no es cierto?	nice

¿verdad?

SR. BELTRÁN	¡Es un día **hermoso**!	beautiful
SRA. DELGADO	¡Hasta la vista!	
SRA. ORTEGA	¡Adiós, Sr. Beltrán!	
SR. BELTRÁN	¡Hasta mañana, señoras!	

Actividad F.   *Otro encuentro*

As you are walking across campus, you see Professor Franco, and you greet him. Play the roles with another person.

UD.	Buenos días, Profesor Franco. ¿ _____ ?
PROFESOR FRANCO	_____ . ¿Y tú?
UD.	_____ .

Actividad G.   *Una presentación*

*Professor Franco's wife (**esposa**) is with him, and he introduces you to her. Play the roles with two other people.*

PROFESOR FRANCO	_____ a mi esposa.
UD.	_____ , Sra. Franco.
SRA. FRANCO	_____ .
PROFESOR FRANCO	Es un lindo día hoy, ¿ _____ ?
UD.	¡Es un día _____ !
PROFESOR FRANCO	¡Adiós, _____ !
UD.	¡ _____ !
SRA. FRANCO	¡ _____ !

Lección 4 **Miguel no tiene suerte**

Lesson Objectives
In this lesson you will learn to . . .
- talk about some daily activities
- name some of the things you use in these activities
- state that you are hungry, thirsty, tired, hot, cold, etc.
- express obligation
- describe things

Lección 5 **El fin de semana, ¡ por fin !**

Lesson Objectives
In this lesson you will learn to . . .
- indicate relationships and possession
- name some of the places where you go frequently
- discuss weekend activities
- refer to the immediate future

UNIDAD II

Lección 6 **Momentos en la vida de un estudiante**

Lesson Objectives
In this lesson you will learn to . . .
- give the location of people and places
- discuss your school and your classes
- describe relationships and possessions
- tell about your family
- ask the time and give it

Otras perspectivas II
In this section you will . . .
- discuss Hispanic family structure and relationships
- learn about Spanish surnames
- practice making phone calls

*Estos estudiantes están en la
biblioteca de la Universidad de
Barcelona, España.*

Lección 4

Miguel no tiene suerte

isn't lucky

¿ Qué pasa ? Nadie contesta.

*Miguel **tiene** dos **entradas para** un concierto **esta noche** y **llama** a unas amigas.* has / tickets for this evening / calls

MIGUEL	**Tengo** dos entradas para el concierto de Mecano esta noche ¿ Quieres **asistir** conmigo ? Y las amigas responden:	I have to attend
SUSANA	¡ Mecano ! ¡ El famoso conjunto español ! ¡ Qué lástima ! Tengo un examen de historia **mañana** y **todavía tengo que leer** cincuenta páginas.	tomorrow / still have to read
ALICIA	¡ Mecano ! ¡ **Mi** conjunto favorito ! Pero soy la editora del **periódico estudiantil** y tengo que **escribir** un artículo para mañana.	my student newspaper to write
LA MAMÁ DE RITA	Miguel, habla la mamá de Rita. Ella **asiste** a una clase **ahora**. ¿ Por qué no **llamas más tarde** ?	is attending now / don't you call / later
JUANITA	¿ El concierto de Mecano ? Gracias, Miguel, pero mi novio también tiene dos entradas.	
DIANA	**Lo siento,** Miguel, pero yo estudio la música clásica y no escucho la música popular. Pero cuando tienes entradas para **la sinfónica**...	I'm sorry symphony

Comprensión

1. ¿Cuántas entradas tiene Miguel para el concierto?
2. ¿Quién canta en el concierto?
3. ¿Por qué no asiste al concierto Susana?
4. ¿Qué tiene que escribir Alicia?
5. ¿Dónde está Rita ahora?
6. ¿Qué tiene el novio de Juana?
7. ¿Qué estudia Diana?

Mecano, el sensacional conjunto español de música rock

Lengua española

A. Verbos regulares que terminan en *-er* e *-ir*

Regular verbs ending in **-er** and **-ir** are conjugated like **aprender** *(to learn)* and **vivir** *(to live)*. Note the present-tense forms of these verbs in the sentences below.

	APRENDER	VIVIR
(yo)	**Aprendo** inglés.	**Vivo** en Nueva York.
(tú)	**Aprendes** francés.	**Vives** en Quebec.
(él, ella, Ud.)	**Aprende** italiano.	**Vive** en Roma.
(nosotros)	**Aprendemos** alemán.	**Vivimos** en Berlín.
(vosotros)	**Aprendéis** español.	**Vivís** en Toledo.
(ellos, ellas, Uds.)	**Aprenden** chino.	**Viven** en Hong Kong.

NOTA GRAMATICAL

The present-tense endings of regular **-er** and **-ir** verbs are the same in all forms except **nosotros** and **vosotros.**

Vocabulario *Verbos regulares que terminan en -er e -ir*

aprender	*to learn*	**Aprendo** portugués.
beber	*to drink*	Paco **bebe** mucho café.
comer	*to eat*	**Comemos** en la cafetería.
comprender	*to understand*	¿**Comprende** Ud. español?
correr	*to run*	Alberto **corre** en el maratón.
leer	*to read*	Papá **lee** un poema.
asistir (a)	*to attend, go (to)*	**Asistimos a** un concierto.
escribir	*to write*	¿Qué **escribe** Ud.?
vivir	*to live*	¿Dónde **viven** Uds.?

EXPRESIÓN

que	*that*	Escribe **que** el concierto es interesante.

BEBER COMER CORRER

LEER ASISTIR (A) ESCRIBIR

YO CORRO

OBSERVACIÓN

Although the conjunction *that* is often omitted in English, the conjunction **que** must always be used in Spanish to join two clauses.

Escribe **que** aprende inglés.   *He writes (that) he is learning English.*

Ejercicio 1.   *¿ Qué pasa ?*
Use each of the words in parentheses as the subject of the sentence and change the verb accordingly. Remember, the subject pronoun is usually not expressed.

Modelo: Ramón aprende español. (yo)
          Aprendo español.

1. Comprendo español. (tú ; tú y yo ; José ; José y María)
2. Siempre asistimos a la clase. (los estudiantes ; el profesor ; yo ; tú)
3. Nunca bebemos café. (tú ; Anita ; Juan y Arturo ; yo)
4. ¿ Comes en la cafetería ? (Uds. ; Manuel ; yo ; Nicolás y yo)
5. Eduardo escribe un artículo. (Alfredo y yo ; tú ; Uds. ; el profesor)
6. Alberto corre en el maratón. (nosotros ; yo ; ellas ; tú)
7. Ellos no viven en Miami. (Ignacio y yo ; David ; tú ; yo)
8. Gloria lee una novela. (Gloria y yo ; yo ; los chicos ; tú)

Vocabulario *Beber, comer, leer, escribir y vivir*

PARA BEBER

un café	*coffee*	el agua *(f.)*	*water*
un té	*tea*	la cerveza	*beer*
el vino	*wine*	la leche	*milk*
el refresco	*soft drink*		

PARA COMER

un dulce	*(piece of) candy*	la carne	*meat*
un helado	*ice cream*	la fruta	*fruit*
un sándwich	*sandwich*	la hamburguesa	*hamburger*
un pastel	*cake, pastry*	las verduras	*vegetables*
el pan	*bread*	la ensalada	*salad*

PARA LEER

un artículo	*article*	la carta	*letter*
un libro	*book*	las noticias	*news*
un periódico	*newspaper*	la revista	*magazine*

PARA ESCRIBIR

un bolígrafo	*pen*	la máquina de escribir	*typewriter*
un lápiz	*pencil*	una computadora	*computer*
el papel	*paper*		

PARA VIVIR

un apartamento	*apartment*	la casa	*house*
un cuarto	*room*	la residencia	*dorm*

ADJETIVOS

grande ≠ pequeño   *big, large, great ≠ small*

OBSERVACIONES

1. Note that most (but not all) nouns ending in **-o** are masculine, and most (but not all) nouns ending in **-a** are feminine. Here are some nouns that do not follow this pattern:

    la fot**o** *(photo)*   **la** radi**o**   **el** poem**a**   **el** dí**a** *(day)*   **el** program**a**

2. Although **agua** is feminine, the masculine definite article is used: **el agua.** **El** is used instead of **la** before any word beginning with a stressed **a** or **ha.**

    la amiga *but* **el a**gua and **el ha**mbre *(hunger)*

3. Nouns ending in **-z** in the singular drop the **z** and add **-ces** to form the plural.

     un lápi**z**   dos lápi**ces**

4. Note the use of **casa** in the following expressions.

     Vivo **en casa**.   *I live **at home**. (I am **home**.)*
     Escribo **a casa**.   *I am writing **home**.*

5. The adjective **grande** may be placed before or after a noun, but its position affects its meaning. Before a singular noun, the short form **gran** is used.

     un **gran** amigo ⎫   un coche **grande**   *a big car*
     una **gran** amiga ⎭ *a great friend*   una casa **grande**   *a big house*

 Ejercicio 2.   *Preguntas personales*

1. ¿Come Ud. en casa? ¿en la cafetería? ¿en un restaurante?
2. ¿Qué bebe Ud. con cereales y bananas? ¿con una hamburguesa? ¿con pizza? ¿con un pastel? ¿con una aspirina?
3. ¿Qué periódico lee Ud.? ¿Lee Ud. las noticias en el periódico o mira las noticias en la televisión? ¿Qué revista es muy interesante / aburrida?
4. ¿Dónde vive Ud.? ¿Dónde espera vivir en el futuro? ¿Vive Ud. en una casa, un apartamento o una residencia? ¿Vive Ud. en un cuarto grande?
5. ¿Escribe Ud. artículos? ¿cartas? ¿poemas? ¿ejercicios? ¿Qué usa Ud. para escribir, un lápiz, un bolígrafo o una máquina de escribir? ¿Es eléctrica la máquina de escribir? ¿Usa Ud. una computadora?
6. ¿Comprende Ud. español? ¿francés? ¿italiano?
7. ¿Siempre asiste Ud. a la clase de español? ¿Qué días asiste a clases? ¿Asiste Ud. a muchos conciertos? ¿a conferencias?

[handwritten: = asisto los martes y los jueves.]

Ejercicio 3.   *¿Qué comen?*
The following people are eating in different places. Select their food and beverages from the list.

     Modelo: el prisionero / la prisión
             El prisionero come pan y bebe agua en la prisión.

1. los estudiantes / un restaurante italiano	caviar y champán
2. el hombre gordo que quiere ser delgado / una cafetería	tacos y cerveza
	pasteles y té
3. tú y yo / McDonald's	hamburguesas y Coca-Cola
4. Ricardo / un restaurante mexicano	una ensalada y café
5. los señores Pérez / un restaurante elegante	pizza y vino
6. tú / un café	carne y leche
7. los atletas / la cafetería	pan y agua
8. los niños / una fiesta de cumpleaños	pastel de chocolate y leche

B. *Tener*

As you read the sentences below, pay special attention to the present-tense forms of the irregular verb **tener** *(to have)*.

(yo)	**Tengo** un hermano.	(nosotros)	**Tenemos** papel.
(tú)	**Tienes** una hermana.	(vosotros)	**Tenéis** una revista.
(él, ella, Ud.)	**Tiene** hermanos.	(ellos, ellas, Uds.)	**Tienen** un coche.

NOTA GRAMATICAL

To express obligation, Spanish uses the construction:

tener que + infinitive   *to have to*   —¿ Por qué no miras la televisión ?
—Porque **tengo que estudiar.**

—¿ Qué **tienen** Uds. **que hacer** ?
—**Tenemos que leer** la lección.

Ejercicio 4.   *La abundancia*
Say that each of the following has an abundance, according to the model.

Modelo: IBM / computadoras
IBM tiene muchas computadoras.

1. McDonald's / hamburguesas
2. nosotros / libros
3. Ann Landers / cartas
4. tú / bolígrafos

5. los periódicos / artículos
6. yo / paciencia
7. Uds. / noticias
8. tú y yo / experiencia

Ejercicio 5.   *Diálogo: ¿ Qué tienes ?*
Ask a classmate if he or she has the following items. If the answer is affirmative, use the adjectives in parentheses to continue the conversation, as in the model.

Modelo: bolígrafo (¿ bueno ?)
—¿ **Tienes un bolígrafo ?**
—**Sí, tengo bolígrafo.**   or   —**No, no tengo bolígrafo.**
—¿ **Es un bolígrafo bueno ?**
—**Sí, es bueno,**   or   —**No, es malo.**
or —**No, no es un bolígrafo bueno.**

1. sándwich (¿ delicioso ?)
2. libro (¿ interesante ?)
3. revista (¿ española ?)
4. máquina de escribir (¿ eléctrica ?)

5. cuarto (¿ grande ?)
6. amigos (¿ simpáticos ?)
7. una computadora (¿ japonesa ?)

Ejercicio 6. *¡ Qué lástima !*
*The following students would like to engage in their favorite activities, but they
all have to study. Express this according to the model.*

> Modelo: Inés (mirar la televisión)
> **Inés desea mirar la televisión pero tiene que estudiar. ¡ Qué
> lástima !**

1. Paco (asistir a un concierto)
2. tú (correr en el parque)
3. yo (leer una novela)
4. Carmen (escribir una carta)

5. nosotros (nadar)
6. los chicos (hablar con las chicas)
7. María y Carlos (bailar)
8. Uds. (escuchar música)

Ejercicio 7. *Es imposible*
*Ask a classmate if he or she wants to do the things in Column A. Your class-
mate will say that he or she would like to, but cannot for one of the reasons
in Column B.*

> Modelo: visitar España
> **—¿ Quieres visitar España ?**
> **—Sí, pero no tengo dinero.**

A	B
1. bailar	tener que estudiar
2. asistir a un concierto	no tener dinero
3. mirar la televisión	no tener energía
4. tocar el piano	no hay música
5. nadar mañana	no tener tiempo *(time)*
6. ganar mucho dinero	tener que trabajar
7. comer un helado	tener que hablar con el profesor
8. viajar conmigo	tener que asistir a una clase

C. Expresiones con *tener*

Tener is used in many idiomatic expressions that in English use the verb *to be.*

> **Tengo hambre.**
> Como una hamburguesa.

I'm hungry. (literally, *I have hunger.*)

> **Susana tiene sed.**
> Bebe una cerveza.

Susana is thirsty. (literally, *Susana has thirst.*)

> **No tenemos sueño.**
> Bebemos café.

We are not sleepy. (literally, *We do not have sleep.*)

Vocabulario *Expresiones con* tener

tener (mucha) hambre	*to be (very) hungry*	no tener razón	*to be wrong*
tener (mucha) sed	*to be (very) thirsty*	tener (mucho) miedo (de)	*to be (very) afraid (of)*
tener (mucho) frío	*to be (very) cold*		
tener (mucho) calor	*to be (very) hot, warm*	tener (mucha) prisa	*to be in a (big) hurry*
tener (mucha) razón	*to be (very) right*		
		tener (mucho) sueño	*to be (very) sleepy*
		tener (mucha) suerte	*to be (very) lucky*

OBSERVACIÓN

The above **tener** expressions consist of **tener** plus a noun. These expressions may be intensified with the addition of the adjective **mucho/a.**

¿ Tienes hambre ?
¡ Sí, tengo **mucha** hambre !   *Yes, I am **very** hungry!*

Ejercicio 8.   *Lógica*
Complete the following sentences logically with an expression using **tener.**

1. Bebe mucha agua porque _____ .
2. Pedro come dulces porque _____ .
3. Los chicos nadan porque _____ .
4. Necesito un suéter porque _____ .
5. El profesor Pardo es muy aburrido: yo siempre _____ cuando habla.
6. Nueva York no es la capital de los Estados Unidos. Ud. no _____ .
7. Sí, Madrid es la capital de España. Uds. _____ .
8. Siempre ganamos dinero en la lotería porque _____ .
9. ¿ Corres porque _____ ?
10. Roberto no estudia entomología porque _____ los insectos.

Ejercicio 9.   *Fragmentos de una conversación*
Ask a classmate the following questions. Your classmate will reply using an expression with **tener.**

Modelo: ¿ Por qué bebes mucho café ?
Porque tengo sueño y tengo que estudiar.

1. ¿ Quieres comer ?   Sí, _____ .
2. ¿ Tienes frío ?   No, _____ .
3. ¿ Quieres beber agua ?   Sí, _____ .
4. ¿ Por qué corres ?   Porque _____ .
5. Yo siempre tengo razón, ¿ verdad ?   No, _____ .

D. Sustantivo + *de* + sustantivo

Contrast the expressions in boldface in the Spanish and English sentences.

Tengo **una clase de historia.**   *I have **a history class.***
El libro de español no es fácil.   ***The Spanish book** is not easy.*
Carmen mira **un programa de televisión.** *Carmen watches **a television program.***

When one noun is used to qualify another, the following construction is used.

> main noun + **de** + qualifying noun

In this construction, the word order in Spanish is the opposite of the word order in English.

un **libro** de inglés   *an English **book***

fotografía

  Ejercicio 10.   *Preferencias*
Find out about a classmate's preferences by asking the following questions.

Modelo: ¿Qué libros lees? (ciencia-ficción, fotografía, historia)
Leo libros de historia.

1. ¿Qué revistas lees? (noticias, fotografía, humor)
2. ¿Qué programas miras en la televisión? (política, música, noticias)
3. ¿Qué clases tienes? (matemáticas, psicología, biología)
4. ¿Qué pastel comes? (chocolate, fruta, banana)
5. ¿Qué ensalada comes? (frutas, legumbres, tomates)
6. ¿Qué programas escuchas en la radio? (música, noticias, política)
7. ¿A qué clase te gusta asistir? (filosofía, español, inglés)

Ejercicio 11.   *En español*
*Translate the following profile of the model student **(el estudiante modelo)** into Spanish.*

Ramón is a model student. He runs in the marathon **(en el maratón),** reads all the books, and is always writing articles or compositions **(composiciones).** He lives in a big apartment and has a small car. Is he lucky? No, he has no girlfriend.

≋Ahora le toca a Ud. *Para (For) mañana*

What do you have to do tonight to prepare for tomorrow's classes? And is there something you do not have to do? You may use some of the replies in *Miguel no tiene suerte* as a model.

Fonética *Uniones*

In Spanish, two or more words are often linked together so that to the American ear they sound like one long word. When the final vowel of one word is the same as the initial vowel of the following word, the two vowels sound like a single vowel. When a word ending with a consonant precedes a word beginning with a vowel, the consonant is pronounced as if it were the initial sound of the second word.

Práctica

vowel vowel:	una amiga de Elena	tú usas	ella admira
	para Ana		
consonant vowel:	dos años	el otro hombre	las estudiantes
	con Anita	los Estados Unidos	

¿ Cómo van a pasar el día ?

Lección 5

El fin de semana, ¡ por fin !

¿ *Estudia mucho Ud.* ? ¿ *Tiene mucho* **trabajo** ? *Sí, por supuesto. Pero ¿ cómo* **pasa** *Ud. el* **tiempo libre** ? ¡ *Las diversiones también son importantes* ! **Aquí** *cuatro estudiantes hispanos hablan de los planes que tienen para el fin de semana.*

work

spend / free time / Here

Isabel (del Perú)

El sábado **voy al centro** con Mónica y Susana. **Ellas van a comprar** cassettes. Y **después** vamos al **cine. Se exhibe una película** nueva con Tom Cruise... Es muy guapo, ¿ no ?

I am going downtown / They're going to buy / afterward / movies / They are showing a film

Fernando (de Chile)

¿ Cómo voy a pasar el fin de semana ? El sábado voy a estudiar... El domingo voy a estudiar... y estudiar... y estudiar... Tengo que leer **trescientas páginas para** el lunes.

three hundred pages for

Elena (de Venezuela)

Siempre paso los sábados y los domingos en la **playa.** ¿ Voy a nadar ? ¿ Quién, yo ? ¡ No, señor ! ¡ Tengo miedo del agua !

beach

Felipe (de España)

Los domingos mis amigos y yo siempre vamos a un partido de fútbol. Después vamos a un café para **tomar algo** y **charlar** un poco. ¿ De qué hablamos ? **Pues,** del partido, de la política y, claro, ¡ de las chicas también !

to drink something / to chat
Well

Comprensión

Select one or more correct phrases to complete each sentence.

1. Isabel, Mónica y Susana. . .
   a) van a comprar cassettes en el centro
   b) quieren escuchar los cassettes inmediatamente
   c) van al cine
   d) van a mirar una película norteamericana
2. Fernando. . .
   a) va a estudiar todo el fin de semana   b) va a estudiar el sábado
   c) tiene que estudiar mucho   d) tiene que leer mucho
   e) tiene planes interesantes
3. Elena. . .
   a) no va mucho a la playa
   b) siempre pasa los fines de semana en la playa
   c) quiere nadar   d) va a la playa pero no nada
4. Felipe. . .
   a) mira los partidos de fútbol en la televisión los domingos
   b) va con sus amigos a un partido de fútbol
   c) va con sus amigos a un café para charlar
   d) habla con sus amigos del fútbol

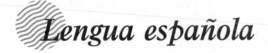

Lengua española

A. La *a* personal

Contrast each pair of sentences, paying special attention to the words that come after the verbs.

Visitamos **un museo.**	Uds. visitan **a un amigo.**
Carlos escucha **la radio.**	Pedro escucha **a María.**
Silvia mira **la televisión.**	Dolores mira **a los chicos.**

> The personal **a** is used to introduce a direct object when that direct object represents a definite person or persons.

NOTAS GRAMATICALES

1. The personal **a** is not usually used after **tener** and is never used after **hay.**

   Tengo tres hermanos.
   Hay mucha gente en el estadio.

2. The personal **a** is usually repeated before each noun or pronoun.

    Carlos invita **a ella** y **a Felipe.**

3. The personal **a** is also used in questions.

    ¿**A quién** miras ahora ?   Miro **a Carmen.**
    ¿**A qué** chico invita Pilar ?   Invita **a Esteban.**

    Ejercicio 1.   *En Madrid*
*A group of Argentine students is visiting Madrid. Say what or whom each one
is looking at.*

    Modelos: Silvia (el monumento)   Carlos (una chica)
             Silvia mira el monumento.   **Carlos mira a una chica.**

1. yo (el Palacio Real)
2. tú (la Catedral de San Isidro)
3. nosotros (el Museo del Prado)
4. Juan (la gente)
5. Felipe (una turista francesa)
6. Margarita (la Puerta del Sol)

7. Roberto y Alberto (las chicas)
8. Elena y Carmen (los chicos)
9. Jaime (la Plaza Mayor)
10. Adela (las casas)
11. Dolores (la universidad)
12. Mónica (los estudiantes)

B. *De* para indicar posesión

Note how possession and relationship are expressed in the sentences below.

    Es **el cuarto de Roberto.**   *It's Roberto's room.*
    Los amigos de Paco son de Oaxaca.   *Paco's friends are from Oaxaca.*
    La hermana de Carmen no vive en casa.   *Carmen's sister doesn't live at home.*

The following construction is used to indicate possession and relationship:

> definite article + noun + **de** + article (when needed) + noun

NOTAS GRAMATICALES

1. The word **de** corresponds to the English *of* or *belonging to*. (Spanish does
not use an apostrophe to show possession.)

    el lápiz **de** María   *the pencil of María*   *María's pencil*
    la casa **de** los Gómez   *the house of the Gómez*   *the Gómez's house*

2. Note the following constructions.

    ¿**De quién** es el coche ?   *Whose car is that?* (lit. *Of whom is the car?*)
    El coche **es de Elena.**   *The car belongs to Elena.*

Ejercicio 2. *¿De quién es?*
Imagine that you have found the following objects. You inquire as to their owners. A classmate will answer you.

Modelo: la guitarra (Isabel)
         —**¿De quién es la guitarra?**
         —**La guitarra es de Isabel.**

1. el libro (Felipe)
2. la radio (Ramón)
3. la revista (Lucía)
4. el bolígrafo (María)

5. el diccionario (Raúl)
6. la computadora (Clara)
7. los lápices (la profesora)
8. los sándwiches (Daniel)

son für plural

C. Las contracciones *al* y *del*

In the sentences below, note the contractions of **a** and **de** with the article **el**.

el profesor	¿Escuchas **al** profesor?	Hablamos **del** profesor.
el chico	Invitamos **al** chico.	No hablamos **del** chico.
el Perú	Carlos viaja **al** Perú.	Lima es la capital **del** Perú.

a + el → **al**   de + el → **del**

NOTAS GRAMATICALES

1. The articles **la, los,** and **las** do not form contractions with **a** and **de.**

   Carlos invita **a la** chica.   Pablo habla **de las** chicas.

2. The same contraction **del** is used with a masculine singular noun when indicating possession.

   el coche **del** profesor   la casa **del** señor Fernández
   el coche **de la** profesora   la casa **de la** señora Fernández

Ejercicio 3. *En el café*
You and your friends are in a café in Madrid looking at people on the street and commenting on them. Express this, following the model.

Modelo: el muchacho alto
         Miramos al muchacho alto.
         Hablamos del muchacho alto.

1. la chica rubia
2. los estudiantes norteamericanos
3. el señor gordo
4. el chico moreno
5. las chicas bonitas

6. el señor Rivas
7. los turistas japoneses
8. el doctor González
9. la señora Mena
10. las personas elegantes

Ejercicio 4. *Número equivocado (Wrong number)*
*You seem to have dialed incorrectly. Have a classmate tell you that you have
reached the wrong number.*

> Modelo: la familia Gómez / el señor Pareda
> —**Hola. ¿ Hablo con la casa de la familia Gómez ?**
> —**No, señor (señorita, señora). Ud. habla con la casa del
>   señor Pareda.**

1. la señorita Rivas / el doctor López
2. el profesor Hurtado / la familia Correa
3. la señora Rivera / el señor Figueroa
4. la familia Chávez / el vicepresidente
5. el señor Torres / la profesora Córdova

Vocabulario *Actividades del fin de semana*

SUSTANTIVOS

un disco compacto* (CD)	*compact disc*	una entrada	*ticket* (admission)
un cassette	*tape recording*	una foto	*photograph*
		una película	*film, movie*

LOS LUGARES (PLACES)

el almacén	*department store*	la biblioteca	*library*
el café	*café*	la cafetería	*cafeteria*
el centro	*downtown*	la playa	*beach*
el centro comercial	*shopping mall*	la plaza	*plaza, square*
el centro deportivo	*sports center*	la universidad	*university*
el estadio	*stadium*		
el museo	*museum*		
el teatro	*theater*		

UN PARTIDO   UNA FIESTA   EL CINE   LA TIENDA   EL RESTAURANTE   LA
DE FÚTBOL   IGLESIA

*Usage of the word varies from country to country.

VERBOS

comprar	*to buy*	¿**Compras** discos?
charlar	*to talk, chat*	Es interesante **charlar** contigo.
invitar	*to invite*	**Invitamos** a María.
llamar	*to call*	¿Quién **llama**?
llamar (por teléfono)	*to phone*	**Llamo** a Paco.
llevar — *people*	*to carry, take (along)*	Ella **lleva** muchos libros.
pasar (el tiempo)	*to pass, spend (time)*	¿Cómo **pasas el tiempo**?
regresar (a) (de)	*to return (to) (from)*	¿Cuándo **regresas**?
sacar — *objects*	*to take out, take*	Tengo que **sacar** un libro de la biblioteca.
tomar — *Transportation*	*to take*	**Toma** el autobús.
tomar	*to drink*	¿Quieres **tomar** un café?
vender	*to sell*	No **vendo** la entrada.

PREPOSICIONES

antes de	*before*	¿Quieres tomar algo **antes de** la película?
después de	*after*	Tengo que estudiar **después de** la fiesta.
durante	*during*	¿Tomas fotos **durante** el partido de fútbol?

TEATRO
ARLEQUINES PERU 571

Viernes: 21 hs. - Sábados: 21.30 hs. - Domingo: 21 hs.

RESERVAS DESDE LAS 17hs. al TEL. 33-1335

OBSERVACIONES

1. The verbs **llevar, tomar,** and **sacar** all have the general meaning of *to take*.

   a. **Llevar** is used in the sense of *to take along,* and implies movement.

   Llevo a un amigo a la fiesta.   También **llevo** discos.

   b. **Tomar** is used as a synonym for **beber.**

   Tomo un café.

   Tomar may also be used in the sense of *to take transportation.*

   Tomo el autobús.

   c. **Sacar** means *to take out* an object that is inside of another.

   Susana **saca** el coche del garaje.

2. The word **foto** is feminine because it is short for **fotografía** *(photograph).*

Ejercicio 5.   ¿Dónde?

Most of our activities take place in specific locations. Express this by completing each of the following sentences with the name of the place that fits logically.

Modelo: Estudiamos _____ .
        Estudiamos en la biblioteca (en la universidad...).

1. Felipe compra discos compactos _____ .
2. Susana toma un refresco _____ .
3. Elena nada _____ .
4. Juan y Luisa charlan _____ .
5. Tú miras el arte _____ .
6. Miro un drama _____ .
7. Ud. come _____ .
8. Vivo _____ .
9. Miramos una película _____ .
10. Asisto a un partido de fútbol _____ .
11. Los chicos leen _____ .
12. El Sr. Robles vende cámaras _____ .

Ejercicio 6.   Diálogo: Preguntas personales

Get to know a classmate better by asking each other the following questions.

1. ¿A quién llevas a una fiesta? ¿Bailan Uds. en la fiesta?
2. ¿Sacas muchos libros de la biblioteca? ¿Lees los libros también?
3. ¿Estudias antes de mirar la televisión?
4. ¿Pasas mucho tiempo en la cafetería? ¿Por qué?
5. ¿Trabajas durante las vacaciones? ¿Por qué?
6. ¿Regresas a casa después de las clases?
7. ¿Tomas mucho café cuando tienes que estudiar?
8. ¿Charlas mucho tiempo por teléfono? ¿Con quién?
9. ¿Lees el periódico o escuchas las noticias en la televisión o la radio?
10. ¿Qué tenemos que llevar a la clase de español?

D. *Ir* e *ir a*

As you read the sentences below, pay special attention to the present-tense forms of the irregular verb **ir** *(to go)* and **ir a** *(to be going to . . .).*

	IR	**IR A** + *INFINITIVE*
(yo)	**Voy** al restaurante.	**Voy a** comer.
(tú)	**Vas** a Puerto Rico.	**Vas a** visitar San Juan.
(él, ella, Ud.)	**Va** al café.	**Va a** tomar un refresco.
(nosotros)	**Vamos** al cine.	**Vamos a** mirar una película.
(vosotros)	**Vais** a España.	**Vais a** pasar un mes en Madrid.
(ellos, ellas, Uds.)	**Van** al estadio.	**Van a** correr.

NOTAS GRAMATICALES

1. Be sure to distinguish between the following constructions:

| ir a | *to go, to be going to a place* | Rafael **va a** la playa. |
| **ir a** + infinitive | *to be going to do something* | Rafael **va a nadar.** |

2. The verb form **vamos** may also have the special meaning of *let's* or *let's go.*

¡ **Vamos** al cine !
{ *We are going to the movies.*
Let's go to the movies!

Vamos a tomar algo.
{ *We are going to have something to drink.*
Let's (go) have something to drink.

3. The expression ¿ **adónde** ? is used with **ir** to ask *where* someone is going.

¿ **Adónde** va Marta ?
Where is Marta going?
(literally, *To where is she going?*)

Ejercicio 7. *Diálogo: ¿ Cómo pasas el fin de semana ?*
Ask a classmate if he or she often goes to the following places or functions.

Modelo: el cine
—¿ **Vas al cine a menudo ?**
—**Sí, voy al cine a menudo.**
or —**No, no voy al cine a menudo.**
or —**No, no voy nunca al cine.**

1. un restaurante
2. los almacenes
3. la playa *bench*
4. los conciertos
5. el centro
6. las fiestas
7. el centro deportivo
8. el cine
9. los partidos de fútbol
10. el museo
11. la biblioteca
12. el estadio

Ejercicio 8. *Después del partido de fútbol*
Indicate where the following people are going to go after the soccer game.

Modelo: Clara y yo (el cine)
Clara y yo vamos a ir al cine después del partido de fútbol.

1. Inés (una fiesta)
2. Raúl y Silvia (casa)
3. yo (un restaurante)
4. tú (un café)
5. nosotros (la cafetería)
6. Uds. (el centro)

Ejercicio 9. *El lugar apropiado (The right place)*
When we go somewhere, it is usually for a reason. Make ten sets of logical sentences, combining elements from Columns A, B, and C. Use the verb **ir** as in the model.

Modelo: **Elena y Pablo van a un café. Van a tomar algo.**

A	B	C
yo *vey*	un café	charlar con un amigo
tú *vas*	el centro	bailar
el señor Montero *va*	la cafetería	pasar tiempo
Elena y Pablo *van*	la playa	tomar fotos
Ud. y yo *vamos*	el museo	tomar café
	el centro comercial	leer revistas
	una fiesta	estudiar
	una discoteca	comprar lápices
	la universidad	comer
	el almacén	mirar a la gente
	la residencia	nadar
	la biblioteca	asistir a un concierto
	el cine	hablar con el profesor
	el teatro	mirar una comedia
	la tienda	comprar entradas
	la casa	aprender el español
	la clase	

E. La construcción impersonal con *se*

Spanish frequently uses an impersonal construction with **se** that has many English equivalents. Note the following examples:

Aquí **se habla español**.   *Spanish is spoken here.*
People speak Spanish here.

¿Dónde **se venden entradas?**   *Where are tickets sold?*
Where do they sell tickets?

¿Cómo **se dice «thank-you»?**   *How do you say "thank-you"?*
How does one say "thank-you"?

The impersonal construction with **se** is formed as follows:

se + third-person verb (singular or plural) + subject (if expressed)

NOTA GRAMATICAL

When a subject is not expressed, the verb is in the singular.

En la universidad **se estudia** mucho.   *People study a lot at the university.*

Ejercicio 10.   *Aquí se habla...*

Which of the following languages are spoken in the countries named below?
English (inglés), *French* (francés), *Spanish* (español), *or Portuguese* (portugués)?

> Modelo: México
> **En México se habla español.**

1. Francia
2. Australia
3. Chile
4. Portugal
5. Guatemala
6. el Brasil
7. Venezuela
8. el Canadá

Ejercicio 11.   *La orientación*

This is your first day in Caracas, Venezuela, so you ask your Venezuelan hosts where things are done. A classmate will answer your questions, as in the model.

> Modelo: vender discos de música venezolana
> **—¿Dónde se venden discos de música venezolana?**
> **—Se venden discos de música venezolana en el almacén (el centro).**

1. tomar café
2. comer sándwiches
3. nadar
4. mirar un partido de fútbol
5. vender diccionarios de español
6. estudiar las ciencias
7. comprar entradas
8. mirar una película

Ejercicio 12.   *En español*

Silvia, Anita, and José are discussing their weekend plans. Put their conversation into Spanish.

JOSÉ   How are you going to spend the weekend?

SILVIA   I'm going to spend the weekend in the library. I have to study a lot
before the biology exam on Monday.

ANITA   I'm going to the soccer match. Where are the tickets being sold?

JOSÉ   Tickets are sold at the stadium today. I'm not going to the game. I'm
going to spend the weekend at the beach.

ANITA   When will you return?

JOSÉ   Tuesday. I don't have classes on Monday.

SILVIA   Some **(Algunos)** students have all the luck.

≋Ahora le toca a Ud. *¿ Cómo pasa Ud. el fin de semana ?*

How do you spend your weekends? Select two of the times given below and describe what you do on those weekends.

en julio   cuando no tengo dinero
cuando tengo que estudiar   cuando tengo mucho dinero

Fonética   *Las consonantes* b *y* v

In Spanish, the letters **b** and **v** are generally pronounced the same.

At the beginning of a single word or group of words, or after **n** or **m,** they are pronounced /b/, very much like the English *b* in *boy.*

In the middle of a word or group of words, except after **n** or **m,** they are pronounced /b̶/. This is a soft *b* sound in which the lips barely touch.

Práctica

/b/:   viejo   visitar   viaja   bajo   bonita   bueno

/b̶/:   televisión   trabaja   novio   recibo   divertido   rubio

/b/:   Víctor charla con Vicente.   Berta charla con Benjamín.

/b̶/:   Eva no va a visitar Ávila.   Isabel no viaja con Esteban.

Dos amigos charlan en la
Universidad de Guadalajara,
México.

Lección 6

Momentos en la vida de un estudiante

La **vida** estudiantil tiene sus momentos serios y sus momentos divertidos. — life

CARLOS	¿Dónde está **mi cuaderno**? ¡Necesito mi cuaderno!
ENRIQUE	**¡Tómalo con calma**, hombre! ¿No está en **tu escritorio**?
CARLOS	No, no está en mi escritorio, no está en la biblioteca, no está en la cafetería...
ENRIQUE	¿Por qué **buscas** tu cuaderno ahora? ¿Tienes un examen mañana? ¿Quieres **repasar tus apuntes**?
CARLOS	No, los apuntes no son importantes.
ENRIQUE	**Entonces,** ¿por qué necesitas tu cuaderno a las 10:00 **de la noche**? **Total,** no tienes una clase ahora.
CARLOS	No, no. No comprendes mi problema. Es Graciela.
ENRIQUE	¿Graciela?
CARLOS	Sí, la chica que quiero invitar a la fiesta. ¡Tengo su número de teléfono en mi cuaderno!
ENRIQUE	Ahora sí comprendo. ¡Tomas apuntes muy interesantes!

Glosses:
- my notebook
- Take it easy / your desk
- are you looking for
- review your notes
- Then / at night
- After all

Comprensión

1. ¿Qué busca Carlos?
2. ¿Dónde busca su cuaderno?
3. ¿Busca su cuaderno porque tiene un examen mañana?
4. ¿Necesita Carlos sus apuntes?
5. ¿Quién es Graciela?
6. ¿Por qué busca Carlos su cuaderno?
7. ¿Es el problema de Carlos serio o divertido?

Lengua española

A. *Estar*

As you read the sentences below, pay special attention to the present-tense forms of the irregular verb **estar** *(to be)*.

	ESTAR		
(yo)	**Estoy** en la universidad.	(nosotros)	**Estamos** en Nueva York.
(tú)	**Estás** en la biblioteca.	(vosotros)	**Estáis** en San Juan.
(él, ella, Ud.)	**Está** en el café.	(ellos, ellas, Uds.)	**Están** en Puerto Rico.

NOTAS GRAMATICALES

1. **Estar** is used to express *location.* In this sense, it means *to be* or *to be located.*

    San Juan **está** en Puerto Rico.

2. **Estar** is used in the following expessions.

estar de acuerdo (con)	*to agree (with)*	**Estoy de acuerdo** con Inés.
no estar de acuerdo (con)	*to disagree (with)*	Pero **no estoy de acuerdo** contigo.
estar de vacaciones	*to be on vacation*	Los estudiantes **están de vacaciones.**

Ejercicio 1.   *De vacaciones*
The following students are spending their vacations abroad. Express this and say where each one is.

Modelo: Carmen / Bogotá
                Carmen está de vacaciones. Está en Bogotá.

1. Pedro / Lima
2. Ud. / Asunción
3. yo / Córdoba
4. tú / Madrid
5. nosotros / Caracas
6. Uds. / París
7. Marta y yo / San Juan
8. Jaime y Federico / Cuzco

Ejercicio 2. *Diversiones*
*Say whether or not you do the things indicated in parentheses when you are
in the situation or place mentioned.*

> Modelo: en una fiesta (bailar)
> **Cuando estoy en una fiesta, bailo (no bailo).**

1. en un café (tomar algo ; estudiar ; charlar ; mirar a la gente)
2. en una fiesta (bailar ; charlar ; escuchar música ; comer pasteles ; leer una revista)
3. en la playa (tomar el sol ; nadar ; correr ; leer ; beber refrescos)
4. con amigos (escuchar discos ; cantar ; bailar ; mirar la televisión)
5. de vacaciones (llevar una cámara ; ir a la playa ; visitar a amigos ; sacar libros de la biblioteca ; trabajar)
6. en el estadio (tomar cerveza ; mirar a la gente ; charlar ; tomar fotos)

Vocabulario *Los estudios*

SUSTANTIVOS

los apuntes	*notes*	**una beca**	*scholarship*
un compañero de clase	*classmate*	**una calculadora**	*calculator*
un cuaderno	*notebook*	**un cassette**	*tape recording*
un ejercicio	*exercise*	**una compañera de clase**	*classmate*
un escritorio	*desk*	**una lengua**	*language*
los estudios	*studies*	**una nota**	*grade*
un examen (los exámenes)	*exam(s), test(s)*	**una página**	*page*
un laboratorio	*laboratory*	**una palabra**	*word*
un nombre	*name*	**una pregunta**	*question*
el reloj	*clock, watch*	**una respuesta**	*answer*
el trabajo	*work, job*	**una tarea**	*homework (assignment)*

VERBOS

buscar	*to look for*	**Busco** un lápiz.
contestar	*to answer*	Paco **contesta** la pregunta.
enseñar	*to teach*	Aquí se **enseña** español.
preguntar	*to ask*	Carlos **pregunta** dónde está su cuaderno.
repasar	*to review*	**Repasamos** los verbos.
tomar un examen	*to take an exam*	**Tomo** un examen mañana.
sacar una nota	*to get a grade*	Cuando estudias, **sacas buenas notas.**

EXPRESIONES

aquí	*here*	Trabajo **aquí.**
ahí, allí	*there*	¿Estudias **ahí**?
allá	*over there*	La cafetería está **allá.**
cerca (de)	*near, close (to)*	La biblioteca está **cerca de** la residencia.
lejos (de)	*far (from)*	Pero está **lejos de** la cafetería.

OBSERVACIÓN

In Spanish, certain adverbs of place may be transformed into prepositions with the addition of the word **de.**

adverb: El cine está **cerca.**   *The movie is **nearby**.*
preposition: El cine está **cerca del** almacén.   *The movie is **near** the department store.*

Ejercicio 3. *Diálogo: Preguntas personales*
Learn more about one of your classmates by asking the following questions. (Note: A veces means sometimes.*)*

Modelo: —¿Estudias mucho?
        —Sí, estudio mucho. or **—No, no estudio mucho.**
        or **—A veces estudio mucho.**

1. ¿Tomas muchos apuntes en la clase de español?
2. ¿Te gusta aprender una lengua?
3. ¿Escribes los ejercicios antes de la clase?
4. ¿Buscas muchas palabras en el diccionario?
5. ¿Estudias mucho antes de un examen?
6. ¿Tienes mucho trabajo?
7. ¿Escuchas cintas en el laboratorio de lenguas?
8. ¿Sacas buenas notas?
9. ¿Comprendes las preguntas del profesor?
10. ¿Preparas la tarea?

música

Ejercicio 4. *¿Está Ud. de acuerdo o no?*
Indicate whether you agree or disagree with the following statements by saying **Estoy de acuerdo** *or* **No estoy de acuerdo.**

1. Es importante hablar otra lengua.
2. Hay muchas palabras similares en español e inglés.
3. Es necesario repasar mucho antes del examen final.
4. Es importante sacar buenas notas.
5. Los atletas deben *(ought to)* tener becas.
6. Tenemos muchas tareas en la clase de español.
7. Todos los profesores de mi universidad enseñan bien.
8. Es difícil buscar trabajo.

¡ A veces los estudiantes descansan !

Ejercicio 5.   *La orientación geográfica*

Help a foreign student get oriented on your campus and in your town by explaining where the following places are located in relation to each other.

> Modelo: la cafetería / aquí
> **La cafetería está cerca de (lejos de) aquí.**

1. mi residencia (casa) / la universidad
2. la biblioteca / la cafetería
3. el centro deportivo / los dormitorios
4. la estación / el centro
5. la playa / el centro
6. las tiendas / la universidad

Ejercicio 6.   *Todo en orden (Everything in order)*

Match the items in Column A with a place in Column B where they could be found.

> Modelo: **Hay libros en una biblioteca.**

A	**B**
1. un cuaderno	un laboratorio de lenguas
2. un reloj	una clase de matemáticas
3. un bolígrafo	un diccionario
4. compañeros de clase	un escritorio
5. cintas	una revista
6. una calculadora	un cuarto
7. una página	un libro
8. una palabra	una biblioteca
9. una respuesta	un coche
10. una computadora	un periódico.

B. Adjetivos posesivos

Possessive adjectives are used to indicate ownership or relationship. Note the forms of the possessive adjectives in the chart below.

POSSESSIVE ADJECTIVES					
Possessors	**Singular**		**Plural**		**English Equivalents**
(yo)	**mi**	**mi** libro	**mis**	**mis** libros	*my*
(tú)	**tu**	**tu** amiga	**tus**	**tus** amigas	*your*
(él) (ella) (Ud.)	**su**	**su** cuaderno	**sus**	**sus** cuadernos	*his, its* *her, its* *your*
(nosotros)	**nuestro/a**	**nuestro** papá	**nuestros/as**	**nuestros** discos	*our*
(vosotros)	**vuestro/a**	**vuestra** mamá	**vuestros/as**	**vuestras** cintas	*your*
(ellos, ellas) (Uds.)	**su**	**su** fiesta	**sus**	**sus** apuntes	*their* *your*

NOTAS GRAMATICALES

1. Like all other adjectives, the possessive adjective agrees with the noun it introduces in gender and number.

   mi papá   **mi** mamá   **mis** hermanos   **mis** hermanas

   Only **nuestro** and **vuestro** have separate masculine and feminine forms.

   nuest**ro** papá   nuest**ra** mamá   nuest**ros** hermanos   nuest**ras** hermanas

2. Note that **su/sus** has several meanings.

la(s) amiga(s) de Clara	**su(s)** amiga(s)	***her** friend(s)*
la(s) amiga(s) de Roberto	**su(s)** amiga(s)	***his** friend(s)*
la(s) amiga(s) de Pedro y de Ramón	**su(s)** amiga(s)	***their** friend(s)*
la(s) amiga(s) de Ud.	**su(s)** amiga(s)	***your** friend(s)*

   To avoid possible ambiguity, the following phrases are often used instead of **su/sus : de él, de ella, de Ud., de ellos, de ellas, de Uds.**

   ¿ Es José hermano de Paco o de Ana ?   Es hermano **de ella.** (= de Ana)

Ejercicio 7. *Diálogo: Preferencias*
Ask a classmate about his or her preferences, following the model. (Note:
Preferido/a *means* favorite.*)*

Modelo: el artista
—**¿ Cuál es tu artista preferido ?**
—**Mi artista preferido es Pablo Picasso.**

1. el atleta
2. el músico
3. la actriz *(actress)*
4. la revista
5. la clase
6. la película

Vocabulario *La familia*

EL ABUELO EL PADRE LA MADRE LA HIJA LA ABUELA

EL HIJO EL PERRO EL GATO

SUSTANTIVOS

el esposo	*husband*	**la esposa**	*wife*
el niño	*child* (male)	**la niña**	*child* (female)
el papá	*dad*	**la mamá**	*mom*
el primo	*cousin* (male)	**la prima**	*cousin* (female)
el sobrino	*nephew*	**la sobrina**	*niece*
el tío	*uncle*	**la tía**	*aunt*

ADJETIVOS

mayor	*older, oldest*	Juan es mi hermano **mayor.**
menor	*younger, youngest*	Elena es mi hermana **menor.**

OBSERVACIÓN

The masculine plural forms of the preceding terms are used to refer to groups that include both males and females.

los abuelos	*grandparents*	**los niños**	*children*
los hermanos	*brothers and sisters*	**los padres**	*parents*
los hijos	*children, sons and daughters*	**los tíos**	*aunts and uncles*

Ejercicio 8. *La graduación*

After the graduation ceremony, the graduates are chatting with their guests. Express this, as in the model.

Modelo: Carlos (las amigas)
Carlos charla con sus amigas.

1. Felipe (el primo)
2. Luisa (la prima)
3. Raquel (el tío)
4. tú (la mamá)
5. Uds. (los abuelos)
6. yo (los padres)
7. nosotros (la tía)
8. Miguel y yo (los tíos)
9. Carmen (las amigas)
10. mis amigos y yo (los profesores)

Ejercicio 9. *La clase ideal*

Professor Arenas asks a lot of questions. Answer them affirmatively, according to the model.

Modelo: (a Enrique) ¿ Tiene Ud. su cuaderno ?
Enrique : **Sí, tengo mi cuaderno.**

(a Enrique)

1. ¿ Busca sus apuntes ?
2. ¿ Tiene el cuaderno de Carlos ?
3. ¿ Necesita mi calculadora ?
4. ¿ Escucha las cintas de Ana ?
5. ¿ Lee su libro ?

(a los estudiantes)

6. ¿ Contestan Uds. mis preguntas ?
7. ¿ Tienen Uds. su tarea ?
8. ¿ Repasan sus apuntes ?
9. ¿ Escuchan Uds. la pregunta de Luis ?
10. ¿ Comprenden Uds. la respuesta de Ana ?

EN TU GRADUACION

C. La hora

The verb **ser** is used in expressions of time.

¿ Qué hora **es** ?   *What time is it?*
Son las cuatro.   *It's four (o'clock).*

Vocabulario *La hora*

ES LA UNA.

SON LAS DOS.

ES MEDIODÍA .

ES MEDIANOCHE.

SON LAS
DIEZ Y CUARTO.

SON LAS
TRES Y MEDIA.

SON LAS CINCO
MENOS CUARTO.

SON LAS
CINCO Y CINCO.

ES LA
UNA Y VEINTE.

SON LAS NUEVE
MENOS DIEZ.

EXPRESIONES

¿ **Qué hora es** ?	*What time is it?*	¿ **Qué hora es** ahora ?
¿ **A qué hora...** ?	*When? / At what time . . . ?*	¿ **A qué hora** vas al cine?
...a las tres.	*. . . at three (o'clock).*	Voy al cine **a las tres.**
...de la mañana.	*. . . in the morning.*	Son las diez **de la mañana.**
...de la tarde.	*. . . in the afternoon.*	La clase es a la una **de la tarde.**
...de la noche.	*. . . in the evening, at night.*	Miro la televisión a las nueve **de la noche.**
		Ahora son las ocho y media.

OBSERVACIONES

1. The singular verb **es** is used only with **la una, mediodía,** and **medianoche.**. With other hours, **son** is used.

2. When the question is **¿ A qué hora...?, ser** is not used in the answer. The verb in the question is used.

   ¿ A qué hora comes ?   **Como** a la una.

3. To distinguish between A.M. and P.M. in informal conversation, Spanish-speakers use the expressions **de la mañana, de la tarde, de la noche.*** However, the expressions **por la mañana, por la tarde,** and **por la noche** are used if there is no specific time mentioned. Contrast:

   Trabajo **a las diez de la mañana.**   *I work at ten in the morning.*
   Trabajo **por la mañana.**   *I work in the morning.*

Ejercicio 10. *La hora española*
There is a six-hour time difference between New York and Madrid. Indicate what time it is in Madrid at each of the following New York times.

   Modelo: 1:00
             Cuando es la una en Nueva York, son las siete en Madrid.

1. 1:15   5. 3:10
2. 1:20   6. 4:25
3. 1:30   7. 4:35
4. 2:05   8. 4:50

Ejercicio 11. *Mi horario*
Complete the following schedule with the names of your courses and the days and times that they meet. Then compare your schedule with a classmate by asking each other the following questions.
¿ Qué clase tienes a las once ? or ¿ A qué hora tienes tu clase de historia ?

Clase	*Día*	
español		

---

*The twenty-four-hour clock is often used to express official time.
 20:30 = **veinte horas, treinta minutos** = *8:30 P.M.*

D. *Ser* vs. *estar* (Primera parte)

Both **ser** and **estar** mean *to be;* however, they are not interchangeable. Each verb is used in different instances. Contrast the uses of the two verbs in the following sentences.

Soy estudiante.   Ahora **estoy** en la biblioteca.
Marta **es** de Puerto Rico.   Pero ahora no **está** en San Juan.
Son las diez de la noche.   La familia Hernández **está** en casa.

Ser is used to indicate:

identity: ¿ Quién **es** ? **Es** Miguel.
profession: El Sr. Gómez **es** profesor.
origin: **Es** de México. **Es** mexicano.
religious and political affiliation: **Es** católico. **Es** socialista.
time of day: **Es** la una.
possession: ¿ De quién **es** el libro ? **Es** de Julio.

Estar is used to indicate:

location: María **está** en la biblioteca.
                                                   San Juan **está** en Puerto Rico.

NOTAS GRAMATICALES

1. Remember that after **ser,** the indefinite article **un/una** is not used before the name of a profession, unless that name is modified by an adjective.

   El Sr. Gómez es profesor.   Es **un** profesor mexicano.

2. Note the interrogative expressions that correspond to *where.*

   ¿ dónde ?   location: with **estar**   **¿ Dónde está** la plaza ?   *Where is the* square?
   ¿ de dónde ?   origin: with **ser**   **¿ De dónde son** Uds. ?   *Where are you from?*
   ¿ adónde ?   destination: with **ir**   **¿ Adónde va** Juan ?   *Where is Juan going (to)?*

**Educación para Adultos,
Tarea Social**

**575-70-64
655-59-62**

Instituto Nacional para la
Educación de los Adultos

Ejercicio 12.   *Estudiantes latinoamericanos*
The following Latin American students are presently studying in the United States. Say where each one is from and where each one is at this time.

> Modelo: Inés (Colombia / colombiana / San Diego)
> **Inés es de Colombia. Es colombiana. Ahora está en San Diego.**

1. Pedro (la Argentina / argentino / Santa Cruz)
2. Silvia (Bolivia / boliviana / Santa Fe)
3. Carmen y Alfonso (Chile / chilenos / Tampa)
4. Luisa y Ramón (Venezuela / venezolanos / San Antonio)
5. yo (el Ecuador / ecuatoriano / Nueva York)
6. tú (el Perú / peruano / Chicago)
7. Ud. y yo (Guatemala / guatemaltecos / Pueblo)
8. Uds. (Nicaragua / nicaragüenses / Albuquerque)

Ejercicio 13.   *Ocupaciones*
*One generally works at a specific location. Make ten sets of logical sentences using elements from Columns A, B, and C with the appropriate forms of **ser** and **estar**.*

> Modelo: **Carmen es estudiante. Ahora está en la universidad.**

A *ser*	B *Estar*	C
yo	estudiante	la capital
tú	profesor/a	la universidad
Carmen	doctor/a	la biblioteca
Pablo y Ricardo	recepcionista	el hospital
Ud.	secretaria	la oficina
Uds.	atleta	el estadio
nosotros	presidente	la clase de español
		el hotel

Ejercicio 14.   *En español*
Carlos goes to the language lab to listen to the tapes for his English class. The following dialogue is between Pilar, the student who assists in the lab, and Carlos. Put it into Spanish.

CARLOS   I have to listen to the English tapes.
 PILAR   What tapes do you need?
CARLOS   The tapes for exercises 5, 6, and 7 on page 103 in my lab manual.
 PILAR   Here they are. What English class are you in?
CARLOS   Professor Wilson's class. Mondays, Wednesdays, and Fridays at eleven o'clock.
 PILAR   Do you have a lot of homework?
CARLOS   A lot. And tomorrow we have an exam.
 PILAR   Are you getting good grades?
CARLOS   I have to get good grades. I have a scholarship!

Tengo que sacar notas. Tengo una bec

≋Ahora le toca a Ud. *Pensamientos (Thoughts)*

Many thoughts will be going through your mind as you wait to receive your diploma on graduation day. Express some of them by completing the following sentences.

Mi familia y mis amigos que están aquí hoy son...
Ahora no tengo que...
Pero ahora tengo que...

Mañana...
El año próximo...
Espero...

Fonética *La consonante* d

At the beginning of a single word or group of words, or after **n** or **l,** the letter **d** is pronounced /d/, very much like the English *d* in *dog.*

In the middle of a word or group of words, except after **n** or **l,** it is pronounced /đ/, like the English *th* in *the.*

Práctica

/d/:   deseo   difícil   de   día   disco   domingo
        discoteca   diez

/đ/:   sábado   helado   partido   estadio   radio   nada

/d/ and /đ/:   delgado   divertido   descansado   ¿dónde?

EN RESUMEN

A. Substitute the expressions in parentheses for the italicized words. Make all necessary changes.

1. Emilia *estudia español.* (aprender el vocabulario ; comprender la gramática ; leer la lección ; escribir la tarea)
2. Tú *tomas café con leche.* (beber un refresco ; comer una ensalada ; tener hambre ; comprar un sándwich ; tener sed)
3. Nosotros *contestamos las preguntas.* (tener prisa ; vivir en la residencia ; escribir la tarea ; correr todos los días)
4. Yo *compro una revista.* (leer la revista ; tener calor ; llamar a mis primos ; regresar a las 11:00 ; charlar con mis amigos)
5. Mis compañeros de clase *escuchan las cintas.* (sacar buenas notas ; contestar en español ; tomar un examen ; repasar la lección)
6. María va a visitar *a su tía.* (sus amigas ; Madrid ; Carolina ; el museo ; Enrique y Miguel)
7. *Javier* charla con su tío. (tú ; yo ; mi hermano y yo ; Javier y Consuelo)
8. *Yo* busco a mi hermana. (nosotros ; Pepe ; tú ; Maruja y Lidia)
9. Aquí se *habla español.* (hablar dos lenguas ; vender revistas ; comprar las entradas ; beber café)

*B. Complete the sentences with the correct form of **ser**, **estar**, or **tener**.*

1. Hoy _____ miércoles.
2. ¿_____ Ud. sed ? La cafetería _____ cerca de aquí.
3. ¿Qué hora _____ ? ¿_____ la una ? Tengo que _____ en la clase de español ahora.
4. ¿De dónde _____ el esposo de la Sra. Delgado ?
5. Él _____ español, pero ahora _____ en Venezuela porque _____ presidente de una compañía internacional.
6. Horacio _____ calor. Él no _____ bien.
7. ¿_____ fácil tocar la trompeta ?
8. La revista _____ de España. _____ en la biblioteca.
9. Juan _____ alto, guapo e inteligente. ¡ _____ mi hombre ideal !

*C. The following schedule gives the flights of Iberia, the Spanish national airline, from Sevilla to other cities in Spain. Change the 24-hour clock flight times to A.M. and P.M. as you indicate to the ticket agent the day, time, and flight number of the flight you wish to take. (**Diario** means daily.)*

1. Quiero ir a Barcelona el ___lunes___ a las ___nueve y dias dela mancia___ en el vuelo *(flight)* número _____ .

2. Tengo que llegar a Madrid el _____ a las _____ en el vuelo número _____ .

3. Quiero ir de Madrid a Sevilla el ___sabado___ a las ___Bicta y hedra de la manana___ en el vuelo número ___once___ .

4. Quiero pasar el fin de semana en Las Palmas. ¿Tiene Ud. un asiento *(seat)* en el vuelo número _____ que va el _____ a las _____ ? ¿Es posible volver *(to return)* a Sevilla el _____ a las _____ en el vuelo número _____ ?

	D	A			D	A	
SEVILLA - BARCELONA				**BARCELONA - SEVILLA**			
IB-422	09.10	10.30	Diario	IB-583	07.35	09.00	Diario, excepto Sáb. y Dom.
IB-582	19.30	20.50	Diario	IB-583	09.35	11.00	Sáb. y Dom.
IB-584	22.50	00.10	Diario, excepto Dom. (1)	IB-585	20.15	21.40	Diario, excepto Dom. (1)
SEVILLA - LAS PALMAS				**LAS PALMAS - SEVILLA**			
IB-649	00.40	01.40	Lun., Mar., Juev. y Sáb. (2)	IB-112	11.10	15.10	Lunes
IB-111	13.35	15.35	Lunes	IB-116	11.10	15.10	Miérc. y Vier.
IB-117	13.35	15.40	Miérc. y Vier.	IB-528	11.40	14.35	Mar., Juev. y Sáb.
IB-371	14.15	15.15	Lun., Miérc., Vier. y Dom.	IB-370	16.20	19.10	Lun., Miérc. Vier. y Dom.
IB-529	19.50	20.55	Mar., Juev. y Sáb.	IB-648	23.05	02.00	Lun., Miérc., Vier. y Dom. (3)
SEVILLA - MADRID				**MADRID - SEVILLA**			
IB-682	07.45	08.35	Diario	IB-011	07.30	08.25	Diario (4)
IB-010	09.40	10.30	Diario, excepto Sáb. (4)	IB-015	11.25	12.20	Diario (5)
IB-012	13.05	13.55	Diario (5)	IB-111	11.55	12.50	Lunes
IB-112	15.55	16.45	Lunes	IB-117	11.55	12.50	Miérc. y Vier.
IB-116	15.55	16.45	Miérc. y Vier.	IB-683	16.20	17.15	Diario
IB-014	18.15	19.05	Diario	IB-017	19.25	20.20	Diario, excepto Dom.
IB-016	21.05	21.55	Diario, excepto Dom.	IB-019	22.55	23.50	Diario
IB-018	23.55	00.45	Domingo.				

Otras perspectivas II

Toda la familia disfruta de un buen programa de televisión en Madrid.

Lectura cultural   ¿Y cómo está la familia?

Cuando los norteamericanos hablan de su familia, generalmente hablan de sus padres y sus hermanos. Pero cuando los hispanos usan la palabra «familia», incluyen a los padres, los hermanos, los abuelos, los tíos, los primos y a todas las otras personas **emparentadas** por **sangre** o por matrimonio.

En las zonas rurales, frecuentemente tres generaciones de una familia viven en la **misma** casa. Y en las **ciudades** también muchos hijos **todavía** viven en la casa de sus padres **hasta casarse. Todos ayudan** con los **quehaceres domésticos** o con los niños de la familia. **Además,** muchas familias de la clase **media** y la clase **adinerada** tienen servicio doméstico (sirvientes) para **hacer** los quehaceres domésticos y **cuidar** a los niños.

Otras personas importantes en una familia son los **padrinos.** Generalmente los padrinos son amigos o parientes de los padres de una **criatura.** Ser madrina o padrino* es un honor y también una responsabilidad, y las dos familias mantienen una **estrecha** relación. Si **algo les pasa** a los padres de la criatura,

related / blood
same / cities / still
until getting married /
  Everyone helps
household chores /
  Furthermore
middle / wealthy / to
  do / to take care of
godparents
infant

close / something
  happens

*En México y algunos otros países se usan las palabras **comadre** y **compadre.**

los padrinos tienen la obligación de **cuidarla.** Y el **ahijado** siempre tiene una relación de **cariño** y respeto con ellos.

    Los hispanos pasan mucho tiempo con la familia. Celebran **juntos** las **fiestas** y todos los momentos importantes de la vida. Muchas familias tienen la **costumbre** de **reunirse** los domingos para comer en casa o en un restaurante y pasar el día juntas.

to take care of it / godchild
affection
together / holidays
custom / getting together

Nota cultural   Spanish surnames

When a Hispanic woman marries, she does not change her surname to that of her husband but simply adds his to her other names. Therefore, if her name is Esperanza Gómez Estrada and she marries Luis Villegas Rodríguez, her name after marriage will be Esperanza Gómez de Villegas. ("Estrada" is her mother's maiden name, and "Rodríguez" is his mother's maiden name.) Some professional women prefer to continue to use only their maiden names, and other women choose to omit the **de.** The children of Esperanza and Luis will also bear the surnames of both parents: Villegas Gómez or Villegas y Gómez.

Actividad A.   *Comprensión de lectura*
Complete the following sentences with the appropriate words from the Lectura.

1. Cuando un norteamericano habla de su familia, generalmente se refiere a

    _____ .

2. El hispano usa la palabra « familia » para indicar _____ .
3. Los hijos de la familia viven en casa hasta _____ .
4. Cuando los abuelos son muy viejos, viven _____ .
5. Los padrinos son _____ .
6. Ser padrino es una responsabilidad porque _____ .
7. Los fines de semana muchas familias hispanas _____ .

Actividad B.   *Diferencias culturales*
Examine some of the North American and Hispanic cultural differences by thinking about the following questions.

1. ¿ Quiénes son los miembros *(members)* de su familia ? ¿ Dónde viven ?
2. ¿ Tiene Ud. padrinos ? ¿ Quiénes son ?
3. ¿ Piensa *(Do you intend to)* vivir en casa hasta casarse ? ¿ Dónde piensa vivir después de terminar sus estudios ?
4. ¿ Tiene Ud. abuelos ? ¿ Cuántos años tienen ? ¿ Dónde viven ?
5. ¿ Con quiénes celebra Ud. los momentos importantes de la vida ?
6. ¿ Cómo pasa su familia los fines de semana ?

Día por día *Llamada telefónica*

¡ Hola ! ¿ Quién habla ?

UNA LLAMADA A UNA AMIGA
Carlos calls up Gloria, and her mother answers the phone.

MAMÁ   ¿Hola?

> **Bueno.**   (México)
> **Sí, dígame.**   (España)

CARLOS   Buenos días, señora. Me gustaría hablar con Gloria, por favor.

> ¿Está Gloria en casa?
> Con Gloria, por favor.

MAMÁ   ¿Quién habla?

> ¿De parte de quién?   Who is calling?

CARLOS   Carlos Estrada.
MAMÁ   Momentito.

> Un momento, por favor. No corte.   Don't hang up.

GLORIA   Hola, Carlos. ¿Cómo estás?

> ¿Qué hay de nuevo?   What's new?
> ¿Qué me cuentas?   What's new?

Actividad C.   Con la mamá
When Eduardo calls up Cecilia, her mother answers the phone.

MAMÁ   ¿Hola?
EDUARDO   Buenos días, señora. _____.
MAMÁ   ¿_____?
EDUARDO   Eduardo Espinosa.
MAMÁ   _____, por favor. _____.

Actividad D.   Con Cecilia
Cecilia comes to the phone.

CECILIA   Hola. ¿Quién habla?
EDUARDO   _____.
CECILIA   ¡Ah, Eduardo! ¿_____?
EDUARDO   Muy bien, Cecilia. ¿_____?

Lección 7 **Problemas y soluciones**

Lesson Objectives
In this lesson you will learn to . . .
- refer to the immediate past
- state emotional and physical feelings
- ask how old someone is and tell your age
- ask if a person is married or single and tell your marital status

Lección 8 **¡ Vacaciones, lindas vacaciones !**

Lesson Objectives
In this lesson you will learn to . . .
- talk about more of your activities
- discuss vacations and trips
- state what you and others feel like doing
- express yourself affirmatively and negatively
- tell about the weather and the seasons

UNIDAD III

Lección 9 **Un regalo especial**

Lesson Objectives
In this lesson you will learn to . . .
- express your wishes, thoughts and intentions
- talk about what you and others know how to do
- tell with whom or what you are acquainted or familiar

Otras perspectivas III   Las diversiones
In this section you will . . .
- compare leisure activities in the Spanish-speaking world and the United States
- learn about films in Spanish
- practice accepting or declining an invitation

Ella aprende a escribir a máquina en México.

Problemas y soluciones

*En una revista popular hay una columna dedicada a preguntas y respuestas **dirigidas** a la señorita **Sabelotodo**. Aquí hay algunos **ejemplos** de las cartas que ella **recibe** y sus respuestas.*

> sent / Know-it-all /
> examples
> receives

Querida señorita Sabelotodo:

Tengo un problema muy curioso. No tengo hambre, no tengo sueño, pero estoy muy contenta. **¡Últimamente** siempre estoy **de buen humor!** ¿Estoy **enferma?** ¿Es **algo** grave?

Catalina

RESPUESTA: Estar **enamorada** no es grave.

> Dear
>
> Lately / in a good mood
> sick / something
>
> in love

Querida señorita Sabelotodo:

Antes de los exámenes siempre estoy nervioso, estoy **preocupado** y tengo palpitaciones del **corazón.** ¿Cuál es mi problema?

Fernando

RESPUESTA: No tiene problema. Ud. es **completamente** normal.

> worried
> heart
>
> completely

Querida señorita Sabelotodo:

    Cuando voy a mi trabajo, estoy de mal humor. Cuando hablo con mi **jefe,**   boss
estoy **enojada.** Soy una persona muy trabajadora, pero últimamente **no tengo**   angry / I don't feel
ganas de trabajar. ¿Qué necesito?   like

María Inés

RESPUESTA: Otro trabajo o unas vacaciones.

Querida señorita Sabelotodo:

    Estoy muy contento en la universidad. Soy **miembro** del **equipo** de tenis,   member / team
trabajo en el periódico estudiantil, participo en muchas actividades, y voy a
una fiesta o una discoteca **casi todas las** noches. **Sin embargo,** mis notas son   almost / every /
malas. ¿Qué más tengo que **hacer**?   However
                                                                                        to do

Lorenzo

RESPUESTA Estudiar.

Comprensión
¿ Cierto o falso ? Correct the sentences that are false.

1. La señorita Sabelotodo contesta preguntas en su columna.
2. La gente escribe cartas a la señorita Sabelotodo.
3. Catalina no come mucho.
4. Catalina está enferma.
5. Fernando tiene problemas físicos y mentales antes de un examen.
6. Fernando necesita un médico.
7. María Inés no está contenta.
8. María Inés no tiene ganas de trabajar porque es perezosa.
9. María Inés tiene que buscar otro trabajo.
10. Lorenzo es un buen estudiante.

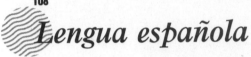engua española

A. *Acabar de*

In the examples below, the first sentence of each pair describes an event that is going to happen soon. The second sentence describes an event that has just happened. Contrast the expressions in boldface.

Antonio **va a tomar** un examen.	*Antonio is going to take an exam.*
Dolores **acaba de tomar** un examen.	*Dolores just took (has just taken) an exam.*
¿**Van** Uds. **a comer**?	*Are you going to eat?*
No, **acabamos de comer**.	*No, we just ate (have just eaten).*

To express an action that has just happened, Spanish-speakers use the following construction:

> present tense of **acabar** + **de** + infinitive

Note: **Acabar** is a regular **-ar** verb that means *to finish*.

¿Vas a **acabar** el trabajo?   *Are you going **to finish** the work?*

 Ejercicio 1.   *¿Por qué no?*
When a classmate asks if you are going to do the following things, reply that you have just done them.

Modelo: comer
     —¿**Vas a comer ahora**?
     —**No, acabo de comer.**

1. hablar con el profesor
2. tomar un café
3. asistir a la clase de español
4. leer el periódico
5. correr en el centro deportivo
6. sacar un libro de la biblioteca
7. llamar a tus padres
8. comprar un refresco

Ejercicio 2.   *Son las 9:00 de la mañana*
It is only 9:00 A.M.*, but these diligent people have already done something.*
Express what they have just done, as in the model.

> Modelo: Daniel / correr diez kilómetros
> **Daniel acaba de correr diez kilómetros.**

1. Alicia / estudiar sus apuntes
2. nosotros / tomar un examen
3. los estudiantes / comer
4. papá / comprar una calculadora
5. el profesor / enseñar una clase
6. tú / escribir una carta
7. yo / asistir a una clase de ejercicio
8. Pedro / leer cien páginas

B. *Estar* con adjetivos de condición

Note the use of **estar** in the sentences below.

> Susana **está nerviosa** porque tiene
> un examen a las dos.
> Elba **está cansada** porque acaba
> de correr cinco kilómetros.

> *Susana **is nervous** because she*
> *has an exam at two o'clock.*
> *Elba **is tired** because she has*
> *just run five kilometers.*

Estar is used with certain adjectives to describe a physical condition or an emotional state. The use of **estar** implies that this condition or state represents or is the result of a *change*. In the preceding examples, Susana is not usually nervous; she became nervous (as a result of thinking about the exam). Elba was not tired before; she became tired (after running five kilometers).

Vocabulario   *Adjetivos que se usan con* estar

EL ESTADO EMOCIONAL (EMOTIONAL STATE)

aburrido ≠ ocupado	*bored ≠ busy*
alegre ≠ triste	*happy ≠ sad*
contento ≠ enojado, furioso	*happy, contented ≠ angry, furious*
de buen humor ≠ de mal humor	*in a good mood ≠ in a bad mood*
tranquilo ≠ nervioso, preocupado	*calm, quiet ≠ nervous, worried*
(por algo), frustrado	*(about something), frustrated*
enamorado	*in love*

EL ESTADO FÍSICO (PHYSICAL CONDITION)

cansado ≠ descansado	*tired ≠ rested*
enfermo ≠ de buena salud	*sick ≠ healthy, in good health*
listo ≠ no listo	*ready ≠ unprepared, not ready*

EL ESTADO SOCIAL

casado	*married*
solo ≠ juntos	*alone, by oneself ≠ together*

ADVERBIOS

otra vez	*again*	Estoy enamorado **otra vez.**
todavía	*still; yet*	¿**Todavía** estás aquí?

EXPRESIONES

ser soltero/a	*to be single, unmarried*	Mi tío es **soltero.**
tener... años	*to be . . . years old*	**Tiene** 32 **años.**
¿**Cuántos años tienes?**	*How old are you?*	

OBSERVACIONES

1. Note that in Spanish the verb **tener** is used when asking or telling one's age.

   ¿Cuántos años **tiene** Ud.?   **Tengo** 18 años.

2. Adjectives ending in **-ado** and **-ido** are often derived from verbs and frequently correspond to English past participles.

   aburrir   *to bore*   **aburrido**   *bored*

 Ejercicio 3.   *Diálogo: ¿Cómo estás?*
Ask a classmate how he or she feels at present, using the suggested expressions.
*Your classmate may wish to use certain modifiers (such as **muy, un poco,** and* ***bastante)** when answering.*

   Modelo: cansado
             —¿**Estás cansado/a?**
             —**Sí, estoy bastante cansado/a.**   or   —**No, no estoy cansado/a.**

1. descansado	6. aburrido	11. nervioso
2. enfermo	7. de mal humor	12. preocupado
3. contento	8. triste	13. solo
4. furioso	9. de buena salud	14. de buen humor
5. enamorado	10. tranquilo	15. alegre

Ejercicio 4.   *Circunstancias*

Something has just happened that influences the way the following people feel.
Describe their condition, using adjectives from pages 109 and 110.

Modelo: Felipe acaba de llamar a su novia.   **Está contento.**

1. Marta acaba de sacar una buena nota.
2. Ricardo y Miguel acaban de tomar mucho vino.
3. Los estudiantes acaban de tomar un examen muy difícil. *Estamos alegre*
4. Yo acabo de pasar un fin de semana muy divertido. *Estoy muy alegre*
5. Tú acabas de regresar del hospital.
6. Susana y yo acabamos de buscar trabajo.
7. La profesora acaba de enseñar una clase.
8. Tú acabas de sacar una mala nota.
9. Papá acaba de tener un accidente con el coche.
10. Nosotros acabamos de hablar con amigos.

Ejercicio 5.   *Otras circunstancias*

Ask a classmate how he or she feels under the following circumstances.

Modelo: ganar mucho dinero   *How do you feel when you earn much money*
       —¿ **Cómo estás cuando ganas mucho dinero?**
       —**Estoy contento/a (de buen humor...).**

1. estar enfermo/a
2. ir a una fiesta alegre
3. tener novio/a
4. tener un examen
5. sacar una mala nota

6. ir a una fiesta aburrida
7. tener que hablar en público
8. trabajar mucho
9. no tener razón
10. no tener dinero

C. *Ser* vs. *estar* (Segunda parte)

Contrast the uses of **ser** and **estar** in the sentences below.

Soy optimista.	Pero hoy **estoy muy triste.**
Raquel **es simpática.**	Pero ahora **está de muy mal humor.**
Los estudiantes **son serios.**	**Están nerviosos** antes del examen.

Ser is used with adjectives expressing basic characteristics and qualities normally associated with the subject.

nationality:	Pablo **es** mexicano.
physical aspects:	Mi hermana **es** muy alta.
personality and intelligence:	Los estudiantes **son** inteligentes.
age:	Mi abuelo **es** viejo.

   Also illustrate with ser humano to show basic characteristics and qualities.

Estar is used with adjectives expressing physical and emotional states and conditions associated with a change in the subject.

physical condition:	Mi hijo **está** enfermo hoy.
emotional state:	**Estamos** contentos durante las vacaciones.
social state:	Mi hermana mayor **está** casada.

MUSICA CLASICA

**Todas las noches, en directo,
Cuarteto de Cuerda y Piano, a las 11**

NOTA GRAMATICAL

Some adjectives may be used with either **ser** or **estar,** but with different connotations. For instance:

El profesor Santos **es aburrido.**	*Professor Santos **is boring.*** (basic characteristic)
Los estudiantes **están aburridos.**	*The students **are bored.*** (emotional state)
Rafael **es listo.**	*Rafael **is clever.*** (basic characteristic)
Ahora **no está listo.**	*He **is not ready** now.* (condition subject to change)

Ejercicio 6.   ¿ Y tú ?

Find out more about a classmate by asking questions using **ser** *and* **estar** *and the following cues.*

(handwritten: Permanent / Ser – characterise / estar – Temporary state or emotional state)

> Modelo: alegre
> —¿ **Estás alegre ?**
> —**Sí, estoy alegre.**   or   —**No, no estoy alegre.**

1. conservador/a
2. aburrido/a
3. nervioso/a
4. contento/a

5. trabajador/a
6. enfermo/a
7. serio/a
8. de México

9. generoso/a
10. cansado/a
11. norteamericano/a
12. de buen humor

(handwritten: ser eres   soy / estar estás   estoy)

Ejercicio 7.   ¿ Y Ud. ?

*This is an opportunity to learn more about your professor by supplying the correct verb (***ser, estar, tener***) for the questions.*

1. ¿ _____ Ud. norteamericano/a ?   *(handwritten: es la e)*
2. ¿ De dónde _____ Ud. ?
3. ¿ Cuántos años _____ Ud. ?
4. ¿ _____ Ud. contento/a con el progreso de la clase ?
5. ¿ _____ Ud. siempre de buen humor ?

6. ¿ _____ Ud. aburrido/a en la clase ?
7. ¿ _____ Ud. casado/a ?
8. ¿ _____ Ud. cansado/a hoy ?
9. ¿ _____ Ud. generoso/a con las notas ?
10. ¿ *tiene* Ud. prisa después de la clase ?   *(handwritten: hurry after)*

Ejercicio 8.   ¿ Cómo están ? ¿ Dónde están ? ¿ Cómo son ?

(handwritten: How are you? Where are you? How are they?)

Describe the following people, places, and things by answering the questions below. Use **ser** *or* **estar**, *as appropriate. If your answer requires an adjective, be sure it agrees with the subject.*

> Modelo: La biblioteca: ¿ grande o pequeño ?   *(handwritten: es / esta)*
> **La biblioteca es grande.**   or   **La biblioteca es pequeña.**

1. El presidente de los Estados Unidos: ¿ conservador o liberal ? ¿ alto o bajo ? ¿ guapo o feo ? ¿ todavía en Washington o de vacaciones ? ¿ enfermo o de buena salud ? ¿ casado o soltero ? ¿ Cuántos años tiene ?
2. Mi perro / gato: ¿ grande o pequeño ? ¿ joven o viejo ? ¿ inteligente o estúpido ? ¿ aquí o en casa ? ¿ tranquilo o nervioso ? ¿ gordo o delgado ?
3. El/La profesor/a de español: ¿ norteamericano o español ? ¿ siempre de buen humor o a menudo de mal humor ? ¿ divertido o serio ? ¿ aburrido o interesante ?
4. Yo: ¿ en la universidad o en casa ? ¿ aburrido u ocupado ? ¿ preocupado o tranquilo ? ¿ simpático o antipático ? ¿ alegre o triste ? ¿ casado o soltero ? ¿ optimista o pesimista ?
5. Mi compañero/a de cuarto: ¿ otra vez en la cafetería o en la biblioteca ? ¿ trabajador o perezoso ? ¿ listo para el examen o preocupado por el examen ? ¿ enamorado o no ? ¿ de Nueva York o de California ?

(handwritten: están / son)

D. Adverbios que terminan en *-mente*

Contrast the adjectives in boldface type with the corresponding adverbs.

una chica **sincera**	Ella habla **sinceramente**.	*sincerely*
una persona **inteligente**	Ella contesta **inteligentemente**.	*intelligently*
una tarea **fácil**	Repasamos la tarea **fácilmente**.	*easily*

Adverbs are derived from adjectives as follows:

> feminine form of adjective + **-mente**

Note the adverb derived from the adjective **rápido**.

rápidamente   A veces el profesor habla **rápidamente**.

Ejercicio 9.   *¿ Cómo ?*
How do you usually do things? Answer frankly when asked the following questions.

> **Modelo:** ¿ Cómo hablas español ? (perfecto)
> **Hablo español perfectamente.**
> or **No hablo español perfectamente.**

1. ¿ Cómo manejas ? (rápido)
2. ¿ Cómo lees el español ? (fácil)
3. ¿ Cómo pasas los fines de semana ? (alegre)
4. ¿ Cómo tomas un examen ? (tranquilo)
5. ¿ Cómo respondes ? (franco) *sincerly*
6. ¿ Cómo contestas las preguntas ? (completo)
7. ¿ Cómo vas a la biblioteca ? (directo)

Ejercicio 10.   *Lógicamente*
Tell how or when the following things or people function. Follow the model.

> **Modelo:** Es una calculadora rápida. Funciona _____ .
> **Funciona rápidamente.**

1. Es una película especial. Es _____ interesante.
2. Necesito una respuesta inmediata. Necesito una respuesta _____ . *inmdiatunente*
3. Soy una persona puntual. Siempre llego _____ .
4. Mi problema es urgente. Tengo que hablar contigo _____ .
5. Es un repaso completo. Los estudiantes repasan _____ . *completamente*
6. Es la nota final. _____ tengo la nota.
7. Es un autobús directo. Va _____ a la universidad.
8. Elena es paciente. Trabaja _____ .

E. El pronombre relativo *que*

In the following sentences, the words in boldface are *relative pronouns*. Compare the forms of these pronouns in Spanish and English.

Tengo un amigo **que** habla chino.

Vamos al restaurante **que** está cerca del estadio.

Los profesores **que** tengo son demasiado serios.

El libro **que** leo es muy divertido.

*I have a friend **who** speaks Chinese.*

*We are going to the restaurant **that** is near the stadium.*

*The professors **(whom)** I have are too serious.*

*The book **(that)** I am reading is very amusing.*

The relative pronoun **que** *(who, that, which, whom)* may refer to either people or things.

NOTA GRAMATICAL

The relative pronoun **que** may not be omitted in Spanish. In English, however, the relative pronoun is often left out when it is the direct object.

la muchacha **que** invitamos...

el vino **que** tomas...

*the girl **(whom)** we are inviting . . .*

*the wine **(that)** you drink . . .*

COSAS QUE PASAN

   Ejercicio 11.   *En una fiesta*

Imagine that you are at a party in Madrid with a Spanish friend. Ask your friend to identify the other guests.

Modelo: Una chica bebe Coca-Cola.
   ¿ Cómo se llama la chica que bebe Coca-Cola ?

1. Una chica baila muy bien.
2. Un chico toca la guitarra.
3. Un hombre gordo habla con una mujer delgada.

4. Un señor toma cerveza.
5. Una señora toma fotos.
6. Una muchacha canta.

Ejercicio 12. *En español*

*Cecilia Ramos is applying for a summer job in a department store. Put her interview with the personnel director (**el director de personal**) into Spanish.*

D.P. Good morning. You are Cecilia Ramos, right?

CECILIA Yes, sir.

D.P. How old are you, Miss Ramos?

CECILIA I'm 20 years old.

D.P. Are you still a student?

CECILIA Yes, I study at the university.

D.P. Are you married?

CECILIA No, sir. I'm single.

D.P. In good health?

CECILIA Yes, sir. I'm in good health, and I'm a hardworking person.

D.P. Very good. We frequently have many Americans who buy things in the store. Do you speak English?

CECILIA Yes, very well. I have just taken my final English exam.

D.P. Perfect! Are you still busy at the university? When are you ready to **(para)** work?

CECILIA Immediately!

≋Ahora le toca a Ud. *Preguntas y respuestas*

Do you have a problem that requires good advice? Write a letter to señorita Sabelotodo telling her about it. Perhaps you also give good advice. Reply to the letters that appear in *Problemas y soluciones.*

Fonética *El sonido de* /k/

Before the vowels **a, o,** and **u,** and before consonants, the /k/ sound is represented by the letter **c** in Spanish.

Before **e** and **i,** the /k/ sound is represented by the letters **qu.**

Práctica

ca:	**ca**pital	chi**ca**	sa**ca**	biblio**teca**	bus**can**
co:	po**co**	**Co**lombia	**con**	bus**co**	**com**pañero
cu:	**cu**bano	¿ **cu**ándo ?	¿ **cu**ántas ?	¿**cu**ál ?	**cu**atro
cl:	**cl**aro	**Cl**audio	**Cl**audia	**cl**ase	mexi**ca**no
que:	**que**	¿ **qué** ?	pe**que**ño	Enri**que**	**cu**arenta
qui:	a**quí**	**qui**én	**qui**nce	**quí**mica	

A los jóvenes les gusta jugar al vólibol en la playa.

Lección 8

¡Vacaciones, lindas vacaciones!

Después de los estudios, después del trabajo y después de los exámenes fina-
les, **llegan** *las vacaciones.* ¡ *Qué* **alegría** *!* ¿ *Qué* **hace** *Ud. cuando está de*
vacaciones? Vamos a **hacer la pregunta** *a* **algunos** *estudiantes hispanos:*

arrive / joy / do you do

to ask / some

Consuelo (de España)

Generalmente **no hago nada** muy interesante, pero **este** año voy a **hacer**
algo fascinante. La semana próxima **salgo** para los Estados Unidos. Es la
primera vez que **hago un viaje** a otro **país,** y es la primera vez que viajo en
avión. Y ¡todavía tengo que **esperar** una semana más!

I don't do anything /
  this / to do
  something
I leave
first time / I'm taking
  a trip / country
airplane / to wait

Javier (de Chile)

Mi familia tiene una casa en Viña del Mar, cerca de la playa, **así que**
siempre paso las vacaciones allá. Cuando **hace buen tiempo** paso los días en
la playa, y cuando hace mal tiempo **hago** otras **cosas:** leo, escribo cartas, voy
al cine con algunos amigos... No tengo **ningún** plan especial.

so

the weather is good
I do / things
any

José Luis (de California)

¿Las vacaciones? **Algún día** voy a pasar las vacaciones en la playa, pero
por el momento las vacaciones son una oportunidad para ganar dinero. Es
verdad que necesito unas vacaciones. ¡Trabajo y estudio todo el año! Pero
¡necesito el dinero más!

Someday
for
true

Guillermo (de la Argentina)

¡Este año voy a hacer un viaje fabuloso! En enero mi hermano y yo vamos a la **Antártida.** ¡Qué aventura! Primero vamos en avión a Ushuaia, una
ciudad en la **isla** de Tierra del Fuego. De allá hacemos el viaje en **barco.** Claro,
ahora es **verano,** pero en la Antártida siempre **hace mucho frío.** Voy a llevar
mi cámara y espero sacar unas fotos estupendas.

Antarctica
city / island / boat
summer / it is very
  cold

Comprensión
¿ Cierto o falso ? Correct the statements that are false.

1. Consuelo siempre viaja a otros países.
2. Ella va a pasar las vacaciones en los Estados Unidos.
3. Ella va frecuentemente a los Estados Unidos.
4. Ella está muy entusiasmada.
5. Javier pasa los días lindos en la playa.
6. Él está aburrido cuando hace mal tiempo.
7. En el futuro, José Luis va a pasar las vacaciones en la playa.
8. Él tiene que trabajar durante las vacaciones.
9. Él es estudiante.
10. José Luis necesita unas vacaciones, pero no tiene mucho dinero.
11. Guillermo va a pasar las vacaciones en Tierra del Fuego.
12. Va a viajar en avión y en barco.
13. Él viaja en enero, así que es el invierno allí.

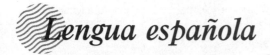 *engua española*

A. Verbos irregulares que terminan en *-go* en la primera persona singular

You have already learned one irregular verb **(tener)** whose **yo** form has an irregular **-go** ending: **tengo.** The following vocabulary listing presents six other common verbs that have the **-go** ending in the **yo** form.

Vocabulario   *Verbos irregulares*

hacer	*to do; to make*	Ahora **hago** mucho trabajo.
oír	*to hear*	**Oigo** las noticias.
poner	*to put; to place*	¿Dónde **pongo** la carta?
salir	*to go out; to leave*	**Salgo** a menudo con mis amigas mexicanas.
traer	*to bring*	¿**Traigo** mi guitarra a tu casa?
venir	*to come*	**Vengo** con mi hermano.

Note the complete conjugations of these verbs in the chart on the next page.
Pay special attention to the irregularities that are indicated in boldface.

	HACER	PONER	TRAER	SALIR	OÍR	VENIR
(yo)	**hago**	**pongo**	**traigo**	**salgo**	**oigo**	**vengo**
(tú)	haces	pones	traes	sales	oyes	vienes
(él, ella, Ud.)	hace	pone	trae	sale	oye	viene
(nosotros)	hacemos	ponemos	traemos	salimos	oímos	venimos
(vosotros)	hacéis	ponéis	traéis	salís	oís	venís
(ellos, ellas, Uds.)	hacen	ponen	traen	salen	oyen	vienen

NOTAS GRAMATICALES

1. The **-er** verbs **(hacer, poner,** and **traer)** have regular -er endings. The **-ir** verbs **(salir, oír,** and **venir)** have regular -ir endings. (Note: **oír** has a written accent in the **nosotros** and vosotros forms.)

2. The present-tense forms of **venir** are similar to those of **tener,** with the exception of the **nosotros** and **vosotros** endings.

Ejercicio 1.   *Chismes (Gossip)*
In each sentence, replace the subject, whether expressed or not, with each of the subjects given in parentheses. Make all necessary changes.

   Modelo: Roberto sale con su prima. (yo)   **Salgo con mi prima.**

1. Siempre salimos los domingos. (Cecilia ; yo ; tú ; Ud. ; María y Jaime)
2. ¿Dónde pone su artículo Guillermo ? (Rosa y yo ; Uds. ; tú ; yo ; Ud.)
3. Los estudiantes traen las revistas aquí. (yo ; tú ; nosotros ; Ud. ; Ana)
4. ¿Qué oyen los chicos ? (el profesor ; Alberto y yo ; Luis y tú ; yo ; tú)
5. Mis padres vienen mañana a las dos. (Ud. ; nosotros ; tú ; Teresa ; yo)
6. Paco siempre hace la tarea. (nosotros ; yo ; Ud. ; tú ; las chicas)

Vocabulario *Las vacaciones*

SUSTANTIVOS

un aeropuerto	*airport*	una bicicleta	*bicycle*
un autobús	*bus*	una cosa	*thing*
un avión	*airplane*	la estación	*station*
un barco	*boat*	una maleta	*suitcase*
un coche	*car*	una motocicleta (una moto)	*motorcycle*
un país	*country; nation*		
un tren	*train*		
un viaje	*trip; voyage*		

ADJETIVOS

curioso	*strange; rare*	Siempre compra cosas **curiosas.**
extranjero	*foreign*	Carlos tiene un coche **extranjero.**
nuevo ≠ viejo	*new ≠ old*	Necesito una maleta **nueva.** No quiero llevar mi maleta vieja.

VERBOS Y EXPRESIONES

caminar	*to walk; to go*	**Caminamos** por la playa.
descansar	*to rest*	Quiero **descansar** mañana.
esperar	*to wait (for)*	**Esperamos** cinco minutos más.
disfrutar (de)	*to enjoy*	Voy a **disfrutar de** las vacaciones.
hacer compras	*to shop*	**Hacen compras** en el almacén.
hacer la maleta	*to pack*	Acabo de **hacer la maleta.**
hacer preguntas	*to ask questions*	Los estudiantes **hacen preguntas.**
hacer un viaje	*to take a trip*	¿**Hacen** Uds. **el viaje** en barco?
ir, viajar en avión, en tren	*to go, travel by plane, train*	**Viajamos en avión.**
tener ganas de + inf.	*to feel like + inf.*	**Tengo ganas de** caminar.

ADVERBIOS Y EXPRESIONES

a veces	*sometimes*	**A veces** viajo en tren.
de vez en cuando	*from time to time; once in a while*	Hacemos viajes **de vez en cuando.**
entonces	*then*	**Entonces** viajamos en avión.
si	*if*	**Si** estoy cansado, descanso.

OBSERVACIONES

1. The adjectives **nuevo** and **viejo** may be placed before or after a noun, but their position affects their meaning.

un **nuevo** reloj	*a **new** (different) watch*	un libro **nuevo**	*a* (brand) ***new** book*
un **viejo** amigo	*an **old** (long-time) friend*	un coche **viejo**	*an **old** (aged) car*

2. Note that **esperar** means *to hope* and *to wait (for)*.

Espero viajar.	*I hope to travel.*
Espero el tren.	*I wait for the train.*
Espero a mis amigos.	*I wait for my friends.*

 Ejercicio 2.   *Diálogo: ¿ Qué haces ?*
Ask a classmate if he or she does the following things.

Modelo: salir siempre los fines de semana
   —¿ Sales siempre los fines de semana ?
   — Sí, siempre salgo los fines de semana.
   or   **—No, nunca salgo los fines de semana.**

1. descansar el viernes por la noche
2. salir a veces con personas aburridas
3. siempre traer los libros a clase
4. poner su dinero en el banco todas las semanas
5. caminar a sus clases
6. venir a clase cuando estás enfermo/a
7. oír todas las preguntas
8. hacer muchas preguntas en la clase de español
9. hacer un viaje en avión
10. disfrutar de los fines de semana

Ejercicio 3.   *Viajes y excursiones*
The following people are going on vacation. Tell where they are going, how they are traveling, and when they are leaving. Follow the model and be sure to supply the missing words.

Modelo: los turistas / España / avión / domingo / 8:00
   Los turistas van a España en avión. Salen el domingo a las ocho.

1. los estudiantes / México / autobús / viernes / 5:00
2. yo / Panamá / barco / mañana / 1:00
3. mis amigos y yo / Chile / tren / miércoles / 4:30
4. el señor Vargas / Madrid / avión / hoy / 12:00
5. tú / California / bicicleta / jueves / 6:00

DISTINTAS FORMAS DE VIAJAR

Ejercicio 4. *¿ Qué tienen ganas de hacer ?*
Ask a classmate what the following people feel like doing when they are on vacation.

> Modelo: tú / estudiar
> —**Cuando estás de vacaciones, ¿ tienes ganas de estudiar ?**
> —**No, no tengo ganas de estudiar.**
> or   —**Sí, tengo ganas de estudiar.**

1. tus padres / trabajar
2. tus abuelos / descansar
3. tus hermanos / nadar o esquiar

4. tú / hacer un viaje
5. tú / estar solo/a
6. tú y tus amigos / salir mucho

B. Verbos que terminan en *-cer*

Verbs ending in **-cer** are irregular in the first-person form of the present tense. The rest of the conjugation is regular. Note the forms of **conocer** *(to know)* in the sentences below.

	CONOCER
(yo)	Cono**zco** a Felipe.
(tú)	Conoces a María.
(él, ella, Ud.)	Conoce a mis tíos.
(nosotros)	Conocemos México.
(vosotros)	Conocéis Madrid.
(ellos, ellas, Uds.)	Conocen mi coche.

Vocabulario   *Verbos que terminan en* -cer

conocer	*to know; to be acquainted with*	**Conozco** a tus padres.
reconocer	*to recognize*	No **reconozco** a tu hermano.

OBSERVACIÓN

Conocer means *to know* in the sense of *to be acquainted* or *familiar with*.

¿ **Conoces** a Felipe ?   **Conozco** a su familia pero no **conozco** su casa.

Remember to use the personal **a** when the direct object is a specific person.

Ejercicio 5.   *La fiesta de disfraz (costume)*
Tell whether the following people who are at a costume party know or recognize each other.

Modelo: Paquita / conocer / Daniel   **Paquita conoce a Daniel.**

1. Pablo / no reconocer / Tina
2. yo / conocer / tu hermana
3. tú / reconocer / tu prima
4. nosotros / conocer / mucha gente
5. ellas / reconocer / Carlos
6. Lupe / no conocer / mis amigos

C. Expresiones afirmativas y negativas

Note the affirmative and negative expressions in boldface type in the sentences below.

¿ Qué mira Ud. ?
    ¿ Mira **algo**?   *Are you looking at **something**?*
    No, no miro **nada.**   *No, I'm **not** looking at **anything.***

¿ A quién llama Ud. ?
    ¿ Llama a **alguien**?   *Are you calling **someone**?*
    No, no llamo a **nadie.**   *No, I'm **not** calling **anyone.***

¿ Qué hace Ud. ?
    ¿ Va a hacer **algún** viaje?   *Are you going to take **some (kind of)** trip?*

    No, no voy a hacer **ningún** viaje.   *No, I'm **not** going to take **any** trip(s).*

¿ Qué bebe Ud. ?
    ¿ Bebe té **o** café?   *Do you drink tea **or** coffee?*
    No bebo **ni** té **ni** café.   *I drink **neither** tea **nor** coffee.*

Salgo los sábados.
    Yo **también.**   *So do I. (I do, **too.**)*

No salgo los lunes.
    Yo **tampoco.**   ***Neither** do I. (I don't **either**.)*

In Spanish, when the negative expression comes after the verb, the following construction is used:

> **no** + verb + negative expression

When the negative expression comes before the verb, the pattern is:

> negative expression + verb

NOTA GRAMATICAL

In Spanish, more than one negative expression is often used in the same sentence.

    Nunca traigo **nada.**
    No traigo **nada nunca.**   *I **never** bring **anything**.*

Vocabulario   *Expresiones afirmativas y negativas*

algo ≠ **nada**	*something, anything ≠ nothing, not anything*
alguien ≠ **nadie**	*someone, anyone ≠ no one, nobody, not anyone*
alguno/a, algún ≠ **ninguno/a, ningún**	*some, any ≠ none, not any, no*
o... o ≠ **ni... ni**	*either . . . or ≠ neither . . . nor*
siempre ≠ **nunca**	*always ≠ never*
también ≠ **tampoco**	*also, too ≠ neither, not either*

OBSERVACIONES

1. The shortened forms **algún** and **ningún** are used before masculine singular nouns.

   alguna cosa   **algún** objeto   **ninguna** cosa   **ningún** objeto

2. Whereas **alguno** may be used in the singular or the plural, its negative counterpart, **ninguno,** is almost always used in the singular.

Tiene **algunos** primos en Cuba.	*He has **some** cousins in Cuba.*
No tiene **ningún** primo aquí.	*He has **no** cousins here.*

3. Note the following constructions with **algo** and **nada.**

¿ Tienes **algo que hacer** ?	*Do you have **something to do**?*
No, no tengo **nada que hacer.**	*No, I have **nothing to do**.*

4. The personal **a** is used before **alguien** and **nadie** when they are the direct object of the verb.

   No llamo **a nadie.**

Ejercicio 6.   *¿ El domingo ? ¡ Nunca !*
Tell a classmate that you never do the following things on Sunday and then ask whether he or she does.

   Modelo: estudiar
   —**Yo nunca estudio los domingos. ¿ Y tú ?**
   —**Yo tampoco.**   or   —**Yo sí estudio.**

1. repasar sus tareas
2. trabajar en la biblioteca
3. ir a la universidad
4. escribir cartas
5. comer en la cafetería
6. hacer compras
7. descansar
8. asistir a la clase de español

Ejercicio 7. *¡No!*

Manuel is sick and is not going to do anything this weekend. He answers all of Luisa's questions in the negative. Play both roles with a classmate.

> **Modelo:** salir con alguien
> Luisa: **¿Vas a salir con alguien?**
> Manuel: **No, no voy a salir con nadie.**

1. invitar a alguien al cine
2. caminar con alguien
3. llamar a alguien por teléfono
4. asistir al teatro con alguien
5. comprar algo
6. comer algo
7. hacer algo
8. leer algo

Ejercicio 8. *Diálogo: Curiosidad*

Ask a classmate if he or she has or does any of the following.

> **Modelo:** tener algunas amigas en Nueva York
> —**¿Tienes algunas amigas en Nueva York?**
> —**Sí, tengo algunas amigas en Nueva York.**
> or   —**No, no tengo ninguna amiga en Nueva York.**

1. tener algún amigo en México
2. tener algunas amigas fantásticas
3. tener algunos amigos muy simpáticos
4. conocer a algunos mexicanos
5. asistir a algunas clases aburridas
6. leer algunas revistas

D. El tiempo y las estaciones

The verb **hacer** is used in many weather expressions.

¿ Qué tiempo **hace** en invierno ?	*How is the weather in winter?*
Hace frío. No **hace** sol.	*It's cold. It isn't sunny.*

Vocabulario *El tiempo (weather) y las estaciones (seasons)*

¿ Qué tiempo hace ?   *How is the weather?*

Review the names of the months by placing them within the seasons.

el invierno	*winter*	**la primavera**	*spring*
Hace frío.	*It's cold.*	**Hace fresco.**	*It's cool.*
Nieva.	*It snows. (It's snowing.)*	**Llueve.**	*It rains. (It's raining.)*

el verano	*summer*	**el otoño**	*autumn*
Hace calor.	*It's hot.*	**Hace buen / mal tiempo.**	*It's good / bad weather.*
Hace sol.	*It's sunny.*	**Hace viento.**	*It's windy.*

OBSERVACIONES

1. Most weather expressions with **hacer** use nouns: **calor** *(heat)*, **frío** *(cold)*, **sol** *(sun)*, **viento** *(wind)*. To modify these expressions, **mucho** and **poco** are used.

   Hace **mucho calor** en verano.   *It is **very hot** in the summer.*

2. Note the infinitives of **llueve** and **nieva** in the following sentences.

   Va a **llover.**   Va a **nevar.**

Ejercicio 9. *El tiempo y las estaciones en los Estados Unidos*
*Imagine that friends from Venezuela are planning to spend a year in the
United States and will be in the following cities during certain seasons. Tell
them what kind of weather they should expect.*

Modelo: Chicago / invierno
En invierno hace mucho frío y mucho viento. Nieva.

1. Miami / invierno
2. San Francisco / primavera
3. Anchorage / invierno
4. Honolulú / primavera

5. Nueva York / verano
6. Boston / otoño
7. Washington / verano
8. Minneápolis / otoño

Ejercicio 10. *La influencia del tiempo*
*Are your activities or moods influenced by the weather? Complete the following
sentences with a description of the weather.*

1. Tomo fotos cuando _____ .
2. No salgo de casa cuando _____ .
3. Tengo mucha energía cuando _____ .
4. Tengo poca energía cuando _____ .
5. No tengo ganas de hacer nada cuando _____ .
6. Estoy triste cuando _____ .
7. Estoy alegre cuando _____ .
8. Estoy de mal humor cuando _____ .
9. Tengo ganas de esquiar cuando _____ .
10. Voy a la universidad en bicicleta cuando _____ .

Ejercicio 11. *En español*
*Mario finally has a vacation after a long, hard semester. Put his conversation
with his mother into Spanish.*

MAMÁ Well, son, what are you going to do during the vacation?
MARIO Nothing. Absolutely nothing.
MAMÁ I understand. You're tired now. But what are you going to do tomor-
row?
MARIO Nothing. Absolutely nothing.
MAMÁ Don't you feel like doing anything?
MARIO No, I don't feel like doing anything.
MAMÁ Are you sick?
MARIO No, I'm tired, and I want to rest.
MAMÁ What a pity. Your friends just called up. They are coming here at
noon. But if you don't feel like going out with them . . .
MARIO It's 11:45 now! And I'm not ready! Good heavens!

≋Ahora le toca a Ud. *Mis vacaciones*

Describe your vacations: what you usually do, where you go; then tell about your plans for the next vacation. As a model you may use the monologues from ¡ *Vacaciones, lindas vacaciones* !

Fonética *Las consonantes* ll *e* y

At the beginning of a word, the letters **ll** and **y** often represent a sound that is similar to, but somewhat softer than, the *dg* in *ledge*.*

In other positions, this consonant sounds more like the *y* in *yes*.

Note: At the end of a word, the letter **y** represents the sound of the vowel **i:** **hoy.**

Práctica

initial: **ll**evamos   **ll**ega   **ll**over   **ll**ueve   **ll**amar   **y**o   **Y**olanda
other positions: e**ll**os   e**ll**as   a**ll**í   a**ll**á

Se **ll**ama **Y**olanda Fa**ll**a. E**ll**a va a **ll**egar a Sevi**ll**a mañana.

---

*In Castilian Spanish (as spoken in the greater part of Spain), the letter **ll** is pronounced like the *li* in *million*.

Un regalo especial

Hay muchas cosas lindas en las tiendas de Buenos Aires, Argentina.

*Eduardo está en un almacén cuando **encuentra** a su amigo Ricardo*　　he meets

EDUARDO	**Oye,** Ricardo. Tengo un problema bastante serio. Necesito un **regalo de cumpleaños** para mi novia, pero tengo poco dinero. ¿Tienes algunas buenas ideas?	Listen birthday present
RICARDO	Mmmm. Es difícil comprar un regalo especial con poco dinero. ¿Qué **quiere** ella?	want
EDUARDO	**No sé.**	I don't know.
RICARDO	¿Tienes suficiente dinero para una **pulsera**?	bracelet
EDUARDO	**Lo dudo.** Una buena pulsera es muy **cara.**	I doubt it / expensive
RICARDO	Las **flores** siempre son un lindo regalo.	flowers
EDUARDO	Sí, son lindas por **unos** días, pero después...	a few
RICARDO	¡Tengo una idea! ¡Una foto! No **cuesta** mucho y es un regalo muy sentimental.	cost
EDUARDO	¿Una foto? ¿Una foto de qué?	
RICARDO	¡Una foto de ti! Y **cada vez** que tu novia mira la foto, ella va a **pensar en** ti.	every time think about
EDUARDO	¡Qué idea más original! Ricardo, ¡eres un **genio**!	genius
RICARDO	Un genio, no. Pero un romántico, sí.	

Comprensión

*Tell whether the following sentences are **cierto** or **falso**. If a sentence is false, correct it.*

1. Eduardo tiene que comprar un regalo de cumpleaños para su novia.
2. El problema de Eduardo es que él tiene pocas ideas.
3. Eduardo sabe que su novia quiere una pulsera.
4. Eduardo no quiere comprar flores porque son caras.
5. Ricardo tiene la idea de la foto.
6. Cuando la novia de Eduardo mira la foto, ella va a pensar en Ricardo.

Lengua española

A. Verbos con el cambio radical $e \to ie$

Verbs like **empezar** *(to begin)* and **perder** *(to lose)* are called stem-changing verbs because the **e** of the stem changes to **ie** in certain forms of the verb. Note these changes in the chart below.

	EMPEZAR	PERDER
(yo)	empiezo	pierdo
(tú)	empiezas	pierdes
(él, ella, Ud.)	empieza	pierde
(nosotros)	empezamos	perdemos
(vosotros)	empezáis	perdéis
(ellos, ellas, Uds.)	empiezan	pierden

NOTAS GRAMATICALES

1. The vowel **e** changes to **ie** when it is stressed. This occurs in the **yo, tú, él,** and **ellos** forms of the present tense (but not in the **nosotros** and **vosotros** forms).

2. Stem-changing verb forms have the same endings as regular verb forms.

Vocabulario *Algunos verbos con el cambio radical* e $\to$ ie

VERBOS QUE TERMINAN EN -AR

empezar (e → ie)	to begin, start	¿Cuándo **empieza** la película?
empezar a + inf.	to begin to, start to	**Empiezo a trabajar** a las 7:30.
pensar (e → ie)	to think	**Pienso** que tienes razón.
pensar de	to think of	¿Qué **piensas de** su novio?
pensar en	to think about	Elena **piensa** mucho **en** el futuro.
pensar + inf.	to intend to; to plan to	¿**Piensas comprar** flores?

VERBOS QUE TERMINAN EN -ER

perder (e → ie)	to lose; to miss	Carlos **pierde** sus libros a menudo. No quiero **perder** el avión.
perder el tiempo	to waste time	Siempre **perdemos el tiempo** aquí.
querer (e → ie)	to love; to want	Ricardo **quiere** a Beatriz. ¿**Quiere** Ud. café o té?

OBSERVACIÓN

Pensar de means *to think of* in the sense of *having an opinion about*.
Pensar en means *to think about*.

¿Qué **piensa** Ud. **del** profesor?	*What do you **think of** the professor?*
Pensamos en el examen de mañana.	*We are **thinking about** tomorrow's exam.*

Ejercicio 1.   *¿Qué hacen?*
Say what the following people are doing.

1. *Yo* empiezo a estudiar. (nosotros; Ramón; los estudiantes; tú)
2. *Dorotea* piensa hacer compras. (tú; tú y yo; mis padres; Eduardo)
3. ¿Qué pierdes *tú*? (Uds.; yo; nosotros; Cecilia)
4. *Nosotros* no queremos nada. (los chicos; Ricardo; yo; tú)
5. *Uds.* piensan antes de hablar. (yo; Ana y yo; tú; Ramona)

Ejercicio 2.   *Intenciones*
Describe everyone's weekend plans, using the suggested verbs.

> **Modelo:**   (pensar) Raquel / salir con sus primos
> **Raquel piensa salir con sus primos.**

(pensar)
1. Paco / ir a la playa
2. tú / hacer compras
3. nosotros / descansar
4. yo / correr en el maratón
5. mis amigos / hacer la tarea

(querer)
6. Marta / venir aquí
7. tú / comprar cintas
8. nosotros / mirar la televisión
9. mis hermanos / asistir a un partido de fútbol
10. Uds. / bailar

Ejercicio 3.   *Y Ud., ¿qué dice?*

1. ¿En qué circunstancias pierde Ud. el tiempo? ¿la paciencia? ¿la memoria? ¿el apetito?
2. ¿Dónde quiere Ud. trabajar? ¿Piensa trabajar en algún país hispano? ¿Quiere ganar mucho dinero? ¿Por qué?
3. Generalmente, ¿a qué hora empieza la clase de español? ¿Cuándo empiezan las próximas vacaciones? ¿las vacaciones de primavera? ¿las vacaciones de verano?
4. ¿Piensa Ud. mucho en la política nacional? ¿en la política internacional?
5. ¿Qué piensa Ud. hacer durante las próximas vacaciones? ¿durante el próximo fin de semana? ¿mañana?
6. ¿A qué hora empieza Ud. a hacer la tarea? ¿a mirar la televisión? ¿a tener sueño? ¿a asistir a sus clases?

Vocabulario *Regalos de cumpleaños (Birthday presents)*

SUSTANTIVOS

el perfume	*perfume*	**una grabadora**	*tape recorder*
un regalo	*gift, present*	**la ropa**	*clothes, clothing*
un televisor	*television set*	**una sorpresa**	*surprise*
		una tarjeta	*card*

UN SUÉTER   UN PARAGUAS   UNA CAMISA   UNA CORBATA   UNA PULSERA

UN ESTÉREO   UNA CÁMARA   UNAS FLORES   UN RADIO CON AURICULARES   UNA CARTERA

EXPRESIONES

barato ≠ caro	*cheap, inexpensive ≠ expensive*
para	*for; in order to*

OBSERVACIÓN

Para may be used before a noun, a pronoun, or an infinitive.

Compro una tarjeta **para** Juan.   *I buy a card **for** Juan.*
Van al centro **para** hacer compras.   *They go downtown **(in order) to** shop.*

Ejercicio 4.   *Tu cumpleaños*
Ask a classmate if he or she would like the following things for a birthday present. Your classmate will react with a response patterned on the model.

Modelo: una cámara
—¿ **Quieres una cámara ?**
—**Sí, quiero una cámara.**
or   —**No, ya tengo una cámara.**
or   —**No, no necesito una cámara.**

1. un suéter caro
2. flores
3. un estéreo
4. una cartera con dinero
5. una camisa elegante

6. un radio con auriculares
7. una corbata fea
8. un televisor
9. una pulsera
10. ropa de invierno

B. Verbos con el cambio radical *o → ue*

In the chart below, note the changes in the stems of **encontrar** *(to meet),* **poder** *(to be able),* and **dormir** *(to sleep).*

	ENCONTRAR	PODER	DORMIR
(yo)	encuentro	puedo	duermo
(tú)	encuentras	puedes	duermes
(él, ella, Ud.)	encuentra	puede	duerme
(nosotros)	encontramos	podemos	dormimos
(vosotros)	encontráis	podéis	dormís
(ellos, ellas, Uds.)	encuentran	pueden	duermen

NOTA GRAMATICAL

The **o** in each stem is changed to **ue** when it is stressed. This stem change occurs in all forms of the present except for the **nosotros** and **vosotros** forms.

Vocabulario *Algunos verbos con el cambio radical* o → ue

VERBOS QUE TERMINAN EN -*AR*

costar (o → ue)	*to cost*	¿Cuánto **cuesta** el perfume ?
encontrar (o → ue)	*to find;*	No **encuentro** mi cuaderno.
	to meet	**Encuentro** a mi amigo.
recordar (o → ue)	*to remember*	¿**Recuerdas** el número de teléfono ?

VERBOS QUE TERMINAN EN -*ER*

poder (o → ue)	*to be able, can*	¿**Pueden** venir mañana ?
volver (o → ue)	*to return*	**Volvemos** a las once.

VERBO QUE TERMINA EN -*IR*

dormir (o → ue)	*to sleep*	No **duermo** en mis clases.

Ejercicio 5. *De compras*

The following people want to buy things, but cannot because they cost too much. State this according to the model.

Modelo: Eduardo / el estéreo
Eduardo no puede comprar el estéreo porque cuesta demasiado.

1. mis amigos / los regalos
2. mi novia y yo / el coche
3. la Sra. Díaz / la pulsera
4. yo / la grabadora
5. tú / las camisas
6. Alicia / las flores

Ejercicio 6. *Diálogo: ¿ Cómo ? ¿ Cuándo ?*
Ask a classmate if he or she performs any of the following actions. Use adverbs such as **siempre, de vez en cuando,** or **nunca** in your replies.

> Modelo: dormir bien
> —¿ **Duermes bien** ?
> —**Sí, siempre duermo bien.** or —**No, nunca duermo bien.**

1. volver aquí
2. recordar el vocabulario
3. volver a casa
4. encontrar tus cosas

5. dormir en la clase de español
6. encontrar a gente interesante
7. recordar nombres
8. encontrar dinero en tu cartera

Ejercicio 7. *¡ Qué día ! (What a day!)*
This is not a good day for some people. Tell what is happening by following the model.

> Modelo: Clara / no encontrar su cámara
> **Clara no encuentra su cámara.**

1. Mario / no recordar la fecha
2. tú / no encontrar una grabadora barata
3. yo / no poder dormir
4. los chicos / no querer comer
5. mi perro / no volver a casa

6. Alma / pensar en sus problemas
7. mi padre / empezar un proyecto difícil
8. nosotros / perder el tiempo
9. yo / dormir todo el día
10. tú / no recordar nada

C. *Saber*

Note the forms of **saber** *(to know)* in the sentences below. Only the first-person singular form is irregular.

	SABER
(yo)	**Sé** tu número de teléfono.
(tú)	**Sabes** quién es.
(él, ella, Ud.)	**Sabe** manejar un coche.
(nosotros)	**Sabemos** nadar.
(vosotros)	**Sabéis** dónde está Juan.
(ellos, ellas, Uds.)	**Saben** cuándo sale el tren.

NOTA GRAMATICAL

The construction **saber** + *infinitive* means *to know how (to do something).*

> No **sé** tocar el piano.   *I don't **know how** to play the piano.*

Note the distinction between **poder** and **saber: poder** means *can* in the sense of *to be able (to);* **saber** means *can* in the sense of *to know how (to).*

Puedo manejar.	*I can drive* (because my car is running, or because I have the time, or because I feel like doing so, or because I am able to do so).
Sé manejar.	*I can drive* (because I have learned how).

Ejercicio 8. *¿ Quién sabe ?*
The following people are all going to Antonio's birthday party, and each one has a different bit of information. Tell what each one knows.

Modelo: Felipe / dónde está la casa de Antonio
Felipe sabe dónde está la casa de Antonio.

1. Beatriz / ir a la casa de Antonio
2. Uds. / regresar de su casa
3. yo / tocar la guitarra
4. tú / la fecha
5. nosotros / cuándo empieza la fiesta
6. sus amigos / cuántos años tiene Antonio

D. *Conocer* vs. *saber*

Although **conocer** and **saber** both mean *to know,* they are not interchangeable. Each verb is used in specific instances. Contrast the uses of the two verbs in the following sentences.

Conozco a María.	**Sé** que es una chica simpática.
¿ Conoces a Pedro ?	**¿ Sabes** dónde vive ?
Conocemos un restaurante mexicano.	**Sabemos** que preparan tacos excelentes.

Conocer is used to express familiarity or acquaintance:

with people:	**Conozco** a tus padres.
with places:	**Conozco** Los Ángeles y San Francisco.
with things:	**Conozco** la historia de California.

Saber is used to express knowledge:

of things learned:	**Sé** la diferencia entre « ser » y « estar ».
of how to do something:	**Sé** hablar español.

of information or facts: **Sé** $\begin{cases} \text{dónde} \\ \text{cuándo} \\ \text{cómo} \\ \text{por qué} \\ \text{con quién} \\ \text{que} \\ \text{si} \end{cases}$ trabajas.

NOTAS GRAMATICALES

1. **Conocer** is only used with a noun or a pronoun. It is never followed by an infinitive or a clause.

2. **Saber** is usually followed by a clause or an infinitive. It may be followed by a noun or pronoun representing something that has been learned.

   Contrast:

   José **conoce** el poema.   (He is familiar with it.)
   Ana **sabe** el poema.   (She has memorized it.)

Ejercicio 9.   *Diálogo: ¿ Tienes muchas habilidades ?*
Ask a classmate if he or she knows how to do the following things. If the answer is positive, your classmate should then indicate his or her level of proficiency, as in the model.

Modelo: nadar
—**¿ Sabes nadar ?**
—**Sí, sé nadar. Nado bastante bien (muy bien, mal...).**
or   —**No, no sé nadar.**

1. hablar italiano
2. hablar francés
3. bailar
4. usar una computadora
5. tocar la guitarra
6. tocar el piano
7. cantar
8. manejar un coche
9. usar una calculadora
10. contestar la pregunta
11. enseñar el español
12. tomar buenos apuntes

Ejercicio 10.   *Información*
Ask your classmates for information about the following people. Your classmates say they are acquainted with them, but know nothing about their activities. Follow the model.

Modelo: María / ¿ dónde estudia ?
—**¿ Conoces a María ?**   —**Sí, conozco a María.**
—**¿ Sabes dónde estudia ?**   —**No, no sé dónde estudia.**

1. Beatriz / ¿ a qué hora sale de casa ?
2. Carlos / ¿ por qué está de mal humor ?
3. Paco y Manuel / ¿ dónde pasan los fines de semana ?
4. Miguel / ¿ cuántos años tiene ?
5. Luisa y Ana / ¿ cuándo trabajan ?
6. Inés / ¿ dónde nada ?
7. Ramón y Elena / ¿ si sacan buenas notas ?
8. el profesor / ¿ si viene mañana ?

Ejercicio 11. *En español*

María calls up Bernardo to invite him to a party. Put their conversation into Spanish.

MARÍA	We are going to have a birthday party for Jaime next Saturday. Can you come?
BERNARDO	Yes, of course. Is it a surprise?
MARÍA	Yes, he doesn't know anything. And we plan to invite all his friends.
BERNARDO	How nice! Can I bring something?
MARÍA	We need more soft drinks.
BERNARDO	OK **(Muy bien).** Do you know what **(lo que)** he wants? Something inexpensive, of course.
MARÍA	A tie? A new tape?
BERNARDO	A tape! I know that he wants some new tapes.
MARÍA	Very good! See you soon!

≋Ahora le toca a Ud. *Una decisión difícil*

Prepare a short dialogue between two girls who are trying to decide on a birthday gift for the boyfriend of one of them. You may use the dialogue of *Un regalo especial* as a model.

Fonética *El sonido de /s/*

In most of Latin America and a few parts of Spain, the letters **s, z,** and **c** (before **e** and **i**) are pronounced **/s/**. This sound is similar to the English *s* in *see**.

Práctica

s: deseas   más o menos   por supuesto   me gusta   nosotros

z: diez   perezoso   Venezuela   Esperanza   Beatriz   Pérez
Gómez   Sánchez   conozco

c *(before* **e, i**): difícil   necesito   doce   trece   catorce
ciencias

El señor Sánchez necesita más o menos diez pesetas.
Beatriz y Esperanza esperan visitar Venezuela.

---

*In Castilian Spanish, the letters **z** and **c** (before **e** and **i**) are pronounced like the *th* in the English word *thin*.

EN RESUMEN

A. *Substitute the words in parentheses for the italicized words. Make all necessary changes.*

> Modelo: Ana está *aburrida.* (enfermo) **Ana está enferma.**

1. Las chicas están *de buen humor.* (alegre; ocupado; preocupado; listo; solo; enojado)
2. *Yo* acabo de hacer la tarea. (los estudiantes; Fernando; tú; mi amiga y yo; Alicia)
3. Elena es una estudiante *seria* que estudia *seriamente.* (tranquilo; inteligente; diligente; normal; alegre)
4. Yo *hago* la tarea. (saber; empezar; pensar en; perder; recordar)
5. Yo *compro* el coche. (salir en; disfrutar de; venir en; oír; querer; volver en)

B. *Select the appropriate verb and give the correct form.*

1. (ser, estar)
   Nosotros _____ aburridos cuando miramos un programa que _____ aburrido.
2. (tener, hacer)
   Horacio _____ 21 años y acaba de _____ un viaje al Perú.
3. (ser, estar)
   Graciela _____ muy divertida y siempre _____ de buen humor.
4. (ser, estar)
   Normalmente yo _____ una persona tranquila, pero siempre _____ nerviosa antes de un examen.
5. (hacer, tener)
   Miguel no _____ ganas de _____ nada hoy.
6. (ser, estar)
   Luis _____ antipático y egoísta, y generalmente _____ de mal humor.

C. *Complete the sentences with a negative expression.*

1. ¿En qué piensas ahora? —No pienso en _____ .
2. ¿Con quién quieres salir? —No quiero salir con _____ .
3. ¿Conoces a algunos estudiantes mexicanos? —No, no conozco a _____ .
4. ¿Quieres té o café? —No quiero _____ té _____ café.
5. No voy en bicicleta hoy. ¿Y tú? —Yo _____ voy en bicicleta.
6. ¿Quieres hacer algunas preguntas? —No, no quiero hacer _____ .

Otras perspectivas III

*Filmando una película en
Barcelona, España.*

Lectura cultural *Las diversiones*

Los hispanos trabajan mucho, pero también saben disfrutar de la vida. Y en
el **mundo** hispano hay muchas diversiones. Hay fiestas con la familia y los   world
amigos para celebrar las importantes fechas personales como el cumpleaños,
un aniversario, un **casamiento,** o **fiestas** nacionales o religiosas. A mucha   wedding / holidays
gente le gusta practicar **deportes** o mirar los **partidos** en la televisión o en el   sports / games, matches
estadio. También hay muchas actividades culturales como el teatro, los mu-
seos y los conciertos. Algunas diversiones dependen de la situación socio-eco-
nómica de la gente, **mientras que** otras dependen de la situación geográfica o   while
del clima. ¡Pero a **todo el mundo** le gusta ir al cine!   everybody

En los países hispanos se pueden ver películas de España, México y la
Argentina, los grandes centros de la industria cinematográfica del mundo his-
panoparlante. También las películas europeas y norteamericanas son muy
populares. ¡Entonces, si Ud. es **aficionado** a Al Pacino o a Michelle Pfeiffer   fan
es posible conocer a hispanos que también son aficionados a ellos!

Para ir al cine, generalmente es necesario comprar las entradas o los bo-
letos en la **taquilla con anticipación.** Muchas veces es necesario **hacer cola,**   ticket window /
especialmente si la película tiene mucho **éxito. Al entrar** al cine, es **costumbre**   beforehand /
darle una **propina** al **acomodador.**   to wait in line
                                                                                   success / On entering /
Y si Ud. prefiere bailar, charlar, mirar a la gente y tomar algo, ¡las dis-   custom
cotecas son muy populares, especialmente entre los jóvenes!   to give / tip / usher

Nota cultural   Films

In recent years, films made in Spain and Latin America have been shown with increasing frequency in movie theaters in the United States. The Mexican film, *Como agua para chocolate,* was a great success when it came out in 1993, and *La historia oficial,* an Argentine production, won an Oscar as the best foreign film of 1986.

Hollywood has also successfully created films based on the Hispanic experience in the United States. One of the first American-made films to draw upon this rich cultural source was *West Side Story.* Since then, films such as *The Milagro Beanfield War, Stand and Deliver, The Mambo Kings Play Songs of Love, El Norte,* and *El Mariachi* have been shown across the country.

Actividad A.   *Comprensión de lectura*

1. Las importantes fechas personales que los hispanos celebran son _____, _____ o _____.
2. Otras fiestas que se celebran son _____.
3. Se miran los deportes en _____ o en _____.
4. Hay actividades culturales como _____, _____ y _____.
5. Se hacen películas en español en _____, _____ y _____.
6. También se pueden ver películas de los Estados Unidos y _____.
7. Se pueden comprar las entradas _____.
8. Para ver una película, a veces es necesario _____.
9. Es costumbre dar _____ al acomodador.
10. En las discotecas se puede _____, _____ y _____.

Actividad B.   *Diferencias culturales*

1. ¿Cuáles son los momentos de la vida que Ud. y su familia celebran con una fiesta?
2. ¿Cuáles son algunas fiestas nacionales que Ud. y su familia celebran? ¿Cómo celebran Uds. estas fiestas?
3. ¿Le gusta mirar los deportes en la televisión o prefiere asistir a un partido en el estadio?
4. ¿Asiste Ud. al teatro? ¿a conciertos? ¿Visita Ud. un museo de vez en cuando?
5. ¿Le gusta ir al cine? ¿Va Ud. al cine frecuentemente? ¿Le gusta ver películas extranjeras? ¿O mira Ud. películas de vídeo en casa?
6. Donde Ud. vive, ¿es necesario comprar las entradas con anticipación para ver una película? ¿Es posible comprar las entradas con anticipación? ¿Tiene Ud. que hacer cola para ver algunas películas?
7. En los cines donde Ud. vive, ¿hay acomodadores? Si los hay, ¿tiene Ud. que darles una propina?
8. ¿Hay discotecas donde Ud. vive? ¿Van Ud. y sus amigos a las discotecas? ¿Adónde van cuando quieren bailar?

Día por día ¡Vamos al cine!

UNA INVITACIÓN

DANIEL	Hola, Ana María. Hay una buena película en el centro esta noche.
ANA MARÍA	¿Sí? ¿Cómo se llama la película?
DANIEL	Se llama Parque Jurásico.
ANA MARÍA	¿Qué tipo de película es?
DANIEL	Es una película de ciencia ficción.

Es un drama.
    un musical.
    una comedia.
Es una película del **oeste.**   Western
            de espionaje.
            de **guerra.**   war
            de aventura.
            musical.
            de **dibujos animados.**   cartoons
            de terror.

¿Quieres ir conmigo al cine?

¿Te gustaría acompañarme al cine?
Me gustaría invitarte al cine.

ANA MARÍA ¡Qué bien! ¡Me gustan las películas de ciencia ficción!

¡Cómo no! ¡Me encantan las comedias!
¡Qué lástima! **Ya he visto esa** película.
Pues, no sé si puedo ir al cine esta noche.
Me gustaría acompañarte, Daniel, pero no puedo.
Lo siento mucho, Daniel, pero no puedo ir al cine esta noche.

I've already seen that
Well

I'm very sorry

Actividad D. *Al cine*
Jorge calls up Silvia to invite her to the movies.

JORGE Hola, Silvia. _____.
SILVIA Ah, Jorge. ¿_____?
JORGE Muy bien, Silvia. ¿_____?
SILVIA Bien, _____.
JORGE Silvia, hay una película nueva que quiero ver esta noche.
     ¿_____?
SILVIA ¿_____?
JORGE Se llama *El año 2001*.
SILVIA ¿Qué tipo de película es?
JORGE Es _____.
SILVIA ¡Qué bien! Me gustan ____ ____. ¿A qué hora se da la película?
JORGE _____ 9:00.

Actividad E. *Otra invitación*
Marina would like to accept Gregorio's invitation to go to the movies, but she has seen the picture already.

GREGORIO ¡Hola, Marina! Hay una buena película en el Cine Atlas esta
     noche. _____.
MARINA ¿_____?
GREGORIO *Rambo.*
MARINA ¡Ay, qué lástima! _____.
GREGORIO ¿Es buena?
MARINA Sí (No), es _____.

SU CINE EN CASA

VIDEO CLUB
VERGARA

Lección 10 Un encuentro en un café

Lesson Objectives
In this lesson you will learn to . . .
- express preferences
- discuss clothing
- name colors

Lección 11 ¿Qué clase de amigo es Ud.?

Lesson Objectives
In this lesson you will learn to . . .
- talk about some of the things that you give or receive
- count from 100 to 2,000,000
- ask questions
- make requests

UNIDAD IV

Lección 12 ¡Vamos al partido!

Lesson Objectives
In this lesson you will learn to . . .
- discuss sports
- name the parts of the body
- indicate where you have an ache or pain
- state your interests

Otras perspectivas IV

In this section you will . . .
- compare popular sports in the Spanish-speaking world with those in the United States
- learn about participating in a sport in the Spanish-speaking world
- practice convincing someone to do something

La Vuelta de España, la famosa carrera de bicicletas.

Una conversación íntima en Oaxaca, México.

Lección 10

Un encuentro en un café

encounter

ÉL	**Discúlpeme,** señorita. **Creo** que **la** conozco de **alguna parte.**
ELLA	No, señor. **Lo siento mucho,** pero no **lo** conozco.
ÉL	¿No me reconoce?
ELLA	No, no lo reconozco. ¿**Debo** reconocerlo?
ÉL	**Creo que sí.** ¿No es Ud. la hermana de Guillermo Méndez?
ELLA	No, no conozco **ese** nombre.
ÉL	¡Ahora **la** recuerdo! La fiesta en la casa de los Laredo.
ELLA	Imposible, señor. No **los** conozco.
ÉL	¿O del Club Atlántico?
ELLA	No voy nunca a ese club.
ÉL	¡Qué curioso! Siempre recuerdo bien·a la gente.
ELLA	Señor, la **verdad** es que Ud. no me conoce pero que quiere conocerme.
ÉL	¿Por qué no hablamos un poco más de **eso**? No quiero **molestarla,** pero... ¡Ah! Aquí está el **camarero.** ¿**Prefiere** Ud. té o café?
ELLA	Yo prefiero estar sola **mientras** espero a mi novio. ¡Adiós, señor!

Excuse me / I believe / you / somewhere

I'm very sorry / you

Should I

I believe so.

that

you

them

truth

that / to bother you

waiter / Do you prefer

while

Comprensión

1. ¿Dónde están las dos personas?
2. ¿Conoce él a la señorita?
3. ¿Lo reconoce ella?
4. ¿Es ella la hermana de Guillermo Méndez?
5. ¿La conoce de una fiesta?
6. ¿Por qué habla él con ella?
7. ¿Qué prefiere la señorita?
8. ¿A quién espera ella?

Lengua española

Vocabulario *Citas*

una cita	*date; appointment*	Hoy tengo una **cita** con Miguel.
creer (que)	*to believe; to think*	**Creo que** llega pronto.
deber + inf.	*ought to; should*	**Debe** llegar a las ocho.
entrar (en)	*to enter*	Todavía no **entra en** el café.
llegar a tiempo	*to arrive on time*	Normalmente **llega a tiempo.**
pronto	*soon*	Va a **llegar pronto.**
tarde	*late*	Nunca **llego tarde.**
temprano	*early*	Me gusta **llegar temprano.**
preferir (e → ie)	*to prefer*	**Prefiero** café.
sentir (e → ie)	*to regret; to be sorry*	Lo **siento.**

OBSERVACIÓN

In Spanish, the conjunction **que** *(that)* must always be used after **creer** when it means to *believe (think) that,* even though, in English, *that* is often omitted.

> **Creo que** José es mexicano.   *I believe (that) José is Mexican.*

Ejercicio 1. *Citas*

1. ¿Tiene Ud. una cita hoy? ¿Con quién?
2. ¿Está Ud. de mal humor cuando tiene que esperar a alguien? O ¿espera con paciencia?
3. ¿Es Ud. puntual? ¿Llega Ud. a tiempo a sus citas? O ¿llega a veces temprano, otras veces tarde?
4. ¿Qué hacen sus amigos cuando Ud. llega tarde a una cita?
5. ¿Cree Ud. que es importante llegar a tiempo?
6. ¿A qué hora debe Ud. llegar a la clase de español? ¿Llega Ud. a la hora que debe llegar?
7. ¿Prefiere Ud. salir con un grupo o solamente con una persona? Cuando Ud. tiene una cita, ¿prefiere ir al cine o a una fiesta?

A. Adjetivos y pronombres demostrativos

Demonstrative adjectives are used to point out people and things. They agree in gender and number with the nouns they introduce. Note the demonstrative adjectives in boldface in the sentences below.

¿Quieres **este** periódico?	*Do you want **this** newspaper?*
¿Quién es **ese** muchacho?	*Who is **that** boy?*
¿Conoces a **aquel** joven?	*Do you know **that** young man (over there)?*

The forms of the demonstratives, together with their corresponding adverbs, are given in the following chart.

	DE AQUÍ		DE AHÍ		DE ALLÁ
Singular	*(this)*	**este** chico **esta** chica	*(that)*	**ese** chico **esa** chica	*(that)*	**aquel** chico **aquella** chica
Plural	*(these)*	**estos** chicos **estas** chicas	*(those)*	**esos** chicos **esas** chicas	*(those)*	**aquellos** chicos **aquellas** chicas

NOTAS GRAMATICALES

1. The choice of **este, ese,** or **aquel** depends on the location of the speaker and listener in relation to the people or things that are being pointed out. **Este** *(This)* is close to the speaker; **ese** *(that)* is close to the listener; and **aquel** *(that over there)* is a good distance away from both of them.

2. The demonstrative pronouns are exactly the same as the demonstrative adjectives, except for the distinguishing accent marks on the stressed vowels.

¿ A qué chica invitas a la fiesta ?	*Which girl are you inviting to the party?*
¿ A **ésta,** a **ésa** o a **aquélla** ?	*This one, that one, or that one over there?*

Ejercicio 2.　*Por la ciudad (Around town)*
Imagine that you are in Mexico City and that a Mexican friend is showing you around. Ask him whether he knows the following people and places.

> Modelos:　(de aquí) el café　**¿ Conoces este café ?**
> (de ahí) la mujer　**¿ Conoces a esa mujer ?**
> (de allá) las muchachas　**¿ Conoces a aquellas muchachas ?**

(de aquí)	**(de ahí)**	**(de allá)**
1. la muchacha	6. las estudiantes	11. los cafés
2. las chicas	7. el museo	12. la catedral
3. el restaurante	8. el almacén	13. las tiendas
4. los estudiantes	9. la iglesia	14. el hotel
5. la persona	10. los hombres	15. la biblioteca

Ejercicio 3. *Sobre gustos no hay nada escrito (Each to his or her own
              taste)*

*Elena and Roberto are on a shopping trip. As they are looking, Elena remem-
bers what she has to buy. Roberto makes some suggestions, but Elena has other
ideas. Play both roles, following the model.*

> Modelo: un reloj
> Elena: **Tengo que comprar un reloj.**
> Roberto: **¿ Por qué no compras éste ?**
> Elena: **¡ Ése ! ¡ Qué horror ! Prefiero aquél.**

1. una maleta   4. una grabadora   7. un teléfono
2. un coche   5. una cartera   8. una camisa
3. (unos) suéteres   6. (unas) flores

B. Los complementos directos: *lo, la, los* y *las*

The words in boldface in the questions below are *direct objects*. They are
directly affected by the action of the verbs. The pronouns in boldface in the
answers are *direct object pronouns*. Note the forms and positions of these pronouns.

¿ Invitas a **Pedro** a la fiesta ?	Sí, **lo** invito.	*Yes, I'm inviting **him**.*
¿ Conoces a **mi hermana** ?	No, no **la** conozco.	*No, I don't know **her**.*
¿ Quiere Ud. **esta maleta** ?	Sí, **la** quiero.	*Yes, I want **it**.*
¿ Tienes **mis apuntes** ?	Sí, **los** tengo.	*Yes, I have **them**.*
¿ Llamas a **tus amigas** ahora ?	No, no **las** llamo.	*No, I'm not calling **them**.*

The chart below lists the third-person direct object pronouns.

	SINGULAR	PLURAL
Masculine	**lo** *(him, it)*	**los** *(them)*
Feminine	**la** *(her, it)*	**las** *(them)*

NOTAS GRAMATICALES

1. The pronouns **lo, la, los,** and **las** may refer to people or things.

> ¿ Dónde está **Pedro** ? No **lo** veo.   *I don't see **him**.*
> ¿ Dónde está **mi libro** ? No **lo** veo.   *I don't see **it**.*

2. The pronouns **lo/la** are also used to refer to **Ud.**, while **los/las** are used to refer to **Uds.**

> Sr. Montes, no **lo** comprendo.　　*Mr. Montes, I don't understand **you**.*
> Pedro y Paco, no **los** necesito　　*Pedro and Paco, I don't need **you** now.*
> ahora.

3. In statements and questions, the direct object pronoun comes immediately *before* the conjugated verb.

> Subject + direct object pronoun + verb

Vocabulario　*Algunos verbos que usan complementos directos*

admirar	*to admire*	¿Mi abuelo? **Lo admiro.**
ayudar	*to help*	¿Mis hermanas? **Las ayudo.**
cuidar	*to take care of*	¿Los niños? **Los cuido.**
dejar	*to leave*	¿La moto? **La dejo** aquí.
llevar	*to wear*	¿El suéter? No **lo llevo** hoy.
obtener (ie)	*to obtain, get*	¿El coche de mi papá? **Lo obtengo.**
recibir	*to receive*	¿Tarjetas? **Las recibo.**
ver	*to see*	¿Tu bicicleta? No **la veo.**

OBSERVACIONES

1. The verb **obtener** is irregular: it is conjugated like **tener.**
2. The verb **ver** is irregular in the **yo** form of the present: **yo veo.**
3. Although both **dejar** and **salir** mean *to leave*, they are used differently. **Dejar** means *to leave something or someone behind.* **Salir** means *to go out.*

> El tren **sale** a las dos.　　*The train **leaves** at two o'clock.*
> **Dejo** mis libros en mi cuarto.　　*I **leave** my books in my room.*

Vocabulario *La moda (Fashion)*

SUSTANTIVOS

ADJETIVOS

claro ≠ oscuro   *light ≠ dark*
corto ≠ largo   *short ≠ long*

¿ DE QUÉ COLOR ES ?

amarillo	*yellow*	gris	*gray*	rojo	*red*
azul	*blue*	marrón	*brown*	verde	*green*
blanco	*white*	negro	*black*	violeta	*purple*

OBSERVACIONES

1. In Spanish, the definite article rather than the possessive adjective is usually used to introduce articles of clothing.

   Llevo **el** impermeable hoy.

2. In some Spanish-speaking countries, *jeans* are called **los vaqueros.**

Ejercicio 4. *En el almacén*

Say what the following people are doing in the department store, using direct object pronouns, as in the model.

> **Modelo:** Juana / admirar / el vestido verde
> **Juana lo admira.**

1. el Sr. Rivera / comprar / el sombrero grande
2. yo / admirar / la falda azul
3. nosotras / mirar / las botas marrones
4. los muchachos / llevar / zapatos de tenis
5. tú / perder / las gafas de sol
6. Papá / preferir / los pantalones grises
7. la señorita Castro / comprar / el impermeable rojo
8. Esteban / vende / la chaqueta verde

chaquetas • pantalones • camisas

Ejercicio 5. *La ropa apropiada*

Ask a classmate whether he or she wears the following articles of clothing under the circumstances mentioned. Use object pronouns in your replies.

> **Modelo:** para asistir a un concierto (los zapatos de tenis)
> **—Para asistir a un concierto, ¿ llevas zapatos de tenis ?**
> **—No, no los llevo.**   or   **—Sí, los llevo.**

1. para ir a la playa (el traje de baño ; las gafas de sol ; el impermeable ; el sombrero grande)
2. para ir a una fiesta (la falda larga ; la corbata ; las botas ; el traje ; los calcetines)
3. cuando hace mucho frío (el abrigo ; los guantes ; el traje de baño ; las botas ; la bufanda)
4. cuando hace mucho calor (la camiseta ; las medias ; la chaqueta ; el abrigo ; las sandalias)
5. para asistir a sus clases (los jeans ; los zapatos de tenis ; la camiseta ; el vestido)

Ejercicio 6. *¿Cómo es Ud.?*

1. ¿Ayuda Ud. a su mamá? ¿a su papá? ¿a sus hermanos? ¿a sus amigos? ¿a su esposo/a?

2. ¿Ve a menudo a su familia? ¿a sus amigos? ¿a sus abuelos? ¿a su novio/a?

3. En casa, ¿cuida Ud. a sus hermanos menores? ¿a sus hijos? ¿sus animales? ¿sus plantas?

4. ¿Tiene Ud buenos amigos? ¿buenas notas? ¿mucha paciencia? ¿mucho trabajo?

5. ¿A veces pierde Ud. el tiempo? ¿los guantes? ¿el paraguas? ¿la memoria? ¿el apetito?

6. ¿Comprende Ud. el español? ¿el francés? ¿el cálculo ¿los problemas de sus amigos?

7. En la universidad, ¿encuentra a amigos nuevos? ¿profesores interesantes? ¿estudiantes extranjeros?

8. En su cumpleaños, ¿recibe muchas tarjetas? ¿ropa? ¿flores? ¿corbatas feas? ¿regalos que Ud. no necesita?

9. ¿A quién admira Ud.? ¿al presidente de los Estados Unidos? ¿a los atletas famosos? ¿a sus abuelos? ¿a sus padres?

C. Los complementos directos: *me, te, nos*

Note the direct object pronouns in the sentences below.

Mi papá **me** llama.	*My dad is calling **me**.*
Tu mamá **te** llama.	*Your mom is calling **you**.*
Nuestros padres **nos** llaman.	*Our parents are calling **us**.*

In Spanish, the following direct object pronouns are used for the first and second persons:

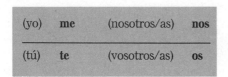

(yo)	**me**	(nosotros/as)	**nos**
(tú)	**te**	(vosotros/as)	**os**

NOTA GRAMATICAL

Like the third-person direct object pronouns, **me, te,** and **nos** come immediately before the conjugated verb.

Ana nunca **nos** ayuda.   *Ana never helps **us**.*

Ejercicio 7.   ¿ Cuándo ?
Liliana asks her boyfriend Luis when he intends to do certain things. Play
both roles, following the model.

> Modelo: invitar al cine (el sábado)
>   Liliana: **¿ Cuándo me invitas al cine ?**
>   Luis: **Te invito el sábado.**

1. invitar al teatro (mañana)
2. llevar a la fiesta (a las 10:00)
3. ayudar con la tarea (el lunes)
4. esperar (a las 8:00)
5. visitar en casa (durante las va-caciones)

6. llamar por teléfono (mañana por la noche)
7. escuchar atentamente (siempre)
8. ver (después de la clase)

 Ejercicio 8.   Otras preguntas
Liliana's parents want to know if Liliana and her sister Marta will or will
not do certain things. Play both roles.

> Modelo: ayudar en casa (sí)
>   Los padres: **¿ Nos ayudan Uds. en casa ?**
>   Liliana y Marta: **Sí, los ayudamos en casa.**

1. encontrar a la 1:00 (no)
2. visitar a menudo (sí)
3. esperar aquí (sí)

4. escuchar (sí)
5. llevar en el coche (sí)
6. llamar frecuentemente (no)

D. La colocación de los complementos directos con infinitivos

Note the position of the direct object pronouns in the answers to the questions below.

¿ Quieres ver **esta** foto ?	Sí, **la** quiero ver.	Sí, quiero ver**la.**
¿ Vas a cuidar a **tus hermanas ?**	No, no **las** voy a cuidar.	No, no voy a cuidar**las.**
¿ Tienes que hacer **la tarea ?**	Sí, **la** tengo que hacer.	Sí, tengo que hacer**la.**

In an infinitive construction, the direct object pronoun comes *before the conjugated verb* or is *attached to the infinitive.*

> Subject + direct object pronoun + conjugated verb + infinitive
>   or
> Subject + conjugated verb + infinitive with direct object pronoun attached

NOTA GRAMATICAL

With an impersonal expression introduced by **es,** the direct object pronoun
must follow the infinitive.

> Es necesario llamar**los.**   *It is necessary to call **them.***

Ejercicio 9. *Diálogo: ¿ Qué vas a hacer?*

Ask a classmate if he or she is going to include you in his or her plans for next Saturday.

> Modelo: llamar por teléfono
> —¿ **Vas a llamarme por teléfono el sábado ?**
> (—¿ **Me vas a llamar... ?**)
> —**Sí, voy a llamarte.** or —**No, no voy a llamarte.**
> (—**Sí, te voy a llamar.** or —**No, no te voy a llamar.**)

1. ayudar con las tareas
2. invitar a una fiesta
3. visitar
4. ver
5. esperar
6. llevar a casa en tu coche

Ejercicio 10. *Obligaciones*

Esteban should do certain things, but he doesn't want to do them. Carmen asks him about his obligations. Play both roles, following the model.

> Modelo: cuidar a su hermana menor
> Carmen: **¿ Debes cuidar a tu hermana menor ?**
> Esteban: **Sí, debo cuidarla.**
> Carmen: **Y, ¿ quieres cuidarla ?**
> Esteban: **¡ Claro que no ! No la quiero cuidar.**

1. ayudar a su papá
2. hacer ejercicio
3. llevar gafas
4. escribir el artículo
5. ver la película documental
6. visitar a sus tíos
7. buscar trabajo
8. comprar el regalo para Paco

Ejercicio 11. *Entre nosotros*

Ask a classmate if he or she does the following things in the course of the day. Use object pronouns in the replies.

> Modelo: tomar el autobús
> —¿ **Tomas el autobús ?**
> —**Sí, lo tomo.** or —**No, no lo tomo.**

1. esperar a sus amigos/as
2. ver a sus padres
3. llamar a su novio/a
4. leer el periódico
5. perder sus cosas
6. hacer la tarea
7. tomar sus vitaminas
8. repasar los verbos

Ejercicio 12.   *En español*
Gabriel has written the following letter to his parents. Put it into Spanish.

Dear Mom and Dad,

I have just received your letter. It is always good to receive news. I'm going
to answer all of your questions. Yes, I am well. My roommate is nice, but I
don't see him often because he is very busy and I am also very busy. But
sometimes he helps me with the math homework. Now I think I know how to
do it. The professors? I think they are very good. I like this university, and I
am happy. I must attend a class in fifteen minutes, and I don't want to arrive
late because this class is very interesting. I hope to receive another letter soon.

Love **(Cariños),**

Gabriel

≋Ahora le toca a Ud.   *Mis relaciones*

In a paragraph of ten lines, describe your relationship with one of your friends. You
may use direct object pronouns with verbs such as **admirar, ayudar, conocer,
cuidar, escuchar, invitar, llamar por teléfono, respetar, ver,** and **visitar.**

Fonética   *La consonante /g/*

Before the vowels **a, o,** and **u,** and before consonants, the **/g/** sound is represented by the letter **g** in Spanish. Before **e** and **i,** the **/g/** sound is represented
by the letters **gu.***

Note: At the beginning of a single word or group of words, or after **n** or **m,**
the **/g/** sound is similar to the English g in *go.* In the middle of a word or
group of words, except after **n** or **m,** a softer **/g̶/** sound is used, similar to the
English g in *sugar.*

Práctica

/g/:	**ga**nas	**go**zar	**gu**sto	**gue**rrilla	**Gui**llermo	**gr**ande
	Gloria	nin**gún**				

/g̶/:	ami**ga**	ami**go**	al**gu**no	hambur**gue**sa	pre**gu**ntar
	al**go**	a**go**sto			

*If the **u** in **gu** + **e** or **i** is pronounced, a diaeresis is used: **lingüística, bilingüe.**

Lección 11

¿Qué clase de amigo es Ud.?

kind

¿ Qué me cuentas ? Barcelona, España

*¿ Qué **significa la amistad** para Ud. ? ¿ Es Ud. un buen amigo ? ¿ Tiene buenos amigos ? ¡ Vamos a ver !*

does friendship mean

¿ Qué hace Ud. cuando... ?

1. Un amigo no tiene dinero para ir al cine.
   a. Ud. lo invita al cine.
   b. **Le presta** a su amigo el dinero que necesita.
   c. **Le dice** a su amigo que Ud. no tiene dinero.
2. Una amiga tiene un problema sentimental muy serio.
   a. Ud. **le da consejos.**
   b. La escucha atentamente.
   c. Le da la **dirección** de un psiquiatra.
3. Una amiga **cumple** los 21 años.
   a. Ud. la **sorprende** con una fiesta.
   b. Le **manda** una tarjeta.
   c. Le dice: « Y, ¿todavía no estás casada ? »
4. Unos amigos lo invitan a una fiesta.
   a. Ud. **les dice** « gracias » y lleva algo a la fiesta.
   b. Les dice « gracias » y asiste a la fiesta.
   c. Les dice « gracias », pero no va a la fiesta y tampoco los llama para **excusarse.**
5. Ud. presta su bicicleta a un amigo y él tiene un accidente con ella.
   a. Le dice « **No importa** ».
   b. Le pregunta: « ¿ Estás bien ? ».
   c. Le pregunta: « ¿ Cómo está mi bicicleta ? »

You lend him
You tell

give her advice

address
turns
surprise
send

to them

to excuse yourself

It doesn't matter.

Interpretación

a = 3 **puntos**   b = 2 puntos   c = 1 punto   points

13–15 puntos   ¡ Ud. es muy generoso ! ¡ Tiene un gran **corazón** !   heart
8–12 puntos   ¡ Sus amigos tienen mucha suerte porque tienen un amigo
         como Ud. !   like
5–7 puntos   ¿ Tiene algún amigo ? o ¿ solamente **enemigos** ?   enemies

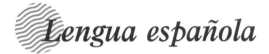

Lengua española

A. *Dar* y *decir*

Note the present-tense forms of **dar** *(to give)* and **decir** *(to say; to tell)* in the following sentences.

	DAR	DECIR
(yo)	**Doy** las gracias.	**Digo** « gracias ».
(tú)	**Das** regalos.	**Dices** « de nada ».
(él, ella, Ud.)	**Da** su palabra.	**Dice** que sí.
(nosotros)	No **damos** nada.	**Decimos** que no.
(vosotros)	**Dais** un regalo.	**Decís** « felicitaciones ».
(ellos, ellas, Uds.)	**Dan** la respuesta.	**Dicen** que hablan español.

NOTA GRAMATICAL

While the conjunction **que** *(that)* may be left out in English, it must be used in Spanish after **decir.**

> Ud. dice **que** es inútil.   *You say **(that)** it is useless.*

Vocabulario   *¿ Qué da Ud. ? ¿ Qué dice ?*

¿ QUÉ DA UD. ?

un abrazo	*hug, embrace*	**la amistad**	*friendship*
un beso	*kiss*	**una dirección**	*address*
un consejo	*(piece of) advice*	**las felicitaciones**	*congratulations*
un número de teléfono	*telephone number*		

¿QUÉ DICE UD.?

una mentira	*lie*
una tontería	*something foolish; nonsense*
la verdad	*truth*

EXPRESIONES

dar la mano (a)	*to shake hands (with)*	Le **doy la mano al** profesor.
dar un paseo	*to take a walk*	**Doy un paseo** con mi novia.
decir que sí / no	*to say yes / no*	¿Necesita dinero? **Dice que sí.**

Vocabulario   *Los números de 100 a 2.000.000*

100	cien (ciento)	**500**	quinientos/as	**1.000**	mil
101	ciento uno	**600**	seiscientos/as	**2.000**	dos mil
200	doscientos/as	**700**	setecientos/as	**200.000**	doscientos/as mil
300	trescientos/as	**800**	ochocientos/as	**1.000.000**	un millón
400	cuatrocientos/as	**900**	novecientos/as	**2.000.000**	dos millones

OBSERVACIONES

1. The short form **cien** is used before all nouns and before numbers larger than one hundred.

   cien libros   **cien** fotos   **cien** mil

2. The masculine forms of numbers between **200** and **900.000** are used in counting and before masculine nouns. The feminine forms are used with feminine nouns.

   doscien**tos**   doscien**tos** niños   doscien**tas** niñas

3. In Spanish, a period is used instead of a comma to indicate thousands. (A comma is used instead of a decimal point.)

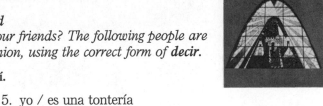

Ejercicio 1.   *Las tarjetas de Navidad*
Should you send Christmas cards to all your friends? The following people are not in agreement. Express each one's opinion, using the correct form of **decir.**

   Modelo: Marta / sí   **Marta dice que sí.**

1. Roberto / no
2. mi mamá / es importante
3. mis amigos / es normal
4. mis amigas / es muy caro
5. yo / es una tontería
6. tú / no es necesario
7. nosotros / es una tradición
8. Uds. / es una buena idea

Ejercicio 2.   *La Cruz Roja (The Red Cross)*
*Ana María is collecting money for the Red Cross. Say how much the following
people are giving. (The **peseta** is the monetary unit of Spain.)*

Modelo: Elena / 200 pesetas   **Elena da doscientas pesetas.**

1. el Sr. Mena / 2.000 pesetas
2. la Srta. Ochoa / 1.000 pesetas
3. Rubén y Pablo / 500 pesetas
4. yo / 100 pesetas
5. nosotros / 900 pesetas

6. tú / 600 pesetas
7. Uds. / 700 pesetas
8. mis primos / 400 pesetas
9. mis padres / 1.500 pesetas
10. el profesor y yo / 300 pesetas

```
Ayude a la Cruz Roja
     Venezolana
```

Ejercicio 3.   *¿Cómo es Ud.?*

1. ¿Da dinero para causas importantes? ¿su tiempo? ¿su energía?
2. ¿Da buenos consejos su papá? ¿su mamá? ¿su profesor? ¿sus amigos?
   Y, ¿Ud. los escucha?
3. ¿Da la mano a su novio/a? ¿a su papá? ¿a su mamá? ¿al presidente de
   la universidad?
4. ¿Dónde da Ud. paseos? ¿Con quién? ¿Cuándo?
5. ¿Siempre dice Ud. la verdad? ¿Dice una mentira de vez en cuando? ¿Es
   necesario decir una mentira a veces? ¿Dice tonerías cuando está ner-
   vioso/a?

B. Verbos con el cambio radical $e \rightarrow i$

In the chart below, note the changes in boldface in the stem of **pedir** *(to ask
for).*

	PEDIR		
(yo)	Pido un estéreo.	(nosotros)	Pedimos café.
(tú)	Pides consejos.	(vosotros)	Pedís flores.
(él, ella, Ud.)	Pide mi dirección.	(ellos, ellas, Uds.)	Piden dinero.

NOTA GRAMATICAL

The **e** in the stem is changed to **i** when it is stressed. This stem change occurs
in all forms of the present tense except the **nosotros** and **vosotros** forms.

Vocabulario *Algunos verbos con el cambio radical* e → i

pedir (e → i)	*to ask for; to request; to order*	**Pido** un refresco.
repetir (e → i)	*to repeat*	¿Vas a **repetir** la pregunta?
servir (e → i)	*to serve*	Tú **sirves** el café.

OBSERVACIÓN

Note the difference between **pedir** and **preguntar**:

Pedir means *to request (something):*

> **Pide** dinero.   **Pedimos** permiso *(permission).*

Preguntar means *to ask (a question):*

> Juan **pregunta** qué hora es.

Ejercicio 4.   *La repetición*
For better or for worse, each of the following people repeats something. Indicate what each one is repeating.

> Modelo: Pablo / la palabra
> **Pablo repite la palabra.**

1. yo / mis errores
2. Ana / la pregunta
3. tú / los números
4. nosotros / el diálogo
5. Teresa y Manuel / la respuesta
6. Ud. / el número de teléfono

Ejercicio 5.   *¿Preguntas o pedidos? (Questions or requests?)*
*Ask a classmate if he or she asks or asks for the following. Use **pedir** or **preguntar**, as appropriate.*

> Modelo: dinero
> —¿ **Pides dinero?**
> —**Sí, pido dinero.**   or   —**No, no pido dinero.**

1. regalos
2. qué hora es
3. qué día es hoy
4. cuándo empieza la fiesta
5. el coche de tu papá
6. un número de teléfono
7. un libro en la biblioteca
8. qué tiempo hace

C. Los complementos indirectos: *le, les*

The words in italics in the questions and answers below are indirect objects. They are the indirect recipients of the action of the verbs. The words in boldface are indirect object pronouns. Note the forms and positions of these pronouns.

—Escribo una carta.
—¿A *quién*?
—A *Paco*.
—¿**Le** escribes a menudo?

—Escribo una tarjeta.
—¿A *quién*?
—A *Clara*.
—¿Qué **le** dices?

—Presto mis cosas.
—¿A *quiénes*?
—A *mis amigos*.
—¿Por qué **les** prestas tus cosas?

—Presto mis apuntes.
—¿A *quiénes*?
—A *mis amigas*.
—¿Cuándo **les** vas a prestar tus apuntes?

The third-person indirect object pronoun has the following forms:

Singular	le	*(to) him, her, you*
Plural	les	*(to) them, you*

NOTAS GRAMATICALES

1. Note that while in English the preposition may or may not be used with the indirect object pronoun, it is *never* used with this pronoun in Spanish.

   Quiero a Ana. **Le** escribo una carta.

   *I am writing **her** a letter.*
   or *I am writing a letter **to her**.*

2. The pronouns **le** and **les** are used to refer to **Ud.** and **Uds.**, respectively.

   Sr. Pacheco, **le** hago la pregunta **(a Ud.).**

   *I am asking **you** the question.*

   José y Felipe, **les** hago la pregunta **(a Uds.).**

   *I am asking **you (both)** the question.*

3. When the indirect object is a noun representing a specific person or persons, the corresponding indirect object pronoun is normally used in the sentence. This pronoun is also frequently used with **a alguien, a nadie,** and **¿a quién?**

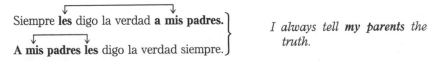

Siempre **les** digo la verdad **a mis padres.**

A mis padres les digo la verdad siempre.

*I always tell **my parents** the truth.*

4. Verbs of communication, such as **hablar** and **decir,** usually require indirect object pronouns.

5. For clarification or emphasis, Spanish-speakers may add the expression **a él (a ella, a ellos, a ellas, a Ud., a Uds.)** to the sentence.

¿ **Le** escribes **a Pedro** o **a Luisa**?   **Le** escribo **a él** *(i.e.,* **a Pedro***).*
¿ **Le** das tus apuntes **a Ana**?   ¡ Claro ! **Le** doy mis apuntes **a ella.**

6. The indirect object pronoun is usually placed before the conjugated verb. In infinitive constructions, the indirect object pronoun (like the direct object pronoun) often comes after the infinitive and is attached to it.

No voy a llamar **a Carlos.** $\begin{cases} \text{Voy a escribir} \textbf{le.} \\ \textbf{Le} \text{ voy a escribir.} \end{cases}$ *I'm going to write* **him.**

Ejercicio 6.   *Solamente por un año*
Before going off to spend his junior year abroad, Paco leaves some of his things with the following people. Express this, as in the model.

Modelo: a María / sus discos compactos
Paco le deja sus discos compactos a María.

1. a Miguel / sus libros de inglés
2. a Ana / su dirección en Madrid
3. A Rafael / su motocicleta
4. a Luis y a Isabel / su estéreo
5. a sus amigas / su número de teléfono
6. a sus padres / su gato

 Ejercicio 7.   *Diálogo: ¿ Les pides algo o no ?*
Ask a classmate if he or she asks the following people for certain things. Follow the model.

Modelo: a su papá (el coche)
—¿ **Le pides el coche a tu papá**?
—**Sí, le pido el coche (de vez en cuando, todos los días).**
or   —**No, nunca le pido el coche.**

1. a sus padres (dinero)
2. a su novio/a (un beso)
3. a su profesor/a (buenas notas)
4. a sus hermanos (consejos)
5. a sus abuelos (regalos)
6. a un/a amigo/a (una cita)
7. a sus amigos (sus apuntes)
8. a sus profesores (más exámenes)

Mod. CUR-04 P VHS-C-CCD
Autofocus. ZOOM. Visor óptico.
Peso: 950 grs., sin batería.

REGALO

Mod. 3327 20"
Sintonizador
para TV
por cable.
40 presintonías.
Buscador
electrónico
de emisoras.

REGALO

Ejercicio 8.   *Regalos de Navidad*
Select a Christmas present from the list for each of the people below.

un reloj	un coche	guantes
perfume	un estéreo	una grabadora
una camisa	un televisor	una maleta
una pulsera	una cartera	una cámara
una blusa	una computadora	un suéter
una corbata	una planta	una bicicleta
un libro	una camiseta	flores
un perro	un disco compacto	un beso y un abrazo
un gato		

Modelo: a su papá
Voy a darle un reloj (una camisa, un disco...).
or   **No voy a darle nada.**

1. a su mamá
2. a su hermano mayor
3. a su hermana menor
4. a sus abuelos
5. a sus tíos
6. al profesor / a la profesora de español
7. a un amigo muy especial
8. a una amiga muy especial

Vocabulario *Algunos verbos que usan complementos indirectos*

MOSTRAR (UE)	MANDAR	PRESENTAR	HACER UNA PREGUNTA
Les **muestro** las fotos a mis primas.	Le **manda** un regalo a su novia.	Marta les **presenta** a Juan a sus amigas.	La estudiante le **hace una pregunta**.

deber	*to owe*	Les **debo** dinero a mis amigos.
ofrecer	*to offer*	Les **ofrezco** consejos a mis amigos.
prestar	*to loan, lend*	Nunca le **presto** mi ropa a mi hermana.
prometer	*to promise*	Le **prometo** mi coche a Rafael.

OBSERVACIÓN

Ofrecer is conjugated like **conocer**:

Le **ofrezco** a Ud. mis felicitaciones.

Ejercicio 9. *Y Ud., ¿ qué dice ?*

1. ¿En qué circunstancias les presta Ud. dinero a sus amigos? ¿a sus hermanos?
2. ¿Qué le va a dar a su novio/a para Navidad *(Christmas)*? ¿para su cumpleaños?
3. ¿Les manda cartas a sus padres? ¿a sus abuelos? ¿a sus representantes en el congreso?
4. ¿Les ofrece consejos a sus amigos? ¿Les ofrece dinero? ¿café? ¿vino?
5. ¿Le hace preguntas a veces al profesor de inglés? ¿al profesor de ciencias? ¿al profesor de historia?
6. ¿Les muestra a sus amigos sus apuntes? ¿su examen? ¿sus notas?
7. ¿Le vende su bicicleta a un amigo? ¿a su compañero de cuarto?
8. ¿Les debe dinero a sus amigos? ¿a sus padres?
9. Cuando sus amigos vienen a su casa, ¿qué les sirve? ¿café? ¿refrescos?

Ejercicio 10.   *Lo correcto (The right thing)*
As human beings, we have certain obligations. Say how you would act if your
friends were in the following situations. Use items from Columns A and B.

A	B
mandar	una tarjeta
ofrecer	dulces
decir	champán *(champagne)*
dar	una planta
prestar	un abrazo
prometer	cincuenta dólares
comprar	doscientos dólares
	un telegrama
	una novela
	consejos
	felicitaciones
	la verdad

Modelo: Un amigo está en el hospital.
              Voy a mandarle una tarjeta (regalarle una planta...).

1. Es el cumpleaños de un amigo.
2. Es el cumpleaños de una amiga.
3. Un amigo está enfermo.
4. Una prima se casa *(is getting married)*.
5. Sus padres celebran su aniversario.
6. Sus amigos no estudian.
7. Una amiga tiene problemas personales.
8. Un hermano necesita dinero.
9. Sus tíos tienen un bebé.
10. Su compañero de cuarto recibe una beca.

D. Los complementos indirectos: *me, te, nos*

Note the indirect object pronouns in boldface in the sentences below.

Mis amigos siempre **me** prestan dinero.	*My friends always lend **me** money.*
¿ **Te** escriben a menudo tus padres ?	*Do your parents often write **to you**?*
Mi tía va a mandar**nos** diez dólares.	*My aunt is going to send **us** ten dollars.*

In Spanish, the first- and second-person indirect object pronouns are the same
as the direct object pronouns.

Ejercicio 11. *Después de la operación*
Antonio is going to have his appendix out tomorrow. Rita wants to know what she can do for him while he is recuperating in the hospital. Play both roles, as in the model.

> Modelo: hablar por teléfono mañana / no
> Rita: **¿ Te hablo por teléfono mañana ?**
> Antonio: **No, no puedes hablarme por teléfono mañana.**
>   or **No, no me puedes hablar por teléfono mañana.**

1. mandar una tarjeta / sí
2. escribir una carta / sí
3. traer cerveza después de la operación / no
4. prestar mi grabadora / sí
5. comprar una novela interesante / sí
6. hacer preguntas sobre *(about)* la operación / sí

 Ejercicio 12. *Antes de decir « Adiós »*
Carmen's younger sisters ask her to do various things for them before she goes away to college. She agrees. Play both roles, as in the model.

> Modelo: mostrar su ropa nueva
> Las hermanas: **¿ Nos muestras tu ropa nueva ?**
> Carmen: **Bueno, yo les muestro mi ropa nueva.**

1. dejar sus discos compactos
2. dar su dirección
3. decir « Adiós »
4. dar un beso
5. prestar su estéreo
6. regalar su ropa vieja
7. hacer un favor
8. dejar su bicicleta

 Ejercicio 13. *Diálogo: ¿ Qué vas a hacer ?*
Ask a classmate if he or she is going to do the following things for you during your next vacation. Use direct or indirect object pronouns, as appropriate.

> Modelo: escribir
> —**¿ Vas a escribirme ?**
> —**Sí, voy a escribirte.** (—**Sí, te voy a escribir.**)
>   or —**No, no voy a escribirte.** (—**No, no te voy a escribir.**)

1. invitar a tu casa
2. visitar
3. mandar tarjetas
4. ofrecer tu coche
5. presentar a tu hermano/a
6. mandar fotos
7. llamar por teléfono
8. prestar su traje o vestido nuevo

Ejercicio 14. *En español*
The following conversation between José and his father takes place in Mexico City. Put it into Spanish.

JOSÉ Dad, can you lend me a few pesos, please?

PAPÁ I just said that you can use the car tonight. And now you tell me that you need money also.

JOSÉ I don't like to ask you for money, but I have a date.

PAPÁ If you don't have money, how do you intend to buy gas *(gasolina)* for the car?

JOSÉ I think I'll look for a job tomorrow. But could you lend me 650 pesos now?

PAPÁ You already owe me 935 pesos. Why don't you invite the young lady to take a walk? (It) doesn't cost anything.

≈Ahora le toca a Ud. *Nos vemos poco*

Select a person whom you know well but whom you do not see very often (for instance, a relative or a friend who lives in another city). Describe your relationship with this person. Use object pronouns and verbs such as **conocer, escribir, hablar, mandar, llamar por teléfono, prometer, regalar,** and **decir.**

Fonética *Las consonantes* /p/, /t/ *y* /k/

In the initial position in English, the consonant sounds **/p/, /t/, /k/** are aspirated—that is, they are pronounced with a puff of air. In the initial position in Spanish, however, these consonant sounds are not aspirated—there is no puff of air.

Contrast the English *pot, top,* and *car* (aspirated */p/, /t/, /k/*) with the English *spot, stop,* and *scar* (unaspirated */p/, /t/, /k/*). In the following exercises, if you link the **s** of **los** or **las** to the following noun, you will tend to produce unaspirated initial consonants.

Práctica

/p/:	las personas: persona	los partidos: partido	los pasteles: pastel
/t/:	las tareas: tarea	las tarjetas: tarjeta	los tacos: taco
/k/:	las cosas: cosa	los consejos: consejo	las compras: compra

Lección 12

¡Vamos al partido!

Una conversación entre amigos en México.

Hoy es domingo, y Carlos llama a su amigo Pepe para hacer planes para esta tarde.

CARLOS	Hola, Pepe. ¿**Cómo andas**?	How are you doing
PEPE	Bien, Carlos, bastante bien.	
CARLOS	¿Quieres **jugar** al tenis hoy?	to play
PEPE	¡Ay!, hoy no puedo. **Me duele el brazo.**	My arm hurts.
CARLOS	**Entonces,** ¿por qué no vamos al **partido de fútbol**? Nuestro **equipo juega contra** los **campeones.** ¡Va a ser el partido del año!	Then / soccer match team is playing against / champions
PEPE	**Lo siento,** Paco, pero hoy no tengo ganas de ir al partido.	I'm sorry
CARLOS	¡Hombre! No puedes jugar al tenis y **no te interesa** ir al partido de fútbol. ¿**Qué te pasa**?	you're not interested What goes?
PEPE	Mira, Pepe. Prefiero mirar el partido por la tele. Aquí en casa estoy **cómodo** y no hay **miles** de personas, mucho tráfico... Además, si nuestro equipo juega contra los campeones, **seguramente** va a perder. ¿Por qué no vienes a mi casa y lo miramos juntos?	comfortable / thousands surely
CARLOS	**Ganar** o perder, **no me importa.** Voy al estadio. En casa no es **lo mismo.** No puedes **sentir** la emoción del partido, el entusiasmo de los **aficionados...** ¿**Estás seguro de** que no quieres ir?	Win / I don't care the same / feel fans / Are you sure
PEPE	**Pues...** ¿Dónde te encuentro y a qué hora?	Well

Comprensión

Complete the following sentences.

1. Pepe no quiere jugar al tenis porque _____ .
2. Pepe no quiere ir al partido de fútbol porque _____ .
3. Prefiere mirar el partido de fútbol en la televisión porque _____ .
4. Su equipo va a jugar contra _____ .
5. Pepe cree que su equipo va a _____ .
6. Carlos va a _____ .
7. Finalmente, Pepe decide _____ .

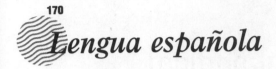

Lengua española

Vocabulario *Los deportes*

SUSTANTIVOS

los deportes *(sports)*: **el fútbol** *(soccer),* **el béisbol, el tenis, el básquetbol, el baloncesto, el vólibol**

un equipo *(team)*: **un jugador / una jugadora** *(player)*
un atleta / una atleta *(athlete)*
un aficionado / una aficionada *(fan; supporter)*
un campeón / una campeona *(champion)*

el partido de tenis **la cancha** *(court)*
(tennis game): **la pelota** *(ball)*
la raqueta *(racket)*

VERBOS

esquiar	*to ski*	Quiero **esquiar** con mis **esquís** *(skis)* nuevos.
ganar	*to win*	¿Quién va a **ganar**? Yo, ¡por supuesto!
jugar (u→ue)	*to play* (a game)	¿Quiere **jugar** al tenis?

ADJETIVOS

cierto	*certain*	**Ciertas** raquetas son mejores.
mejor	*better; best*	Juegas bien, pero yo soy **mejor** jugador.
mismo	*same*	Tenemos la **misma** raqueta.
preferido	*favorite*	El fútbol es mi deporte **preferido.**
próximo	*next*	Vamos a ganar el **próximo** partido.
último	*last*	Éste es el **último** partido.
varios	*several; various*	Me gusta jugar a **varios** deportes.

PREPOSICIONES

contra	*against*	Hoy vamos a jugar **contra** un buen equipo.
entre	*between; among*	Hay un partido **entre** los chicos y las chicas.
sin	*without*	Es imposible jugar al tenis **sin** pelota.

OBSERVACIONES

1. Note the vowel change (**u → ue**) in the stem of the present tense of **jugar.**

   juego **jue**gas **jue**ga jugamos jugáis **jue**gan

2. With names of sports, the construction **jugar a** is used.

   Mis hermanos **juegan al** béisbol.

3. The adjectives **mismo** and **último** precede the noun.

   la **misma** atleta   la **última** semana

4. **Cierto,** like **otro,** is not preceded by the indefinite article.

   A Clara le gusta **cierto** joven.   *Clara likes **a certain** young man.*
   Pero sale con **otro** joven.   *But she goes out with **another** young man.*

5. Note the use of the accent in the present tense of **esquiar.**

   esquío   esquías   esquía   esquiamos   esquiáis   esquían

   Ejercicio 1.   *¿ Le gustan los deportes ?*

1. ¿ Sabe Ud. esquiar ? ¿ Saben esquiar sus hermanos ? ¿ sus padres ?
2. ¿ Asiste Ud. a veces a partidos de fútbol ? ¿ Tiene un buen equipo su universidad ? ¿ Quiénes son los mejores jugadores ?
3. ¿ Cuál es el mejor equipo de la universidad ? ¿ el equipo de béisbol masculino ? ¿ el equipo de vólibol femenino ?
4. ¿ Juega Ud. al tenis ? ¿ Tiene una buena raqueta ? ¿ Hay canchas de tenis cerca de su casa ?
5. ¿ Cuál es su deporte preferido ? ¿ Por qué ?
6. ¿ Hay ciertos deportes que son aburridos para los espectadores ? ¿ Cuáles son ?

A. La secuencia de dos complementos con *me, te, nos*

The answers to the questions below contain two object pronouns. Note which one comes first.

   — ¿ Me prestas tus esquís ?   — Por supuesto **te los** presto.
   — ¿ Vas a venderme esta raqueta ?   — No, no voy a vendér**tela.**

When an indirect and a direct object pronoun are used in the same sentence, they follow this sequence:

> Subject + indirect object pronoun + direct object pronoun + verb
> or
> Subject + conjugated verb + infinitive with object pronouns attached
>
> | me | | lo |
> | te | + | la |
> | nos | | los |
> | | | las |

NOTA GRAMATICAL

When two pronouns are attached to an infinitive, an accent mark should be placed on the last syllable of the infinitive in order to show that the original stress is maintained.

Necesito diez dólares.   Teresa va a **prestármelos.**

 Ejercicio 2. *Diálogo: ¿ Quieres hacerme un favor?*
Ask a classmate if he or she wants to do the following things for you.

Modelo: prestar sus libros
—¿ **Me prestas tus libros ?**
—**Sí, te los presto.** or —**No, no te los presto.**

1. prestar su bicicleta
2. repetir las preguntas
3. servir el café
4. mostrar sus apuntes

5. dar su dirección
6. decir su número de teléfono
7. regalar su raqueta de tenis
8. vender su estéreo

Ejercicio 3. *Un joven generoso*
Antonio is graduating this year. Before he leaves school, he wants to give something to each of his friends. Indicate to whom he is going to give each of the following items

Modelo: su raqueta (a mí)   **Va a dármela.**

1. un beso (a ti)
2. un abrazo (a nosotros)
3. su impermeable (a mí)

4. sus pelotas de tenis (a ti)
5. sus plantas (a nosotros)
6. su chaqueta vieja (a ti)

B. El complemento indirecto *se*

In the answers below, both the direct and the indirect objects are pronouns. Note the form and position of the indirect object pronoun in each of these answers.

—¿ **Le** prestas los esquís **a Roberto ?**   —Sí, **se** los presto.   *Yes, I'm loaning them **to him**.*
—¿ **Le** regala Ud. ese reloj **a Ana ?**   —Sí, **se** lo regalo.   *Yes, I'm giving it **to her**.*
—¿ **Les** mandas la foto **a tus tíos ?**   —No, no **se** la mando.   *No, I'm not sending it **to them**.*

When two third-person object pronouns are used in the same sentence, they follow this sequence:

indirect object pronoun + direct object pronoun

$$se + \begin{cases} lo \\ la \\ los \\ las \end{cases}$$

NOTAS GRAMATICALES

1. In a two-pronoun sequence, the indirect object pronoun **le / les** is replaced by **se.** This may occur even when the indirect object noun is included in the sentence along with the pronoun.

    ¿ A quién le das consejos ?   **Se** los doy **a Cecilia.**

2. With an infinitive construction, the two pronouns may come after the infinitive and are then attached to it.

    ¿ Debo mandarle esta carta a mamá ?   Sí, debes **mandársela.**

Ejercicio 4.   *¿ Es Ud. una persona generosa ?*
Imagine that the following people need certain things of yours. Indicate whether you are going to lend them these things or not.

Modelo: Un amigo necesita cincuenta dólares.
Se los presto. or **No se los presto.**
or **Voy a prestárselos.** or **No voy a prestárselos.**

Un amigo necesita...
  1. su raqueta
  2. su máquina de escribir

  3. su bicicleta
  4. sus guantes

Un compañero de clase necesita...
  5. su computadora
  6. su diccionario

  7. sus apuntes
  8. su cuaderno

Sus hermanos necesitan...
  9. su coche
  10. su calculadora

  11. sus pelotas de tenis
  12. sus suéteres

Balón de futbol

Ejercicio 5.   *Repetición*

Lupe is telling Tomás some things that are so astonishing that he repeats them to make sure he has heard correctly. Play the role of Tomás by repeating what Lupe says, using direct and indirect object pronouns in your statements, as shown in the model.

Modelo: Lupe: Lola le manda cartas a Robert Redford.
                  Tomás: **¡ Se las manda ! ¡ Caramba !**

1. Roberto no les presenta su novia a sus padres.
2. Horacio le repite los secretos a Adela.
3. La policía les hace preguntas a Diego y Carlos.
4. El profesor les sirve pizza a los estudiantes.
5. Felipe le presta su motocicleta a su abuela.
6. Nosotros le escribimos una carta al presidente.
7. Ricardo les manda flores a todas las profesoras.
8. Paco le da su número de teléfono al detective.

C. El uso del artículo definido en el sentido general

Note how the definite article is used in the Spanish sentences below and how it is omitted in the equivalent English constructions.

El verano es una estación.   *Summer is a season.*
La ropa buena es cara.   *Good clothing* (in general) *is expensive.*

In Spanish, the *definite* article is used to introduce a noun with an *abstract, general,* or *collective* sense.

Ejercicio 6.   *¿ En qué piensan ?*

Say what the following people usually think about, adding the definite articles, as in the model.

Modelo: atletas / partidos
          Los atletas generalmente piensan en los partidos.

1. jugadores de tenis / tenis
2. aficionados / partidos
3. jugadores de béisbol / béisbol
4. atletas / deportes
5. atletas profesionales / dinero
6. gente que esquía / invierno
7. estudiantes / trabajo y fiestas
8. profesores / exámenes y notas

Calzado deportivo para cualquier deporte.

D. El uso del artículo definido con la ropa y el cuerpo

Contrast the use of the definite article in each Spanish sentence with the use of the possessive adjective in the corresponding English sentence.

Cuando hace frío, llevo **el** abrigo.   *When it is cold, I wear **my** coat.*
¿ Qué tienes en **la** mano ?   *What do you have in **your** hand?*

In Spanish, the *definite article* rather than the possessive adjective is used to introduce *parts of the body* or *articles of clothing*.

Vocabulario   *El cuerpo (The body)*

SUSTANTIVOS

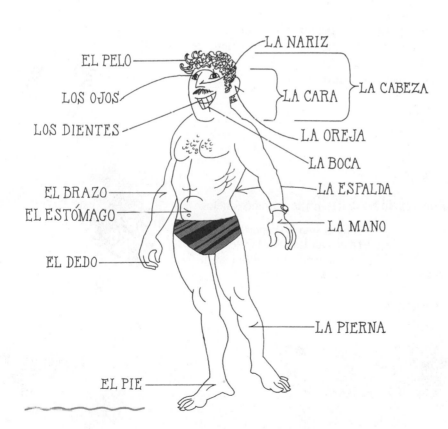

EL PELO — LA NARIZ

LOS OJOS — LA CARA — LA CABEZA

LOS DIENTES — LA OREJA

LA BOCA

EL BRAZO — LA ESPALDA

EL ESTÓMAGO — LA MANO

EL DEDO

LA PIERNA

EL PIE

Ejercicio 7. *La clase de anatomía*
Complete the following sentences with the appropriate part of the body.

1. Se ve con _____ .
2. Se come con _____ .
3. Se camina con _____ .
4. Se oye con _____ .
5. Se escribe con _____ .
6. Se huele *(smells)* con _____ .
7. Se llevan cosas con _____ .
8. Se juega al fútbol con _____ y _____ .

Ejercicio 8. *El desfile de modelos (The fashion show)*
Imagine that you are a reporter covering a fashion show. Tell your readers about the latest word in fashion by completing the sentences below with the appropriate parts of the body.

1. Algunas modelos no llevan zapatos en _____ .
2. Pero todas llevan guantes blancos en _____ .
3. No puedo ver _____ de una porque ella lleva gafas de sol.
4. Una modelo lleva muchas pulseras en _____ , anillos *(rings)* en todos _____ y dos aretes *(earrings)* en _____ .
5. Todas las modelos llevan un sombrero grande en _____ y mucho maquillaje *(makeup)* ridículo en _____ .
6. Este año las mujeres van a llevar medias oscuras en _____ .

E. La construcción con *gustar*

Note the verb forms and pronouns in boldface in the sentences below.

Me gusta el tenis.　　　　　　No **me gustan** los deportes violentos.
¿**Te gusta** mi raqueta?　　　　¿**Te gustan** las raquetas de metal?
Nos gusta este coche.　　　　**A mis padres** no **les gustan** las motos.
¿**A Uds. les gusta** mi cámara?　¿**A Ud. le gustan** las flores?

With **gustar,** the following pattern is used:

(**a** + person) +	indirect object pronoun	+ **gusta(n)** + subject

NOTAS GRAMATICALES

1. Note these English equivalents of **le gusta.**

A Teresa **le gusta** el suéter.
$\begin{cases} \textit{Teresa \textbf{likes} the sweater.} \\ \textit{The sweater \textbf{is pleasing} to Teresa.} \\ \textit{The sweater \textbf{pleases} Teresa.} \end{cases}$

2. When the subject of this type of construction is a singular noun (or an infinitive), the singular verb form **gusta** is used. When the subject is a plural noun, the corresponding plural form, **gustan,** is required. Contrast:

Nos **gusta** tu raqueta.   Nos **gustan** tus esquís.

3. To refer to a specific person or persons, or for emphasis or clarity, Spanish-speakers may begin the sentence with **a** + name, noun, or pronoun.

A mí me gusta el tenis, pero **a ti te gusta** el golf.
A Ricardo le gusta esquiar. **A sus hermanas les gusta nadar.**
¿ **A ellos les gustan** los deportes ?
A Fernando le gusta mirarlos en la televisión.

Vocabulario *Expresiones como* me gusta

me gusta(n) más	**Me gusta más** el golf.	*I prefer golf.*
		I like golf better.
		Golf is more pleasing to me.
me importa(n)	**Me importa** la gente.	*I care about people.*
		People matter to me.
me interesa(n)	**Me interesan** los deportes.	*I am interested in sports.*
		Sports interest me.
me duele(n)	**Me duele** la espalda.	*I have a sore back.*
		My back hurts (me).
	Me duele la cabeza.	*I have a headache.*
me molesta(n)	**Me molesta** pedir favores.	*Asking for favors bothers me.*

Ejercicio 9. *Diálogo: ¿ Qué le(s) gusta más ?*
Ask your classmates about their preferences. You may address your questions
to one or several students.

> Modelos: el cine / el teatro
> (a un estudiante)
> —¿ Qué te gusta más, el cine o el teatro ?
> —Me gusta más el teatro. or —Me gusta más el cine.
> (a unos estudiantes)
> —¿ Qué les gusta más, el cine o el teatro ?
> —Nos gusta más el teatro. or —Nos gusta más el cine.

1. la televisión / el cine
2. el español / el francés
3. el béisbol / el básquetbol
4. el verano / el invierno
5. los discos compactos / los cassettes
6. los coches pequeños / los coches grandes
7. la primavera / el otoño
8. el helado de chocolate / el helado de vainilla
9. el avión / el tren
10. la música clásica / la música popular

Ejercicio 10. *La entrevista (The interview)*
A reporter for a popular Spanish magazine is visiting your campus to find out
what American students think. Play the role of the reporter and have another
student answer, according to the model.

> Modelo: a los estudiantes / importar / sus estudios
> —¿ A los estudiantes les importan sus estudios ?
> —Sí, les importan sus estudios.
> or —No, no les importan sus estudios.

1. a ti / importar / los deportes
2. a tus amigos / interesar / la política internacional
3. a los profesores / molestar / enseñar a las ocho de la mañana
4. a ti y a tus amigos / interesar / la ecología
5. al presidente de la universidad / importar / los deportes
6. a los estudiantes / molestar / tener dos exámenes en un día
7. a los profesores / importar / el progreso de los estudiantes
8. a los estudiantes / interesar / la política nacional
9. a los estudiantes / molestar / la situación económica

Ejercicio 11. *¿ Qué le duele ?*
Explain the physical problems of the following people, using **duele(n)**.

> Modelo: Cuando leo mucho,...
> **Cuando leo mucho, me duelen los ojos.**

1. Cuando Antonio mira la televisión mucho,...
2. Cuando el Sr. Rivas come mucho,...
3. Cuando Marta escucha mucha música « rock »,...
4. Cuando los atletas practican mucho,...
5. Los chicos van al dentista porque...
6. Cuando tú tocas la guitarra mucho,...
7. Cuando nosotros caminamos mucho,...
8. Cuando yo tengo la gripe *(flu)*,...

Ejercicio 12. *En español*

Lorenzo and Álvaro are discussing their favorite soccer team. Put their conversation into Spanish.

LORENZO	Do you think our team will win the next game?
ÁLVARO	I doubt it. They just lost a game this week.
LORENZO	And how is Roberto? He is our best player.
ÁLVARO	I think his leg still hurts him.
LORENZO	Good heavens! They'll never be the champions. I'm interested in reading about **(de)** that game. Do you still have the sports page of the newspaper? Can you lend it to me?
ÁLVARO	I'll give it to you. I don't need it. Do you want to play a game of tennis after reading the newspaper?
LORENZO	Of course. Are you a good player?
ÁLVARO	Yes! And I don't like to lose! I'll meet you at one o'clock.

≋Ahora le toca a Ud. *¡Hola!*

Compose a dialogue in which someone is trying to meet someone else, using *Un partido de tenis* as a model. You may want to choose a different setting, such as a soccer game or a beach.

Fonética: *Las vocales*

Vowels in Spanish represent a single, pure sound. In the stressed position, they do not glide, as English vowels do. Contrast the English word *say* with the Spanish **se.**

In the unstressed position, Spanish vowels receive their full value and are not reduced to the *uh* sound of English. Contrast the English word *telephone* with the Spanish **teléfono.**

Práctica

/a/:	examen	Antonio	tradición	matemáticas	vacaciones		
/e/:	me	de	se	que	soltero	periódico	café
	pelota	atleta					
/i/:	mí	ti	sí	aquí	interesante	inteligente	cine
/o/:	no	o	quiero	cuando	bonito	novio	teléfono
	radio						
/u/:	música	museo	muchacha	universidad	furioso		
	fruta						

EN RESUMEN

A. Substitute the words in parentheses for the italicized words in the sentences. Be sure to make other necessary changes.

1. Marisol prefiere estas *flores*. (raqueta ; estéreo ; zapatos)
2. ¿Sales a menudo con esos *jóvenes*? (chicas ; muchacho ; mujer)
3. Aquel *café* es muy bueno. (museos ; cafetería ; playas)
4. ¿Esperas a tu *amigo*? Sí, lo espero. (novia ; hermanos ; primas)
5. ¿Les muestra Ud. las fotos a *ellos*? Sí, les muestro las fotos. (su amiga ; nosotros ; mí ; el profesor)
6. ¿Le das *la dirección* a Juan? Sí, se la doy. (el número de teléfono ; tus apuntes ; la raqueta ; las pelotas)
7. ¿Me lo ofrece a *mí*? Sí, se lo ofrezco a Ud. (nosotros ; Ernestina ; las chicas)
8. ¿Les puede prestar 50 pesos a *ellos*? Sí, se los puedo prestar. (mí ; Juanita ; nosotros ; él)
9. A *mí* me interesan los deportes. (Joaquín ; ti ; los chicos ; nosotros)
10. A Josefina no le gusta *el tenis*. (sus clases ; las flores ; la sorpresa)
11. A *nosotros* no nos importa el examen. (mí ; los estudiantes ; mi amigo ; ti)
12. Tengo la gripe *(flu)*. Me duele *la cabeza*. (la espalda ; las piernas ; todo el cuerpo)
13. A *Emilio* le molesta su compañero de cuarto. (mí ; ti ; mi hermana ; mis amigas ; nosotras)

B. Answer the questions about the cartoons.

1. ¿Qué pide el hombre? (1)
2. ¿Cómo está mientras *(while)* espera? (2)
3. ¿Qué hace ahora? (3)
4. ¿Cómo está mientras espera? (4)
5. ¿Qué hace ahora? (5)
6. ¿Cómo está mientras espera? (6)
7. ¿Y ahora qué hace el hombre? (7)

Otras perspectivas IV

Un partido de fútbol en un estadio en Buenos Aires, Argentina.

Lectura cultural   ¡Gol! ¡Jonrón!

Cuando los hispanos hablan de fútbol, lo hacen con fervor, entusiasmo y pasión, porque hablan del deporte más popular de España y de Latinoamérica. Los domingos van al estadio para ver el partido de fútbol; los días de semana los pueden ver por televisión o pueden leer sobre ellos en la página **deportiva** del periódico o en revistas dedicadas al fútbol. En los cafés, en el trabajo y en su casa la gente discute con gran entusiasmo las virtudes y los defectos de los varios equipos y jugadores. Y no solamente son espectadores, **sino** también son participantes. Cada **pueblo** o **vecindad** tiene su equipo de fútbol, y **donde haya** un parque o un **terreno desocupado,** hay niños y **mayores** que juegan al fútbol.

Cada cuatro años **tiene lugar** «El Mundial», el **Campeonato Mundial** de Fútbol, en que participan los mejores equipos de Latinoamérica, Europa, Asia, Australia y África. Ya que los equipos representan a sus respectivos países, El Mundial es una **cuestión** de fervor patriota y honor nacional. Hoy en día también en los Estados Unidos hay mucho interés en el fútbol y muchos norteamericanos pasan los días del Mundial **pegados** a sus **televisores.**

En los países del Caribe, especialmente en Puerto Rico, Cuba, la República Dominicana y Venezuela, el béisbol es el deporte más popular. Algunos de los mejores jugadores de los equipos norteamericanos de béisbol **nacieron** en los países del Caribe y **comenzaron** sus carreras deportivas allí. Seguramente los aficionados al béisbol **entre** Uds. saben sus nombres.

(margin glosses:)
sports

but
town / neighborhood / wherever there is empty lot / adults

takes place / World Championship

matter, issue

glued / television sets

were born
they began
among

Nota cultural   Sports clubs

In many Latin American cities, there are sports clubs that people can join for a reasonable fee. Labor unions, companies, municipalities, and fraternal organizations often sponsor these clubs to give their members the opportunity to practice a sport in a pleasant setting that includes such facilities as swimming pools, tennis courts, running tracks, gyms, and soccer fields.

Actividad A.   *Comprensión de lectura*

1. El fútbol es muy _____ en los países hispanos.
2. Los partidos de fútbol generalmente tienen lugar _____ .
3. Los hispanos no solamente son espectadores ; también son _____ .
4. Hay revistas dedicadas al _____ .
5. Los equipos que participan en El Mundial son de _____ .
6. En 1986, _____ ganó El Mundial.
7. El béisbol es muy popular en Puerto Rico, Cuba, _____ y _____ .

Actividad B.   *Diferencias culturales*

1. ¿ Cuáles son los deportes populares en los Estados Unidos ?
2. ¿ Qué deporte le gusta practicar ? ¿ Qué deporte le gusta mirar en la televisión ?
3. ¿ Lee Ud. revistas deportivas ? ¿ Hay revistas dedicadas solamente a un deporte ?
4. ¿ Se juega mucho al fútbol en su región ? ¿ Es muy popular el béisbol ?
5. ¿ Cree Ud. que su equipo preferido representa el honor regional o nacional ?
6. ¿ Dónde juega Ud. a los deportes ? ¿ Por qué practica Ud. un deporte ?
7. ¿ Ha visto *(Have you seen)* alguna vez un partido de fútbol ? ¿ Dónde ? ¿ Le gustó ?
8. ¿ Quiénes son los jugadores hispanos de béisbol ? ¿ De dónde son ? ¿ En qué equipos juegan ?

Para jugar con nuestra experiencia

Día por día: ¡*Vamos a jugar!*

Jugando al fútbol en un pueblo mexicano.

¿ QUIERES JUGAR CON NOSOTROS ?

Juan asks Antonio if he would like to join a soccer match.

JUAN ¡Oye, Antonio! ¿Tienes ganas de jugar al fútbol con nosotros?

¿Quieres jugar al fútbol con nosotros?
¡Vamos a jugar un partido de fútbol!

ANTONIO ¡Sí, cómo no!

No sé. ¿Quiénes juegan?
¿Dónde piensan jugar?
¿Cuándo piensan jugar?
No, no tengo ganas hoy.
No, prefiero (tengo ganas de) nadar (correr, jugar al béisbol...).

JUAN ¡**Vamos,** hombre! Necesitamos una persona más para formar el equipo.   **Come on**

¡Te necesitamos! Eres un buen jugador.

Actividad C.   *Un partido de tenis*
José Luis invites Patricia to play tennis.

JOSÉ LUIS   ¡ Oye, Patricia ! ¿ _____ jugar al tenis hoy ?
PATRICIA   ¡ Cómo no ! ¿ Dónde _____ ?
JOSÉ LUIS   Tengo una cancha reservada en el club.
PATRICIA   ¡ Qué bien ! ¿ _____ hora ?
JOSÉ LUIS   _____ 4:00.

Actividad D.   *Indeciso*
Pedro asks Julio to join the fellows for a game of soccer, but Julio thinks he might prefer doing something else.

PEDRO   Julio, ¿ _____ ?
JULIO   No sé, Pedro. ¿ _____ ?
PEDRO   Todos los muchachos de la vecindad.
JULIO   ¿ Y _____ van a jugar ?
PEDRO   Ahora mismo. ¡ _____ , hombre !

Lección 13 ¿ Cómo pasó Ud. el fin de semana ?

Lesson Objectives
In this lesson you will learn to . . .
- describe your home
- discuss some activities that take place at home
- tell about actions and activities in the past

Lección 14 ¿ Qué pasó anoche ?

Lesson Objectives
In this lesson you will learn to . . .
- describe your city or town
- name some occupations
- tell what happened in the past
- specify when or why an activity took place

UNIDAD V

Lección 15 Las multas

Lesson Objectives
In this lesson you will learn to . . .
- describe travel by car or public transportation
- talk in more detail about past activities
- specify how long ago something took place
- state the date

Otras perspectivas V

In this section you will . . .
- become familiar with famous Latin-American writers, their countries, and their participation in government and politics
- practice making a purchase
- learn how to request the correct size of clothing in Spanish-speaking countries

Esta familia española disfruta de la música.

Lección 13

¿Cómo pasó Ud. el fin de semana?

Un estudiante amable de la Universidad de Salamanca.

*Cuando las siguientes personas llegan a su trabajo o a sus clases el lunes por la mañana, sus colegas o compañeros les preguntan—Cómo **pasaste** el fin de semana?—y ellos les contestan así:*

did you spend

Ana Ramírez (estudiante)

Pues, el sábado **pasé** todo el día en mi **cuarto. Escribí un trabajo** que tengo que **entregar** hoy. Pero el sábado por la noche **salí** con mi novio. **Comimos** pizza y después **vimos** una buena película. **Volví** a casa temprano porque el domingo **comencé** a estudiar para un examen que tengo el martes.

I spent / room / I wrote a paper hand in / I went out We ate / we saw / I returned I began

Roberto Piñeda (estudiante)

Mis padres están arreglando la casa, así que los **ayudé** un poco. Mi papá y yo **limpiamos** el garaje... ¡**cuántas cosas** tenemos allí!... y **pintamos** la sala. Pero **no trabajé** todo el tiempo. El domingo **encontré** a mis amigos y **jugamos al** fútbol por unas horas.

I helped we cleaned / what a lot of things / we painted I didn't work I met / we played

Alejandro Santos (médico)

Lo pasé bien porque **descansé** en casa. **Leí** un buen libro, **miré** la televisión, **lavé** el coche, y **corrí** 10 kilómetros porque estoy preparándome para un maratón... nada especial.

I rested / I read / I watched I washed / I ran

Alma Olazábel (abogada)

¿Cómo **pasé** el fin de semana? **Preparé** tres **comidas** por día, **limpié** la casa, **lavé** mucha ropa, y **llevé a** a mis hijos a sus actividades. Claro, mi esposo y los chicos me **ayudaron,** ¡pero a veces **me siento** como Supermujer!

lawyer I spent / I prepared meals / I cleaned I washed / I took helped / I feel

Comprensión

¿Quién(es)...

1. descansó (descansaron)?
2. trabajó (trabajaron)?
3. pintó (pintaron)?
4. lavó (lavaron)?
5. vio (vieron) una película?
6. corrió (corrieron)?
7. preparó (prepararon) una comida?
8. limpió (limpiaron)?
9. jugó (jugaron)?
10. miró (miraron la televisión)?

Lengua española

Vocabulario   *El hogar (Home)*

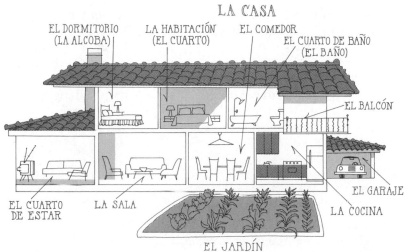

LA CASA

EL DORMITORIO (LA ALCOBA) · LA HABITACIÓN (EL CUARTO) · EL COMEDOR · EL CUARTO DE BAÑO (EL BAÑO) · EL BALCÓN · EL GARAJE · LA COCINA · EL CUARTO DE ESTAR · LA SALA · EL JARDÍN

OBSERVACIÓN

Used in the broader sense, **el cuarto** also means *room*.

EN LA COCINA

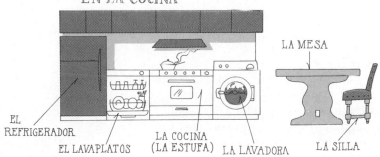

LA MESA · EL REFRIGERADOR · EL LAVAPLATOS · LA COCINA (LA ESTUFA) · LA LAVADORA · LA SILLA

LAS COMIDAS (MEALS)... *y sus verbos*

el desayuno	*breakfast*	**tomar el desayuno**	*to eat breakfast*	**Tomo el desayuno** a las ocho.
el almuerzo	*lunch*	**almorzar (ue)**	*to eat lunch*	¿**Almuerzas** con tus amigos?
la cena	*supper*	**cenar**	*to eat supper*	**Cenamos** a las 9:00.
la comida	*food; meal*			

colección de sellos

modelismo

lectura

escribir

ACTIVIDADES DE CASA

arreglar	*to arrange; to fix up*	**Arreglo** la sala.	*I fix up the living room.*
cocinar	*to cook*	Papá **cocina** también.	*Dad cooks also.*
lavar	*to wash*	**Lavamos** el balcón.	*We wash the balcony.*
limpiar	*to clean*	Los chicos **limpian** su cuarto.	*The children clean their room.*
pintar	*to paint*	¿Vas a **pintar** el garaje?	*Are you going to paint the garage?*
preparar	*to prepare*	¿Quién **prepara** la comida?	*Who prepares the meal?*

ADJETIVOS

delicioso	*delicious*
limpio ≠ sucio	*clean ≠ dirty*

Ejercicio 1.   *Mi casa es tu casa*
Exchange information with a classmate by asking each other the following questions.

1. ¿Vives en un apartamento o en una casa? ¿Es viejo/a o moderno/a? ¿Cuántas alcobas tiene? ¿Cuántos cuartos de baño?
2. ¿Tiene tu casa o apartamento un balcón? ¿un garaje? ¿un jardín?
3. ¿En qué cuarto tomas el desayuno? ¿En qué cuarto almuerzas? ¿En qué cuarto cenas?
4. ¿Cuál es el cuarto preferido de tu familia? ¿Por qué? ¿En qué cuarto prefieres estudiar? ¿Por qué?
5. ¿Cuál prefieres cuando cocinas, una cocina de gas o una cocina eléctrica? ¿o prefieres el horno *(oven)* de microondas *(microwave)*?
6. ¿Tienes lavaplatos? ¿refrigerador? ¿congelador? ¿lavadora?
7. ¿Tienes una mesa en tu alcoba? ¿sillas? ¿son cómodas *(comfortable)*? ¿Cómo está tu alcoba generalmente, limpia o sucia?

Ejercicio 2.   *¿Quién lo hace?*
Say who is doing the following things, according to the model.

Modelo: nosotros (arreglar la sala)   **Nosotros arreglamos la sala.**

1. Victoria (limpiar el refrigerador; lavar la ropa; preparar la cena)
2. los chicos (pintar su cuarto; arreglar las cosas; lavar el perro; cenar)
3. yo (arreglar mi cuarto; cocinar muy bien; pintar la cocina; almorzar)
4. tú (limpiar el refrigerador; pintar las sillas; tomar el desayuno)

cocina

A. Formas regulares del pretérito: verbos que terminan en -*ar*

The sentences in the column entitled **hoy** describe today's events. The verbs in these sentences are in the present tense. The sentences in the column entitled **ayer** describe events that happened yesterday. The verbs in these sentences are in the preterite tense.

(hoy)	(ayer)	(*yesterday*)
Pinto un cuarto.	**Pinté** el comedor.	*I painted the dining room.*
Ana **escucha** un disco.	**Escuchó** una cinta.	*She listened to a tape.*
Mis padres **compran** sillas.	**Compraron** una mesa.	*They bought a table.*

Note the preterite forms of **comprar** in the sentences below.

COMPRAR	
(yo)	Compr**é** una casa.
(tú)	Compr**aste** un apartamento.
(él, ella, Ud.)	Compr**ó** un lavaplatos.
(nosotros)	Compr**amos** un refrigerador.
(vosotros)	Compr**asteis** una cocina.
(ellos, ellas, Uds.)	Compr**aron** una lavadora.

NOTAS GRAMATICALES

1. The preterite tense is used when describing past events, actions, or facts. It is formed as follows:

> preterite stem + preterite endings

The stem of any regular **-ar** verb is the infinitive minus **-ar.** Note the written accent marks in the **yo** and **él** forms of the preterite. Note also that the **nosotros** form is the same as in the present tense.

2. Verbs ending in **-ar** that have a stem change in the present do not have a stem change in the preterite.

encontrar	Hoy **encuentro** a Paco en el museo.
but	Ayer **encontré** a Paco en el museo.

3. In the preterite, verbs ending in **-car, -gar,** and **-zar** have a spelling change in the **yo** form. (This is to preserve the sound of the stem before the ending **-é.**)

sacar	**(c → qu)**	Ayer sa**qué** una foto de mi familia.
jugar	**(g → gu)**	El sábado pasado ju**gué** al béisbol.
almorzar	**(z → c)**	El viernes pasado **almorcé** en el restaurante.

4. The position of object pronouns is the same for the present and the preterite tenses: the pronouns precede the conjugated verb.

¿Invitaste a Beatriz?   No, no **la** invité.

Ejercicio 3.   *Otras actividades*
The following people did not do what they should have done yesterday. They did something else instead. Express this, as in the model.

Modelo: Carlos / estudiar / mirar la televisión
Carlos no estudió. Miró la televisión.

1. Carmen / escuchar al profesor / hablar con sus amigos
2. yo / ayudar a mi hermana / jugar al béisbol
3. tú / limpiar tu cuarto / escuchar tus cassettes
4. nosotros / preparar la comida / arreglar las flores
5. Felipe y Antonio / lavar la ropa sucia / encontrar a sus novias

TEMPERATURA
Fin de semana:
Parcialmente nublado,
posibilidad de lluvia
70⁰

Ejercicio 4.   *Diálogo: ¿ Cómo pasaste el fin de semana ?*
Ask a classmate if he or she did the following things last weekend.

Modelo: limpiar tu cuarto
—¿ **Limpiaste tu cuarto el fin de semana pasado ?**
—**Sí, limpié mi cuarto.**   or   —**No, no limpié mi cuarto.**

1. comprar un CD o un cassette
2. almorzar en un buen restaurante
3. jugar al tenis
4. bailar en una fiesta
5. comenzar un proyecto nuevo
6. preparar una comida para tus amigos
7. sacar libros de la biblioteca
8. cenar con amigos
9. arreglar tu cuarto
10. tomar un buen desayuno
11. estudiar mucho
12. encontrar a alguien especial

Vocabulario   *El pasado y el presente*

ADVERBIOS

anoche	*last night*	¿Qué pasó **anoche**?
anteayer	*the day before yesterday*	Limpié mi cuarto **anteayer**.
ayer	*yesterday*	Y lo pinté **ayer**.
hoy en día	*nowadays*	Las cosas son diferentes **hoy en día**.
ya	*already; yet*	¿Estás listo **ya**?

ADJETIVOS

cada	*each; every*	**Cada** persona ayudó un poco.
pasado	*last; past*	Te llamé la semana **pasada**.
siguiente	*following*	Me mandaste una carta el día **siguiente**.

Ejercicio 5.   *En otros momentos*
Describe at least three things that each of the following people did at the times indicated. Use the preterite forms of -ar verbs and your imagination.

1. Anoche yo _____ .
2. La semana pasada mis amigos y yo _____ .
3. Anteayer el profesor / la profesora _____ .
4. Ayer el presidente de los Estados Unidos _____ .
5. El verano pasado mis padres _____ .
6. Anoche mi novio/a y yo _____ .
7. El año pasado nuestro equipo de béisbol (fútbol, básquetbol...) _____ .

B. Formas regulares del pretérito: verbos que terminan en *-er* e *-ir*

Note the preterite forms of the verbs **aprender** and **escribir** in the sentences below.

	APRENDER	ESCRIBIR
(yo)	Aprend**í** el pretérito.	Escrib**í** una carta.
(tú)	Aprend**iste** la lección.	Escrib**iste** un artículo.
(él, ella, Ud.)	Aprend**ió** algo interesante.	Escrib**ió** las palabras.
(nosotros)	Aprend**imos** algo nuevo.	Escrib**imos** un drama.
(vosotros)	Aprend**isteis** un poema.	Escrib**isteis** un poema.
(ellos, ellas, Uds.)	Aprend**ieron** los verbos.	Escrib**ieron** tarjetas.

NOTAS GRAMATICALES

1. For regular **-er** and **-ir** verbs, the stem is the infinitive minus **-er** or **-ir.** The endings for both types of verbs are the same.

   Note the written accent marks on the **yo** and **él** forms of the preterite. The **nosotros** form of any **-ir** verb (but not an **-er** verb) is the same in the preterite and the present.

2. Verbs ending in **-er** (but not those in **-ir**) that have a vowel stem change in the present do not have a stem change in the preterite.

perder	Hoy no **pierdo** el tiempo.
but	Ayer **perdí** mucho tiempo.

3. Verbs that end in **-eer** use the endings **-yo** and **-yeron,** respectively, in the **él** and **ellos** forms of the preterite.

leer	Paco **leyó** una revista.	Ellos **leyeron** una novela.
creer	María no **creyó** las noticias.	Sus padres tampoco las **creyeron.**

Ejercicio 6.   *Un día diferente*
Describe what each of the following people did yesterday.

   Modelo: Jaime (vender periódicos)   **Jaime vendió periódicos.**

1. nosotros (comer en el Ritz)
2. Rosa (perder 100 pesos)
3. tú (escribirle una tarjeta a cada amigo)
4. yo (salir con un amigo nuevo)
5. Carmen (leer una revista)
6. yo (asistir a una clase de música)
7. tú y yo (volver tarde)
8. Ana y Marcos (correr 20 kilómetros)

Ejercicio 7.   *Ayer*
Ask a classmate if he or she did any of the following things yesterday.

   Modelo: comer en la cafetería
   —¿ **Comiste en la cafetería ayer ?**
   —**Sí, comí en la cafetería.**   or   —**No, no comí en la cafetería.**

1. comer caviar
2. beber champán
3. escribir una canción
4. volver a casa
5. correr diez kilómetros
6. leer un cuento en español
7. aprender algo interesante
8. perder el tiempo
9. asistir a un concierto
10. salir bien en un examen

Ejercicio 8.   *Una conversación*
Imagine that two of your classmates have just returned from a trip to Mexico.
Ask them questions, as in the model.

> Modelo: volver la semana pasada (sí)
> —¿ **Volvieron Uds. la semana pasada ?**
> —**Sí, volvimos la semana pasada.**

1. comer tacos (sí)
2. escribir muchas tarjetas (no)
3. leer revistas mexicanas (sí)
4. salir por la noche (sí)
5. perder sus maletas (no)

6. beber cerveza mexicana (sí)
7. asistir al Ballet Folklórico (sí)
8. visitar el Museo Antropológico (sí)
9. disfrutar del viaje (sí)

C. Las formas irregulares del pretérito de *dar* y *ver*

Dar and **ver** have similar forms in the preterite.

	DAR	VER
(yo)	di	vi
(tú)	diste	viste
(él, ella, Ud.)	dio	vio
(nosotros)	dimos	vimos
(vosotros)	disteis	visteis
(ellos, ellas, Uds.)	dieron	vieron

Note that the preterite forms of **dar** and **ver** do not have accent marks.

Ejercicio 9.   *El cine*
The following people went to the movies last night. Tell what they saw and
whether or not they liked it.

> Modelo: yo / una película inglesa / sí
> **Yo vi una película inglesa. Me gustó.**

1. Rafael / una película vieja / sí
2. Enrique y yo / una comedia / no
3. mis padres / una película de ciencia ficción / sí
4. tú / una película con Cantinflas / sí
5. yo / una película española / no

Ejercicio 10.   *¿ Cuándo dieron un paseo ?*
Tell when the following people took a walk, according to the model.

Modelo: los novios (anoche)   **Los novios dieron un paseo anoche.**

1. el profesor (ayer)
2. tú y yo (anteayer)
3. los jóvenes (por la tarde)
4. yo (a las 10:00 de la mañana)
5. Graciela (la semana pasada)
6. nosotros (anoche)

Ejercicio 11.   *En español*
Mrs. Nievas is telling her neighbor, Mrs. Ochoa, how her son Rafael spent his recent vacation. Put her comments into Spanish.

I don't believe it. Rafael returned home last week and only spent two days in this house. He went out a lot with his friends, or his friends visited him here. I prepared lots of food, and they ate everything. Rafael didn't wash his clothes, and he never cleaned that room! He returned to the university yesterday. Now I can rest a bit. The young people nowadays . . .

≋Ahora le toca a Ud.   *Ayer y anteayer*

Give an hour-by-hour account of what you did yesterday and what you did the day before. Indicate things you did on one day that you didn't do on another. Is your routine varied, or are you a creature of habit?

Fonética   *El acento*

Remember: Words that end with a vowel are accented on the next-to-last syllable. However, words that end with a vowel are accented on the last syllable when the final vowel carries an accent mark.

Práctica

garaje	alcoba	cocina	comida	lavadora	desayuno
papá	mamá	café	esquí	bailé	comió	escribió
ganó	comprendí

Compare:

| canto/cantó | mando/mandó | presto/prestó | llego/llegó |
| vendo/vendió | bebo/bebió | recibo/recibió | asisto/asistió |

Lección 14

¿Qué paso anoche?   *happened*

Noticias del barrio.

Dos **vecinas,** la Sra. Adela y la Sra. Beatriz, se encuentran en **la calle**   *neighbors / street*
y charlan.

SRA. ADELA	Hola, Beatriz. ¿**Oíste** las sirenas anoche?	*Did you hear*
SRA. BEATRIZ	Sí, Adela, **no me dejaron** dormir. ¿Qué **era**? ¿una ambulancia? ¿la policía? ¿**coches de bomberos?**	*they didn't let me / was it* *fire engines*
SRA. ADELA	No sé, pero seguramente algo **ocurrió.** Hoy en día hay **tanto ruido** en esta **ciudad,** especialmente en esta **vecindad.**	*happened* *so much noise / city neighborhood*
SRA. BEATRIZ	Sí, el ruido del tráfico es **espantoso.** Mira, aquí viene **el cartero. A lo mejor** él sabe **lo que** pasó.	*dreadful / mail carrier* *Perhaps / what*
SRA. ADELA	Buenos días, señor. ¿Sabe Ud. qué pasó **por** aquí anoché? **Oímos** muchas sirenas.	*around* *We heard*
CARTERO	**No estoy seguro,** pero la señora Ruiz me dijo que **hubo un robo** en **una tienda.**	*I'm not sure / there was / robbery / store*
SRA. BEATRIZ	¡**De veras**! ¡**Miren**! Aquí viene un policía. **Seguramente** él nos puede dar más información. ¡**Oye**! ¿Qué pasó por aquí anoche? ¿un robo? ¿**un incendio?** ¿un accidente?	*Really! Look! / Surely Listen!* *fire*
POLICÍA	Nada, señora, no pasó nada. **Fue** solamente la alarma de un coche, y no **pudimos** desconectarla.	*it was* *we couldn't*
SRA. ADELA	Ya comprendo. ¿Quieres **acompañarme,** Adela?	*come with me*
SRA. BEATRIZ	¿Adónde vas?	
SRA. ADELA	A **la farmacia.** Voy a comprar más aspirinas.	*drugstore*

Comprensión

Complete the sentences in Column A with an appropriate selection from Column B. Some words can be used more than once.

A	**B**
1. La Sra. Adela y la Sra. Beatriz son...	a. la farmacia
2. Anoche oyeron...	b. le duele la cabeza
3. Creen que hubo... o...	c. vecinas
4. El cartero les dice que fue...	d. mucho ruido
5. El policía les dice que fue...	e. sirenas
6. La Sra. Adela va a...	f. un incendio
7. Va a comprar más aspirinas porque hay...	g. un robo
	h. la alarma de un coche

Lengua española

Vocabulario *En la ciudad*

SUSTANTIVOS

el consultorio del médico (dentista)	*doctor's (dentist's) office*	la ciudad	*city*
		la farmacia	*drugstore*
el hospital	*hospital*	la escuela primaria	*elementary school*
el mercado	*market*	la escuela secundaria	*high school*
el ruido	*noise*	la oficina de correos	*post office*
el supermercado	*supermarket*	la tienda	*shop, store*
		la vecindad	*neighborhood*

LA GENTE

EL/LA CARTERO/A   EL/LA DENTISTA   EL/LA DOCTOR/A   EL/LA BOMBERO/A   EL/LA ENFERMERO/A   EL/LA POLICÍA

el/la cliente	*customer, client*
el/la dependiente	*salesperson*
el/la empleado/a	*employee, office worker*
el/la maestro/a	*teacher*
el/la vecino/a	*neighbor*

VERBOS

nacer	*to be born*	¿En qué año **naciste**?	*What year **were you born**?*
ocurrir	*to occur; to happen*	¿Cuándo **ocurrió** el accidente?	*When **did the accident happen**?*
pasar	*to happen, to pass by*	¿Qué **pasó**?	*What **happened**?*
		¿Ya **pasó** el cartero?	*Did the mailman **pass by** already?*

OBSERVACIÓN

El policía refers to a *policeman*. **La policía** refers to a *policewoman* or the *police force*.

Ejercicio 1. *En la vecindad*
*The following people have matters to attend to in their neighborhood. Tell
where they go and to whom they speak.*

Modelo: Necesito legumbres.
Voy al mercado (supermercado).
Hablo con el/la empleado/a.

1. Amalia quiere comprar ropa.
2. El señor Gómez no está bien.
3. La señora Romero quiere saber si su hijo de ocho años estudia bien.
4. Tú quieres mandar una carta a tu novio.
5. Cecilia y Carlos son estudiantes que tienen 16 años.
6. Nosotros acabamos de tener un accidente.
7. Lupe y Osvaldo quieren comprar una mesa y algunas sillas para su comedor.
8. Tengo que comprar leche.
9. Mi esposo y yo no podemos descansar porque los vecinos en el otro apartamento tienen una fiesta y hacen mucho ruido.
10. La señora Noguera cree que hay un incendio *(fire)* en la cocina de otro apartamento.
11. Me duele un diente.

A. Las formas irregulares del pretérito de *ir, ser* y *hacer*

Note the irregular preterite forms of **ir, ser,** and **hacer.**

IR	SER	HACER
Fui al museo.	**Fui** artista.	**Hice** mucho trabajo.
Fuiste a la universidad.	**Fuiste** un estudiante serio.	**Hiciste** la tarea.
Fue a clase ayer.	**Fue** un profesor excelente.	**Hizo** algo importante.
Fuimos al concierto.	**Fuimos** músicos.	**Hicimos** un disco.
Fuisteis a España.	**Fuisteis** turistas.	**Hicisteis** un viaje.
Fueron al almacén.	**Fueron** clientes.	**Hicieron** compras.

Yo quiero
a la
policía.

HOMENAJE DE LOS NIÑOS A LA POLICÍA DE TODOS: LEÓN

NOTA GRAMATICAL

Ir and **ser** have the same preterite forms. The context always indicates the meaning.

Fue al teatro.   *He went to the theater.*
Fue una actriz excelente.   *She was an excellent actress.*

Ejercicio 2. *La tercera edad (Senior citizens)*
Follow the model to tell what the following people did before they retired.

Modelo: el Sr. Medina / bombero   **El Sr. Medina fue bombero.**

1. la doctora Cuevas / dentista
2. yo / policía
3. el Sr. y la Sra. López / maestros
4. la Sra. Aguirre y yo / enfermeras
5. tú / dependiente
6. el Sr. Soto / cartero

Ejercico 3. *Diálogo: ¿ Adónde fuiste ?*
Ask a classmate if he or she went to the following places last weekend.

Modelo: el cine
          —¿ **Fuiste al cine el fin de semana pasado ?**
          —**Sí, fui al cine.** or —**No, no fui al cine.**

1. la oficina de correos
2. el hospital
3. la casa de tu vecino/a
4. el supermercado
5. el consultorio del doctor
6. el centro comercial
7. una tienda
8. la biblioteca
9. otra ciudad

Ejercicio 4. *¿ Qué hicieron allá ?*
The following people went to different places yesterday. Tell where they went and what they did, according to the model.

Modelo: Beatriz / el mercado / comprar fruta
          Beatriz fue al mercado. Compró fruta.

1. nosotros / el hospital / visitar a nuestra tía
2. los señores Jiménez / el centro comercial / hacer compras
3. tú / la oficina de correos / mandar una tarjeta
4. yo / la biblioteca / sacar libros
5. los niños / una fiesta / hacer mucho ruido
6. Carmen / el supermercado / buscar trabajo
7. los bomberos / un restaurante / contestar una llamada *(call)*

Ejercicio 5.   ¿ Quién lo hizo ?
Who broke Sr. Bustamante's window? Tell him who did not do it, and tell
him whom or what you suspect of having done it, according to the model.

Modelo: nosotros / los chicos
Nosotros no lo hicimos. Los chicos lo hicieron.

1. yo / Felipe   4. nosotros / Julio y Pedro
2. el cartero / Ud.   5. Ud. / Miguel y Mario
3. mi hermano y yo / el vecino   6. la vecina / el viento

B. Pretéritos irregulares: el grupo con *u* en la raíz

The verbs below have irregular stems containing the vowel **u** in the preterite.

ESTAR	TENER	PODER	PONER	SABER
estuve	tuve	pude	puse	supe
estuviste	tuviste	pudiste	pusiste	supiste
estuvo	tuvo	pudo	puso	supo
estuvimos	tuvimos	pudimos	pusimos	supimos
estuvisteis	tuvisteis	pudisteis	pusisteis	supisteis
estuvieron	tuvieron	pudieron	pusieron	supieron

—¿ Dónde **estuvieron** Uds. ayer ?   *Where were you yesterday?*
—Yo **estuve** en casa pero mi her-   *I was at home, but my sister was in the*
mana **estuvo** en el hospital.   *hospital.*

—¿ **No pudieron** Uds. visitar a   *Weren't you able to visit Rosario last*
Rosario el domingo pasado ?   *Sunday?*
—No, **tuvimos** que preparar la   *No, we had to prepare the meal for the*
comida para la familia.   *family.*

NOTAS GRAMATICALES

1. All of the above verbs have the same preterite endings.

   -e   -iste   -o   -imos   -isteis   -ieron

2. The preterite of **hay** is **hubo.**

   Ayer **hubo** un accidente cerca de mi casa.

Ejercicio 6.   *¡ Qué lástima !*
Last Monday the following students could not do what they wanted for a
variety of reasons. Explain this, as in the model.

> Modelo: Teresa (poder ir al cine / tener un examen)
> **Teresa no pudo ir al cine porque tuvo un examen.**

1. Enrique (charlar con su vecino / no tener tiempo)
2. Paco y Pedro (visitarme / tener que estudiar)
3. tú (ir al centro comercial / no tener dinero)
4. Ud. (limpiar su cuarto / tener una cita con el dentista)
5. yo (comer / no tener apetito)
6. nosotros (jugar al tenis / no tener pelotas)
7. Uds. (preparar la cena / no tener los ingredientes)
8. Catalina (salir con Pablo / tener una cita con Juan)

    Ejercicio 7.   *Anoche*
Ask a classmate if he or she did the following things last night.

> Modelo: estar en casa
> **—¿ Estuviste en casa anoche ?**
> **— Sí, estuve en casa anoche.**
> or   **—No, no estuve en casa anoche.**

1. estar en tu cuarto
2. estar de mal humor
3. poder estudiar mucho
4. poder mirar la televisión
5. dar un paseo
6. tener tiempo para escuchar música
7. poner los dientes en un vaso *(glass)* de agua
8. poner la leche en el refrigerador
9. tener ganas de ir al cine
10. tener un accidente

C. Pretéritos irregulares: el grupo con *i* y *j* en la raíz

Note the irregular stems of the verbs below in the preterite.

QUERER	VENIR	DECIR	TRAER
quise	vine	dije	traje
quisiste	viniste	dijiste	trajiste
quiso	vino	dijo	trajo
quisimos	vinimos	dijimos	trajimos
quisisteis	vinisteis	dijisteis	trajisteis
quisieron	vinieron	dijeron	trajeron

NOTA GRAMATICAL

The above verbs have the same endings in the preterite as those of the **u** group, with one exception: in the **ellos** form, those verbs with stems ending in **j** have the ending **-eron.**

Ejercicio 8.　*La fiesta*
The following people came to a party last night, and each one brought something. What did each one bring?

> Modelo:　Paco (su estéreo)
> **Paco vino y trajo su estéreo.**

1. Diego (su cámara)
2. Enrique e Isabel (vino)
3. yo (flores)

4. tú (discos de música latina)
5. nosotros (una sorpresa)
6. mis amigos (regalos)

Ejercicio 9.　*Una visita al palacio (palace)*
An elderly Spanish duke has invited us to have sherry at his palace and is now showing us the family portraits and telling us a bit about his ancestors. Complete his sentences with the preterite form of the verb in parentheses.

1. Éste es mi abuelo. Él (ser) _____ un general famoso. (Nacer) _____ en este palacio.
2. Ésta es mi abuela. Ella (estar) _____ aquí con mi madre cuando yo (nacer) _____ .
3. Éste es mi tío José Ignacio. Él y mi tía (tener) _____ diez hijos. Ellos (ser) _____ personas muy interesantes.
4. Éste es mi padre. Él también (nacer) _____ en este palacio. Mi madre y él me (decir) _____ que ellos (ser) _____ muy felices.
5. Éste es Osvaldo, el primo de mi papá. Él (ser) _____ la oveja (*sheep*) negra de la familia. Él no (querer) _____ hacer nada. Pero alguien me (decir) _____ que él (tener) _____ una vida muy interesante.

D.　La construcción *preposición + infinitivo*

Note how the infinitive is used in the sentences below.

> Josefina no llamó a Isabel **antes de ir** al hospital.
>
> *Josefina did not call Isabel **before going** to the hospital.*
>
> Fueron al hospital **para visitar** a su hermana.
>
> *They went to the hospital **to visit** their sister.*

In Spanish, when a preposition is followed by a verb form, the usual pattern is:

> preposition + infinitive

NOTA GRAMATICAL

Note that in English, prepositions are usually followed by a verb ending in -*ing*.

Salieron **sin tomar** el café.   *They left **without drinking** their coffee.*

Vocabulario   *Algunas preposiciones que se usan con el infinitivo*

antes de	*before*	**para**	*(in order) to*
después de	*after*	**sin**	*without*
en vez de	*instead of*		

Ejercicio 10.   *Diligencias (Errands)*
*The people below went to the **centro comercial** yesterday for different reasons. Explain these reasons, following the model.*

> Modelo: Marisa / comprar ropa
> **Marisa fue al centro comercial para comprar ropa.**

1. nosotros / mirar las cosas
2. Pilar / buscar un trabajo
3. Uds. / almorzar con su mamá
4. Antonio / encontrar a su novia
5. yo / hacer compras
6. tú / disfrutar del día

Ejercicio 11.   *¡Lógico!*
*Put the two suggested actions in logical order, using **después de** or **antes de** as appropriate. Use the preterite.*

> Modelo: Roberto (estudiar / tomar el examen)
> **Roberto estudió antes de tomar el examen.**
> or   **Roberto tomó el examen después de estudiar.**

1. Mariana (comer / tomar café)
2. tú (buscar tu pasaporte / hacer un viaje)
3. Uds. (ir al hospital / tener un accidente)
4. yo (leer el artículo / comprar la revista)
5. mi vecino (ganar mucho dinero / comprar un coche grande)
6. nosotros (pensar / hablar)
7. los buenos estudiantes (estudiar / salir)
8. yo (asistir a la escuela secundaria / asistir a la escuela primaria)

Ejercicio 12.   *Hacer otras cosas*
Yesterday the following people did something other than what they usually do.
Express this, as in the model.

Modelo: tú (ir en coche / caminar)
Tú fuiste en coche en vez de caminar.

1. Mamá (descansar / trabajar)
2. Yolanda y yo (ir a la playa / asistir a la clase)
3. mis amigos (poner un disco / tocar sus instrumentos)
4. yo (hacer una torta / estudiar)
5. tú (manejar el coche / ir en bicicleta)

Ejercicio 13.   *En español*
Paquita is absolutely exhausted today, but considering what she did yesterday,
it is no wonder. Write the list of her activities in Spanish.

7:00   Paquita and her mother had breakfast together.
8:00   She cleaned her room and washed her clothes.
9:00   She and her sister went to the hospital to visit their grandmother.
10:00   She missed the bus and was very angry.
10:30   She arrived at her ten o'clock class. Fortunately **(Afortunadamente),**
        the professor also arrived late.
1:00   She met her boyfriend, and they ate lunch in a café.
3:00   They went to a shopping center and listened to CDs in a shop.
8:00   The family ate supper.
9:00   She took out her books and began to study. She studied until **(hasta)**
        five o'clock in the morning. Before coming to class today, she drank
        coffee, but she is still sleepy.

≈Ahora le toca a Ud.   *Una autobiografía*

Write a brief autobiography telling about the major events in your life and the year
in which they occurred. If you like, you can begin by saying **« Nací en... ».**

Fonética   *La letra* n *antes de ciertas consonantes*

In Spanish, the letter **n** represents the sound /ŋ/, before the sounds /**k**/ (written **c**), /**g**/, and **jota** (written **j**, or **g** before **e** and **i**).

The letter **n** represents the sound /**m**/ when it occurs before the consonant sounds /**b**/ (written **b** and **v**), /**f**/, /**m**/, and /**p**/. Note: When **n** occurs before **m**, the resulting sound is often a single consonant /**m**/.

Práctica

/ŋk/	incompleto inclinado en casa son cubanos están cansadas
/ŋg/	tango con gusto tienen ganas son gordas inglés sin gasolina
/ŋ + jota/	injusto ángel un jefe un juego ingeniero
/mb/	un banco un baile un bolígrafo son buenos un barco un valor un violín invitar enviar sin vida invierno
/mf/	un fin de semana son feos están furiosos son fuertes son felices
/mm/	un médico un mecánico un mundo un modo son matemáticos
/mp/	un perro un porcentaje un papel un problema son pobres

Lección 15

Las multas

tickets, fines

Un accidente en Madrid.

En las oficinas de Gutiérrez Hermanos, S.A., el empleado Carlos Arizmendi
trabaja tranquilamente cuando entra su **jefe,** el Sr. Domingo Gutiérrez.

boss

GUTIÉRREZ	¡Otra vez! ¡Me pasó otra vez! ¡No lo puedo creer!
ARIZMENDI	Ah, buenos días, Sr. Gutiérrez. ¿Me permite preguntar qué le pasó otra vez? Yo no **oí** nada.
GUTIÉRREZ	Fui a almorzar y vi a la policía...
ARIZMENDI	¿Lo **arrestaron?**
GUTIÉRREZ	¡No, no me arrestaron! **¡Me pusieron una multa!**
ARIZMENDI	Pero, ¿por qué? ¿Cuál es la **infracción?**
GUTIÉRREZ	**Estacioné** mi coche en la **calle** y no puse suficiente dinero en el **parquímetro. Lo mismo** me pasó ayer.
ARIZMENDI	¡Qué lástima! ¿Por qué no dejó Ud. el coche en el **estacionamiento?**
GUTIÉRREZ	Porque esta mañana tuve prisa y no quise ir al estacionamiento, que está bastante lejos de aquí.
ARIZMENDI	Sr. Gutiérrez, si me permite una pequeña recomendación... Hay una estación de **metro** aquí en la **esquina...**
GUTIÉRREZ	¿El metro?
ARIZMENDI	Sí, el metro. Es rápido, **cómodo** y **además...** ¡es económico!

heard

they arrested

They gave me a ticket!

violation

I parked / street

parking meter / The same thing

parking lot

subway / corner

comfortable / furthermore

Comprensión
*¿ **Cierto o falso**? Correct the statements that are false.*

1. Carlos Arizmendi trabaja con el Sr. Gutiérrez.
2. El Sr. Gutiérrez está furioso.
3. El Sr. Gutiérrez tiene que pagar otra multa.
4. La policía arrestó al Sr. Gutiérrez.
5. El Sr. Gutiérrez estacionó su coche en el estacionamiento.
6. El estacionamiento está cerca de la oficina del Sr. Gutiérrez.
7. La estación de metro está lejos de la oficina del Sr. Gutiérrez.
8. No cuesta mucho dinero viajar en el metro.

Lengua española

A. Verbos que terminan en -cir

Verbs like **conducir** *(to drive)* have an irregular **yo** form in the present and an irregular stem in the preterite. Note the forms of **conducir** in the chart below.

PRESENT		PRETERITE	
conduz**co**	conducimos	**conduj**e	**conduj**imos
conduces	conducís	**conduj**iste	**conduj**isteis
conduce	conducen	**conduj**o	**conduj**eron

Vocabulario   *Verbos que terminan en* -cir

conducir	*to drive*	**Conduzco** un coche extranjero.
traducir	*to translate*	Alberto **tradujo** este poema al inglés.

   TRANSPORTE PUBLICO

OBSERVACIÓN

Conducir *(to drive a car)* is used more frequently in Spain, while **manejar** is more common in Latin America.

1100 – 1199
AUTOS Y OTROS VEHICULOS

Ejercicio 1.   *¿ Qué hacen ? ¿ Qué hicieron ?*
Substitute the words in parentheses for the italicized subjects.

1. *Mi hermano* conduce bien. (yo ; mis hermanas ; tú ; mi hermano y yo)
2. *Henry Ford* condujo un Ford Modelo A. (mi abuela ; yo ; tú y yo ; tú ; mis abuelos)
3. *Nosotros* no traducimos mucho. (la profesora ; yo ; mis compañeros de clase ; tú)
4. *El profesor Gómez* tradujo una novela. (nosotros ; dos profesores ; tú ; yo ; el escritor)

Vocabulario *En la calle*

SUSTANTIVOS

el atasco	*traffic jam*	la avenida	*avenue*
el/la conductor/a	*driver*	la calle	*street*
el estacionamiento	*parking lot*	la esquina	*corner*
el metro	*subway*	la infracción	*violation*
el parquímetro	*parking meter*	la licencia de conductor	*driver's license*
el/la peatón	*pedestrian*	la multa	*fine, ticket*
el semáforo	*traffic light*	la plaza	*plaza; square*
el transporte	*transportation*	la policía	*police force*
el transporte público	*public transportation*		

VERBOS

cruzar	*to cross*	Los chicos **cruzaron** en la esquina.	*The children **crossed** at the corner.*
chocar	*to crash, collide*	¿Dónde **chocaron** los coches?	*Where **did the cars collide?***
estacionar (el coche)	*to park (the car)*	¿Dónde **estacionaste**?	*Where **did you park?***

 Ejercicio 2 *Diálogo: Sobre el transporte*
Exchange more information with a classmate by asking each other the following questions:

1. ¿Cómo llegaste a la universidad hoy? ¿Caminaste? ¿Viniste en bicicleta? ¿Condujiste? ¿Viniste con transporte público?
2. ¿Te gusta conducir? ¿Eres un/a buen/a conductor/a? Si viniste a la universidad en coche hoy, ¿dónde lo estacionaste, en la calle? ¿donde hay un parquímetro? ¿en un estacionamiento? ¿De cuánto es la multa por estacionar ilegalmente?
3. Si viniste en coche o en autobús, ¿estuviste en un atasco? ¿Qué hiciste durante el atasco?
4. ¿Hay un metro en la ciudad donde vives? ¿Es bueno el servicio? ¿Es el metro limpio o sucio? ¿Es rápido? ¿Cuánto cuesta viajar en el metro?

B. El pretérito de verbos con cambios radicales que terminan en -ir

Verbs like **mentir** *(to lie, tell a lie)* and **dormir** *(to sleep)* have stem changes in the present tense.

> Cuando **miento** no **duermo** bien después.

Note the new stem changes that occur in the preterite.

	MENTIR (IE, I)	DORMIR (UE, U)
(yo)	Hoy **mentí.**	**Dormí** mal.
(tú)	**Mentiste** a la policía.	**Dormiste** mucho.
(él, ella, Ud.)	No **mintió.**	**Durmió** bien.
(nosotros)	Nunca **mentimos.**	**Dormimos** poco anoche.
(vosotros)	Siempre **mentisteis.**	**Dormisteis** en la clase
(ellos, ellas, Uds.)	Ayer **mintieron.**	**Durmieron** todo el día.

NOTAS GRAMATICALES

1. Stem-changing **-ir** verbs are listed in the vocabulary with two vowel changes. The second one is used in the **él** and **ellos** forms of the preterite.
2. Stem-changing verbs with the pattern **(e → i)** have the same change in the third-person forms of the preterite.

> Le **pidió** dinero a su abuelo.

Vocabulario *Algunos verbos que terminan en -ir que tienen un cambio radical en el pretérito*

E → IE, I		E → I, I		O → UE, U	
mentir	to lie, tell a lie	pedir	to ask for	dormir	to sleep
preferir	to prefer	repetir	to repeat	morir	to die
sentir	to feel	servir	to serve		

Ejercicio 3. *¿Verdad o mentira?*
Tell whether the following people lied or told the truth.

Modelos: Lidia / no   **Lidia no mintió. Dijo la verdad.**
Nilda / sí   **Nilda mintió. Dijo un mentira.**

1. yo / no
2. los empleados / sí
3. el policía / no
4. nosotros / sí
5. tú / no
6. el peatón / sí

 Ejercicio 4. *¿Cómo durmieron Uds. anoche?*
Ask four classmates how they slept last night to find out who slept well and who slept badly. Then complete the following chart with their names.

Modelo: —¿Dormiste bien anoche?
—Si, dormí bien. O—No, no dormí bien.

1. __ y yo (no) __ bien.   2. __ (no) __ bien.   3. __ y __ (no) __ bien.

 Ejercicio 5. *Historia de un accidente*
Tell a classmate about the accident you saw on your way to school by responding to the following questions.

Modelo: tu / ¿ver un accidente?
—¿Viste un accidente?
—Sí, vi un accidente.

1. el conductor / ¿no ver el otro coche?
2. los dos coches / ¿chocar?
3. los otros peatones / ¿cruzar la calle?
4. la policía / ¿llegar inmediatamente?
5. un policía / ¿pedirles a los conductores sus licencias?
6. alguien / ¿ir al hospital?
7. el policía / ¿preguntarte algo?
8. tú / ¿llegar a tu primera clase a tiempo *(on time)*?

C. *Al* + infinitivo

Note the use of **al** + infinitive in the sentences below.

Al ver la infracción, el policía le puso una multa.

Upon seeing the violation, the policeman gave him a ticket.

Recibió la multa **al estacionar** el coche.

He received the ticket upon parking the car.

To express the simultaneity of two actions, the following construction is used in Spanish:

al + infinitive

NOTAS GRAMATICALES

1. The **al** + infinitive construction has several English equivalents.

> **Al llegar** a la esquina, chocó con otro coche.

> *On arriving at the corner,*
> *Upon arriving at the corner,* } *he collided with another car.*
> *When he arrived at the corner,*

2. The **al** + infinitive construction may also denote cause.

> **Al perder** su licencia de conductor,   *Since (Because) he lost his driver's*
> Diego no condujo más.   *license, Diego didn't drive anymore.*

Ejercicio 6.   *Por primera vez (For the first time)*
Tell what happened the first time the following people drove a car.

> **Modelo:**   Lourdes / ir al mercado
> **Al conducir por primera vez, Lourdes fue al mercado.**

1. nosotros / estar nerviosos
2. Paco / recibir una multa
3. yo / perder mi licencia
4. tú / chocar con otro oche
5. mis amigos / no ver el semáforo
6. Carmen / estacionar ilegalmente

Ejercicio 7.   *¿ Qué ocurrió ?*
Use a verb from Column A to tell what Fernando did, and select a verb from Column B to tell what happened afterward.

> **Modelo:**   estacionar su coche   ver al policía
> **Al estacionar su coche, Fernando vio al policía.**

A	**B**
1. estacionar su coche	estar furioso
2. cruzar la calle	empezar a correr
3. oír el ruido	estacionar su coche
4. salir de una tienda	recibir una multa
5. recibir una multa	caminar a la esquina
6. llegar al centro comercial	ver a sus vecinos

D. Verbos que terminan en -*uir*

Note the forms of the verb **contribuir** *(to contribute)* in the chart below.

PRESENT	PRETERITE
Contribuyo con 1.000 pesos.	**Contribuí** con 500 pesos.
Contribuyes con 100 pesos.	**Contribuiste** con 10 pesos.
Contribuye con un dólar.	No **contribuyó** con nada.
Contribuimos con mucho dinero.	**Contribuimos** con poco.
Contribuís con una fortuna.	**Contribuisteis** con 200 pesos.
Contribuyen con su tiempo.	**Contribuyeron** con 50 pesos.

NOTAS GRAMATICALES

1. In verbs like **contribuir,** a **y** is inserted before all endings except those beginning with a stressed **i.** In the preterite, note the endings **-yó** and **-yeron.**
2. The preterite form of **oír** follows the pattern of the preterite of verbs ending in **-uir.**

     oí   **oíste**   **oyó**   **oímos**   **oísteis**   **oyeron**

Vocabulario   *Verbos que terminan en* -uir

construir	*to build, construct*	**Construyeron** el metro.
contribuir	*to contribute*	Los coches **contribuyen** a la contaminación del aire.
destruir	*to destroy*	El criminal **destruyó** la evidencia.

     Ejercicio 8.   *Ayer y hoy*

Substitute the subjects in parentheses for the one in the original sentence. Use the same tense.

1. El Sr. López construye una cocina nueva. (tú; mis hermanos; yo; mis hermanos y yo; León)
2. Ellos destruyeron la cocina vieja. (el Sr. López; yo; tú; sus hijos; el Sr. López y sus hijos)
3. Tú construiste esa mesa en poco tiempo. (yo; tú y yo; Isabel; Isabel y José)
4. La clase contribuyó con mil pesetas. (los empleados; la Sra. Romero; yo; tú; la Sra. Romero y yo)
5. Yo contribuyo con mi tiempo. (nosotros; los carteros; la enfermera; tú)
6. ¿Oíste algo? (yo; la policía; los vecinos; los vecinos y yo; Ana)
7. El Sr. Canales no oye nada. (tú; nosotros; mis compañeros de cuarto; yo; la Sra. Canales)

E. *Hace:* su uso con el pretérito

Note the use of **hace** in the sentences below.

Puse dinero en el parquímetro **hace**   *I put money in the parking meter **an***
    una hora.   *hour ago.*
Construyeron el metro **hace dos años.**   *They built the subway **two years ago.***

To indicate the amount of time elapsed since a past event took place, Spanish-speakers use the construction:

> preterite + **hace** + period of time

Ejercicio 9.   *La licencia de conductor*
Use the information given in parentheses to tell how long ago the following people received their driver's licenses.

     Modelo: mi abuelo (1955)
               Mi abuelo recibió su licencia hace (cuarenta) años.

1. yo (1993)   3. Carlos (1979)   5. mis hermanos (1981)
2. mi abuela (1948)   4. nosotros (1969)   6. tú (1935)

Ejercicio 10.   *¿Cuánto tiempo hace?*
Ask a classmate how long ago he or she did the following things.

     Modelo: llegar a la universidad
               —**¿ Cuánto tiempo hace que llegaste a la universidad ?**
               —**Llegué hace (un año... dos meses...).**

1. preparar esta lección
2. beber champán
3. ir de vacaciones
4. comer algo
5. hablar con tus padres
6. limpiar tu cuarto
7. recibir una carta
8. hacer algo diferente

F. El año

In Spanish, dates are always expressed in thousands and hundreds. Contrast:

1775   **mil setencientos setenta y cinco**   { *seventeen seventy-five* / *seventeen hundred and seventy-five* }

Note the use of **de** between the month and the year.

el primero de abril **de** mil ochocientos doce

Ejercicio 11.   *Fechas importantes*

Complete the following sentences with the year to which they refer.

1. Yo nací en _____ .
2. Cristóbal Colón llegó a las Américas en _____ .
3. George Orwell escribió una novela que se llama _____ .
4. Hay una película que se llama _____ .
5. Los Estados Unidos declararon su independencia en _____ .
6. El abuelo de Marta tiene 87 años en 1994. Nació en _____ .

Ejercicio 12.   *En español*

Mercedes is telling a colleague what happened to her yesterday. Put her monologue into Spanish without translating word for word.

I can't believe it! I parked my car on the street and went into a shop for **(por)** five minutes. Only five minutes! When I was leaving the shop, I saw the policewoman. I crossed the street quickly and ran to the car and said to the policewoman, "I parked here five minutes ago." And she said (to me), "But you didn't put money into the meter," and she gave me a ticket. The same thing happened to me a week ago! Later, I went home. I arrived late because I spent an hour in a traffic jam. I prefer driving my own car, but I will travel on the subway or be a pedestrian in the future.

≋Ahora le toca a Ud.   *¿Qué pasó?*

Have you ever had an interesting experience while driving a car or traveling by public transportation? Tell about it, mentioning the people involved, what happened, and the outcome.

Fonética   *Entonación I*

1. Normal statements

   In normal statements, Spanish-speakers begin on a low tone and then rise
   to a higher pitch on the first accented syllable. This high pitch is maintained until the last accented syllable, where it drops to the first tone. At
   the end of the sentence, the pitch drops somewhat more.

   Note: In English statements, American-speakers tend to begin on the
   higher pitch characteristic of Spanish and then raise that pitch even more
   on the last stressed syllable before dropping off at the end.

   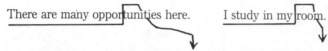

2. Normal information questions

   In normal information questions, Spanish-speakers reach the high pitch on
   the stressed syllable of the question word. (If this is not the first syllable of
   the sentence, the question begins on the lower pitch.) The voice drops on
   the last accented syllable of the sentence.

   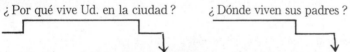

   Note: In normal information questions, American-speakers often use an
   intonation pattern similar to that of normal statements.

   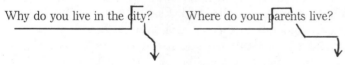

EN RESUMEN

A. Complete the sentences with the expressions in parentheses.

1. Al llegar a casa, Julia...
   (preparar la comida ; lavar la ropa ; arreglar la sala ; limpiar la cocina)
2. Hace dos días yo...
   (almorzar con Paco ; cenar con mi familia ; jugar al tenis ; tener un accidente ; ir al cine ; conducir un coche italiano)
3. Ayer mis amigos...
   (no tomar el desayuno ; no hacer la tarea ; no asistir a la clase ; no leer la lección ; no dar un paseo ; no traducir el Ejercicio 12)
4. Anoche nosotros...
   (oír un ruido raro ; estar en casa ; saber las noticias ; no poder mirar la televisión ; destruir el coche)
5. Anteayer dos policías...
   (venir a mi casa ; decirme algo ; cruzar la calle ; pedirme la licencia ; morir)
6. Guillermo Castro...
   (nacer aquí ; construir esta casa ; traducir sus poemas)
7. Algunas fechas importantes en la historia dc los Estados Unidos son...
   (el 12 de octubre de 1492 ; el 4 de julio de 1776 ; el 3 de abril de 1865 ; el 7 de diciembre de 1941 ; el 22 de noviembre de 1963)

PARA PENSAR, JUGAR Y RESOLVER

B. Complete the sentences with one of the following prepositions: **para, sin, antes de, después de.**

1. Los peatones miran el semáforo _____ cruzar la calle.
2. Es peligroso *(dangerous)* cruzar la calle _____ mirar el semáforo.
3. Tomamos el metro _____ ir al centro.
4. Pagamos una multa _____ tener una infracción.

Otras perspectivas V

Carlos Fuentes, diplomático, novelista, dramaturgo y profesor.

Gabriela Mistral, la poetisa chilena que recibió el Premio Nóbel.

Lectura cultural Los escritores latinoamericanos

El **éxito** de los autores latinoamericanos contemporáneos es muy grande actualmente. Se traducen sus **obras** a muchas lenguas. En periódicos y revistas **de todo el mundo aparecen entrevistas** con ellos o artículos **escritos** por ellos, y se consideran **entre** los más respetados y distinguidos escritores contemporáneos. Pero su prestigio no sólo se limita a **asuntos** literarios o intelectuales, **sino** se extiende a **cuestiones** políticas. **Aunque no sean políticos,** la **mayoría** de los intelectuales latinoamericanos son activistas políticos.

    La integración de una **vida** literaria con una vida política es una tradición en los países hispánicos. En el **siglo** XIX, el escritor argentino Domingo Faustino Sarmiento fue presidente de su país, y en nuestro siglo el novelista Rómulo Gallegos fue presidente de Venezuela, **mientras** otro escritor, Juan Bosch, fue presidente de la República Dominicana. Más recientemente el famoso novelista, Mario Vargas Llosa, fue candidato para la presidencia del Perú.

success
works
throughout the world
  appear interviews /
  written / among
matters
but/ issues /
  Although they may
  not be politicians /
  majority / life /
  century
while

Otros escritores **han representado** a sus países en **puestos** diplomáticos. Cuando el **premiado** Nóbel Pablo Neruda **era** un poeta joven y poco **conocido,** Chile lo mandó al Oriente como diplomático. El distinguido poeta ecuatoriano Jorge Carrera Andrade también fue diplomático. El novelista Miguel Ángel Asturias pasó varios años de su **juventud** en París como exilado político. Irónicamente, cuando recibió el Premio Nóbel en 1967, estaba en París otra vez —como **embajador** de Guatemala en Francia. La poetisa chilena Gabriela Mistral representó a su país en varias partes de Sudamérica y Europa. Después de recibir el Premio Nóbel en 1945, ella **desempeñó el cargo de** representante de su país ante una comisión de las Naciones Unidas poco tiempo después de la formación de esa organización.

> have represented / positions / prizewinner / was / known
>
> youth
>
> ambassador
>
> served as

En la **segunda mitad** de este siglo la novelista y poetisa mexicana Rosario Castellanos fue embajadora de su país en Israel; el novelista cubano Alejo Carpentier tuvo un puesto diplomático en Francia, y el escritor mexicano Carlos Fuentes tuvo un puesto en su **embajada** en París. Cuando Gabriel García Márquez recibió el Premio Nóbel de Literatura en 1982, el presidente de Colombia le ofreció una **embajada,** pero no la aceptó. Actualmente, la novelista Beatriz Guido es la **agregada** cultural de la embajada argentina en España.

> second half
>
> embassy
>
> ambassadorship
> attaché

Al reconocer a sus escritores de esta forma, los países latinoamericanos **demuestran** su **aprecio** por la literatura y por la contribución de los escritores a la cultura **mundial.**

> show / appreciation
> world

Actividad Λ.   *Comprensión de lectura*
Match the name of the writer with his or her nationality, being sure to use the correct form of the adjective.

   Modelo: Carlos Fuentes   **Carlos Fuentes es mexicano.**

 1. Jorge Carrera Andrade   cubano
 2. Gabriel García Márquez   argentino
 3. Rosario Castellanos   dominicano
 4. Domingo Faustino Sarmiento   mexicano
 5. Alejo Carpentier   peruano
 6. Pablo Neruda   chileno
 7. Juan Bosch   ecuatoriano
 8. Gabriela Mistral   venezolano
 9. Rómulo Gallegos   guatemalteco
10. Miguel Ángel Asturias   colombiano
11. Beatriz Guido
12. Mario Vargas Llosa

Actividad B.   ¿ Cierto o falso ?

Tell whether the following statements are **cierto** *or* **falso***. If you think a statement is* **falso,** *correct it.*

1. Hay mucho interés en la literatura latinoamericana actualmente.
2. A los escritores latinoamericanos les interesa solamente la literatura.
3. No hay ninguna relación entre la vida creativa y la vida política en los países hispanos.
4. Tres escritores latinoamericanos fueron presidentes de su país.
5. Dos poetas chilenos ganaron el Premio Nóbel de Literatura.

Actividad C.   *Diferencias culturales*

1. ¿ Cree Ud. que los escritores son buenos representantes de su país ? ¿ Por qué ?
2. ¿ Qué escritor/a norteamericano/a recomienda Ud. como diplomático/a ? ¿ como político/a ?
3. Muchos escritores/as norteamericanos/as enseñan en las universidades. En su opinión, ¿ es preferible para un/a escritor/a ser profesor/a o diplomático/a ?

Día por día *De compras*

El farmacéutico con unas clientas en México.

I. EN LA FARMACIA

EMPLEADA	Buenos días, señorita. **¿ En qué puedo servirle ?**	May I help you?
	¿ Puedo servirle en algo ?	May I help you?
MAITE	Sí. Necesito aspirinas.	
	Sí. ¿ Tiene aspirinas ?	

| EMPLEADA | Pues, aquí las tenemos. Las aspirinas vienen en **cajitas** de cincuenta, de cien o de doscientas. | little boxes |

¿Cuál desea?

> ¿Cuál necesita?
> ¿Cuál prefiere?

| MAITE | **¿A cuánto se vende** la cajita de cien? | How much is |

> ¿Cuánto es...?
> **¿A cuánto está...?**
> **¿Cuánto sale...?**
> **¿Qué precio tiene...?**
> **¿Cuál es el precio** de...?

What is the price

| EMPLEADA | La cajita de cien se vende a 50 pesetas y la cajita de doscientas está a 75 pesetas. |
| MAITE | Bueno. Llevo la cajita de cien. |

> Voy a llevar la cajita de cien.
> Quiero la cajita de cien.

| EMPLEADA | Muy bien, señorita. ¿Algo más? |

> ¿Necesita Ud. algo más?

| MAITE | Hoy no. *(Le da el dinero a la empleada.)* Gracias. |
| EMPLEADA | De nada. |

> **Para servirle,** señorita.
> **A sus órdenes.**

Pleased to serve you
At your service.

Actividad D.   *¡Atchú!*
Manuel feels that he is coming down with a cold and goes into the drugstore to buy vitamin C. Together with another student, play the roles of the salesclerk and Manuel.

EMPLEADA	Buenas tardes, señor. ¿ _____?
MANUEL	Sí. ¿Tiene Ud. vitamina C?
EMPLEADA	Sí, cómo no. _____.
MANUEL	¿ _____ el frasco *(bottle)* de cien?
EMPLEADA	El frasco de cien se vende a 50 pesetas y el frasco de doscientas _____.
MANUEL	Pues, como es más económico comprar el frasco de doscientas, _____.
EMPLEADA	¿ _____, señor?
MANUEL	Hoy, no. *(La empleada pone el frasco en una bolsa* [bag] *y se la da a Manuel.)* Gracias, señorita.
EMPLEADA	_____.

Actividad E.   *La ampolla (blister)*

*Elena just got a blister and goes into the drugstore to buy a small package of
adhesive strips. Play the roles of Elena and the salesclerk.*

EMPLEADA   Buenos días, señorita. ¿ _____ ?

ELENA   Sí, _____ curitas.

EMPLEADA   _____ en una cajita de cien.

ELENA   Eso es mucho. ¿No tiene una cajita más pequeña *(smaller)* ?

EMPLEADA   Lo siento, señorita, pero no tenemos otro tamaño *(size)*.

ELENA   Bueno, entonces me compro ésta. ¿ _____ ?

EMPLEADA   Ciento cincuenta pesetas.

ELENA   Acá lo tiene. *(La empleada le da la cajita.)* Gracias.

EMPLEADA   _____ .

II. EN LA ZAPATERÍA

*Hay zapatos para cada gusto
en esta zapatería en Panamá.*

Ricardo needs a new pair of shoes, so he enters a shoe store.

DEPENDIENTE   Buenos días, señor. ¿En qué puedo servirle?

> ¿Puedo servirle en algo?
> ¿Qué le gustaría ver?

RICARDO   Buenos días. Me gustaría ver unos zapatos negros.

> Necesito unos zapatos negros.
> Quiero ver...

DEPENDIENTE   Cómo no. ¿Qué número lleva Ud.?

> ¿Qué número **calza** Ud.?   wear *(footwear)*

RICARDO   Creo que llevo un 39.

DEPENDIENTE	Muy bien. **Siéntese** aquí, por favor, y en seguida se los	Sit down
	muestro. *(Sale y regresa con dos **pares** de zapatos.)*	pairs
	Estos zapatos son muy cómodos. ¿Le gustaría	
	probárselos?	to try them on
RICARDO	¿No tiene otro modelo?	
DEPENDIENTE	Sí, cómo no. *(Le muestra el segundo par.)*	
	Éstos están muy de moda ahora, y están **rebajados** a	reduced
	50.000 pesos.	
RICARDO	Éstos sí me gustan. Me los voy a probar.	
	(Se pone los zapatos.) No son muy cómodos. ¿Tiene los	
	mismos zapatos en el número 40?	
DEPENDIENTE	Lo siento mucho, señor. Es el último par de este modelo	
	que **nos queda.**	remains

Actividad F.   *Los nuevos zapatos*

Viviana goes into the shoe store. Play the roles of Viviana and the salesperson.

DEPENDIENTE	Buenos días, señorita. ¿_____?
VIVIANA	_____ unos zapatos marrones.
DEPENDIENTE	Muy bien. ¿_____?
VIVIANA	_____ número 36.
DEPENDIENTE	*(Le muestra un par.)* ¿_____?
VIVIANA	No, prefiero un tacón más bajo *(lower heel)*.
DEPENDIENTE	Acá *(Here)* los tengo. ¿_____?
VIVIANA	Son muy cómodos. ¿_____?
DEPENDIENTE	Están rebajados a 40.000 pesos hoy.
VIVIANA	Bueno, _____.
DEPENDIENTE	Muy bien. Los voy a poner en una bolsa. Acá los tiene.
VIVIANA	Gracias.
DEPENDIENTE	_____. Adiós.

Nota cultural

The sizing systems in most Spanish-speaking countries are different from the ones used in the United States, as shown on the accompanying equivalency charts. The word **talla** is used to indicate clothing size; for shoe size, the word **número** is used.

GRAFICA—COMPARACION DE MEDIDAS

Hombres									Damas								
Trajes	E.E.U.U.	36	38	40	42	44	46	48	Trajes y	E.E.U.U.	32	34	36	38	40	42	44
	Métrico	46	48	50	52	54	56	58	vestidos	Métrico	40	42	44	46	48	50	52
Camisas	E.E.U.U.	14	14½	15	15½	16	16½	17	Jovencitas	E.E.U.U.		10	12	14	16	18	20
	Métrico	36	37	38	39	41	42	43	(chicas)	Métrico		38	40	42	44	46	48
Zapatos	E.E.U.U.	6½	7	8	9	10	10½	11	Medias	E.E.U.U.	8	8½	9	9½	10	10½	
	Métrico	39	40	41	42	43	44	45		Métrico	0	1	2	3	4	5	
									Zapatos	E.E.U.U.	5½	6	7	7½	8½	9	
										Métrico	36	37	38	39	40	41	

Lección 16 **El mejor momento del día**

Lesson Objectives
In this lesson you will learn to . . .
- talk about personal care
- discuss your daily routine

Lección 17 ¿ **Hay diferencias entre las generaciones ?**

Lesson Objectives
In this lesson you will learn to . . .
- describe ongoing and habitual actions in the past
- make equal and unequal comparisons

Unidad VI

Lección 18 ¡ **Qué susto !**

Lesson Objectives
In this lesson you will learn to . . .
- describe how things were in the past
- narrate what happened in the past
- use expressions referring to time
- discuss some events that appear in the newspaper

Otras perspectivas VI

In this section you will . . .
- become acquainted with the background of Hispanic Americans
- learn about the Mexican Americans, the Puerto Ricans and the Cubans who live in the United States
- practice answering a doctor's questions and giving information about your physical condition

Esta familia da de comer a las palomas en Barcelona, España.

El mejor momento del día

*Madre, padre e hijo descansan
en una hamaca en México.*

Hay muchas cosas que **todo el mundo** hace día **tras** día. **Por ejemplo,** todas las mañanas **nos levantamos; nos bañamos; nos cepillamos** los dientes; **nos vestimos;** y **nos ocupamos** de nuestro trabajo o de nuestros estudios. ¿ Esto quiere decir que todo es rutina, y que nunca ocurre nada extraordinario en nuestras **vidas** ? ¡ Claro que no ! Estas actividades son muy rutinarias, pero cada una **significa** algo diferente para cada persona. Si les preguntamos a varias personas cuál es el mejor momento del día, cada uno nos da una opinión diferente. Por ejemplo:

everybody / after /
  For example
we get up / we bathe /
  we brush / we dress
we are busy

lives

means

Carmen Díaz (20 años, estudiante)

El mejor momento del día es cuando **me despierto...** ¡ Cada día es una experiencia nueva !

I wake up

Ángel Ruiz (40 años, *campesino*)

Me levanto a las cinco todas las mañanas. Para mí, el mejor momento del día es cuando **duermo la siesta.**

farmer

I get up

I take a nap

Blanca Espinosa (35 años, dependiente)

El mejor momento es cuando **me quito** los zapatos y **me siento** a mirar la televisión. ¡ Me duelen los pies después del trabajo !

I take off / I sit down

Javier Escobar (20 años, estudiante)

Para mí, es cuando **me reúno** con mi novia en un café después de las clases. **Nos vemos** todos los días.

I get together
We see each other

Paco Fuentes (4 años)

El mejor momento es cuando me baño porque tengo un **barquito** nuevo. Pero no me gusta **lavarme** el pelo porque el **jabón** me entra en los ojos.

little boat
to wash / soap

Comprensión

Escoja una respuesta para completar cada frase.

1. Las actividades rutinarias significan...
    a) lo mismo para cada persona.
    b) algo diferente para cada persona.
    c) que nunca ocurre nada nuevo.
2. Carmen Díaz tiene una actitud...
    a) realista.   b) pesimista.   c) optimista.
3. Ángel Ruiz duerme la siesta porque...
    a) se acuesta tarde por la noche.
    b) se levanta temprano por la mañana.
    c) no le gusta trabajar.
4. Blanca Espinosa mira la televisión después del trabajo porque...
    a) le duelen los pies.   b) no se quita los zapatos.
    c) está cansada.
5. Javier Escobar y su novia...
    a) no se ven frecuentemente.   b) tienen una rutina.
    c) son estudiantes y se reúnen en la cafetería de la universidad.
6. A Paco Fuentes no le gusta...
    a) bañarse.   b) lavarse el pelo.   c) su barquito.

Lengua española

A. Los verbos reflexivos: introducción

Compare the forms and uses of the object pronouns in boldface in the sentences corresponding to each pair of pictures.

ANA LAVA SU ROPA.
LA LAVA.

Y DESPUÉS **SE** LAVA.

JUANA MIRA A JOSÉ.
LO MIRA.

Y DESPUÉS **SE** MIRA.

MIS AMIGOS PREPARAN
LOS REGALOS.
LOS PREPARAN.

Y DESPUÉS **SE** PREPARAN
PARA LA FIESTA.

The object pronouns in the sentences on the left represent a thing or a person distinct from the subject.

The object pronouns in the sentences on the right refer to the subject. These are called *reflexive pronouns* because the action of the verb is "reflected" on the subject.

The verbs in the sentences on the right are called *reflexive verbs,* since they are used together with reflexive pronouns.

Study the conjugation of the reflexive verb **expresarse** *(to express oneself).*

	EXPRESARSE	
(yo)	**Me expreso** bien.	*I express myself well.*
(tú)	**Te expresas** mal.	*You express yourself poorly.*
(él)	**Se expresa** fácilmente.	*He expresses himself easily.*
(ella)	**Se expresa** difícilmente.	*She expresses herself with difficulty.*
(Ud.)	Ud. **se expresa** claramente.	*You express yourself clearly.*
(nosotros)	**Nos expresamos** en inglés.	*We express ourselves in English.*
(vosotros)	**Os expresáis** en español.	*You express yourselves in Spanish.*
(ellos)	**Se expresan** en francés.	*They express themselves in French.*
(ellas)	**Se expresan** en italiano.	*They express themselves in Italian.*
(Uds.)	Uds. **se expresan** en ruso.	*You express yourselves in Russian.*

NOTAS GRAMATICALES

1. In a dictionary entry, the infinitive of a reflexive verb is listed with the pronoun **se: expresar*se*, lavar*se*, mirar*se*.**

2. In the first- and second-persons, the reflexive pronouns are the same as the direct and indirect object pronouns: **me, te, nos, os.** The third-person singular and plural reflexive pronoun is **se.**

3. In a sentence, the reflexive pronoun has the same position as an object pronoun. When a simple verb is used, the reflexive pronoun precedes it.

   ¿ No **te** vas a lavar ?   ¿ No vas a lavar**te ?**

4. When a direct object pronoun is used in a reflexive construction, it comes after the reflexive pronoun.

   Clara se lava la cara.   Se **la** lava.

Vocabulario   *Algunos verbos reflexivos*

adaptarse (a)	*to adapt (oneself) to*	Clara **se adapta** fácilmente **a** todo.
dedicarse (a)	*to devote (oneself) to*	Ella **se dedica a** los estudios.
expresarse	*to express (oneself)*	**Se expresa** bien.
preocuparse (por)	*to worry (oneself) about*	No **se preocupa por** los exámenes.
prepararse	*to prepare (oneself)*	**Se prepara** para ser doctora.

Ejercicio 1.   *El examen oral*

*Algunos estudiantes se preparan bien para el examen y se expresan bien durante el examen, pero otros no se preparan y no se expresan bien. Use las formas correctas de **prepararse** y **expresarse** para decir esto.*

> **Modelo:**   Roberto (no)
> **Roberto no se prepara para el examen.**
> **Entonces, no se expresa bien.**

1. Carmen (sí)
2. Antonio y Elena (no)
3. yo (sí)

4. mi hermano y yo (sí)
5. tú (no)
6. mis compañeros de cuarto (no)

Ejercicio 2.   *Tendencias personales*
Pregúntele a otra persona en la clase sobre (about) *sus tendencias personales.*

> **Modelo:**   expresarse francamente (siempre ; a veces ; nunca)
> **—¿ Te expresas francamente ?**
> **—Sí, me expreso francamente siempre (a veces).**
> o   **—No, no me expreso francamente nunca.**

1. expresarse bien en español
2. adaptarse bien a situaciones nuevas
3. dedicarse al trabajo

4. preocuparse por las cosas pequeñas
5. prepararse bien para los exámenes
6. preocuparse antes de los exámenes

Vocabulario   *El cuidado personal (Personal care)*

afeitarse	*to shave*	No me gusta **afeitarme.**
arreglarse	*to fix oneself up*	**Me arreglo** antes de una cita.
bañarse	*to take a bath*	**Se baña** por la noche.
cepillarse	*to brush*	**Me cepillo** los dientes después de comer.
ducharse	*to shower*	Nos duchamos todos los días.
lavarse	*to wash (oneself)*	¿ Por qué no **te lavas ?**
peinarse	*to comb* (one's hair)	Debes **peinarte.**
ponerse	*to put on* (clothing)	Voy a **ponerme** el suéter.
quitarse	*to take off* (clothing)	**Se quitan** los suéteres porque hace calor.
vestirse (e → i)	*to dress, get dressed*	Silvia **se viste** rápidamente.

Ejercicio 3. *Diálogo: ¿ Cuál es tu rutina ?*
Compare con un compañero el orden en que Uds. se arreglan antes de ir a una fiesta. Por supuesto, Ud. no hace cada cosa.

> **Modelo:** Me quito la ropa. Después me ducho. Después... ¿ Y tú ?

1. vestirse
2. ponerse los zapatos
3. cepillarse los dientes
4. bañarse
5. quitarse la ropa

6. afeitarse
7. peinarse
8. ducharse
9. lavarse el pelo
10. ponerse maquillaje *(makeup)*

Ejercicio 4. *La rutina de todos los días*
Algunos estudiantes hacen ciertas cosas todos los días, pero otros no las hacen. Cuente lo que hacen según el modelo.

> **Modelo:** Mercedes / sí / arreglarse
> **Mercedes se arregla todos los días.**

1. algunos estudiantes / no / bañarse
2. Pedro / sí / afeitarse
3. tú / sí / cepillarse los dientes
4. yo / sí / quitarse / la ropa

5. Leonora / no / peinarse bien
6. nosotros / no / ponerse un suéter
7. los atletas / sí / ducharse
8. tú y yo / sí / vestirse bien

PRECIO JOVEN SIN LIMITACION DE EDAD

B. Los verbos reflexivos: su sentido idiomático

Sometimes the English equivalent of a Spanish reflexive verb does not explicitly convey the notion of an action being reflected on the subject.

> **Llamo** a Paco.   *I am calling Paco.*
> **Me llamo** Antonio.   *I am called Antonio. (I call myself Antonio.)*

Note the relationships between the meanings of the reflexive and nonreflexive verbs presented in the *Vocabulario* on the next page.

Vocabulario *Actividades de todos los días*

acostar (o → ue)	**acostarse (o → ue)**	Pablo **se acuesta** a las diez.
to put to bed	*to go to bed*	
despertar (e → ie)	**despertarse (e → ie)**	Carmen **se despierta** a las seis.
to awaken (someone)	*to wake up*	
divertir (e → ie)	**divertirse (e → ie)**	Siempre **nos divertimos** en sus fiestas.
to amuse	*to have fun*	
dormir (o → ue)	**dormirse (o → ue)**	De vez en cuando **me duermo** en clase.
to sleep	*to fall asleep*	
levantar	**levantarse**	¿A qué hora **se levanta**?
to raise, lift	*to get up*	
sentar (e → ie)	**sentarse (e → ie)**	José **se sienta** en la silla.
to seat (someone)	*to sit down*	

Ejercicio 5. *Diálogo: ¿A qué hora?*
Pregúntele a un/a compañero/a de clase a qué hora hace las siguientes cosas.

> **Modelo:** acostarse
> —**¿A qué hora te acuestas?**
> —**Me acuesto a las diez.**

1. despertarse
2. levantarse
3. dormirse generalmente

4. acostarse
5. acostarse los sábados
6. despertarse los domingos

Ejercicio 6. *¿Qué hacen?*
Complete las siguientes frases con la forma reflexiva o no reflexiva del verbo entre paréntesis.

1. (acostar) Mamá _____ a los niños y después ella _____ .
2. (dormir) Generalmente yo _____ bien, pero si tomo demasiado café no puedo _____ .
3. (divertir) Los niños _____ en la fiesta porque hay un payaso *(clown)* que los _____ .
4. (levantar) Si tú vas a ayudarme a _____ el sofá, primero tienes que _____ .
5. (despertar) Yo _____ a las seis y después _____ a mi compañero de cuarto.
6. (sentar) Juan _____ a su abuela antes de _____ .

Ejercicio 7.   *A las ocho de la mañana*
¿ Qué hacen las siguientes personas a las 8:00 de la mañana ? Complete las siguientes frases con un verbo reflexivo.

1. El señor Ramírez tiene que _____ .
2. Anita va a _____ porque tiene una clase a las 9:00.
3. La señorita Vásquez tiene que _____ para ir al trabajo.
4. El señor Soto va a _____ porque trabaja por la noche.
5. Los niños quieren _____ los pijamas.
6. A mí me gusta _____ por la mañana.
7. No tenemos clases hoy. No queremos _____ .
8. Tú te miras en el espejo *(mirror)* para _____ y _____ .

C. Los verbos reflexivos: su sentido recíproco

Each sentence in Column **B** corresponds to two sentences in Column **A**. Note the uses and meanings of the reflexive constructions in Column **B**.

A	B	
Rubén encuentra a Inés. ⎫ Inés encuentra a Rubén ⎭	Rubén e Inés **se encuentran.**	*Rubén and Inés **meet** each other.*
Yo te escribo. ⎫ Tú me escribes. ⎭	**Nos escribimos.**	*We write (to) each other.*

A plural reflexive construction may express a *reciprocal* action.

NOTA GRAMATICAL

In English, reciprocity is usually expressed by the phrase *one another* or *each other*.

Ejercicio 8.   *Historias de amor (Love stories)*
Describa la reciprocidad de los sentimientos y las acciones de las siguientes personas.

> **Modelo:**   Carlos y Maribel / escribirse   **Carlos y Maribel se escriben.**

1. Felipe y Juanita / visitarse a menudo
2. Luisa y Antonio / llamarse por teléfono todos los días
3. Susana y Enrique / quererse
4. Roberto y Carmen / conocerse bien
5. Elena y Juan / verse todas las tardes
6. Pablo y Pilar / darse muchos regalos
7. Romeo y Julieta / decirse cosas románticas

Estos novios se quieren y se ven todos los días.

Ejercicio 9.   *Diálogo: Relaciones (Relationships)*
Pregúntele a un/a compañero/a cómo son sus relaciones con otras personas.

Modelo: verse a menudo / tu novio/a
          —¿ **Ves a menudo a tu novio/a**?
          —**Sí, nos vemos a menudo.** o —**No, no nos vemos a menudo.**

1. hablarse a menudo / tus padres
2. visitarse a menudo / tus amigos
3. ayudarse mucho / tus hermanos
4. conocerse / tus profesores
5. escribirse frecuentemente / tus amigos
6. llamarse frecuentemente / tu novio/a
7. prestarse sus cosas / tu compañero/a de cuarto
8. cuidarse / tus hermanos

D. Los verbos reflexivos: un resumen

In a true reflexive construction, the object of the verb represents the same person as the subject.

Such a Spanish reflexive construction may correspond to one of several English constructions:

1. reflexive construction with *myself, yourself,* etc.

   Elena **se mira** en el espejo.   *Elena **is looking at herself** in the mirror.*

2. an idiomatic expression.

   Pablo **se divierte.**   *Pablo is **having fun.***

   Often in such an idiomatic English expression, the reflexive construction is implied, not expressed. Literally, **Pablo se divierte** means *Pablo amuses himself.*

3. a reciprocal construction with *each other* or *one another.*

   Elena y Pablo **se miran.**   *Elena and Pablo **are looking at each other.***

Ejercicio 10. *En español*

Es un viernes, a las 6:30 de la mañana. El señor Lezama entra a la cocina.
Dé su conversación con la señora Lezama en español.

SRA. Good morning, Guillermo. Did you sleep well last night?

SR. No, I couldn't fall asleep.

SRA. Nervous tension **(tensión).** You worry too much about your work. Why
      don't you take a bath, shave, and get dressed while **(mientras)** I pre-
      pare breakfast?

SR. I'll have coffee now before I get ready. Coffee always wakes me up.

SRA. What time did you go to bed last night? I didn't hear you because I
      fell asleep immediately.

SR. I went to bed at midnight, after I had another coffee.

SRA. That's why **(Por eso)** you didn't fall asleep!

≋Ahora le toca a Ud. *El mejor momento de mi día*

En un párrafo de cinco o seis frases describa el mejor momento de su día.

Fonética *Entonación II*

1. Continuing intonation

   In longer sentences that contain pauses, Spanish-speakers tend to let their
   voice rise slightly at the end of the phrase.

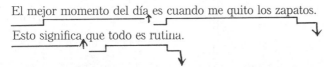

   El mejor momento del día es cuando me quito los zapatos.

   Esto significa que todo es rutina.

   Note: In continuing phrases in English, most speakers let their voices rise
   on the important word and then drop the pitch back to the normal tone,
   letting it fade away a little.

   The best moment of the day is when I take off my shoes.

2. Parenthetical comments

   In Spanish, parenthetical comments are usually spoken on a lower pitch.

   Es importante — dice Ángel — dormir la siesta.

Lección 17

¿Hay diferencias entre las generaciones?

Madre e hija — dos generaciones.

*Flo, una niña **precoz**, es la creación de Maitena, una joven **caricaturista**. Su **obra aparece** frecuentemente en revistas y periódicos en la Argentina.*

precocious / cartoonist

work / appears

es que al preguntarle a la abuela, como mujer...

...cosas de su época... "¿como vivía? ¿que hacía... ?"

"¿qué pensaba? ¿qué metas tenía? ¿qué podía? ¿que no podía... ?"

...Se me hace más fácil entender...

...Lo que era ser en esa época...

¡...hombre!!

time
she used to lived / she did
she thought / goals she had
she was able to do

it becomes easier for me to understand what it was

Comprensión

*¿ Son **ciertas** o **falsas** las siguientes frases ?*

1. Flo le hace preguntas a la abuela sobre *(about)* su vida.
2. Flo quiere saber como vivían las mujeres cuando la abuela era joven.
3. También le pregunta cómo era la vida del hombre.
4. Flo quiere comparar la vida de la abuela con su vida.
5. Flo tiene dificultad en comprender lo que *(what)* la abuela le dice.
6. Al aprender de la vida de la mujer, Flo también aprende de la vida del hombre.

Mujer, conoce tus derechos

MINISTERIO DE CULTURA
INSTITUTO DE LA MUJER

Lengua española

Vocabulario *La igualdad de los sexos*

SUSTANTIVOS

el cambio	change; exchange	la actitud	attitude
el derecho	right	el ama *(f.)* de casa	housewife
el modo	mode, manner, way	la carrera	career
el papel	role	la desigualdad	inequality
el problema	problem	la edad	age
		la igualdad	equality
		la meta	goal
		la oportunidad	opportunity
		la vida	life

ADJETIVOS

actual	*present, current*	¿Cuál es la condición **actual** de la mujer norteamericana?
igual	*equal*	En principio, somos **iguales.** Pero en realidad...
último	*latest*	¿Sabe Ud. las **últimas** noticias?
único	*only*	Este no es el **único** modo de hacerlo.

VERBOS

aceptar	*to accept*	Uds. no tienen que **aceptar** la injusticia.
cambiar	*to change*	En la vida todo **cambia.**
casarse (con)	*to get married*	Ellos **se casaron** en junio.
reclamar	*to claim, demand*	La mujer **reclama** igualdad de derechos.
seguir (e → i)	*to follow*	Ud. tiene que **seguir** los consejos de sus amigos.
votar	*to vote*	Es importante **votar.**

EXPRESIONES

casi	*almost*	**Casi** siempre tengo razón.
sin duda	*doubtless, without a doubt*	**Sin duda,** la mujer de hoy es más independiente que antes.

OBSERVACIONES

1. **Ama,** like **agua,** is a feminine noun beginning with a stressed **a.** Therefore, one says.

   el ama, *but* **una** ama

2. In verbs like **seguir,** the **u** is dropped before an **a** or **o** ending in the present tense but is retained in the preterite.

   (yo) **sigo**   (yo) **seguí**

Ejercicio 1.   *¿Está de acuerdo o no?*
Dé su opinión con expresiones como Estoy (completamente, parcialmente) de acuerdo o No estoy de acuerdo.

1. La mujer tiene un papel importante en la vida política norteamericana.
2. El único modo de obtener cambios es con una revolución.
3. Las metas del hombre y de la mujer son muy diferentes.
4. La mayoría de los hombres pueden aceptar a las mujeres como iguales.
5. En la sociedad actual, la desigualdad de los sexos es el problema más importante.
6. La sociedad actual ofrece más igualdad que la sociedad de 1900.
7. No hay derechos sin responsabilidades.
8. Todavía la mujer no tiene las mismas oportunidades económicas que tienen los hombres.

A. Las formas regulares del imperfecto

The sentences in the first column describe what happens now. The verbs are in the present tense. The sentences in the second column describe what happened in the past. The verbs are in the imperfect.

(hoy)	**(antes)**	*(before)*
Estudio español.	**Estudiaba** francés.	*I was studying French.*
Mi mamá **trabaja** en una oficina.	Mi mamá **trabajaba** en casa.	*My mother **used to work** at home.*
Las mujeres **votan.**	Las mujeres **no votaban.**	*Women **did not vote.***

Note the forms of the imperfect tense in the chart, paying special attention to the endings in boldface.

HABLAR	COMER	VIVIR	-AR *ENDINGS*	-ER, -IR *ENDINGS*
habl**aba**	com**ía**	viv**ía**	**-aba**	**-ía**
habl**abas**	com**ías**	viv**ías**	**-abas**	**-ías**
habl**aba**	com**ía**	viv**ía**	**-aba**	**-ía**
habl**ábamos**	com**íamos**	viv**íamos**	**-ábamos**	**-íamos**
habl**abais**	com**íais**	viv**íais**	**-abais**	**-íais**
habl**aban**	com**ían**	viv**ían**	**-aban**	**-ían**

NOTAS GRAMATICALES

1. The imperfect is a simple tense. It is formed as follows:

> imperfect stem + imperfect endings

2. For all regular and stem-changing verbs, and for most irregular verbs, the imperfect stem is the infinitive minus **-ar, -er, -ir.**

contar	→	**cont**aba	**d**ar → **d**aba
jugar	→	**jug**aba	**est**ar → **est**aba
querer	→	**quer**ía	**hac**er → **hac**ía
sentir	→	**sent**ía	**sal**ir → **sal**ía

3. Note the various English equivalents of the imperfect.

Lo aceptaba.
$\begin{cases} \textit{I accepted it.} \\ \textit{I used to accept it.} \\ \textit{I was accepting it.} \end{cases}$

4. Note the imperfect of **hay (haber)** → **había.** Remember that it remains singular.

¿Cuántos candidatos **había?**   *How many candidates **were there?***

Ejercicio 2.   *La vida de antes*
La abuela de Flo habla de lo que las mujeres de su época hacían y no hacían.
Cuente eso, segun el modelo.

Modelo: Mi mamá / no manejar. **Mi mamá no manejaba.**

1. mi mamá / no reclamar sus derechos
2. yo / no votar
3. las mujeres / trabajar en casa
4. nosotras / tener otras metas
5. algunas mujeres / casarse a los 18 años
6. tú / no vivir en esa época
7. mi hermana y yo / protestar la desigualdad
8. yo / querer más oportunidades

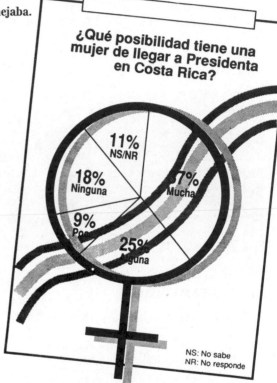

¿Qué posibilidad tiene una mujer de llegar a Presidenta en Costa Rica?

11% NS/NR
18% Ninguna
7% Mucha
9% Poca
25% Alguna

NS: No sabe
NR: No responde

Ejercicio 3.   *Diálogo: ¿ Qué hacías?*
*Pregúntele a un/a compañero/a de clase si hacía las siguientes cosas durante
su último año en la escuela secundaria.*

Modelo: estudiar mucho
—¿ **Estudiabas mucho?**
—**Sí, estudiaba mucho.**   o   —**No, no estudiaba mucho.**

1. dedicarse a sus estudios
2. aprender a manejar
3. sacar buenas notas
4. seguir los consejos de sus padres
5. aceptar los consejos de sus profesores
6. leer mucho

7. jugar al fútbol
8. hacer tareas todas las noches
9. despertarse temprano
10. preocuparse por los exámenes
11. pensar en la universidad
12. divertirse

Ejercicio 4.   *Todo cambia*
¿ Qué hacen las siguientes personas este año ? ¿ Qué hacían el año pasado ?

> Modelo: Carlos / ganar mucho dinero (poco dinero)
> **Este año Carlos gana mucho dinero.**
> **El año pasado ganaba poco dinero.**

1. Elena / estar en Francia (España); hablar francés (español); salir poco (mucho)
2. Federico / tener mucho dinero (poco dinero); vivir en una casa grande (un apartamento pequeño); tener un coche (una moto)
3. yo / asistir a la universidad (al colegio); estudiar español (italiano); divertirme mucho (poco)
4. tú / salir con amigos divertidos (serios); escuchar música popular (clásica); hablar de deportes (política)
5. nosotros / estudiar mucho (poco); levantarnos temprano (tarde); acostarnos tarde (temprano)

Ejercicio 5.   *Antes y ahora*
Describa la situación de la mujer al principio del siglo (beginning of the century) *y la situación actual.*

> Modelo: asistir a la universidad
> **Antes muchas mujeres no asistían a la universidad.**
> **Ahora muchas mujeres asisten a la universidad.**

1. votar
2. tener responsabilidades importantes
3. reclamar sus derechos
4. dedicarse a su familia
5. casarse a una edad joven
6. obtener un buen trabajo
7. prepararse para una carrera
8. tener una vida fácil

B. Las formas irregulares del imperfecto

Only three Spanish verbs have irregular imperfect forms.

SER:	era	eras	era	éramos	erais	eran
IR:	iba	ibas	iba	íbamos	ibais	iban
VER:	veía	veías	veía	veíamos	veíais	veían

Ejercicio 6. *Diálogo: Recuerdos (Remembrances)*
Pregúntele a un/a compañero/a de clase cómo era su niñez (childhood).

Modelo: ser independiente
  —¿ **Eras independiente ?**
  —**Sí, era independiente.**   o   —**No, no era independiente.**

1. ser feliz
2. ser hijo/a único/a
3. ser un poco tímido/a
4. ir al cine a menudo

5. ir a la playa en el verano
6. ir al parque *(park)* a menudo
7. ver a tus abuelos frecuentemente
8. ver las películas de Walt Disney

C. Las comparaciones de desigualdad: la construcción comparativa

In comparisons of inequality, certain people or things exhibit more or less of
a specific trait or quantity than others. In the comparisons below, note the
words in boldface.

Pedro es **más alto que** Carmen.
Carmen es **más liberal que** Pedro.
Luis es **menos inteligente que** yo.
Trabajo **más seriamente que** él.
Tengo **más trabajo que** Rafael.
Tengo **menos problemas que** Luisa.

*Pedro is **taller than** Carmen.*
*Carmen is **more liberal than** Pedro.*
*Luis is **less intelligent than** I.*
*I work **more seriously than** he.*
*I have **more work than** Rafael.*
*I have **fewer problems than** Luisa.*

Para ser un buen servidor público...

hay que

ser eficiente...

In comparisons of inequality, the following constructions are used:

$$\left.\begin{array}{l}\textbf{más}\\\textbf{menos}\end{array}\right\} + \left\{\begin{array}{l}\text{adjective}\\\text{adverb}\\\text{noun}\end{array}\right\} + \textbf{que} \text{ (if expressed)}$$

NOTAS GRAMATICALES

1. In comparisons, subject pronouns are used after **que.**

   Ud. tiene más tiempo **que yo.**

2. The following adjectives and adverbs have irregular comparative forms:

(bueno)	**mejor**	*better*	Soy **mejor** estudiante que Ud.
(bien)	**mejor**	*better*	Uds. cantan **mejor** que yo.
(malo)	**peor**	*worse*	Tengo un problema **peor**...
(mal)	**peor**	*worse*	Hoy estoy **peor** que ayer.
(grande)	**mayor**	*older*	Soy **mayor** que mi hermano.
(pequeño)	**menor**	*younger*	Pero soy **menor** que mi hermana.

   Note that **más** and **menos** are not used with the irregular comparative forms.

   When **grande** and **pequeño** refer to size, not age, regular comparative forms are frequently used.

   Soy mayor que mi primo, pero no soy **más grande que** él.

3. The expressions **más de** *(more than)* and **menos de** *(less than)* are used before specific numbers.

   Tiene **más de veinte años.**   Tengo **menos de dos dólares.**

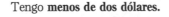
paciente...

comprensivo...

Vocabulario *La descripción*

DÉBIL ≠ FUERTE

FAMOSO/A ≠ DESCONOCIDO/A

LENTO/A ≠ RÁPIDO/A

POBRE ≠ RICO/A

amable	*kind, amiable*
atento	*courteous, polite*
cariñoso	*affectionate, loving*
feliz	*happy; lucky*
honrado	*honest*
independiente	*independent*
maduro	*mature; ripe*
orgulloso	*proud*
sensible	*sensitive*
tímido	*timid, shy*

Ejercicio 7.   *La batalla de los sexos (The battle of the sexes)*
*Roberto cree que los hombres son superiores a las mujeres, pero Elena no está
de acuerdo. Hagan Uds. los papeles de ellos, según el modelo.*

> **Modelo:**   inteligente
> Roberto: **Los hombres son más inteligentes que las mujeres.**
> Elena: **¡ No es verdad ! ¡ Son menos inteligentes !**

1. amable   4. sensible   7. trabajador
2. sincero   5. romántico   8. orgulloso
3. serio   6. honrado   9. cariñoso

Ejercicio 8.   *La sociedad actual*
¿ Cómo son las cosas hoy en día ? Exprese sus opiniones, según el modelo.

> **Modelo:**   la mujer / independiente
> **La mujer es más independiente hoy en día.**
> **La mujer era menos independiente antes.**

1. las mujeres / feliz   6. la vida / bueno
2. los problemas / grande   7. los hombres / sensible
3. los estudiantes / maduro   8. las oportunidades económicas / bueno
4. la gente / amable   9. la sociedad / violento
5. los políticos / honrado   10. los jóvenes / atento

D. Las construcciones superlativas

The superlative is used when certain people or things, in comparison with the
rest of a group, exhibit the most or least of a specific trait or quantity.

Soy **el** chico **más inteligente del** mundo... pero no soy **el más rico.**	*I am **the most intelligent** boy **in the** world . . . but I am not **the richest.***
Luisa y Pilar son **las** estudiantes **más simpáticas de** la clase. Son también **las menos egoístas.**	*Luisa and Pilar are **the nicest** students **in** the class. They are also **the least selfish.***

Superlative constructions are formed according to the following pattern:

$$
\left.\begin{array}{l} \text{el} \\ \text{la} \\ \text{los} \\ \text{las} \end{array}\right\} + \begin{array}{c} \text{noun} \\ \text{(if expressed)} \end{array} + \begin{array}{c} \textbf{más} \\ \textbf{menos} \end{array} + \text{adjective} + \begin{array}{c} \textbf{de} \\ \text{(if expressed)} \end{array}
$$

NOTAS GRAMATICALES

1. In superlative constructions with adjectives, the noun is often omitted, especially if it has been expressed earlier.

>   Consuelo es la chica más inteligente de la clase y es **la más bonita** también.

2. In a superlative construction, **de** corresponds to the English *in.*

3. Note the forms and positions of irregular superlative adjectives in the sentences below. They are never modified with **más.**

Silvia es **la mejor** estudiante de la clase.	*Silvia is **the best** student in the class.*
¿ Es **la** hija **mayor** de la familia?	*Is she **the oldest** daughter in the family?*
¿ Quién es **el** hijo **menor**?	*Who is **the youngest** child?*
Es **el peor** mes del año.	*It is **the worst** month of the year.*

Ejercicio 9.   *Este año*
El periódico estudiantil está preparando una lista de los mejores y los peores del año y quiere saber sus opiniones. Déselas según el modelo.

>   **Modelo:**   el actor
>   **El mejor actor es Tom Cruise. El peor actor es Richard Gere.**

1. la actriz
2. la película
3. el conjunto *(group)* musical
4. el/la cantante

5. el programa de televisión
6. el/la cómico/a *(comedian)*
7. el/la atleta
8. el equipo de béisbol

 Ejercicio 10.   *Diálogo: Entre familia y amigos*
Conozca más de la familia y los amigos de un/a compañero con las siguientes preguntas.

>   **Modelo:**   alto / familia
>   —¿ **Quién es la persona más alta de tu familia (tus amigos)?**
>   —**Mi papá es (Yo soy) la persona más alta de mi familia (mis amigos).**

Familia
1. mayor
2. menor
3. divertido
4. sensible

Amigos
5. inteligente
6. atento
7. tímido
8. cariñoso

E. Comparaciones de igualdad

In comparisons of equality, certain people or things are said to exhibit the same qualities or quantities as others. Study the constructions in boldface.

¿Son los hombres **tan atentos como** las mujeres?	*Are men **as polite as** women?*
¿Trabajan **tan rápidamente como** Ud.?	*Do they work **as quickly as** you?*
Tiene **tanta oportunidad como** yo.	*She has **as much opportunity as** I.*
Tenemos **tantos derechos como** él.	*We have **as many rights as** he.*

In comparisons of equality, the following constructions are used:

$$\left.\begin{array}{l} \textbf{tan} + \text{adjective or abverb} \\ \textbf{tanto, tanta, tantos, tantas} + \text{noun (if expressed)} \end{array}\right\} + \textbf{como} \text{ (if expressed)}$$

NOTAS GRAMATICALES

1. In comparisons of equality, subject pronouns are used after **como.**

2. **Tanto** agrees in gender and number with the noun it introduces.

Ejercicio 11. *¿Qué opina Ud.?*
Pregúntele a un/a compañero/a de clase sus opiniones sobre la igualdad del hombre y de la mujer.

> Modelo: talento
> —¿ **Tiene la mujer tanto talento como el hombre?**
> —**Sí, la mujer tiene tanto talento como el hombre.**
> o —**No, la mujer no tiene tanto talento como el hombre.**

1. paciencia
2. ideas
3. problemas
4. energía
5. oportunidades
6. entusiasmo
7. responsabilidad
8. derechos
9. independencia

Ejercicio 12. *Su opinión*

Compare las siguientes personas, cosas y animales, según el modelo.

> **Modelo:** el perro / cariñoso / el gato
>
> **Creo que el perro es tan cariñoso como el gato.**
>
> o   **Creo que el perro no es tan cariñoso como el gato.**

1. un coche barato / rápido / un coche caro
2. un chico de doce años / maduro / una chica de doce años
3. el pesimista / feliz / el optimista
4. las mujeres / sensible / los hombres
5. el fútbol / divertido / el béisbol
6. el lavaplatos / útil / la lavadora

Ejercicio 13. *En español*

Teresa habla con su abuela y le hace preguntas sobre (about) *su juventud* (youth). *Dé su conversación en español.*

TERESA   Grandma, what were things like when you were young? Were they very different?

ABUELA   Oh yes, they were very different. I don't know if they were better or worse, but they were different.

TERESA   What were some of the most important differences **(diferencias)**?

ABUELA   Well **(Pues),** fewer women had careers, and more women were happy to be housewives. We didn't have as many opportunities as you and your friends have. Our goals were different.

TERESA   Were you happy?

ABUELA   Yes, I was happy. Life was calmer, people weren't in as much of a hurry as they are today, and young folks were more courteous than the young people of today.

TERESA   And did you have much fun?

ABUELA   Of course we had fun! We had as much fun as you and your friends have— and perhaps **(tal vez)** more!

≋Ahora le toca a Ud.   *Una entrevista*

Haga una entrevista con tres o cuatro personas y pídales que comparen su juventud *(youth)* con la suya *(yours).* ¿En qué sentido *(what way)* era la vida mejor hace algunos años? ¿En qué sentido era peor? ¿Cuáles son algunos de los cambios *(changes)* notables, en la opinión de ellos?

Si Ud. quiere, puede usar la forma de la presentación *¿ **Hay diferencias entre las generaciones?***

Fonética   *La consonante* x

For most Spanish-speakers, when the letter **x** comes before a consonant, it represents the sound /**s**/. Between vowels, the letter **x** does *not* represent the /**gz**/ in **exact,** nor the /**ks**/ in **excellent.** It represents the sound /**gs**/: the /**g**/ sound is that of the soft **g** between the vowels, as in **agua.** (In some place names, like **México,** the letter **x** represents the **jota** sound.)

Práctica

/**s**/:   extranjero   excusa   experto   excursión   experimento
        expresión
/**gs**/:   próximo   existe   examen   exactamente   exageración

Lección 18

¡Qué susto!

*Una manifestación estudiantil
en la Universidad Nacional
Autónoma de México.*

*Eran las nueve de la mañana, y el señor Rivera y su esposa estaban muy preocupados porque su hijo, Pedro, no regresó a casa la noche anterior. **De repente**, alguien **tocó el timbre**. La señora de Rivera **abrió la puerta** y **gritó**.*

**Suddenly
rang the bell / opened
the door / cried out**

SRA. RIVERA	Pedro, ¡por fin! ¿Qué te pasó, hijo? ¿Dónde estuviste? ¿Por qué no regresaste a casa anoche?
PEDRO	Bueno, bueno, mamá. Estoy bien. Me pasó una cosa muy curiosa anoche. **¿Te acuerdas** que fui a encontrarme con Felipe?
SRA. RIVERA	Sí, sí. Eran las seis de la tarde cuando saliste y llovía. Me acuerdo porque no llevabas impermeable.
PEDRO	Sí, mamá. Bueno, cuando llegué a la Plaza San Martín, donde tenía que encontrarme con Felipe, había una **manifestación** estudiantil en la calle. Los estudiantes estaban **en huelga** para protestar...
SR. RIVERA	Y ¿fuiste con ellos?
PEDRO	No, papá. No hice nada, pero vino la policía y nos arrestó a todos.
SRA. RIVERA	¿No explicaste que esperabas a un amigo?
PEDRO	¡Mamá! No tuve tiempo. Todo pasó muy rápido. **Además,** el policía que me **agarró** era más grande que yo.
SRA. RIVERA	¿Te llevaron a la **comisaría**? ¿Pasaste la noche allá?
PEDRO	Sí, porque no me creyeron cuando les dije que esperaba a un amigo **no más.**
SRA. RIVERA	¡Ay, mi pobre hijo!
SR. RIVERA	Cuando yo era joven, estas cosas no pasaban...
PEDRO	Pero, ¡papá! ¿No me contabas de las huelgas de tus días estudiantiles...?
SR. RIVERA	¡Eran diferentes!

Do you remember

demonstration

on strike

**Besides
grabbed
police station**

only, just

Comprensión
Complete las frases para contar la historia.

1. Anoche Pedro Rivera no volvió _____ .
2. Sus padres estaban muy _____ .
3. El día siguiente Pedro regresó a _____ .
4. Su mamá gritó, — _____ .
5. Y Pedro le contestó, — _____ .
6. Anoche Pedro fue a _____ .
7. Tenía que encontrarse con _____ .
8. Pero en la calle había _____ .

9. Los estudiantes _____ .
10. Pedro no _____ .
11. La policía _____ .
12. Pedro no explicó nada porque _____ .
13. Pedro pasó la noche _____ .
14. El papá de Pedro dice, — _____ .
15. Pero yo creo que _____ .

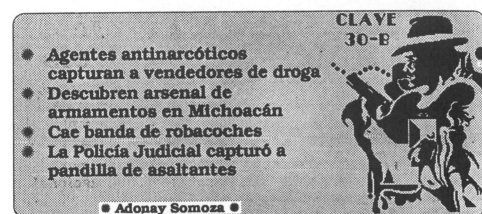

CLAVE 30-B

* **Agentes antinarcóticos capturan a vendedores de droga**
* **Descubren arsenal de armamentos en Michoacán**
* **Cae banda de robacoches**
* **La Policía Judicial capturó a pandilla de asaltantes**

❋ Adonay Somoza ❋

Lengua española

A. El imperfecto vs. el pretérito: acciones repetidas vs. sucesos aislados

Although both the imperfect and the preterite are past tenses, their uses are quite different. These uses depend on the type of past actions or events being described. Note that in the sentences below, those on the left describe habitual, repeated actions, while those on the right describe isolated actions. Compare the verbs used in each set of sentences.

(generalmente)	(ayer)
Encontraba a mis amigos en la universidad.	Los **encontré** en el café.
Íbamos a la biblioteca.	**Fuimos** a un concierto.
Manuel **estaba** de mal humor.	**Estuvo** de muy mal humor.

The *imperfect* is used to describe *habitual past actions*—that is, actions that repeated themselves on a regular basis. Such actions are often expressed in English with the construction *used to* (+ verb).

> Durante las vacaciones, **iba** al cine a menudo.
>
> *During vacation, I often **used to go** (I **would** often **go**) to the movies.*

The *imperfect* is also used to describe a *state of affairs* that existed in the past (how things were, how they used to be).

> En 1900, las mujeres **no votaban.**
>
> *In 1900, women **did not vote** (were not voting, did not used to vote).*

The *preterite* is used to describe *isolated, specific past actions*—that is, actions that did not repeat themselves on a regular basis.

> Durante las vacaciones, **fui** al teatro con mi tía.
>
> *During vacation, I **went** to the theater with my aunt.*
>
> En 1928, las mujeres **votaron** por primera vez.
>
> *In 1928, women **voted** for the first time.*

Vocabulario   *Expresiones de tiempo*

CON EL IMPERFECTO

casi siempre	*almost always*	**Casi siempre** comía en casa.
la mayoría de las veces	*most of the time*	**La mayoría de las veces** llegaban temprano.
generalmente ⎰		**Generalmente** ⎰
por lo general ⎱	*generally*	**Por lo general** ⎱ las mujeres no trabajaban.
por lo común	*normally*	
todos los días	*every day*	**Todos los días** limpiaba la casa.

CON EL PRETÉRITO

de repente	*suddenly*	**De repente,** oí un ruido.
una vez	*once, one time*	Fueron a España **una vez.**
dos veces	*twice, two times*	¿Fuiste **dos veces** a México?

OBSERVACIONES

1. The imperfect is often used with the first group of expressions because these expressions imply repetition. Other adverbs that usually refer to habitual actions are **siempre, a menudo, a veces, de vez en cuando, todos los días, los lunes (martes...).**

   Yo **siempre me levantaba** temprano.   *I always got up early.*

2. Some expressions that are frequently used with the preterite are **un día, el (miércoles...) pasado, anoche, ayer,** and **anteayer.** However, when they refer to an ongoing or incompleted action, the imperfect is used.

   Anoche me acosté temprano.   *Last night I went to bed early.*
   Anoche, cuando **yo me acostaba,** oí algo raro. *Last night, when I was going to bed, I heard something strange.*

Ejercicio 1. *Diálogo: Mi niñez (childhood)*
Pregúntele a un/a compañero/a que hacía cuando era niño/a.

   Modelo: vivir (¿ dónde ?)
             Cuando eras un/a niño/a, ¿ dónde vivías ?
             Cuando yo era un/a niño/a, vivía en Chicago.

   1. vivir (¿ en una casa o un apartamento ?)
   2. estudiar (¿ mucho o poco ?)
   3. jugar (¿ con tus amigos o con tus hermanos ?)
   4. comer (¿ mucho o poco helado ?)
   5. salir (¿ con tus padres o solo/a ?)
   6. ir al cine (¿ todos los sábados ?)
   7. hacer (¿ mucho ruido ?)
   8. tener (¿ un perro ? ¿ un gato ?)
   9. ver (¿ Plaza Sésamo ?)
   10. ser (¿ introvertido/a ? ¿ extrovertido/a ?)

Ejercicio 2. *Pero un día...*
Hay ciertas cosas que Teresa generalmente hacía el verano pasado, pero un día decidió hacer otras cosas.

   Modelo: ir a la playa (al centro)
             Todos los días Teresa iba a la playa, pero un día fue al centro.

   1. levantarse temprano (tarde)
   2. salir con Tomás (con Rafael)
   3. ir al cine (a la ópera)
   4. jugar al tenis (al vólibol)
   5. almorzar en casa (en un restaurante)
   6. hacer la misma cosa (algo diferente)
   7. acostarse a las once (a las dos de la mañana)
   8. estar de buen humor (triste)

Ejercicio 3.   ¿ *La rutina o algo diferente* ?
Describa lo que las siguientes personas hacían generalmente y lo que hicieron
después que era diferente. Use el pretérito y el imperfecto, según los modelos.

Modelos: Elena / siempre / cepillarse el pelo
Elena siempre se cepillaba el pelo.

Anoche / no cepillarse
Anoche no se cepilló el pelo.

1. Todos los días / el Sr. Ramos / afeitarse
   El domingo / no afeitarse
2. Por lo general / nosotros / cepillarnos los dientes antes de acostarnos
   Anoche / no cepillarnos los dientes antes de acostarnos
3. Por lo común / tú / seguir los consejos de tus padres
   Ayer / no seguir los consejos de tus padres
4. Yo / usualmente / no votar
   El año pasado / votar
5. A veces / Paquito / no lavarse la cara
   Esta mañana / lavarse la cara dos veces
6. Los señores Guzmán / ir al cine / los sábados
   El sábado pasado / ir a la ópera
7. Nunca / pasar / nada
   De repente / algo / pasar
8. Todos los veranos / mi familia / hacer un viaje
   Solamente una vez / no hacer un viaje

Vocabulario *Catástrofes*

UN INCENDIO   UN ROBO   UNA AMBULANCIA

SUSTANTIVOS

un accidente	accident	una ambulancia	ambulance
un incendio	fire	una guerra	war
un ladrón	robber, thief	una huelga	strike
un muerto	fatality; dead person	una manifestación	demonstration
un robo	robbery, burglary	la muerte	death
un suceso	event	la paz	peace
		la pelea	fight
		una víctima	victim

VERBOS

acordarse (o → ue) (de)	to remember	¡Claro que **me acuerdo de** Ud.!
encontrarse (o → ue) (con)	to meet (with)	**Me encontré con** Felipe en la esquina.
entrar (en)	to enter	**Entramos** en un café.
gritar	to yell, cry (out)	¿Por qué **gritaste**? ¿Viste algo extraordinario?
irse	to leave, go away	¿A qué hora **se fueron**?
llorar	to cry, weep	El niño **lloró** cuando perdió su bicicleta.
matar	to kill	El policía **mató** al criminal durante el robo.
pelearse (con)	to fight (with)	Dos jóvenes **se peleaban.**
robar	to rob, steal	Alguien entró en mi cuarto pero no **robó** nada.
tener lugar	to take place	La huelga **tuvo lugar** en Bolivia.

ADJETIVOS

asustado	frightened
herido	injured
muerto	dead

EXPRESIONES

mientras (que)	while	El robo tuvo lugar **mientras** dormían.
¡**Qué** (noun)!	What (a/an) (noun)!	¡**Qué** accidente terrible!
¡**Qué** (adjective)!	How (adjective)!	¡**Qué** horrible!

OBSERVACIONES

1. **Víctima,** like **persona,** is feminine whether it refers to males or females.

2. The adjectives **asustado, herido,** and **muerto** are derived from past participles. They are used with **estar** rather than **ser.**

   La víctima del robo estaba muy **asustada.**

Ejercicio 4.   *Sucesos tristes*

1. ¿Hay muchos incendios en la ciudad donde Ud. vive? ¿Vio alguno? ¿Había gente herida? ¿algún muerto? ¿Llegó rápidamente la policía? ¿la ambulancia? ¿Llegaron rápidamente los bomberos?

2. ¿Es muy eficiente la policía de la ciudad donde Ud. vive? ¿Hay muchos robos en su ciudad? ¿Hay muchos accidentes de tránsito? ¿Hay peleas en las calles?

3. ¿Tuvo Ud. un accidente alguna vez? ¿Estuvo en un incendio? ¿Hubo un robo en su casa alguna vez? ¿Estaba asustado/a?

4. En las residencias de su universidad, ¿hay incendios a veces? ¿Hay robos? ¿Hay peleas? ¿Qué hace Ud. en esos casos?

5. En su universidad, ¿hay o había manifestaciones? ¿huelgas? ¿Por qué?

B. El imperfecto vs. el pretérito: información de fondo vs. sucesos principales

The first sentence in each group describes a specific event. The sentences that follow provide background information on these events. Compare the tenses of the verbs in the following sentences.

Hice un viaje a México con mis amigos.	*I **took** a trip to Mexico with my friends.*
Teníamos veinte años.	*We **were** twenty years old.*
Éramos jóvenes.	*We **were** young.*
Queríamos conocer una cultura diferente.	*We **wanted** to become acquainted with a different culture.*
Aquella noche **no dormí.**	*That night **I didn't sleep.***
Hacía mucho calor.	*It **was** very hot.*
Mis compañeros **estaban** enfermos.	*My friends **were** sick.*
Clara **habló** con un policía.	*Clara **spoke** with a policeman.*
Era jueves.	*That **was** Thursday.*
El policía **era** muy amable.	*The policeman **was** very kind.*
Llevaba un uniforme azul.	*He **was wearing** a blue uniform.*

The *preterite* may relate *specific events* that occurred in the past.

The *imperfect* may describe the *background* or *circumstances* of the main action.

This background may concern:

date	**Era** el 2 de julio.
time	**Eran** las diez de la mañana.
weather	**Hacía** mucho calor.
age	**Tenía** veinte años.
physical appearance	El chico **llevaba** una camisa azul.
emotional and mental states	**Estaba** de buen humor.
	Quería ir a la playa.

NOTA GRAMATICAL

Sometimes an occurrence may be considered as either a specific action or the background for another action. Note the difference between the following two sentences.

(specific action)	**Llovió** ayer.	*It rained yesterday.*
(background)	**Llovía** ayer cuando salí.	*It was raining yesterday when I went out.*

Ejercicio 5.   *Circunstancias*

Las siguientes personas no hicieron ciertas cosas por (due to) *las circunstancias.*

Modelo: Anita (salir / llover)   **Anita no salió porque llovía.**

1. Enrique (votar / tener solamente 17 años)
2. Ana y Teresa (gritar / no tener miedo)
3. Rafael (ir a la manifestación / estar enfermo)
4. nosotros (bañarnos / no hay agua)
5. el cartero (venir / ser el 4 de julio)
6. tú (encontrarte con tus amigos / no acordarte de la fecha)
7. los estudiantes (asistir a clases / ser domingo)
8. Manuel (llamar a la policía / no estar asustado)
9. yo (pelearme con el hombre / ser más grande que yo)
10. nosotros (jugar al tenis / hacer mucho calor)

Ejercicio 6.   *¿ Qué vieron ?*

Ayer hubo un robo en un banco en Madrid. Los testigos (witnesses) dan a la policía una descripción de los ladrones, ¡ pero cada testigo da una descripción diferente ! Haga el papel de los testigos.

> **Modelo:**   ver a un hombre (ser joven / tener unos 20 años / tomar un taxi)
> **Vi a un hombre. Era joven. Tenía unos veinte años. Tomó un taxi.**

1. el gerente *(manager):* ver a un hombre (llevar un traje azul / ser alto / sacar una pistola / gritar « Levanten las manos » / robar 10.000 pesetas)
2. una cliente: ver a una mujer (ser rubia / llevar gafas de sol / mirar nerviosamente la calle / irse por esa puerta)
3. el guardia: ver a dos jóvenes (tener unos 18 años / ser grandes y fuertes / llevar ropa negra / escaparse en motocicleta)
4. la cajera *(teller):* ver a una señora vieja (llevar un abrigo azul / tener pelo blanco / estar nerviosa / escaparse en bicicleta)
5. un cliente: ver al ladrón (llevar un impermeable / pero no llover / ser joven / entrar y salir rápidamente mirar el reloj / ser las 11:00)

C. El imperfecto vs. el pretérito: acciones que continúan vs. acciones completas

In each of the sentences below, two actions are described: one action that was in progress that had neither a specific beginning nor end, and another that occurred and was completed at a given point in time. Compare the tenses of the verbs that describe each of these actions.

Cuando **llegué** a la plaza, **había** una manifestación.	When **I arrived** at the square, **there was a** demonstration.
Vi a un policía que **tenía** un revólver.	**I saw** a policeman who **was holding** a revolver.

The *preterite* relates **what happened**. It is used to describe specific events that took place at a specific moment in the past.

The *imperfect* relates **what was happening**. It is used to describe actions that were in progress for an unspecified amount of time. Such actions are often expressed in English with the construction *was / were* + verb in *-ing*.

The relationship between the two tenses can be visually represented as follows.

(specific actions)	Cuando **llegué**	**Vi** a un policía
	x	x
	— — ↓ — — — — →	— — ↓ — — — →
(actions in progress)	**había** una manifestación.	que **tenía** un revólver.

NOTA GRAMATICAL

The choice between the preterite and the imperfect often reflects how the speaker views a past action. The preterite is used when the speaker sees the action as having a beginning or an end. The imperfect is used when the speaker views the action as ongoing and of unspecified duration.

Ana **lloró** cuando Raúl se fue.	*Ana **cried** when Raúl left.*
Ana **lloraba** cuando Raúl se fue.	*Ana **was crying** when Raúl left.*

Ejercicio 7. *En la calle*

Cuando Miguel iba a una manifestación, encontró a varias personas en la calle.

> Modelo: encontrar a una amiga / ir a la manifestación también
> **Miguel encontró a una amiga que iba a la manifestación también.**

1. hablar con dos estudiantes / regresar de la manifestación
2. reconocer al hombre / sacar fotos
3. encontrarse con algunos chicos / gritar
4. escuchar a la Sra. Morales / hablar de la manifestación
5. ver a su profesor / venir de la biblioteca
6. ayudar a una chica / llorar

Ejercicio 8. *El robo*

Un robo tuvo lugar anoche. La policía habla con los vecinos para saber qué hacían cuando el robo ocurrió. Describa las actividades de las siguientes personas.

> Modelo: Andrés / comer
> **Cuando el robo tuvo lugar, Andrés comía.**

1. el Sr. Montez / dormir
2. Rafael / estudiar
3. tú / no estar en casa
4. Beatriz / bañarse
5. nosotros / escuchar música «rock»
6. yo / limpiar mi apartamento
7. los señores Ruiz / pelearse
8. mis vecinos / mirar la televisión

Ejercicio 9.   *El accidente*

Ud. vio un accidente anoche, y ahora sus amigos le hacen muchas preguntas.
Contésteles, según los modelos, usando las palabras entre paréntesis. Cambie
los verbos del presente al pretérito o imperfecto.

Modelos: ¿ Cuándo viste el accidente ? (anoche)
Vi el accidente anoche.

¿ Qué hacías cuando ocurrió ? (camino con mi perro)
Caminaba con mi perro.

1.   ¿ Dónde tuvo lugar el accidente ? (la esquina)
2.   ¿ Qué día era ? (jueves)
3.   ¿ Qué hora era ? (las diez de la noche)
4.   ¿ Qué tiempo hacía ? (llueve)
5.   ¿ Cómo era la visibilidad ? (mala)
6.   ¿ Había mucha gente en la calle ? (poca)
7.   ¿ Qué causó el accidente ? (la lluvia y la mala visibilidad)
8.   ¿ Qué pasó ? (los dos coches chocan)
9.   ¿ Cómo eran los coches ? (uno pequeño, uno grande)
10.   ¿ Cuántas personas había en los coches ? (cinco)
11.   ¿ Quiénes eran ? (no sé)
12.   ¿ Había algunas personas heridas ? ¿ Había muertos ? (dos personas
heridas, ningún muerto)
13.   ¿ Vino una ambulancia ? ¿ más de una ? (dos)
14.   ¿ Vino la policía ? (llega inmediatamente)
15.   ¿ Vinieron los bomberos ? (nadie los llama)
16.   ¿ Qué ocurrió después ? (las ambulancias llevan a las personas heridas al
hospital y la policía lleva a los otros a casa)
17.   ¿ Y qué hiciste después del accidente ? (voy a casa)

Es necesario tener un policía y
un semáforo en esta esquina.

D. Algunos verbos que tienen significados diferentes cuando se usan en el imperfecto y el pretérito

Certain verbs in Spanish may have special connotations in the preterite. Note these meanings in the following chart.

	IMPERFECT	PRETERITE
Conocer	Yo **conocía** este hospital. *I knew / was familiar with . . .*	Ayer **conocí** a un nuevo médico. *I met* (for the first time) *. . .*
Saber	**Sabía** que Ud. tuvo un accidente. *I knew / was aware . . .*	Lo **supe** hace una hora. *I found out / heard about . . .*
Poder	**Podía** participar en la huelga. *I was able / had the chance . . .*	**Pude** sacar unas fotos. *I succeeded / was able to and did . . .*
Querer	**Quería** llamar a la policía. *I wanted to / felt like . . .*	**Quise** ayudar a los heridos. *I tried / wanted to and did . . .*
No querer	**No quería** mirar al muerto. *I didn't want to . . .*	**No quise** ir al funeral. *I refused / didn't want to and didn't . . .*

NOTA GRAMATICAL

Note that the imperfect meanings of these verbs describe ongoing conditions or states, while the preterite meanings refer to completed actions.

Ejercicio 10.   *Un misterio*

Aquí hay los elementos básicos de un cuento (story). *Con estos elementos, y usando el pretérito y el imperfecto, cuente la historia en sus propias palabras. Se puede inventar y agregar* (add) *otros detalles* (details). *¡ El desenlace* (ending) *depende de su imaginación !*

1. Un hombre sale de un café.
2. Es alto, joven y moreno.
3. Lleva un impermeable y un sombrero.
4. Mira su reloj.
5. Son las tres.
6. Hace frío. No hace sol.
7. Camina lentamente hasta *(to)* la esquina.
8. Habla con un peatón.
9. El peatón lleva pantalones negros, un abrigo y un pañuelo.
10. El peatón le dice algo y le da un paquete.
11. El peatón se va.
12. Hay un artículo en el periódico.
13. Dice que la policía encuentra un cuerpo en la calle cerca del café.
14. El cuerpo es de un hombre alto, joven y moreno. Lleva un impermeable.
15. La policía nunca sabe quién es el hombre.
16. Yo creo que...

E. El imperfecto vs. el pretérito: un resumen

The imperfect and the preterite are used to describe different types of actions and states.

PRETERITE	IMPERFECT	
actions that did not occur regularly: what people did what happened	**repeated actions in the past:** what people used to do what used to be	Todos los años **íbamos** a México, pero un año **fuimos** a España.
actions that occurred at a specific point in time: what people did what happened	**actions in progress:** what people were doing what was happening	Mi novio me **llamó** mientras yo **miraba** la televisión.
specific events and main actions: what happened what people did	**background circumstances of these actions:** when what weather how old people were. how they looked. how they felt	Mi hermana **se casó** cuando **tenía** 25 años.

Ejercicio 11. *En español*

Dos vecinos, el Sr. Valdez y el Sr. Anchorena, se encuentran en el autobús cuando van a su trabajo por la mañana. Dé su conversación en español.

SR. VALDEZ Good morning, Osvaldo. How are you today?

SR. ANCHORENA Not very well. What a day! It couldn't **(puede)** be worse.

SR. VALDEZ What happened to you? Didn't you have your coffee yet?

SR. ANCHORENA Yes, but I drank it while I was shaving because I got up late. And I listened to the radio while I shaved.

SR. VALDEZ I didn't read the newspaper this morning, and I was unable to hear the news because the children were yelling and fighting with each other. Bad news?

SR. ANCHORENA The news is almost always bad. Yesterday there was a big fire downtown.

SR. VALDEZ Good heavens! Was anyone hurt?

SR. ANCHORENA Six people were injured, and there was one dead. I think he was a fireman.

SR. VALDEZ	How terrible! Yesterday I read that there was a general strike in Mexico . . .
SR. ANCHORENA	. . . and last week there were public demonstrations in Argentina . . . Were there as many strikes, wars, and demonstrations when we were young?
SR. VALDEZ	Yes, but we didn't read the newspapers, we listened to amusing radio programs, and we didn't have television!

≋Ahora le toca a Ud. *Un momento inolvidable (unforgettable)*

Cuente de un suceso importante de su vida como su graduación de la escuela secundaria, la primera vez que Ud. se fue de casa, la primera vez que Ud. habló en público o un suceso en que era necesario llamar a la policía. Describa el fondo *(background)* del suceso y las ocurrencias principales.

Fonética *La consonante ñ*

The letter **ñ** represents a sound similar to that of the *ni* in *onion.*

Práctica

compañero	compañera	año	niño	pañuelo	señor
mañana	español				

La señora de Castañeda es mi profesora de español.

EN RESUMEN

A. *Reemplace la expresión en cursiva con la forma correcta de las expresiones entre paréntesis.*

1. Todos los días *me baño*. (levantarse temprano ; cepillarse los dientes ; peinarse ; afeitarse)
2. El verano pasado Elena *se acostaba tarde* todas las noches. (divertirse ; dormirse temprano ; irse al cine ; vestirse elegantemente)
3. No *nos preocupábamos por* el examen. (prepararse para ; dedicarse a estudiar para ; sentarse durante ; arreglarse para)

B. *Complete la frase con la forma correcta de uno de los verbos entre paréntesis.*

1. Margarita _____ los guantes en la mesa. (poner, ponerse)
2. Tengo que _____ la comida. (preparar, prepararse)
3. Los chicos no quieren _____ las manos. (lavar, lavarse)
4. Anita _____ el pelo todas las noches. (cepillar, cepillarse)
5. ¿ Vas a _____ la blusa ? (lavar, lavarse)
6. Beatriz y Alma _____ los zapatos. (poner, ponerse)

C. *Dé una frase para comparar las siguientes cosas, usando las palabras entre paréntesis.*

1. el tren y el avión (rápido)
2. un Mercedes Benz y un Jaguar (caro)
3. la mujer y el hombre (independiente)
4. Ud. y el presidente (famoso)
5. el elefante y el mosquito (grande)
6. la guerra y la paz (mejor)
7. noventa y ocho centavos y un dólar (menos)
8. doce bananas y una docena *(dozen)* de bananas (tantas)

D. *Cambie los verbos del presente al pretérito o imperfecto.*

Son las once de la noche y *llueve* cuando Armando *regresa* a casa. *Está* cansado del trabajo. *Tiene* hambre y le *duele* la cabeza. *Se sienta* en la silla y *se quita* los zapatos. La casa *está* muy tranquila. Toda la familia ya *duerme*. *Va* a la cocina, *saca* algunas cosas del refrigerador y *se hace* un sándwich. Mientras *come, piensa* en los sucesos del día. De repente *ve* que *hay* una carta en la mesa. Su madre siempre *deja* su correspondencia allí. La carta *es* de ella, la chica que *conoce* el verano pasado. La *lee* rápidamente. Ella todavía *se acuerda* de él. *Espera* verlo el verano próximo. Armando no *piensa* más en los problemas del día. No *tiene* sueño. *Se sienta* al escritorio y *contesta* la carta inmediatamente.

Otras perspectivas VI

Un mural proclamando el poder chicano en el Barrio de Los Angeles.

Lectura cultural   Los hispanoamericanos

La **herencia** hispana de los Estados Unidos es **antigua** y tiene **raíces profundas.** Cuando llegaron los **peregrinos** a Nueva Inglaterra en 1620, ya había **poblaciones** españolas en el **sur,** el **oeste** y el suroeste de lo que es hoy los Estados Unidos. La ciudad de San Agustín, Florida, fue **fundada** por los españoles en 1565, y Santa Fe, en Nuevo México, fue fundada en 1610. Por muchos años después, el territorio que hoy es Texas, California, Nevada, Nuevo México, Arizona, Colorado y Utah **pertenecía** a España.

Hoy hay más de 19 millones de habitantes de los Estados Unidos que son de origen hispano. ¿Quiénes son los hispanoamericanos? Sus orígenes son variados. Algunos llegaron a este país recientemente, **mientras** otros son descendientes de los **pueblos** que ya vivían en estas **tierras** cuando llegaron los españoles. Los hispanoamericanos representan muchas culturas diferentes, cada una con su propia historia.

Los mexicano-americanos: Algunos de ellos son descendientes de los colonizadores españoles y de los indígenas que vivían aquí antes de la **llegada** de los españoles. Otros son mexicanos que **han llegado** más recientemente para encontrar trabajo. La cultura española y las grandes civilizaciones precolombinas de los Aztecas y los Mayas forman su herencia. Muchos de ellos viven en el oeste y el suroeste de los Estados Unidos, donde vivían sus **antepasados.** A veces se llaman «chicanos» o dicen que son parte de «La **Raza**,» un término que indica que son orgullosos de su herencia.

(glosas al margen)
heritage / ancient / deep roots / Pilgrims
settlements / south / west
founded

belonged

while

peoples / lands

arrival
have arrived

ancestors
Race

Los puertorriqueños: Puerto Rico era una colonia de España hasta la guerra
entre España y los Estados Unidos en 1898, y hoy es un estado **libre** asociado   free
a los Estados Unidos. Por eso, los puertorriqueños son **ciudadanos** estadouni-   citizens
denses y pueden entrar y salir libremente de este país (**aunque** no tienen cier-   although
tos derechos que tienen los otros ciudadanos*). Puerto Rico es una **isla** pe-   island
queña con una **población** grande y una **alta tasa** de **desempleo.** Entonces,   population / high rate
muchos puertorriqueños vienen al **continente** con la **esperanza** de encontrar   unemployment
trabajo y vivir mejor aquí. Muchos de ellos viven en el noreste de este país.   mainland / hope

Los cubanos: Cuando Fidel Castro **llegó a ser** el líder de Cuba en 1959, los   became
cubanos que no estaban de acuerdo con su política salieron de su país. Mu-
chos de ellos eran **comerciantes** o profesionales que tenían un alto **nivel** de   business people /
formación. Al llegar a los Estados Unidos, se establecieron en Miami, pero   level
después algunos se fueron a vivir en otras partes del país. **Sin embargo,** hoy   education
forman una comunidad económica y políticamente fuerte en esta ciudad.   However

Los otros: Para mucha gente de todo el mundo los Estados Unidos todavía
representa la **« tierra de promisión »,** donde hay más oportunidad para todos.   promised land
Los inmigrantes o refugiados llegan a los Estados Unidos escapándose de la
opresión política o económica, de la violencia en sus países o simplemente con
la esperanza de encontrar oportunidades más amplias. Hoy en día los hispanoamericanos en los Estados Unidos son de la República Dominicana, El Sal-
vador, Guatemala, Nicaragua, Costa Rica, la Argentina, Uruguay, Chile y
otros países de Centro y Sudamérica.

Actividad A. *Comprensión de lectura*

1. La ciudad más vieja de los Estados Unidos es _____ .
2. Actualmente hay más de _____ personas de origen hispano en los Estados Unidos.
3. Algunos de los _____ son descendientes de los pueblos que vivían en este
   país cuando llegaron los españoles.
4. Los « chicanos » son los _____ .
5. Los _____ son ciudadanos estadounidenses porque su país es un _____
   libre asociado a los Estados Unidos.
6. Fidel Castro es el líder político de _____ .
7. Los primeros cubanos que llegaron a los Estados Unidos como refugiados
   políticos vinieron en _____ .
8. Se encuentran a muchos comerciantes y profesionales entre los _____ .
9. Muchos hispanos vienen a los Estados Unidos por razones económicas
   y _____ .

---

*Los puertorriqueños tienen el derecho de elegir *(to elect)* representantes a
ambas cámaras *(both chambers)* del gobierno local, pero no pueden votar
en elecciones presidenciales o legislativas si no residen en el continente.

Actividad B.   *Diferencias culturales*

1. ¿De dónde eran sus antepasados?
2. ¿Eran inmigrantes sus abuelos? ¿Son inmigrantes sus padres? ¿En qué año o en qué siglo vinieron a los Estados Unidos? ¿Por qué vinieron a los Estados Unidos?
3. ¿Hablan sus padres o sus abuelos otra lengua? ¿Qué lengua hablan?
4. ¿Conoce Ud. a algunos inmigrantes recientes? ¿De dónde vinieron? ¿Sabe Ud. por qué vinieron a los Estados Unidos?
5. ¿Cuáles son algunas de las dificultades que se presentan a los inmigrantes durante el proceso de adaptarse a otro país?

Día por día   *En el consultorio del médico*

I. LA *SALA DE ESPERA*

FELIPE	Buenos días, señorita. Tengo una **cita** con la doctora Figueroa.
RECEPCIONISTA	¿Su nombre?
FELIPE	Felipe Bastos.
RECEPCIONISTA	Ah, sí. Aquí lo tengo. Su cita es a las 11:00. Antes de que la doctora lo atienda, necesito algunos **datos**. facts

¿Cuándo nació Ud.?

¿Cuál es su fecha de nacimiento?

FELIPE	El 12 de septiembre de 1967.
RECEPCIONISTA	¿Lugar de nacimiento?
FELIPE	La capital.
RECEPCIONISTA	¿Y qué tiene? ¿Se siente mal?
FELIPE	**Me lastimé la espalda...** I hurt my back

...el brazo
...la **rodilla**   knee
...la pierna
...la mano
...el **codo**   elbow
...el **tobillo**   ankle
...la **muñeca**   wrist

...cuando jugaba al fútbol, y todavía me duele cuando hago un movimiento abrupto.

RECEPCIONISTA   Ya veo. Siéntese, por favor, en la sala de espera. La doctora **no va a tardar mucho.**   won't be long

...lo va a atender **en seguida.**   right away
...**anda un poco atrasada.**   is a bit behind schedule

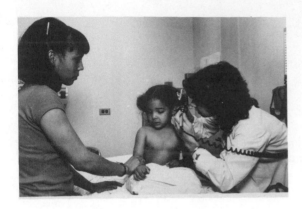

¿ Te duele la oreja ?

Actividad C.   *Dolor de cabeza*
La Sra. Nevares tiene una cita con el Dr. Romero porque frecuentemente tiene dolor de cabeza (a headache). *Hagan los papeles de la Sra. Nevares y la recepcionista.*

SRA. NEVARES	Buenos días, señorita. Tengo _____ .
RECEPCIONISTA	Buenos días, señora Nevares. ¿A _____ ?
SRA. NEVARES	A la una y media.
RECEPCIONISTA	Muy bien. Pero primero tengo que hacerle unas preguntas. ¿_____ ?
SRA. NEVARES	El 27 de diciembre de 1932.
RECEPCIONISTA	¿_____ ?
SRA. NEVARES	Sevilla.
RECEPCIONISTA	¿Y _____ ?
SRA. NEVARES	Hace dos semanas que tengo dolores de cabeza.
RECEPCIONISTA	¡Lo siento! Siéntese _____ .
SRA. NEVARES	¿Tengo que esperar mucho?
RECEPCIONISTA	No, _____ .

Actividad D.   *Otro paciente*
Cuando el Sr. Díaz entra al consultorio, camina muy mal. Hagan los papeles de la recepcionista y el Sr. Díaz.

RECEPCIONISTA	Buenos días, Sr. Díaz. ¿_____ con el doctor?
SR. DÍAZ	Creo que a las tres y cuarto.
RECEPCIONISTA	Ah sí, ya lo veo. ¿Tiene Ud. un problema con _____ ?
SR. DÍAZ	Sí. No puedo caminar porque _____ cuando jugaba al tenis.
RECEPCIONISTA	¡Lo siento! ¿_____ mucho?
SR. DÍAZ	Sí, mucho. ¿Me puede atender en seguida el doctor?
RECEPCIONISTA	Lo siento, pero el doctor _____ . ¿Por qué no se sienta en una silla cómoda para esperarlo?

II. CON EL DOCTOR

DOCTOR   Hola, Felipe. ¿Qué le pasa?

¿Qué tiene?
¿Qué le duele?
¿Cómo está Ud. hoy?
¿Cómo le va?

FELIPE   Hola, doctor. Me lastimé la espalda cuando jugaba al fútbol, y
todavía me duele.

DOCTOR   Ajá. ¿Le duele cuando **lo toco**?   I touch it
FELIPE   ¡Ay, sí!
DOCTOR   ¿Le duele levantar el brazo?
FELIPE   Sí, mucho.
DOCTOR   Entonces es necesario tomar una **radiografía**.   X ray

...hacerle un examen.
...hacerle algunas **pruebas**.   tests
...hacerle un **análisis de sangre**.   blood test

Mañana tenemos los **resultados**.   results

Llámeme mañana para saber los resultados.
Mañana **le aviso** de los resultados.   I'll tell you

Actividad E.   *Un examen de vista (Eye examination)*
El doctor atiende a la Sra. Nevares.

DOCTOR   Buenos días, Sra. Nevares. ¿ _____ ?
SRA. NEVARES   Más o menos, doctor. Hace dos semanas que _____ .
DOCTOR   ¿Lee Ud. mucho o mira mucho la televisión?
SRA. NEVARES   Pues, sí, leo mucho porque soy bibliotecaria *(librarian)*.
DOCTOR   ¿Le duelen _____ también?
SRA. NEVARES   Sí. ¿Cree Ud. que necesito gafas?
DOCTOR   Es posible. Vamos a _____ ahora.

Actividad F.   *Un pequeño accidente*
Y ahora atiende al Sr. Díaz.

DOCTOR   Hola, Sr. Díaz, ¿ _____ ?
SR. DÍAZ   Hola, doctor. No muy bien. Mire la pierna.
DOCTOR   Un pequeño accidente, ¿eh? ¿Le duele cuando toco _____ ?
Y ahora, ¿cuando toco _____ ?
SR. DÍAZ   ¡Ay, ay! _____ más cerca de la rodilla.
DOCTOR   Creo que es necesario _____ .
SR. DÍAZ   ¿Y cuándo puedo tener _____ ?
DOCTOR   _____ , y mientras *(in the meantime)* no ponga ninguna presión
(pressure) en la pierna.

Lección 19 **Para vivir muchos años**

Lesson Objectives
In this lesson you will learn to . . .
- talk about your food preferences
- express your wishes by telling others what you would like them to do

Lección 20 **Sugerencias, recomendaciones y consejos**

Lesson Objectives
In this lesson you will learn to . . .
- offer advice, recommendations and suggestions
- tell about your college experiences

UNIDAD VII

Lección 21 **Esposos ideales**

Lesson Objectives
In this lesson you will learn to . . .
- state your opinions
- express your feelings and attitudes

Otras perspectivas VII

In this section you will . . .
- learn about food in Spain and Latin America
- learn about meal times in Spain and Latin America
- practice ordering a meal in a restaurant

Toda la familia asistió a un bautismo en la catedral de Barcelona.

Lección 19

Para vivir muchos años

Este pintor pinta una escena pintoresca de Barcelona.

Mi **querido nieto,**

Te agradezco mucho la tarjeta que me mandaste la semana pasada cuando **cumplí** los 85 años. Me preguntaste **lo que he hecho** para vivir tantos años y disfrutar de ellos, y **me alegro de compartir** mis secretos contigo.

1. **Come alimentos** nutritivos. **No comas** muchos dulces. (¡Todavia tengo casi todos los dientes!)
2. **Toma bebidas** alcohólicas con moderación. (Pero un **poquito** de vino de vez en cuando no hace ningún **daño.**)
3. **Haz** ejercicio regularmente. (Jugué al tenis **hasta** los 75 años y todavía doy un paseo todos los días.)
4. **¡No fumes!**
5. **¡Diviértete!**... también con moderación.
6. **No te preocupes** por problemas que no puedes resolver.
7. **Sé** optimista.
8. **Ten** abuelos que **han vivido** muchos años... ¡como yo!

Un abrazo fuerte,

Tu abuelo

dear grandson

I thank you for

I turned / what I have done
I am happy to share

Eat / foods / Don't eat

Drink / beverages / little bit

harm

Do / until

Don't smoke!
Enjoy yourself!
Don't worry
Be
Have / have lived

Comprensión

1. ¿A quién le escribe el abuelo?
2. ¿Cuántos años tiene el abuelo?
3. ¿Tiene buena salud?
4. ¿Qué tipo de ejercicio hace regularmente?
5. ¿Tiene un temperamento tranquilo o nervioso?
6. ¿Qué cosas hace?
7. ¿Qué cosas no hizo?
8. ¿Está Ud. de acuerdo con todos los consejos o sólo algunos? ¿Cuáles son? ¿Hay alguno que no le parece bueno?

Lengua española

Vocabulario *Beber y comer*

EL DESAYUNO

el cereal	*cereal*	la leche	*milk*
el huevo	*egg*	la mantequilla	*butter*
el jugo de fruta	*fruit juice*	la mermelada	*marmalade, jam*
el pan tostado	*toast*		
el tocino	*bacon*		

EL ALMUERZO

el perro caliente	*hot dog*	la ensalada mixta	*mixed salad*
el sándwich de jamón	*ham sandwich*	de atún	*tuna fish salad*
de pavo	*turkey sandwich*	la sopa	*soup*
de queso	*cheese sandwich*		

LA CENA

el arroz	*rice*	la carne	*meat*
el biftec	*steak*	la papa	*potato*
el cerdo	*pork*	las papas fritas	*french fries*
el pescado	*fish*	la verdura	*vegetable*
el pollo	*chicken*		

LAS VERDURAS

el pepino	*cucumber*	la cebolla	*onion*
el tomate	*tomato*	la lechuga	*lettuce*
		la zanahoria	*carrot*

LOS CONDIMENTOS

el aceite	*oil*	la mayonesa	*mayonnaise*
el ajo	*garlic*	la mostaza	*mustard*
el azúcar	*sugar*	la pimienta	*pepper*
el vinagre	*vinegar*	la sal	*salt*
		la salsa de tomate	*ketchup; tomato sauce*

LOS POSTRES

el flan	*custard*	la torta	*cake*
el helado	*ice cream*		
el pastel	*pastry*		

LA FRUTA

el melón	*melon*	**la banana**	*banana*
		las fresas	*strawberries*
		la manzana	*apple*
		la naranja	*orange*
		la pera	*pear*
		la piña	*pineapple*
		la sandía	*watermelon*

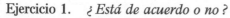

Ejercicio 1.   *¿ Está de acuerdo o no ?*

¿ Está Ud. de acuerdo con las siguientes declaraciones o no ? Puede modificar sus respuestas con adverbios como **completamente** *o* **parcialmente***.*

1. No se puede comer « bien » sin buen vino.
2. Los norteamericanos comen demasiada carne.
3. Para tener buena salud, hay que ser vegetariano.
4. Algunos estudiantes prefieren dormir tarde y no levantarse con tiempo para el desayuno.
5. El pollo y el pescado son mejores para la salud que el biftec.
6. Es necesario tomar por lo menos cuatro vasos *(glasses)* de leche todos los días para mantener la salud.
7. Los norteamericanos comen demasiado azúcar.
8. Es necesario tomar vitaminas suplementarias todos los días.

Ejercicio 2.   *Sus preferencias gastronómicas*
¿ Qué come Ud... ?

1. para el desayuno del domingo
2. cuando tiene mucha hambre y poco tiempo para preparar algo
3. cuando almuerza en la cafetería
4. cuando va a un restaurante elegante con su tío rico
5. cuando tiene que preparar una comida para sus amigos
6. cuando está a dieta
7. cuando sale con sus amigos
8. cuando tiene ganas de comer su comida preferida
9. con una hamburguesa o con un perro caliente
10. el Día de Gracias *(Thanksgiving)* o Navidad *(Christmas)*

SARETTO SUPERMARKET

LE OFRECE LO MEJOR EN CARNES, VEGETALES Y COMESTIBLES

Domingos y Festivos

A. Los mandatos afirmativos familiares: formas regulares

The sentences on the left are statements about certain people; the verbs are in the present tense. In the sentences on the right, these people are told what to do; the verbs are in the command form. Compare the verbs in boldface.

Roberto no **estudia.**	**Estudia,** Roberto.	*Study, Roberto.*
Clara no **escucha.**	**Escucha,** Clara.	*Listen, Clara.*
Isabel no **come** fruta.	**Come** fruta, Isabel.	*Eat fruit, Isabel.*
Ramón no **trae** su almuerzo.	**Trae** tu almuerzo, Ramón.	*Bring your lunch, Ramón.*

For most verbs, **familiar affirmative commands** are formed as follows:

> affirmative **tú** command = **él** form of the present tense

NOTA GRAMATICAL

The above pattern applies to all regular and stem-changing verbs, as well as many irregular verbs.

pensar (e → ie)	**Piensa** un poco, Federico.
repetir (e → i)	**Repite** la pregunta, Carmen.
mostrar (o → ue)	**Muestra** tus fotos, Diego.
jugar (u → ue)	**Juega** con nosotros, Francisco.

Ejercicio 3.   *¿ Le gusta enseñar?*
Imagínese que Ud. enseña en una escuela bilingüe. Pídales a los estudiantes que hagan lo siguiente.

Modelo: Isabel / estudiar   **¡ Isabel ! Estudia, por favor.**

1. Paco / escuchar
2. Pilar / mirar esta foto
3. Rubén / contestar en inglés
4. Luisa / buscar su cuaderno
5. Felipe / pedir más papel
6. María / pensar un poco
7. José / jugar con los otros chicos
8. Clara / leer la lección
9. Inés / aprender los verbos
10. Pablo / escribir la composición
11. Jaime / repetir las palabras
12. Francisca / cantar una canción
13. Pedro / empezar su tarea

La salud, la energía y el sabor de lo natural, sólo están en el azúcar.

B. Los mandatos negativos familiares: formas regulares

In the sentences on the left, Elena says what she's doing; the verbs are in the present tense. In the sentences on the right, Carlos tells Elena not to do these things; his commands are in the negative. Compare the stems of the verbs in boldface.

Elena:	**Carlos (a Elena):**
Estudio.	**No estudies,** Elena.
Vendo mi guitarra.	**No vendas** tu guitarra.
Escribo una carta.	**No escribas** la carta.
Salgo con Enrique.	**No salgas** con Enrique.
Digo tonterías.	**No digas** tonterías.
Conduzco rápidamente.	**No conduzcas** rápidamente.

For most verbs, the formation of familiar negative commands follows the pattern below:

> **yo** form of the present (minus **-o**) + $\begin{cases} \textbf{-es} & \text{(for verbs ending in \textbf{-ar})} \\ \textbf{-as} & \text{(for verbs ending in \textbf{-er} or \textbf{-ir})} \end{cases}$

NOTA GRAMATICAL

In order to preserve the sound of the stem, verbs ending in **-car, -gar,** and **-zar** have the following spelling changes:

to**car**	**c → qu**	No to**ques** la guitarra ahora.
ju**gar**	**g → gu**	No jue**gues** cuando debes estudiar.
empe**zar**	**z → c**	No empie**ces** a hacer esta tarea.

Ejercicio 4. *¡Ahora no!*
Las siguientes personas no deben hacer lo que hacen. Dígales que hagan otra cosa.

> **Modelo:** Rafael bebe vino. (leche)
> **¡No bebas vino! ¡Bebe leche!**

1. Rita come un sándwich. (una ensalada)
2. Felipe pide un helado. (una manzana)
3. Marisela compra jamón. (queso)
4. Roberto toma café. (un refresco)
5. Isabel sirve los pasteles. (la sopa)
6. Pepe prepara el arroz. (el pescado)
7. Mi hermano corta una naranja. (una sandía)

Ejercicio 5. *Un cambio*

Las siguientes personas necesitan un cambio. Dígales lo que deben hacer.

> **Modelo:** Ana siempre estudia. (mirar la televisión)
> **¡ No estudies tanto ! ¡ Mira la televisión !**

1. Luz siempre mira la televisión. (leer un libro)
2. Marcos siempre conduce al trabajo. (caminar de vez en cuando)
3. Raquel siempre trabaja. (jugar al tenis)
4. Alicia siempre bebe refrescos. (tomar jugo de naranja)
5. Alberto siempre duerme en la clase. (descansar en casa)
6. Tomás siempre habla mucho. (escuchar más)
7. Andrés siempre toca la trompeta. (estudiar más)
8. Dorotea siempre juega al bridge. (asistir a tus clases)

Ejercicio 6. *El régimen (The diet)*

Su amigo/a quiere perder peso (weight). *Dígale si debe o no debe comer las cosas del 1 al 9, y si debe beber las bebidas del 10 al 18.*

> **Modelo:** carne
> **Come carne.** o **No comas carne.**

QUESO MEXICANO

1. mantequilla	7. helado	13. alcohol
2. cerdo	8. pasteles	14. cerveza
3. papas fritas	9. flan	15. jugo de manzana
4. ensalada de tomates	10. té	16. vino
5. fruta	11. leche	17. agua
6. naranjas	12. refrescos	18. chocolate

C. El uso de los complementos con los mandatos

In Column **A,** Carmen is asking advice on certain matters. Pedro (Column **B**) tells her to do what she suggests, and Luisa (Column **C**) tells her not to. Contrast the positions of the object pronouns in the affirmative **(B)** and negative **(C)** commands.

(A) Carmen	(B) Pedro	(C) Luisa
¿ Invito a Roberto a bailar ?	Sí, invíta**lo.**	No, no **lo** invites.
¿ Llamo a Clara ?	Sí, lláma**la.**	No, no **la** llames.
¿ Les escribo a mis primos ?	Sí, escríbe**les.**	No, no **les** escribas.
¿ Me preparo para la fiesta ?	Sí, prepára**te.**	No, no **te** prepares.

In an affirmative command, the object pronoun comes *after* the verb and is attached to it.

In a negative command, the object pronoun comes *before* the verb.

NOTAS GRAMATICALES

1. When a pronoun is attached to the verb in an affirmative command, an accent mark is used to indicate that the stress pattern of the verb has not changed.

   Manda la carta. → **Mándala.**

2. When two pronouns are used in a command, the indirect object pronoun comes before the direct object pronoun.

   Préstame tus apuntes.   → Présta**melos.**
   No nos leas el horóscopo. → No **nos lo** leas.

3. When a one-syllable affirmative command is used together with only one object pronoun, no accent mark is needed.

   Dame el helado. *but:* **Dámelo.**

 Ejercicio 7. *El ángel y el diablo (devil)*
Ud. está a dieta y hay ciertas cosas que Ud. puede comer y beber y otras cosas que no debe comer ni beber. El diablo le dice que sí, pero el ángel le dice que no.

   Modelo: comer dulces
              El diablo: **¡ Cómelos !**
              El ángel: **¡ No los comas !**

1. tomar cerveza   4. beber refrescos con azúcar
2. comer papas fritas   5. comer helado
3. pedir más mantequilla   6. comer pasteles

 Ejercicio 8. *Para salir bien (To do well)*
Un estudiante de primer año quiere saber cómo se puede salir bien en la universidad. Dígale lo que debe hacer y lo que no debe hacer.

   Modelo: —¿ **Debo comprar una calculadora ?**
              —¡ **Sí, cómprala !** o —¡ **No, no la compres !**

1. ¿ Debo comprar todos los libros ?
2. ¿ Debo vender mis libros después de los exámenes finales ?
3. ¿ Debo llamar a mis profesores por teléfono ?
4. ¿ Debo invitar a mi compañero/a de cuarto a las fiestas de mis amigos ?
5. ¿ Debo prestar dinero a mi compañero/a de cuarto ?
6. ¿ Debo pedirles a mis profesores mejores notas ?
7. ¿ Debo usar la computadora ?

Ejercicio 9.   *Para recuperarse*
Dolores se recupera de mononucleosis. Dígale lo que debe hacer y lo que no debe hacer.

    Modelo: levantarse tarde   **Levántate tarde.**

1. levantarse temprano
2. acostarse tarde
3. acostarse temprano
4. descansar mucho

5. comer bien
6. ocuparse de sus estudios
7. tomar bebidas alcohólicas
8. preocuparse

D. Los mandatos familiares: formas irregulares

Eight verbs have irregular **affirmative** commands in the **tú** form.

(decir)	**Di** la verdad.	(salir)	**Sal** inmediatamente.
(hacer)	**Haz** ejercicio.	(ser)	**Sé** generoso.
(ir[se])	**Vete** al estadio.	(tener)	**Ten** paciencia.
(poner)	**Pon** las verduras aquí.	(venir)	**Ven** a las dos.

Four verbs have irregular familiar **negative** command forms.

(dar)	**No** le **des** chocolate a Ana.	(ir)	**No vayas** a la cocina.
(estar)	**No estés** triste.	(ser)	**No seas** impaciente.

NOTAS GRAMATICALES

1. Only **ir** and **ser** have irregular affirmative and negative **tú** command forms.

2. The negative **tú** command form of **saber** is **sepas.** However, **saber** is seldom used in negative commands.

3. The affirmative **tú** command form, **ve,** is almost always used in the reflexive.

    Vete a la cama ahora mismo.   *Go to bed right now.*

The above usage is a redundant form used in colloquial speech for emphasis. The true reflexive meaning of **irse** is *to go away.* It is used when the point of departure but not the destination is expressed.

Ejercicio 10.   ¡*Esos chicos!*
Maruja cuida a los hijos de una vecina. Haga el papel de Maruja.

   Modelo: Isabel / ir(se) a su cuarto
            ¡ **Isabel! Vete a tu cuarto.**

1. Paco / tener paciencia con su hermana
2. Jaime / hacer otra cosa ahora
3. Teresa / ser generosa con sus hermanos
4. Isabel / decirle gracias a su hermana
5. Paco / ponerse los zapatos
6. Jaime / salir del cuarto de baño
7. Teresa / venir aquí ahora mismo
8. Isabel / ir(se) a la cocina para comer

E. Los mandatos formales

The **Ud.** and **Uds.** commands are the same in both the affirmative and negative. As you read the following commands, pay attention to the verb forms in boldface.

	UD.	UDS.
(hablar)	**Hable** español.	No **hablen** francés.
(pensar)	**Piense** en el viaje.	No **piensen** en el trabajo.
(leer)	**Lea** el menú.	No **lean** las revistas.
(traer)	**Traiga** fruta.	No **traigan** pasteles.
(abrir)	**Abra** la boca.	No **abran** los ojos.
(dormir)	**Duerma** bien.	No **duerman** hasta las seis.
(salir)	No **salga** con Paco.	**Salgan** con nosotros.

The **Ud.** and **Uds.** commands are formed according to the following pattern:

	UD.	UDS.	
yo form of the present (minus **-o**) +	-e	-en	(for verbs ending in **-ar**)
	-a	-an	(for verbs ending in **-er** or **-ir**)

NOTAS GRAMATICALES

1. The subject pronouns **Ud.** and **Uds.** are often used in formal commands.

2. Like the negative **tú** commands, the **Ud.** and **Uds.** commands are derived from the **yo** form of the present. This applies to all regular and stem-changing verbs, and almost all irregular verbs.

3. In order to preserve the sound of the stem, verbs ending in **-car, -gar,** and **-zar** have the same spelling changes you have seen in negative **tú** commands.

bus**car**	c → qu	Bus**quen** una ambulancia.
ju**gar**	g → gu	No jue**guen** al tenis.
empe**zar**	z → c	Empie**cen** ahora.

4. Verbs that have irregular negative **tú** command forms have the same irregularities in the **Ud.** and **Uds.** command forms.

(dar)	No le **dé Ud.** nada.	No nos **den Uds.** fruta.
(estar)	**Esté** tranquilo.	No **estén** nerviosos.
(ir)	**Vaya** en avión.	No **vayan** en tren.
(ser)	**Sea** médico.	No **sean** abogados.

5. The placement of object pronouns is the same in formal commands as in informal commands.

¿Le escribo?	Sí, escríba**me.**	No, no **me** escriba.
¿Invitamos a María al cine?	Sí, invíten**la.**	No, no **la** inviten.
¿Nos ponemos suéteres?	Sí, póngan**selos.**	No, no **se los** pongan.

Modera el consumo de sal y disfrutarás mejor tu vida.

ASOCIACION MEDICA DE PUERTO RICO

Ejercicio 11.   *En el consultorio del médico*
Imagínese que Ud. es doctor/a. Dígale a su paciente lo que debe hacer y lo que no debe hacer para tener buena salud.

> **Modelo:**   comer mucho
> **No coma mucho.**   o   **Coma menos.**

1. tomar bebidas alcohólicas
2. dar paseos largos
3. comer mucho azúcar o sal
4. meditar
5. dormir ocho horas
6. preocuparse por tonterías
7. correr cinco kilómetros todos los días
8. hacer otro ejercicio también
9. fumar *(to smoke)*
10. divertirse frecuentemente

Ejercicio 12.   *Situaciones*
Ahora imagínese que Ud. está en las siguientes situaciones y tiene que decirles
a otras personas lo que deben hacer o lo que no deben hacer.

Modelo: el ladrón a la policía (arrestar ; llamar a mi abogado [*lawyer*])
¡ No me arresten ! ¡ Llamen a mi abogado !

1. la policía al ladrón (levantar las manos ; decirnos por qué está en esta casa ; quitarse la máscara [*mask*] ; venir con nosotros)
2. el dentista al paciente (sentarse aquí ; decirme qué diente le duele ; no gritar, por favor ; no tener miedo)
3. el profesor a los estudiantes (preparar la lección ; no traer su perro a la clase ; no dormir en la clase ; acordarse del examen)
4. los padres a sus hijos pequeños (no pelearse ; lavarse las manos ; no llorar ; cepillarse los dientes ; acostarse)
5. un/a estudiante a sus dos compañeros/as de cuarto (no hacer tanto ruido ; no llevar mi ropa ; presentarme a sus amigos ; no tocar música después de la medianoche)
6. un/a cliente al mesero *(waiter)* (traerme el menú ; decirme las especialidades de hoy ; mostrarme los pasteles ; darme la cuenta [*bill*])

Ejercicio 13.   *En español*
El señor Acosta regresa a casa después de una visita con el médico. Dé su
conversación con la señora Acosta en español.

SRA. ACOSTA   Tell me, Osvaldo, what did the doctor say to you?
SR. ACOSTA   He said that I am in good health but I am too fat.
SRA. ACOSTA   Did he give you a diet?
SR. ACOSTA   Yes, here it is. Read it to me while I prepare drinks for us.
SRA. ACOSTA   Wait a minute. It says, "Do not drink alcoholic beverages."
SR. ACOSTA   Don't worry. I'll start the diet tomorrow. What else does it say?
SRA. ACOSTA   "Eat only three meals per day."
SR. ACOSTA   I never eat more than three meals a day. Do we have something to nibble **(picar)** with the drinks?
SRA. ACOSTA   Look in the refrigerator. I bought a very good cheese today. No, wait! It says here, "Do not eat more than 100 grams **(gramos)** of cheese."
SR. ACOSTA   No alcohol! No cheese! What can I eat?
SRA. ACOSTA   "Try to eat a salad every day. Do not put oil on the salad. Do not use salt."
SR. ACOSTA   Please don't read it to me anymore. It probably says that chocolate cake has 5,000 calories **(calorías).**
SRA. ACOSTA   Five hundred. And don't prepare a drink for me. Give me mineral water. I'm going to start this diet today.

≋Ahora le toca a Ud. *Buenos consejos*

Ud. tiene que aconsejar a las siguientes personas sobre la salud. Dígales qué comidas y bebidas deben comer y beber, qué comidas y bebidas deben evitar (to avoid) *y si deben hacer ejercicio o no. Déles por lo menos cinco consejos.*

1. un atleta
2. un/a amigo/a que pesa *(weighs)* demasiado
3. un/a pariente/a que no debe comer comidas con mucho colesterol
4. el comité de estudiantes que hace recomendaciones a la cafetería
5. un/a amigo/a que solamente quiere comer comidas naturales

Lección 20

Sugerencias, recomendaciones y consejos

El profesor y sus estudiantes en una universidad de Buenos Aires, Argentina.

José Antonio Delgado tiene 18 años, y **dentro de poco** va a **terminar** sus estudios secundarios. Ahora tiene que decidir en qué **facultad** de la universidad va a **matricularse**. ¡Es una decisión difícil! **Por eso** les pide consejos a sus **parientes** y amigos, que le ofrecen las siguientes opiniones: — soon / to finish, school, to enroll / Therefore, relatives

Su papá

Yo espero que **estudies derecho.** Yo soy **abogado,** tu tío es abogado y tu abuelo era abogado; es una tradición **familiar.** — you study / law / lawyer, family

Su mamá

Como siempre **has salido bien** en las ciencias, **te aconsejo que pienses en** la medicina. — have done well / I advise you to think of

Juanita (su hermana mayor)

Ya sé que **todo el mundo** va a darte consejos; **sólo** te recomiendo que **hagas lo que** tú quieras hacer y lo que te **haga** feliz. — everybody / only, you do what / makes

Diego (su amigo)

Ojalá que te decidas a estudiar arquitectura como yo. Así estaremos en la misma facultad. — I hope you decide

Señora Nuñez *(su consejera)* — guidance counselor

Sugiero que **escuches** las opiniones de todos, que **tengas en cuenta** tu **capacidad** y que después **tomes tu propia** decisión. — I suggest / you listen / keep in mind, ability / make your own

Comprensión   *¿ Cierto o falso ?*
Corrija los comentarios falsos.

1. José Antonio tiene dificultad en decidir qué quiere estudiar en la universidad.
2. Les pide consejos a sus parientes y a sus amigos.
3. Su papá quiere que José Antonio estudie derecho porque es una tradición familiar.
4. Su mamá le aconseja que estudie medicina porque es una tradición en su familia.
5. Su hermana le recomienda que siga los consejos de sus padres.
6. Su amigo Diego espera que José Antonio estudie arquitectura porque quiere que sean compañeros de clase.
7. Su consejera sugiere que escuche bien a todos antes de tomar la decisión.

A. El subjuntivo: las formas regulares

INTRODUCCIÓN

Tenses and Moods

The verb is the word in a sentence that expresses an action or state of being. It is characterized by its tense and its mood.

1. The tense indicates at what time the action occurs. The *present,* the *imperfect,* the *preterite,* and the *future* are tenses.
2. The mood indicates the attitude of the speaker toward the action. The *indicative* and the *subjunctive* are moods.

Indicative and Subjunctive

1. The *indicative* mood is used to state facts and to express what is considered certain. It is the mood of *what is, was,* or *will be.* So far, it is the mood that you have been using for the most part.
2. The *subjunctive* is often used to convey wishes, requests, needs, emotions, doubts, and possibilities. It is the mood of *what may* or *might be.*

In the group of sentences below, contrast the forms of the verbs in boldface. The verbs in the sentences on the left are in the *indicative* mood because there is a single clause in which the speaker is expressing facts. The verbs in the sentences on the right are in the *subjunctive* mood because the subject of the first clause, the main clause, is expressing a desire, or request concerning the subject of the dependent second clause. Main clause: *Quiero;* Dependent clause: *que Carlos estudie más.*

facts: indicative	*desires: subjunctive*	
Carlos **estudia** poco.	Quiero que Carlos **estudie** más.	*I want Carlos to **study** more.*
Mis amigos **llegan** hoy.	Prefiero que **lleguen** mañana.	*I prefer that they **arrive** tomorrow.*

FORMAS

The **Ud.** and **Uds.** commands and the *present subjunctive* are formed in the same way. In the accompanying chart, note the *subjunctive* forms of three regular verbs **(hablar, comer,** and **vivir)** and one irregular verb **(salir).** Pay special attention to the first-person singular stems and the endings in boldface.

	HABLAR	COMER	VIVIR	SALIR
Present Indicative yo form	**hablo**	**como**	**vivo**	**salgo**
Present Subjunctive				
(yo)	habl**e**	com**a**	viv**a**	salg**a**
(tú)	habl**es**	com**as**	viv**as**	salg**as**
(él, ella, Ud.)	habl**e**	com**a**	viv**a**	salg**a**
(nosotros)	habl**emos**	com**amos**	viv**amos**	salg**amos**
(vosotros)	habl**éis**	com**áis**	viv**áis**	salg**áis**
(ellos, ellas, Uds.)	habl**en**	com**an**	viv**an**	salg**an**

NOTAS GRAMATICALES

1. The present subjunctive of all regular and most irregular verbs is formed according to the following pattern.

subjunctive stem	+	subjunctive endings
yo form of the present indicative (minus **-o**)	+	**-e -es -e -emos -éis -en** (for **-ar** verbs) **-a -as -a -amos -áis -an** (for **-er** and **-ir** verbs)

2. Note that the vowel of the subjunctive ending is always: **e** for **-ar** verbs, **a** for **-er** and **-ir** verbs.

In order to maintain the sound of the stem, verbs ending in **-car, -gar, -ger, -gir,** and **-zar** have the following spelling changes in the subjunctive.

tocar	c → **que**	No quiero que **toques** la trompeta.
llegar	g → **gu**	¿A qué hora quieres que **lleguemos**?
escoger	g → **j**	¿Quieres que yo **escoja** el postre?
almorzar	z → **c**	Mamá quiere que **almorcemos** a la una.

Ejercicio 1.   *¿Qué quiere el/la profesor/a?*
¿Qué quiere su profesor/a de español que Ud. haga?

Modelo: aprender el vocabulario
El/La profesor/a (no) quiere que yo aprenda el vocabulario.

1. aprender los verbos
2. leer el libro en clase
3. escribir legiblemente
4. llegar puntualmente
5. almorzar en la clase
6. hablar inglés en la clase
7. escuchar las cintas
8. sacar buenas notas
9. copiar la tarea
10. mirar el examen de mi vecino/a

Ejercicio 2.   *La voz (voice)* estudiantil
¿Qué desean Uds. que sus profesores hagan?

Modelo: llegar a tiempo (no)
Deseamos que (no) lleguen a tiempo.

1. comprendernos
2. olvidarse de los exámenes
3. tener paciencia
4. ayudarnos
5. expresarse claramente
6. hacer muchas preguntas
7. llegar tarde a las clases
8. almorzar con nosotros
9. preparar clases bien organizadas
10. traer dulces a la clase

Vocabulario *En la universidad*

SUSTANTIVOS

el/la consejero/a	*adviser, guidance counselor*	una asignatura	*course*
el derecho	*(study of) law*	una conferencia	*lecture*
el examen de ingreso	*entrance exam*	una especialidad	*major*
un requisito	*requirement*	una facultad	*school* (of a university)
un título	*degree, diploma*	la matrícula	*tuition*
		una sugerencia	*suggestion*

VERBOS

aconsejar	*to advise*	Te **aconsejo** tomar otra asignatura.
decidir	*to decide*	Ana **decidió** estudiar matemáticas.
equivocarse	*to make a mistake*	¿ **Te equivocaste** ?
escoger	*to choose, select*	¿ Qué asignaturas **escogiste** ?
exigir	*to demand, require*	Mis profesores **exigen** mucho.
explicar	*to explain*	Este profesor **explica** todo.
faltar a una clase	*to cut a class*	No debes **faltar a una clase.**
graduarse	*to graduate*	**Me gradúo** en junio.
matricularse (en)	*to enroll, register (in)*	Ellos **se matriculan en** la Facultad de Derecho.
recomendar (e → ie)	*to recommend*	¿ Qué **recomienda** que yo estudie ?
salir bien / mal	*to do well / badly*	¿ **Saliste bien** en el examen ?
sugerir (e → ie)	*to suggest*	El consejero **sugiere** que yo estudie química.
terminar	*to end, finish*	El semestre **termina** pronto.
tomar una decisión	*to make a decision*	Tienes que **tomar una decisión.**

ADVERBIOS

a tiempo	*on time*
pronto	*soon*

OBSERVACIÓN

Verbs ending in **-ger (escoger)** and **-gir (exigir)** are irregular in the **yo** form of
the present tense. The **g** is changed to **j** when the ending begins with an **a** or
o, in order to preserve the **jota** sound. The same change occurs in the present
subjunctive. Such verbs are regular in the rest of the conjugation.

Escojo una carrera.	*I select a career.*
Es una profesión que **exige** mucha paciencia.	*It is a profession that **requires** a lot of patience.*
Mi consejero quiere que yo **escoja** una asignatura más.	*My adviser wants me to **choose** one more course.*

Ejercicio 3.   *¿ Qué hacen ? ¿ Qué hicieron ?*
Reemplace el sujeto con las palabras entre paréntesis, y cambie la forma del verbo, según el modelo.

>   **Modelo:**   Nosotros escogemos al mejor estudiante. (Uds.)
>   **Uds. escogen al mejor estudiante.**

1. Yo escojo mis asignaturas en mayo. (tú ; los nuevos estudiantes ; nosotros ; Santiago)
2. El año pasado las escogimos en septiembre. (yo ; los otros estudiantes ; tú ; Josefina)
3. El profesor Vargas exige mucho. (mis profesores ; yo ; tú y yo ; tú)
4. El año pasado no exigió tanto. (Ud. y yo ; la profesora Soto ; tú ; yo)

Ejercicio 4.   *Diálogo: Tus estudios*
Converse con otra persona en la clase usando las siguientes preguntas.

1. ¿ Qué título deseas obtener ?
2. ¿ En qué facultad estudias ?
3. ¿ Para qué carrera *(career)* te preparas ?
4. ¿ Tiene tu facultad muchos requisitos ?
5. ¿ Es difícil el examen de ingreso de tu facultad ? ¿ Saliste bien en este examen ?
6. ¿ En qué asignaturas tienes solamente conferencias ?
7. Si faltas a una clase, ¿ cuál es la razón generalmente ?
8. ¿ Cuándo te matriculaste en esta universidad ?
9. ¿ Ya escogiste una especialidad ? ¿ Cuál es ?
10. ¿ Cuándo vas a terminar tus estudios ?
11. ¿ Qué piensas hacer después de graduarte ?
12. ¿ Son buenos los consejos o las sugerencias de tus padres ? ¿ de tu consejero/a ? ¿ de tus amigos ?

Ejercicio 5.   *Buenos consejos*
Antonio habla con su consejero, el profesor Martínez. Haga el papel del profesor para aconsejarle a Antonio.

>   **Madelo:**   hacer la tarea   **Le aconsejo que haga la tarea.**

1. no tomar decisiones impulsivamente
2. no faltar a las clases
3. terminar su trabajo a tiempo
4. no equivocarse otra vez
5. escoger una especialidad pronto
6. escuchar las conferencias
7. aceptar mis sugerencias
8. salir bien en sus asignaturas

B. El subjuntivo después de verbos y expresiones de deseo y pedido

In Spanish, when the subject makes a request or expresses a wish concerning another person, the second verb in the sentence is in the subjunctive mood. Note the two verbs in boldface in the following sentences.

Espero que **escuchen** mis ideas.	*I hope (that) **they listen** to my ideas.*
Quiero que **estudies** derecho.	*I **want you to study** law.*
Mis padres **insisten en** que **me prepare** para una carrera científica.	*My parents **insist** that **I prepare** for a career in science.*

To express the subject's feelings about the actions of someone else, Spanish-speakers use the construction:

Main clause	Dependent clause
expression of emotion + que + subjunctive	

NOTA GRAMATICAL

When the wish or request concerns the subject, an infinitive construction is used. Contrast:

Quiero salir.	*I want to go out.*
Quiero que Ud. **salga** conmigo.	*I want you to go out with me.*

Vocabulario

VERBOS DE MANDATO Y DESEO

aconsejar	*to advise*	permitir	*to permit, allow*
desear	*to wish, want*	preferir (e → ie)	*to prefer*
esperar	*to hope*	prohibir	*to forbid*
insistir en	*to insist*	querer (e → ie)	*to want*
pedir (e → i)	*to request*	recomendar (e → ie)	*to recommend*
		sugerir (e → ie)	*to suggest*

EXPRESIONES

ojalá*	*let's hope*	**Ojalá** que **haga** buen tiempo mañana.
quizás	*perhaps*	**Quizás** el profesor no **venga.**

---

*The expression **ojalá (que),** which is used to express a general wish, is derived from an Arabic phrase meaning *May Allah grant that* . . . It has several English equivalents: *let's hope that* . . . , *I hope that* . . . , *hopefully* . . .

OBSERVACIONES

1. With the verbs **aconsejar, pedir, recomendar,** and **sugerir,** Spanish-speakers use the indirect object pronoun that corresponds to the implied subject of the subjunctive clause.

> Su padre **le** pide a **Carlos** que estudie más.

2. The verbs **prohibir** and **permitir** may also be followed by infinitives.

> Me permite **que lleve el coche**
> Me permite **llevar el coche.**   *He allows me to take the car.*

Ejercicio 6.   *Posibilidades*

Comente sobre las siguientes declaraciones utilizando las expresiones **ojalá** *o* **quizás,** *según su opinión o deseo.*

> Modelo: La administración va a cambiar los requisitos.
> **Ojalá que la administración cambie los requisitos.**

1. Nuestros profesores no nos van a exigir mucho trabajo.
2. El ex-presidente va a dar una conferencia en esta universidad.
3. La administración va a pedir sugerencias de los estudiantes.
4. La administración va a eliminar el examen de ingreso.
5. La administración va a eliminar ciertos requisitos en su facultad.
6. La administración va a reducir la matrícula.

Ejercicio 7.   *Esperanzas (Hopes)*

Combine una expresión de la Columna A con una expresión de la Columna B para expresar sus deseos.

A	B
1. Quiero que	haya más requisitos
2. No quiero que	mis amigos se matriculen en esta universidad
3. Espero que	mis hijos escojan la misma carrera que yo
4. Prefiero que	mis compañeros salgan bien
5. Insisto en que	esta universidad me ofrezca un título honorario
6. Ojalá que	la administración acepte mis sugerencias
	mi consejero me dé buenos consejos
	el semestre termine pronto
	el/la profesor/a comience la conferencia a tiempo

Ejercicio 8.   *Recomendaciones, sugerencias y consejos*

¿ Qué nos recomiendan, qué nos sugieren o qué nos aconsejan las siguientes personas u oficinas ?

> Modelo: el doctor / recomendarnos / hacer ejercicio
> **El doctor nos recomienda que hagamos ejercicio.**

1. el dentista / aconsejarnos / cepillarse los dientes
2. los profesores / recomendarnos / sacar libros de la biblioteca
3. la oficina de correos / sugerirnos / mandar los regalos de Navidad antes del 15 de diciembre
4. la policía / aconsejarnos / no estacionar ilegalmente
5. el mecánico / recomendarnos / comprar otro coche
6. nuestros padres / sugerirnos / buscar trabajo
7. los consejeros / aconsejarnos / escoger asignaturas útiles
8. los vecinos / recomendarnos / terminar la fiesta antes de las dos de la mañana

Ejercicio 9.   *¿ Qué dicen ?*

¿ Qué quieren las siguientes personas que Ud. haga ? ¿ Qué quiere Ud. ? Complete las siguientes declaraciones.

1. Mi consejero/a sugiere que yo _____ .
   Yo (también) quiero _____ .
2. Mis amigos esperan que yo _____ .
   Yo espero _____ .
3. Mi profesor/a de español insiste en que yo _____ .
   Insisto en _____ .
4. Un/a amigo/a me pide que yo _____ .
   Yo prefiero _____ .
5. Mis padres prohiben que yo _____ .
   Yo quiero _____ .
6. Mi hermano/a prefiere que yo _____ .
   Yo prefiero _____ .

"POR PRIMERA VEZ EN LA HISTORIA LA EDUCACION SE EMPLEA CONSCIENTEMENTE EN PREPARAR A LOS HOMBRES PARA TIPOS DE SOCIEDADES QUE TODAVIA NO EXISTEN." (UNESCO)

UNIVERSIDAD BOLIVARIANA

Ejercicio 10.   *Sus consejos*
Déle sus consejos a una persona de la clase que se los pide, según el modelo.

> Modelo: estudiar una lengua útil
> **—Quiero estudiar una lengua útil.**
> **—Te aconsejo (sugiero, recomiendo) que estudies el japonés.**

1. ver una película buena este fin de semana
2. tomar una asignatura interesante
3. hacer algo divertido esta noche
4. mirar un programa interesante en la televisión
5. hacer un viaje interesante y divertido
6. comprar un coche económico
7. comer en un restaurante bueno y barato
8. salir bien en el examen de español

Ejercicio 11.   *En español*
Los señores Delgado quieren hacer un viaje. Entonces, van a la agencia de viajes y hablan con la señorita Reyes. Dé su conversación en español.

SR. DELGADO	We want to take a trip in December. Can you recommend an interesting place?
SRTA. REYES	Oh, I can recommend lots of interesting places. Do you want to travel alone, or do you prefer traveling with a group?
SRA. DELGADO	What do you suggest?
SRTA. REYES	I usually suggest that you travel with a group because it is cheaper.
SRA. DELGADO	Perhaps you can give us more information.
SRTA. REYES	Of course. We have a trip to Venezuela in December that is inexpensive. The weather is fine there, and the beaches are beautiful.
SRA. DELGADO	How nice! I've always wanted to go to Venezuela!
SR. DELGADO	And it's inexpensive. We'll go to Venezuela. I hope that the group is nice.
SRTA. REYES	I think you made a good decision. I know you'll enjoy the trip.

≋Ahora le toca a Ud.   *Sugerencias y recomendaciones*

¿ Qué sugerencias le dan a Ud. su familia y amigos sobre sus estudios y/o sus planes para el futuro ? Exprese las recomendaciones en un párrafo corto de cuatro a seis frases y use el subjuntivo.

> Modelo: **Mi papá quiere que estudie español.**

Lección 21

Esposos ideales

Un casamiento en México

¿Piensa Ud. **casarse** algún día? ¿Sí? ¡Por supuesto, Ud. quiere casarse con la persona ideal! Pero, ¿cómo es? ¿Cuáles son las cualidades necesarias e importantes que debe tener? Dé un número entre uno y cinco a las **siguientes frases, según** la importancia que tienen para Ud. El uno indica que es de mínima importancia, y el cinco indica que es de máxima importancia.

to get married

following sentences / according to

1. Es necesario que mi **esposo/a** tenga una buena profesión.	5 4 3 2 1	*husband/wife*
2. Es importante que **sea** atractivo/a.	5 4 3 2 1	*he/she be*
3. Es indispensable que **gane** bastante dinero.	5 4 3 2 1	*he/she earn*
4. Es esencial que sea inteligente.	5 4 3 2 1	
5. Es necesario que sea de la misma religión.	5 4 3 2 1	
6. Es importante que tenga interés en la familia y en la casa.	5 4 3 2 1	
7. Es esencial que tenga un buen **sentido** de humor.	5 4 3 2 1	*sense*
8. Es necesario que se interese por las mismas cosas que yo.	5 4 3 2 1	
9. Es esencial que sea **comprensivo/a** y **compasivo/a**.	5 4 3 2 1	*understanding / sympathetic*
10. Es necesario que sea honrado/a y sincero/a.	5 4 3 2 1	

Ahora comparen sus respuestas. ¿Cuáles son las cualidades más importantes para las mujeres de la clase? ¿Cuáles son las más importantes para los hombres? ¿Cuáles no le importan mucho a nadie? ¿Hay diferencias de opinión?

Lengua española

Vocabulario *El matrimonio*

SUSTANTIVOS

el amor	*love*	la boda	*wedding ceremony*
el anillo	*ring*	la esposa	*wife*
el apellido	*surname*	la felicidad	*happiness*
el casamiento	*wedding*	la luna de miel	*honeymoon*
el divorcio	*divorce*	la novia	*bride*
el esposo	*husband*	la pareja	*couple*
el matrimonio	*marriage; married couple*		
el novio	*groom*		
los recién casados	*newlyweds*		
el respeto	*respect*		

ADJETIVOS

eterno	*eternal*
familiar	*(of the) family*

VERBOS

amar	*to love*	Romeo y Julieta se **amaban.**
casarse	*to get married*	Los novios **se casan** en junio.
divorciarse	*to get divorced*	En los países hispanos, la gente **se divorcia** menos que en los Estados Unidos.
durar	*to last*	¿**Dura** el amor por toda la vida?
llevarse bien	*to get along well*	Se casaron porque **se llevaban bien.**
querer (e → ie)	*to love*	Rafael **quiere** a Mari Carmen.
respetar	*to respect*	**Respetamos** a nuestros padres.
sentirse (e → ie)	*to feel*	**Me siento** mejor, gracias.

EXPRESIONES

en seguida	*right away*	La boda comienza **en seguida.**
inmediatamente	*immediately*	Los recién casados salen de luna de miel **inmediatamente.**

Ejercicio 1.   *¿ Está de acuerdo o no?*
¿ Está Ud. de acuerdo o no con las siguientes declaraciones? Explique por qué.

1. El amor es eterno.
2. El factor más importante en el matrimonio es el respeto mutuo.
3. Las parejas que se pelean van a divorciarse algún día.
4. No se debe permitir el divorcio.
5. Los recién casados no deben vivir con sus padres.

6. La boda es más importante para los padres de los novios que para los novios.
7. El matrimonio no es tan importante hoy en día como era antes.
8. El matrimonio es más importante para una mujer que para un hombre.

A. El subjuntivo después de expresiones impersonales

The subjunctive is used after impersonal expressions of opinion. Note the verbs in boldface in the sentences below.

Es importante que los novios **se conozcan** bien.   *It is important that the bride and groom know each other well.*
Es mejor que no **se casen** inmediatamente.   *It is better that they not marry right away.*

In Spanish, opinions are often expressed using the following construction:

es + adjective (noun) + **que** + subjunctive clause

NOTA GRAMATICAL

If the opinion expressed does not concern a specific person, the infinitive is used. Contrast:

Es importante **respetar** a la gente mayor.   *It is important to respect older people.*
Es importante **que se respeten.**   *It is important that they respect each other.*

Vocabulario   *Unas expresiones de opinión*

Es bueno / malo		It's good / bad	
Es esencial		It's essential	
Es importante		It's important	
Es una lástima		It's too bad	(that) she . . .
Es mejor	que se case	Its better	marry him.
Es necesario	con él.	It's necessary	will marry him.
Es normal / sorprendente		It's normal / surprising	is marrying him.
Es posible / imposible		It's possible / impossible	
Es probable / improbable		It's probable / improbable	

Ejercicio 2.   *¿ Bueno o malo ?*
Con las expresiones **es bueno que** *o* **es malo que,** *exprese sus opiniones.*

> Modelo: Los padres escogen al novio de su hija.
>   **Es bueno que los padres escojan al novio de su hija.**
>   o   **Es malo que los padres escojan al novio de su hija.**

1. Los recién casados viven con los padres.
2. Los novios se conocen bien antes de casarse.
3. Los jóvenes esperan unos años antes de casarse.
4. Una pareja se divorcia cuando tiene niños.
5. Las mujeres se dedican exclusivamente a la familia.
6. Los esposos llevan anillos.
7. El divorcio no existe en algunos países.
8. La sociedad considera el matrimonio como algo serio.
9. Los novios se llevan bien con sus padres.
10. La mujer cambia su apellido después de casarse.

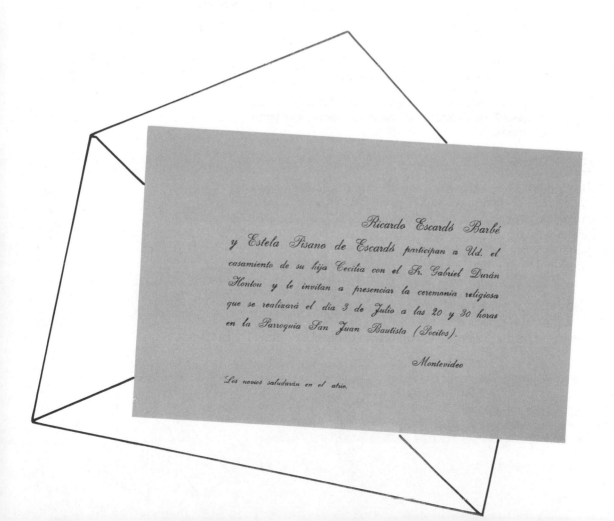

Ricardo Escardó Barbé
y Estela Pisano de Escardó participan a Ud. el
casamiento de su hija Cecilia con el Sr. Gabriel Durán
Hontou y le invitan a presenciar la ceremonia religiosa
que se realizará el día 3 de Julio a las 20 y 30 horas
en la Parroquia San Juan Bautista (Pocitos).

Montevideo

Los novios saludarán en el atrio.

Ejercicio 3.   *¿ Necesario o no ?*
¿ Es necesario o no es necesario que las siguientes personas hagan las cosas que piensan hacer ?

> Modelo: Francisca quiere ser arquitecta. (asistir a la universidad)
> **Es necesario que asista a la universidad.**

1. Paula quiere ser enfermera. (asistir a la Facultad de Medicina ; estudiar biología ; aprender el francés ; casarse con un médico)
2. Teresa quiere trabajar para las Naciones Unidas. (aprender lenguas extranjeras ; hablar inglés ; tener muchos títulos ; viajar)
3. Queremos pasar un año en Costa Rica. (hablar español ; tener mucho dinero ; conocer a gente que vive allá ; viajar en avión)
4. Armando quiere casarse. (hablar con los padres de su novia ; comprar un anillo de diamantes ; tener empleo ; estar enamorado)
5. Juanita quiere divorciarse. (separarse ; regresar a la casa de sus padres ; hablar con su esposo)
6. Quiero asistir a una boda. (mandar un regalo ; arreglarse bien ; conocer a los novios ; comprar un vestido nuevo)

Ejercicio 4.   *El futuro*
Complete las siguientes frases con sus ideas personales.

> Modelo: Si quiero tener muchos amigos, es importante que _____ .
> **Si quiero tener muchos amigos, es importante que tenga paciencia.**

1. Si quiero sacar buenas notas, es importante que _____ .
2. Si quiero graduarme, es necesario que _____ .
3. Si quiero pasar vacaciones interesantes, es esencial que _____ .
4. Si quiero tener trabajo interesante, es necesario que _____ .
5. Si quiero ser famoso/a, es posible que _____ .
6. Si quiero ser feliz, es mejor que _____ .
7. Si quiero casarme, es probable que _____ .
8. Si quiero pasar mi luna de miel en Acapulco, es importante que _____ .

B. Verbos irregulares en el presente del subjuntivo

The following verbs have **irregular subjunctive stems** but use **regular endings:**

(ir)	**vay-**	Sugiero que **vayas** a la boda.
(saber)	**sep-**	Los padres quieren que su hija **sepa** la verdad.
(ser)	**se-**	Espero que los novios **sean** felices.

The following verbs have **regular subjunctive stems** but use some **irregular endings:**

(dar)	**d-**	**dé**	des	**dé**	demos	deis	den
(estar)	**est-**	**esté**	**estés**	**esté**	estemos	estéis	**estén**

NOTAS GRAMATICALES

1. Verbs with irregular **Ud.** command forms have similar irregularities in the subjunctive.

    ¡ **Salga** en seguida !   Sugiero que Ud. **salga** en seguida.

2. The subjunctive form of **hay** is **haya.**

    Ojalá que **haya** mucha gente en la fiesta.

   Ejercicio 5.   *Un año en el extranjero (abroad)*
*Las siguientes personas quieren pasar un año en el extranjero. Sugiera Ud.
adónde deben ir, según sus intereses: España, México, el Perú, la Argentina.*

   Modelo: Roberto quiere aprender el español.
               Le sugiero a Roberto que vaya a España (México...).

1. Carmen quiere aprender a bailar el flamenco.
2. Mis amigos quieren estudiar la historia de los Incas.
3. Nosotros queremos esquiar en julio.
4. A Alejandro le interesa la civilización maya.
5. A mí me fascina el arte de Goya.
6. Rosa quiere escribir un libro sobre *(about)* los murales de Diego Rivera.

C. El presente del subjuntivo de verbos con cambios radicales que terminan en *-ar* y *-er*

Note the present subjunctive forms of the stem-changing verbs **jugar, pensar,** and **poder.** Pay special attention to the stem vowels in boldface.

	JUGAR (U → UE)	PENSAR (E → IE)	PODER (O → UE)
(yo)	**jue**gue	**pien**se	**pue**da
(tú)	**jue**gues	**pien**ses	**pue**das
(él, ella, Ud.)	**jue**gue	**pien**se	**pue**da
(nosotros)	juguemos	pensemos	podamos
(vosotros)	juguéis	penséis	podáis
(ellos, ellas, Uds.)	**jue**guen	**pien**sen	**pue**dan

NOTAS GRAMATICALES

1. The subjunctive forms of stem-changing **-ar** and **-er** verbs have the regular present subjunctive endings.

2. The stem changes in the present subjunctive of these verbs are the same as those of the present indicative: they occur only in the **yo, tú, él,** and **ellos** forms of the verb.

Ejercicio 6. *¿ Qué piensa Ud. ?*
Exprese sus opiniones con expresiones impersonales, según el modelo.

> **Modelo:** Pierdes el tiempo. (es una lástima)
> **Es una lástima que pierdas el tiempo.**

1. Nos acordamos de la fecha de nuestra boda. (es normal)
2. Me acuerdo de mi primer *(first)* amor. (es probable)
3. Los niños juegan al vólibol. (es probable)
4. No podemos visitar México. (es una lástima)
5. Uds. piensan casarse. (es bueno)
6. Queremos divorciarnos. (es imposible)
7. Los recién casados quieren comprar una casa. (es posible)
8. No pueden llevarse bien. (es una lástima)

D. El presente del subjuntivo de verbos con cambios radicales que terminan en *-ir*

Note the present subjunctive forms of the stem-changing verbs **sentir, repetir,** and **dormir.** Pay special attention to the stem vowels in boldface.

	SENTIR (E → IE, I)	REPETIR (E → I, I)	DORMIR (O → UE, U)
(yo)	sienta	repita	duerma
(tú)	sientas	repitas	duermas
(él, ella, Ud.)	sienta	repita	duerma
(nosotros)	sintamos	repitamos	durmamos
(vosotros)	sintáis	repitáis	durmáis
(ellos, ellas, Uds.)	sientan	repitan	duerman

NOTAS GRAMATICALES

1. The subjunctive forms of stem-changing **-ir** verbs have the regular present subjunctive endings.

2. The stem changes of the present indicative that are found in the **yo, tú, él,** and **ellos** forms of the verb also occur in the present subjuntive. The stem change in the **nosotros** and **vosotros** forms is the same as the stem change in the **él** and **ellos** forms of the preterite.

Ejercicio 7.   *Deseos y opiniones*
Reemplace las palabras en cursiva (italics) *con las palabras entre paréntesis y haga todos los cambios necesarios.*

Modelo: Espero que Susana se sienta mejor. (tú)
Espero que te sientas mejor.

1. María espera que *Ricardo* se sienta alegre. (yo; tú; nosotros; Uds.; Ud.)
2. Le sugiero a *Ud.* que repita la pregunta. (Uds.; Ana; tú; los estudiantes)
3. El médico insiste en que *los niños* duerman más. (yo; nosotros; tú; Ud.; Uds.)
4. Prefieren que *Ud.* sirva champán en la boda. (mis padres; yo; nosotros; Uds.)
5. Es posible que *los recién casados* les pidan dinero a sus familias. (el novio; yo; nosotros; la novia; tú; Uds.)

6. No es sorprendente que *tú* prefieras una boda íntima. (sus padres; tú y yo; mi familia; Uds.)

7. Es normal que *la novia* se vista con elegancia. (sus padres; yo; nosotros; los invitados; tú; Uds.)

8. Es bueno que *Tomás* se divierta tanto. (Ud.; tú; mis primos; mis tíos; nosotros)

Ejercicio 8.   *¿ Qué piensa Ud. ?*
Exprese sus opiniones, según el modelo.

> **Modelo:**   ¿ Es bueno ? (los jóvenes / ser idealistas)
> **Es bueno que los jóvenes sean idealistas.**
> o   **No es bueno que los jóvenes sean idealistas.**

1. ¿ Es sorprendente ? (hay muchos divorcios)
2. ¿ Es necesario ? (los novios / siempre estar de acuerdo)
3. ¿ Es malo ? (un esposo / saber lo que piensa su esposa)
4. ¿ Es importante ? (los padres / ir a las bodas de sus hijos)
5. ¿ Es esencial ? (los recién casados / tener dinero suficiente para vivir)
6. ¿ Es probable ? (sus padres / darle dinero para su boda)
7. ¿ Es mejor ? (los novios / ser de la misma religión)
8. ¿ Es normal ? (los novios / estar nerviosos)

E. Lo que

Note the use of **lo que** in the sentences below.

> ¿ Sabe Ud. **lo que** hicieron ?   *Do you know **what** they did?*
> Creo **lo que** ella me dice.   *I believe **what** she tells me.*
> Éste es **lo que** les hemos regalado.   *This is **what** we have given them.*

Lo que is the equivalent of the English *what* in the sense of *that which*.

Ejercicio 9.   *¿ Por qué son novios ?*
¿ Cómo se escoge a un/a novio/a ?

> **Modelo:**   a él / decir   **A él le gusta lo que ella dice.**

1. a ella / decir
2. a él / hacer
3. a ella / hacer
4. a él / llevar
5. a ella / llevar
6. a ella / pensar

Ejercicio 10. *Antonio y Juana van a casarse.*
¿ Qué les van a regalar las siguientes personas ? Responda según el modelo.

Modelo: Uds. / no saber todavía
Uds. no saben todavía lo que les van a regalar.

1. nosotros / no poder decidir
2. tú / mostrarme
3. los tíos / no pensar en
4. yo / acabar de comprar
5. Alberto / no querer decir
6. María y Ernesto / no querer mostrarnos

Ejercicio 11. *En español*
María Elena está conversando con sus padres.

MARÍA ELENA Mom and Dad, I want to tell you something very important. Armando wants me to marry him!

MAMÁ And do you want to marry him?

MARÍA ELENA Yes, of course. I love him, and he loves me!

PAPÁ Well, I think Armando is a very nice young man, but there are several things that you must consider **(considerar)** before making this important decision.

MAMÁ Yes, it is necessary for you to consider many things because you and Armando are still very young. Why don't you wait another year?

MARÍA ELENA But we get along very well, and we are in love!

PAPÁ Yes, it is important to get along well, but it is also important that you can both **(ambos)** work. I know that Armando will graduate soon, but you still have one more year at the university.

MAMÁ Papá is right. What will you live on?

MARÍA ELENA Love!

MAMÁ You are still very young. I suggest that you wait at least **(al menos)** one more year.

≈Ahora le toca a Ud. *Cualidades importantes*

¿Qué cualidades le gustaría que sus hijos tengan? Escriba un párrafo corto usando expresiones como **es importante que, es esencial que,** etc. Use la lectura *Esposos ideales* como modelo.

EN RESUMEN

*A. Sustituya las palabras o expresiones entre paréntesis por las palabras en
cursiva. Haga todos los cambios necesarios.*

1. *Tome dos aspirinas,* Sra. Palmas. (beber muchos líquidos ; acostarse
   inmediatamente ; no salir de casa hoy ; llamarme mañana)
2. ¡Juan y María ! ¡No *griten,* por favor ! (levantarse tarde ; jugar al básquetbol en la casa ; molestarme ; tocar sus cassettes ahora ; conducir rápidamente)
3. ¡Catalina ! ¡*Sal inmediatamente* ! (hacer la tarea ; decirme la verdad ; tener paciencia ; venir aquí ; ir[se] en seguida)
4. ¡Carlos ! ¡No *compres ese anillo* ! (llegar tarde a la boda ; estar nervioso ;
   quitarse los zapatos en la boda ; equivocarse ; tener miedo de casarse)

*B. Combine los siguientes elementos para formar frases completas. Use la
forma apropiada: el subjuntivo, el indicativo o el infinitivo.*

1. María / querer / casarse con Pedro
2. sus padres / no querer / María / casarse con Pedro
3. yo espero / Uds. / tener buena suerte
4. el profesor / recomendar / nosotros / estudiar más
5. mis padres / sugerir / yo / buscar trabajo
6. ¿poder / Ud. / recomendarme / una buena película ?
7. mi consejero / decir / ser necesario / yo / tomar una decisión
8. ojalá / todo / terminar bien
9. ser posible / el presidente / venir a nuestra universidad
10. se dice / tal vez / Matilde y Héctor / divorciarse

TORTAS ARTÍSTICAMENTE DECORADAS

Para todas las ocasiones
Matrimonios — Cumpleaños —
Reuniones sociales
Toda clase de Bocadillos

585-8728

En las noches

Otras perspectivas VII

Comiendo un asado, ensalada y papas fritas en un restaurante al aire libre en Buenos Aires, Argentina.

Lectura cultural ¿Tiene Ud. hambre?

Si Ud. entra en un restaurante en España o en algunos países latinoamericanos y pide una tortilla, **el camarero** le trae un **plato hecho** de huevos, papas y un poco de cebolla. Los españoles sirven la tortilla como una **tapa,** algo para **picar mientras** se toma vino o **jerez.** Para muchos latinoamericanos la tortilla en esta forma es una **comida ligera.** Pero si Ud. pide una tortilla en México, el camarero le trae un pan **plano** y **redondo** hecho de **harina de maíz.** Esta tortilla, que es la **comida** básica de los mexicanos, se usa para preparar tacos, enchiladas, quesadillas, tostadas y otros platos mexicanos.

Como se ve, es imposible hablar de la cocina hispana en términos generales. La comida de cada país hispano es diferente, y **aun** los nombres de los **alimentos,** especialmente de las frutas y verduras, varían de país a país. La comida depende en gran parte de los productos de la región. Se come mucho arroz en España, Puerto Rico y Cuba. En México y en los países centroamericanos, el maíz es la comida básica. **Por otro lado,** en la Argentina, el Uruguay y Chile, se come mucha carne. Y, por supuesto, en todas partes se toma café.

Sin embargo, hay productos que usamos en los Estados Unidos y Europa que son **los mismos** porque se originaron en Latinoamérica y fueron llevados a Europa por los conquistadores españoles. Algunos de ellos son el **cacao,** la vainilla, la banana, el pavo, el tomate, el **chicle,** el tabaco, la papa* y la **calabaza.** Hoy en día, con los medios rápidos de transporte, se encuentran otros productos latinoamericanos en los supermercados europeos y norteamericanos: la papaya, el mango, el **palmito** y otras frutas y verduras, y también... ¡chiles!

waiter / dish made
snack
to nibble / while / sherry
light meal
flat / round / corn meal
food

even
foods

On the other hand

However
the same
chocolate
chewing gum
pumpkin, squash

heart of palm

---

*Most Latin American countries use the word **papa** to refer to the potato. In Spain, however, it is called **la patata.**

Aunque mucha gente cree que la comida hispana es **picante,** no es una característica de la comida hispana en general. En México, donde se usan mucho los chiles, la comida sí es picante. Sin embargo, hay quienes **juran** que la comida peruana es todavía más picante que la mexicana.

    ¡**Pruebe** un plato hispano! ¡Es **riquísimo!** ¡**Buen provecho!**

spicy

swear

Try / delicious / I wish you a hearty appetite!

Nota cultural

En muchos países hispánicos el **horario** de comer es bastante diferente del horario de los Estados Unidos. La gente está acostumbrada a tomar un desayuno ligero como fruta, café con leche y pan con mantequilla y mermelada. En algunas **partes** toda la familia todavía se reúne en casa después de las dos de la tarde para la **comida fuerte:** los chicos vuelven de la escuela y los padres regresan de su trabajo. Después, si el tiempo **alcanza,** algunos duermen la siesta, especialmente en los países tropicales, donde hace mucho calor por la tarde. Después de las cuatro o cinco de la tarde, todos vuelven al trabajo o a las otras actividades diarias. Se come la cena después de las ocho o nueve de la noche. Generalmente los restaurantes no **se abren hasta** esa hora, algo que les molesta a veces a los turistas norteamericanos, que están acostumbrados a cenar más temprano. Pero hoy en día el horario de trabajo **está cambiando** y, con él, el horario de comer también. Ahora mucha gente almuerza en una cafetería o un café cerca de su trabajo y la familia se reúne solamente para cenar.

schedule

places
main meal
allows

open / until

is changing

    Actividad A. *Comprensión de lectura: generalizaciones falsas*
Las generalizaciones frecuentemente son incorrectas o engañosas (misleading). *Aquí hay algunas que se escuchan en muchas partes. Refiérase a la información en la* **Lectura cultural** *y corríjalas.*

1. Solamente los mexicanos comen tortillas.
2. Todos los hispanos comen tacos y enchiladas.
3. Los argentinos, los españoles y los cubanos comen la misma comida.
4. Los indios norteamericanos presentaron el pavo a los peregrinos *(Pilgrims).*
5. Toda la comida hispana es picante.
6. No hay diferencias regionales en los nombres de los alimentos.
7. Los hispanos duermen la siesta porque son perezosos.
8. La papa se originó en Irlanda.

Actividad B.   *Diferencias culturales*

1. ¿En qué consiste su desayuno? ¿su almuerzo? ¿su cena?
2. ¿Cuál es su comida fuerte, el almuerzo o la cena?
3. ¿A qué hora almuerza su familia los días de semana? ¿los fines de semana? ¿A qué hora cena generalmente?
4. ¿Se reúne toda su familia para almorzar? ¿para cenar? ¿O come cada persona cuando llega a casa?
5. ¿Cuáles son algunos alimentos típicos de la región donde Ud. vive?
6. ¿Cuál es el grano que se come más en los Estados Unidos, ¿el arroz, el maíz o el trigo *(wheat)*?
7. ¿Le gusta la comida picante? ¿La come en casa o en un restaurante?
8. ¿Le gusta probar *(to try)* platos diferentes o prefiere comer alimentos conocidos *(familiar)*?

Día por día   *En el restaurante*

CAMARERO	¿Qué desean Uds.?
	¿Quieren pedir ya? ¿Qué les gustaría comer? ¿Qué les puedo servir?
ARTURO	¿Qué nos recomienda esta noche?
	¿Cuál es la especialidad de la casa?
CAMARERO	Hoy tenemos un **plato** exquisito, la especialidad de la casa. dish
	Nuestra especialidad es la paella.
ARTURO	¿Cómo es la paella?
	¿Cómo se prepara la paella?
CAMARERO	La paella consiste en arroz con pollo, **mariscos, chorizo** y verduras shellfish / sausage
ARTURO	**Parece muy rica.** Nos puede traer la paella. It sounds delicious.
	Vamos a **probar** la paella. to try
CAMARERO	¿Y qué van a comer de **primer plato?** ¿una sopa? ¿melón con jamón? appetizer
ARTURO	Para la señorita la ensalada verde, y para mí la ensalada mixta. Pero sin cebolla, por favor.
CAMARERO	Cómo no, señor. ¿Y qué van a tomar?
ARTURO	El vino de la casa. Y tráiganos una **botella** de agua mineral también. bottle

¿ Van a tomar el vino de la casa ?

CAMARERO	Muy bien, señor. En seguida se la traigo.
	(Después de la comida)
CAMARERO	¿Estaba todo bien?
	¿Les gustó la paella?
ARTURO	La comida estaba excelente.
	La paella estaba **riquísima.**
CAMARERO	¿Desean algo más?
	¿Algo de postre?
ARTURO	Nada más, gracias. La **cuenta,** por favor.

delicious

bill, check

Actividad C.   *En el Café Tacuba*

El Café Tacuba en la capital de México es un restaurante famoso cerca del Museo de Bellas Artes (Fine Arts). *Las paredes* (walls) *de este restaurante están cubiertas* (covered) *de hermosos* (beautiful) *azulejos* (tiles), *y la cocina tiene fama* (is famous) *por sus platos tradicionales. Imagínese que Ud. está en el Café Tacuba con un/a amigo/a.*

CAMARERO	Buenas tardes, señores. ¿ _____ ?
UD.	¿ _____ ?
CAMARERO	Hoy la especialidad del día es _____ .
UD.	¿ _____ el mole poblano ?
CAMARERO	Es pavo con una salsa de muchos ingredientes, entre ellos el chocolate.
UD.	Mmm. Parece interesante. _____ .
CAMARERO	Muy bien. ¿ Y qué van a comer _____ ?
UD.	Para mí, nada. Pero para mi amigo/a le puede traer _____ .
CAMARERO	¿ Y qué desean tomar ?
UD.	_____ , por favor.

Actividad D.   *Para terminar la comida*

El mole poblano estaba delicioso. Ahora termine su visita al Café Tacuba.

CAMARERO	¿ Qué tal el mole poblano ? ¿ _____ ?
UD.	Sí, _____ .
CAMARERO	¿ Les puedo traer _____ ?
UD.	Sí, para mí un flan y para mi amigo/a la fruta.
CAMARERO	En seguida _____ .
UD.	Y tráiganos _____ , por favor. Tenemos prisa porque tenemos entradas para el Ballet Folklórico.

Lección 22 **El futuro personal**

Lesson Objectives
In this lesson you will learn to . . .
- state your plans for the future
- express your expectations
- tell what you would like to do
- discuss past and future probability
- talk about careers

Lección 23 **¿ Hay algo que le moleste hoy ?**

Lesson Objectives
In this lesson you will learn to . . .
- discuss what is currently happening
- tell what was going on in the past
- state how long something has been going on
- discuss money: saving and spending it

UNIDAD VIII

Lección 24 **El intruso**

Lesson Objectives
In this lesson you will learn to . . .
- describe your home and its contents
- describe the condition of your room
- tell what you already have done
- narrate what you had done in the past

Otras perspectives VIII

In this section you will . . .
- learn about the educational system in Spanish-speaking countries
- practice asking for directions to go somewhere

*En la biblioteca de la
Universidad de Panamá*

Lección 22

¿Cómo será el futuro?

Y tú, ¿ qué opinas ?

*¿ **Cómo será el mundo** en 25 años ? **Seguramente habrá** muchos cambios, ¿ pero cuáles serán ? Les hicimos estas preguntas a seis jóvenes latinoamericanos y españoles y nos contestaron así.*

What will the world be like / Surely there will be

Ángel (estudiante, 19 años)
Veremos cambios fantásticos en los próximos 25 años, especialmente en el área de las telecomunicaciones y las computadoras. ¿**Significará** ésto mejor comunicación entre la gente ? Espero que sí.

We will see
Will this mean

Teresa (maestra, 21 años)
Si no sabemos lo que **pasará** mañana, ¿ cómo vamos a saber cómo será el mundo en 25 años ? Ud. sabe que el hombre **propone,** pero **Dios dispone...**

will happen
proposes/ God disposes

Ricardo (estudiante, 20 años)
La **política** de este gobierno **cambiará** porque el cambio es inevitable. ¿ Será mejor ? ¿ Será peor ? ¿ Quién sabe ? En 25 años **le diré.**

policy / will change
I will tell you

Guillermo (empleado de banco, 22 años)
Creo que la vida de todos será más fácil porque las computadoras **harán** todo. **Trabajaremos** menos horas y **tendremos** más **tiempo libre.**

will do
We will work / we will have / free time

Margarita (*médica*, 30 años)
Me gustaría creer que los **científicos descubrirán curas** para el cáncer, el **SIDA** y otras enfermedades.

doctor
scientists / will discover / cures / AIDS

Jorge (*abogado*, 27 años)
El mundo será mejor porque ahora somos más **conscientes** de los problemas ecológicos. Por eso, **cuidaremos** mejor del **medio ambiente** y **enseñaremos** a nuestros hijos a hacer lo mismo.

lawyer
aware
we will care for / environment / we will teach

Comprensión

¿ Cuál es su impresión de las personas entrevistadas ? ¿ Son optimistas con respecto al futuro ? ¿ son pesimistas ? ¿ o son realistas ? Complete el siguiente cuadro con los nombres y luego compare sus impresiones con las de sus compañeros.

Optimista	Pesimista	Realista

Lengua española

Vocabulario   *El futuro (future)*

SUSTANTIVOS

los demás	*others; the rest*	**la culpa**	*guilt, blame*
el empleo	*job*	**la enfermedad**	*illness*
el éxito	*success*	**la salud**	*health, welfare*
el gobierno	*government*	**la suerte**	*luck*
todo el mundo	*everyone, everybody*		

VERBOS

curar	*to cure, heal*	La penicilina **cura** algunas enfermedades.
ganarse la vida	*to earn a living*	Es difícil **ganarse** bien **la vida**.
suponer	*to suppose*	**Supongo** que sabes manejar.
tener la culpa (de)	*to be to blame; to be guilty of*	¿ Quién **tiene la culpa** ?
tener éxito	*to be successful*	Su hermano **tiene** mucho **éxito**.
tratar (de)	*to try (to)*	**Tratamos de** estudiar.

EXPRESIONES

el año próximo	*next year*	Espero graduarme **el año próximo**.
el año que viene	*next year*	¿ Y qué harás **el año que viene** ?
pasado mañana	*the day after tomorrow*	**Pasado mañana** tenemos una cita.

OBSERVACIÓN

1. The verb **suponer** is conjugated like **poner**.

Ejercicio 1.   *¿ Está de acuerdo o no ?*
¿ Está Ud. de acuerdo o no está de acuerdo con las siguientes declaraciones ?

1. Tener buena salud es más importante que tener una carrera brillante.
2. Para prepararse para el futuro, es esencial conocer el pasado.
3. Los que no conocen la historia están condenados a repetir los errores del pasado.
4. En una carrera profesional, la suerte es tan importante como el talento.
5. Tener éxito en nuestras relaciones con los demás es más importante que tener éxito en nuestra carrera.
6. En la vida, lo esencial no es tener éxito sino *(but)* tratar de tenerlo.
7. Todos tenemos la culpa de las injusticias de la sociedad.
8. Siempre tenemos la culpa de nuestros errores.

1400 – 1499
EMPLEOS

1800 – 1899
PROFESIONALES

A. El futuro: formas regulares

The following questions and answers concern future events. The verbs in boldface are in the future tense.

—¿ **Trabajarás** durante el verano ?	*Will you work during the summer?*
—Sí, **trabajaré** en un hospital.	*Yes, I will work in a hospital.*
—¿ Adónde **irán** Uds. el año próximo ?	*Where will you go next year?*
—**Iremos** a Francia.	*We will go to France.*

Note the forms of the future tense in the chart below, paying special attention to the endings.

	TRABAJAR	COMER	ESCRIBIR	*FUTURE ENDINGS*
(yo)	trabajar**é**	comer**é**	escribir**é**	**-é**
(tú)	trabajar**ás**	comer**ás**	escribir**ás**	**-ás**
(él, ella, Ud.)	trabajar**á**	comer**á**	escribir**á**	**-á**
(nosotros)	trabajar**emos**	comer**emos**	escribir**emos**	**-emos**
(vosotros)	trabajar**éis**	comer**éis**	escribir**éis**	**-éis**
(ellos, ellas, Uds.)	trabajar**án**	comer**án**	escribir**án**	**-án**

NOTAS GRAMATICALES

1. In Spanish, the future is a simple tense, consisting of one word. It is formed as follows:

future stem + future endings

2. For all regular verbs and many irregular verbs, the future stem is the infinitive.

(ser)	Mi hermano **será** profesor.	*My brother **will be** a professor.*
(estar)	**Estaré** aquí mañana.	*I **will be** here tomorrow.*
(jugar)	**Jugarán** al fútbol el domingo.	*They **will play** soccer on Sunday.*

3. The future endings are the same for all verbs. With the exception of the **nosotros** form, the future endings have accent marks.

Ejercicio 2.   *El futuro*
Algunos estudiantes hablan de sus planes para el año que viene.

Modelo: Enrique / ir a España / hablar español
Enrique irá a España. Hablará español.

1. yo / ser estudiante / estudiar psicología
2. nosotros / trabajar mucho / ganarse bien la vida
3. Elena / viajar a Europa / pasar un año allá
4. Roberto y Paco / ser músicos / tocar sus guitarras
5. tú / estar en México / divertirse mucho
6. Felipe y Marisa / casarse / vivir en Los Ángeles

Ejercicio 3.   *Diálogo: ¿ Cuáles son tus planes ?*
Pregúntele a un/a compañero/a de clase sobre (about) sus planes para mañana, según el modelo.

Modelo: despertarse (¿ a qué hora ?)
—¿ A qué hora te despertarás mañana ?
—Me despertaré a las diez.

1. levantarse (¿ a qué hora ?)
2. ir (¿ adónde ?)
3. llevar (¿ qué ropa ?)
4. estudiar (¿ qué ?)
5. llamar (¿ a quién ?)
6. almorzar (¿ dónde ? ¿ con quién ?)
7. comprar (¿ qué ?)
8. encontrarse (¿ con quién ? ¿ dónde ?)
9. divertirse (¿ cómo ? ¿ con quién ?)
10. pedir (¿ qué ? ¿ a quién ?)

Vocabulario *Algunas carreras*

LAS PERSONAS Y SUS ACTIVIDADES

EL MÉDICO (LA MÉDICA)
CURAR A LOS ENFERMOS
(SICK PEOPLE)
EN EL CONSULTORIO

LA CIRUJANA
(EL CIRUJANO)
HACER OPERACIONES
EN EL HOSPITAL

LA FARMACÉUTICA
(EL FARMACÉUTICO)
PREPARAR MEDICINAS
EN LA FARMACIA

EL ABOGADO (LA ABOGADA)
DEFENDER (E → IE)
A LOS CLIENTES
EN LOS TRIBUNALES *(COURTS)*

LA VETERINARIA
(EL VETERINARIO)
CURAR ANIMALES
EN LA CLÍNICA

LA PROGRAMADORA
(EL PROGRAMADOR)
PROGRAMAR
COMPUTADORAS

LOS NEGOCIOS (BUSINESS): LA OFICINA

el/la agente de viajes	*travel agent*	**arreglar viajes y vender pasajes** *(tickets)*
el/la comerciante	*businessman/woman*	**hacer negocios**
el/la contador/a	*accountant*	**llevar las cuentas** *(to keep accounts)*
el/la ejecutivo/a	*executive*	**administrar la compañía**
el/la jefe/a	*boss*	**escoger a los empleados**
el/la secretario/a	*secretary*	**escribir cartas**

LOS OFICIOS (TRADES): EL TALLER (WORKSHOP)

el carpintero	*carpenter*	**construir casas y muebles** *(furniture)*
el electricista	*electrician*	**hacer y arreglar instalaciones eléctricas**
el plomero	*plumber*	**hacer y arreglar instalaciones de plomería**
el mecánico	*mechanic*	**arreglar máquinas** *(machines)*

B. El futuro: formas irregulares

Some verbs have irregular future stems. Note these stems in the following chart.

decir	**dir-**	No **diré** nada.
hacer	**har-**	¿ Qué **harás** mañana ?
hay	**habr-**	**Habrá** mucha gente en la oficina.
poder	**podr-**	No **podré** vender estos productos.
querer	**querr-**	¿ **Querrá** él ver esa película ?
saber	**sabr-**	¿ **Sabrán** programar las computadoras ?
poner	**pondr-**	¿ **Pondrás** la computadora en tu oficina ?
tener	**tendr-**	Pedro no **tendrá** la culpa.
venir	**vendr-**	Los dependientes **vendrán** a las ocho.
salir	**saldr-**	¿ Cuándo **saldrá** el jefe ?

NOTAS GRAMATICALES

1. All verbs, regular and irregular, have the same future endings.

2. All future stems, regular and irregular, end in **r.**

Ejercicio 4.   *Pasado mañana*
Algunas personas saldrán pasado mañana y otras no saldrán. Explique por qué saldrán o no saldrán, según el modelo.

> **Modelo:**   Roberto / sí / no tener mucho trabajo
> **Roberto saldrá porque no tendrá mucho trabajo.**

1. Juana / no / no poder salir
2. Ramón y Francisca / sí / venir a mi fiesta
3. tú / sí / no tener que trabajar
4. yo / no / hay una fiesta en mi casa
5. nosotros / sí / querer ir al cine
6. José y Luisa / no / no tener dinero

Ejercicio 5.   *Diálogo: El próximo fin de semana*
Pregúntele a un/a compañero/a de clase qué hará el próximo fin de semana.

> **Modelo:**   tener que estudiar
> —¿ **Tendrás que estudiar** ?
> —**Sí, tendré que estudiar.**   o   —**No, no tendré que estudiar.**

1. tener tiempo para salir
2. querer ver a sus amigos
3. hacer la tarea
4. hacer algo interesante
5. poder asistir a un concierto
6. saber dónde hay una fiesta
7. salir el sábado por la noche
8. querer estudiar

Una policía dirige
el tránsito en Panamá.

Ejercicio 6.   *Proyectos profesionales*
Los siguientes estudiantes escogieron ciertas carreras. Explique lo que harán
en su trabajo y lo que no harán.

Modelo: Diego / carpintero (trabajar en un taller ; viajar mucho)
Diego será carpintero. Trabajará en un taller. No viajará mucho.

1. Felipe / farmacéutico (vender medicinas ; trabajar en una farmacia ; ganarse bien la vida ; hacer operaciones)
2. nosotros / veterinarios (estar mucho tiempo en el consultorio ; hablar por teléfono con sus pacientes ; ver muchos animales)
3. Marisa y Estela / dentistas (cuidar los dientes ; trabajar en consultorios ; tener muchos empleados ; cepillarse los dientes)
4. yo / plomero (hacer instalaciones de agua ; hacer instalaciones eléctricas ; instalar saunas ; arreglar lavaplatos)
5. mi prima / ejecutiva (escribir cartas ; administrar un departamento de una compañía; viajar de vez en cuando ; ganarse bien la vida)
6. Ud. / cirujano (trabajar en un hospital ; curar a los enfermos ; ser famoso/a ; lavarse las manos frecuentemente)
7. tú / abogado (estudiar mucho ; defender a tus clientes ; hablar en público ; irse a Washington)
8. Uds. / comerciantes (viajar mucho ; llamar a sus clientes por teléfono ; divertirse mucho ; hacer negocios)
9. Ana María / contadora (necesitar una calculadora ; trabajar en una oficina ; comprender computadoras ; llevar las cuentas ; saber programar)
10. nosotros / policías (ayudar a la gente ; ser amables ; viajar en motocicleta ; poner multas)

Entrénese para ser

● AGENTE DE VIAJES
● RECEPCIONISTA
● CAJERA DE BANCO

C. El condicional

The conditional is used to express what *would* happen. In the sentences below, the verbs in boldface are in the conditional.

Me gustaría tener éxito en mi carrera.
I would like to be successful in my career.

Compraría una casa.
I would buy a house.

Viajaría mucho.
I would travel a lot.

FORMAS

Note the forms of the conditional in the chart below.

	TRABAJAR	COMER	VIVIR	SALIR	CONDITIONAL ENDINGS
(yo)	trabajaría	comería	viviría	saldría	-ía
(tú)	trabajarías	comerías	vivirías	saldrías	-ías
(él, ella, Ud.)	trabajaría	comería	viviría	saldría	-ía
(nosotros)	trabajaríamos	comeríamos	viviríamos	saldríamos	-íamos
(vosotros)	trabajaríais	comeríais	viviríais	saldríais	-íais
(ellos, ellas, Uds.)	trabajarían	comerían	vivirían	saldrían	-ían

NOTAS GRAMATICALES

1. In Spanish, the conditional is a simple tense, consisting of one word. It is formed as follows:

   future stem + conditional endings

2. The conditional endings are the same as the imperfect endings for **-er** and **-ir** verbs, but they are added to the infinitive.

USOS

The conditional in Spanish has several uses:

1. To express what would occur under certain conditions.

   Con más dinero, **compraríamos**   *With more money, **we***
       una casa.   ***would buy** a house.*

2. To express requests and wishes more politely.

   ¿Podría Ud. darme dos pesos?   *Could you give me two pesos?*

3. To express a future idea or event in relation to the past.

   Sabía que Ana **estaría** allí.   *I knew (that) Ana **would be** there.*

NOTA GRAMATICAL

Whereas in English one uses *would* to refer to repeated past events, in Spanish one uses the *imperfect*.

   Hacían un viaje todos los años.   *They **would take a trip** every year.*

Ejercicio 7.   *El incendio*
Todo el mundo reacciona de manera diferente cuando ve un desastre. ¿Cómo reaccionarían las siguientes personas al ver un incendio?

   Modelo: Teresa (llamar a la policía)   **Teresa llamaría a la policía.**

1. Héctor (llamar a los bomberos)   5. Diego y Ana (querer ayudar)
2. Esteban (gritar)   6. yo (ayudar a los bomberos)
3. tú (llorar)   7. Uds. (buscar un médico)
4. Felipe y yo (estar asustado)   8. el Sr. Vega (tener miedo)

Ejercicio 8.   *Diálogo: ¿Qué harías?*
Vamos a suponer que Uds. no tienen que asistir a clases por un año. Pregúntele a un/a compañero/a de clase qué haría.

   Modelo: trabajar
                 —¿ **Trabajarías?**
                 —**Sí, trabajaría.**   o   —**No, no trabajaría.**

1. hacer un viaje   5. estar contento/a
2. hacer algo interesante   6. tener que ganarse la vida
3. divertirse   7. poder ganarse la vida
4. vivir en otro país   8. levantarse tarde todos los días

Ejercicio 9.   *Pedidos (Requests)*

Exprese los siguientes pedidos y declaraciones de una manera más cortés con el tiempo condicional.

> Modelo: ¿ Puede Ud. repetir la pregunta ?
> **¿ Podría Ud. repetir la pregunta ?**

1. Me gusta ver el menú.
2. ¿ Me permite sentarme aquí ?
3. ¿ Pueden Uds. darme su número de teléfono ?
4. Nos gusta hablar con el jefe.
5. ¿ Tiene Ud. el periódico de hoy ?
6. ¿ Puede Ud. venir a mi taller ?

D. Probabilidad: el pasado y el futuro

In the exchanges below, Carlos wonders aloud about certain things, and Antonia suggests some possible answers. Note the tenses of the verbs in boldface.

Carlos:	¿ Dónde **estará** tu hermana ?	*Where **can** your sister **be**?*
Antonia:	**Estará** en el taller.	*She **is probably** at the shop.*
Carlos:	¿ Dónde **estaba** Emilio ?	*Where **was** Emilio?*
Antonia:	**Estaría** en casa.	*He **was probably** at home.*

> In Spanish, the *future* may be used instead of the present to indicate uncertainty or to express probability in the present.
>
> The *conditional* may be used to indicate uncertainty or to express probability in the past.

¿ Qué tiempo hace ? **Hará** sol.	*How's the weather? **It's probably** sunny.*
¿ Qué tiempo hacía ? **Haría** sol.	*How was the weather? **It was probably** sunny.*

LA PUBLICIDAD

El objetivo de La Publicidad es informar. Informar a una colectividad de la existencia de determinados productos o servicios. Pero recuerde que siempre la decisión de compra la toma usted.

Ejercicio 10.   *Probablemente*
Hay muchos problemas en la compañía hoy, y el jefe quiere saber qué pasa y qué pasó. Conteste sus preguntas, según los modelos.

Modelos: ¿Dónde está Carlos ahora? (en la oficina)
Estará en la oficina.

¿Dónde estuvo al mediodía? (en la cafetería)
Estaría en la cafetería.

1. ¿A qué hora va a llamar el cliente? (a las dos)
    ¿A qué hora llamó antes? (a las diez)
2. ¿Con quién habla la recepcionista? (con el contador)
    ¿Con quién habló al mediodía? (con su novio)
3. ¿Qué dice el abogado? (que no viene hoy)
    ¿Qué dijo cuando llamó? (que viene mañana)
4. ¿Qué hace la secretaria? (escribir cartas)
    ¿Qué hacía? (hablar por teléfono)
5. ¿Quién contesta el teléfono ahora? (la telefonista)
    ¿Quién contestó el teléfono al mediodía? (Ángela)

Ejercicio 11.   *En español*
*Adela llama al consultorio de la doctora Pérez y habla con la secretaria.
Dé su conversación en español.*

SECRETARIA   Good morning. Dr. Pérez' office.
ADELA   Good morning. I would like to make an appointment with Dr. Pérez.
SECRETARIA   Very well. At what time would you prefer to come to the office?
ADELA   Is it possible to see her tomorrow at ten o'clock?
SECRETARIA   Let's see **(A ver).** I have to look at my book. No, she will be busy at ten. Would you be able to come at eleven o'clock?
ADELA   Yes, that's fine. I'll be there at eleven o'clock tomorrow.
SECRETARIA   Could you give me your name and your telephone number at the office?
ADELA   Of course. Adela Gutiérrez, 82-27-93.
SECRETARIA   Very good. We'll see you tomorrow at eleven. Good-bye.

≋Ahora le toca a Ud.   *Mi futuro*

¿Cómo será su vida en el futuro? Escriba dos frases para indicar lo que Ud. cree que hará o lo que le gustaría hacer.

En cinco años...   Me gustaría...
En diez años...   Me gustaría...
En veinte años...   Me gustaría...
En cincuenta años...   Me gustaría...

Filmando una entrevista para la televisión

Lección 23

¿Hay algo que le moleste hoy?

Hace cinco meses que Alfredo Costa trabaja en una estación de televisión en Santiago de Chile. Ahora va a inaugurar un nuevo programa: cinco minutos de **entrevistas** espontáneas. Alfredo **baja** a la calle con su micrófono y un **camarógrafo. Se acerca** a la gente que camina **por** la Avenida Providencia y hace la siguiente pregunta a varias personas: «¿Hay algo que le moleste hoy?»

> Alfredo Costa has been working for five months interviews / goes down cameraman / He approaches / along

Una señorita

¡Sí! Hace media hora que **estoy esperando** a mi novio. Tenemos que llegar a una **reunión para** las 7:00, y... ¡Ah, aquí está!

> I am waiting get-together / by

Una vieja

La gente decente ya no puede **andar** por la calle. **Hace poco, estaba caminando por** la plaza y un joven me robó el **bolso.** El bolso no tenía gran **valor,** pero llevaba fotos de mis **nietos.**

> walk / A while ago / I was walking through handbag / value grandchildren

Una señora

A mí no me molesta nada. Hoy mi esposo y yo **estamos celebrando** nuestro aniversario. ¡Hace 25 años que nos casamos!

> are celebrating

Un señor

La inflación me molesta mucho. Ahora **estamos pagando** 300 pesos **por** un kilo de carne. En noviembre costaba 200 pesos. No sé cómo vamos a vivir... No puedo **ahorrar** nada, porque el **precio** de todo **aumenta** cada día.

> we are paying / for

> save / price / goes up

Un joven

Hoy no me molesta nada porque ¡mañana salgo **para** Portillo a esquiar! Y cuando **estoy bajando** la **montaña...**

> for

> I am coming down / mountain

Comprensión

Escoja las respuestas correctas.

1. Alfredo Costa...
    a) tiene un programa en la televisión.
    b) hace entrevistas espontáneas en su programa.
    c) hace las entrevistas en el estudio de la estación de televisión.
    d) le pregunta a la gente qué le molesta hoy.
2. El novio de la señorita...
    a) llega tarde para su cita.　　b) va con ella a una fiesta.
    c) tiene una novia con paciencia.　　d) no tiene reloj.
3. La vieja...
    a) no anda más por la calle.
    b) tuvo una mala experiencia en la plaza.
    c) perdió un bolso de gran valor.
    d) tiene miedo.
4. La señora...
    a) está alegre.　　b) está celebrando 25 años de matrimonio.
    c) está cansada.　　d) espera a su esposo.
5. Al señor le molesta(n)...
    a) Alfredo Costa.　　b) la inflación.
    c) los precios.　　d) comer carne.
6. Al joven...
    a) le gusta esquiar.　　b) le molesta esquiar.
    c) le molesta la pregunta.　　d) le gusta ir a Portillo.

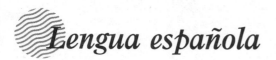

Lengua española

Vocabulario　*El dinero*

SUSTANTIVOS

el banco	*bank*	**una cuenta**	(bank) *account; bill* (payable)
un cheque	*check*	**una cuenta corriente**	*checking account*
el interés	*interest*	**una cuenta de ahorros**	*savings account*
el nivel	*level*		
el nivel de vida	*standard of living*	**la inflación**	*inflation*
un precio	*price*	**la moneda**	*coin; change*
un préstamo	*loan*	**una tarjeta de crédito**	*credit card*
el sueldo	*salary*		

VERBOS

abrir	*to open*	Voy a **abrir** una cuenta de ahorros.
ahorrar	*to save*	¡ Es difícil **ahorrar** dinero !
bajar	*to go down*	El nivel de vida **baja.**
cerrar (e → ie)	*to close, shut*	Debes **cerrar** esa cuenta.
cobrar (un cheque)	*to cash (a check)*	¿ Me puede **cobrar** este cheque ?
faltar	*to be lacking*	Siempre me **falta** dinero.
firmar	*to sign*	Es necesario **firmar** el cheque.
gastar	*to spend*	¿ **Gasta** mucho dinero en ese almacén ?
pagar	*to pay*	¿ Cuánto **pagó** Ud. por su computadora ?
retirar	*to withdraw*	Voy al banco para **retirar** dinero.
subir	*to raise, go up*	Hay inflación cuando los precios **suben.**

EXPRESIONES

ahora mismo	*right now*	Tengo que hacerlo **ahora mismo.**
hace poco	*a while ago*	La vi **hace poco.**

OBSERVACIONES

1. The verb **faltar** is used in constructions similar to the **me gusta(n)** construction.

    Te falta experiencia.   ***You lack*** *experience.*

2. In Spanish, nouns are sometimes derived from verbs. Once you know the verbs, the nouns are usually easy to recognize and understand.

(ahorrar)	un **ahorro**	*a saving(s)*
(bajar)	una **baja**	*a fall, decline*
(firmar)	una **firma**	*a signature*
(gastar)	un **gasto**	*an expense*
(pagar)	un **pago**	*a payment*

Ejercicio 1.   *Ud. y las finanzas*

1. ¿ Tiene Ud. una cuenta corriente ? ¿ En qué banco ? Y, ¿ tiene una cuenta de ahorros ? ¿ Qué cuenta paga más interés ?
2. ¿ Tiene Ud. empleo ? ¿ Gana un buen sueldo ? ¿ Le gustaría ganar más ?
3. Cuando Ud. compra ropa, ¿ cómo paga ? ¿ Con dinero, con cheque o con tarjeta de crédito ?
4. ¿ Gasta Ud. mucho dinero en libros ? ¿ en ropa ? ¿ en transporte ?
5. ¿ Sabe Ud. ahorrar dinero o lo gasta todo ?
6. En su opinión, ¿ es la inflación el problema principal en los Estados Unidos ?

Ejercicio 2.   *Problemas económicos*

Responda con **verdad** *o* **no es verdad** *a las siguientes declaraciones.*

1. Hay inflación cuando los precios suben.
2. La inflación es significativa cuando los precios suben más de 10 por ciento al año.
3. Cuando hay inflación, es difícil ahorrar dinero.
4. Cuando la inflación es muy significativa, el nivel de vida baja.
5. Ahora los bancos pagan un interés de 12 por ciento.
6. Un cheque que no tiene firma no es válido.
7. Para abrir una cuenta en un banco, es necesario tener más de 21 años.
8. No se puede cobrar un cheque sin firmarlo.
9. Es posible obtener un préstamo para asistir a la universidad.

A. El progresivo: en el presente

The verbs in the questions and answers below are in the present progressive tense.

—¿Qué **están buscando** Luis y Tomás?   *What **are** Luis and Tomás **looking for**?*

—**Están buscando** monedas.   *They **are looking for** coins.*

—¿ **Está nevando**?   *Is it snowing?*

—No, **está lloviendo**.   *No, it's raining.*

FORMAS

The present progressive tense is formed as follows:

> present tense of **estar** + present participle

The formation of the present participle follows the pattern:

infinitive stem +	-**ando**	cantar → cant**ando**
	-**iendo**	beber → beb**iendo**
	-**iendo**	vivir → viv**iendo**

NOTAS GRAMATICALES

1. Verbs ending in **-eer** and **-aer** form the present participle with **-yendo.**

   leer → le**yendo**   traer → tra**yendo**

2. Verbs with a stem change in the third-person of the preterite retain that same change in the present participle.

(e → i)	decir → d**i**ciendo	pedir → p**i**diendo
	servir → s**i**rviendo	divertir → div**i**rtiendo
(o → u)	dormir → d**u**rmiendo	morir → m**u**riendo

3. Note the following irregular present participle: **ir → yendo.**

4. In the progressive construction, the ending of the present participle does *not* change to agree with the subject.

   Los precios están sub**iendo.**   *Prices are going up.*
   El nivel de vida está baj**ando.**   *The standard of living is going down.*

USOS

The present progressive is used less frequently in Spanish than in English. In Spanish, the present progressive is used *only* to describe actions currently taking place.

   Clara **está esperando** a su novio.   *Clara is **waiting for** her boyfriend.*

1. The simple *present* is used to describe general conditions or situations. Compare:

   Mi hija siempre **ahorra** dinero.   *My daughter is always **saving** money. (She saves as a matter of course.)*

   Ahora **está ahorrando** dinero para comprar un coche.   *Now she is **saving** money (is in the process of saving) in order to buy a car.*

2. The simple *present* (or *future*) is used to describe forthcoming events.

   Cierro esa cuenta mañana.   *I am **closing** that account tomorrow.*

Ejercicio 3. *¿ Qué están haciendo ?*
Las siguientes personas están haciendo algo en el banco ahora.

Modelo: José (firmar un cheque) **José está firmando un cheque.**

1. el comerciante (cobrar un cheque)
2. yo (abrir una cuenta de ahorros)
3. la Sra. Pardo (cerrar su cuenta)
4. tú (pedir un préstamo)
5. María (retirar 500 pesos de su cuenta)
6. Uds. (pedir una tarjeta de crédito)
7. nosotros (depositar dinero)
8. yo (cambiar dólares por pesos)

COMO VIVIR MEJOR
CONDUCTORA: VERONICA RASCON
19:30 HORAS
SECCION: CONSUMIDOR

Ejercicio 4. *Ahora*
¿ Qué están haciendo las siguientes personas ahora ? Use su imaginación para contestar.

1. Oprah Winfrey
2. la princesa Diana
3. Bruce Springsteen
4. Gabriela Sabatini
5. Spike Lee
6. Garfield
7. su profesor/a de español
8. el presidente de los Estados Unidos
9. los otros estudiantes de la clase
10. Carlitos Brown, Lucy y Linus

Ejercicio 5. *Ahora mismo*
El Sr. Maldonado es un jefe difícil e impaciente. Conteste sus preguntas, según el modelo.

Modelo: ¿ Cuándo llegarán ? (los empleados)
Los empleados están llegando ahora mismo.

1. ¿ Cuándo llegará ? (el abogado)
2. ¿ Cuándo leerá las instrucciones ? (yo)
3. ¿ Cuándo traerá los cheques ? (el contador)
4. ¿ Cuándo comprarán una computadora ? (los ejecutivos)
5. ¿ Cuándo abrirán la cafetería ? (nosotros)
6. ¿ Cuándo pagará las cuentas ? (yo)

B. El imperfecto del progresivo

The imperfect progressive tense is used, instead of the imperfect, to emphasize the ongoing nature of an action in the past.

Cuando fui al banco, **estaba lloviendo.**	*When I went to the bank, **it was raining**.*

The imperfect progressive is formed as follows:

> imperfect of **estar** + present participle

NOTAS GRAMATICALES

1. The imperfect progressive is *not* used to describe habitual or repeated past actions. Instead, the imperfect is required.

Me **llamaba** todos los días.	*He **was calling** me every day.*

2. The imperfect progressive is *not* used to provide background description. Again, the imperfect is used.

Llevaba un suéter azul.	*She **was wearing** a blue sweater.*

Ejercicio 6.   *Hace poco*
Cuente lo que las siguientes personas hacían o lo que pasaba hace poco, utilizando las expresiones entre paréntesis.

Modelo: Estaba lloviendo hace poco. (nevar)   **Estaba nevando hace poco.**

1. Ramiro estaba firmando su cheque hace poco. (cerrar su cuenta corriente; leer las noticias; buscar su tarjeta de crédito)
2. Tú estabas buscando un empleo hace poco. (traer café; pelear con tu hermano; dormir)
3. Los comerciantes estaban subiendo los precios hace poco. (bajar los precios; aceptar tarjetas de crédito; cerrar sus negocios)
4. Yo estaba retirando todo mi dinero del banco hace poco. (pedir un préstamo; cobrar un cheque; llorar)
5. Nosotros estábamos estudiando hace poco. (sacar libros de la biblioteca; tratar de escuchar las cintas; charlar)

C. Los complementos con los tiempos progresivos

Note the position of the object pronouns in boldface in the sentences below.

¿Estás leyendo el artículo?

{ Sí, estoy leyéndo**lo.**
{ Sí, **lo** estoy leyendo.

¿Estás diciéndome la verdad?
¿Me estás diciendo la verdad?

{ Sí, estoy diciéndo**tela.**
{ Sí, **te la** estoy diciendo.

¿Estás poniéndote un suéter?
¿Te estás poniendo un suéter?

{ Sí, estoy poniéndo**melo.**
{ Sí, **me lo** estoy poniendo.

When object pronouns are used with a progressive tense, one of the following patterns is used:

object pronoun(s) + **estar** + present participle

estar + present participle + object pronoun(s) attached

NOTAS GRAMATICALES

1. Note that when the object pronouns are attached to the present participle, an accent mark is placed on the stressed vowel of the present participle.

2. When two pronouns are used in a progressive tense, the sequence is always indirect object before direct object.

—¿Estás poniéndote las botas?
—¿Te estás poniendo las botas?

—Sí, estoy poniéndo**melas.**
—Sí, **me las** estoy poniendo.

Ejercicio 7.   *¿Qué estás haciendo ahora?*
*Pregúntele a un/a compañero/a de clase si está haciendo las siguientes cosas
ahora. Sustituya los complementos directos o indirectos por los sustantivos.*

Modelo: escribir la tarea
　　　　　　—¿Estás escribiéndola ahora? (—¿La estás escribiendo ahora?)
　　　　　　—Sí, estoy escribiéndola ahora. (—Sí, la estoy escribiendo ahora.)
　　　　　o **—No, no la estoy escribiendo ahora (—No, no estoy escribiéndola ahora.)**

1. escucharme
2. leer el libro
3. estudiar la lección
4. tomar apuntes

5. hacerme preguntas
6. acordarse del vocabulario
7. decirme las respuestas
8. darme información

D. *Hace... que* + el tiempo presente

In the examples below, the first sentence of each pair describes the present situation. The second sentence describes a situation that has been going on for a specified period of time. Contrast the verb tenses used in Spanish and in English.

Ahorran dinero.	*They are saving* money.
Hace tres años **que ahorran** dinero.	*They have been saving* money for three years.
Margarita **maneja.**	*Margarita drives.*
Hace seis meses **que ella maneja.**	*She has been driving* for six months.

To describe a condition or action that began in the past and that is still in progress, Spanish-speakers use the following construction:

> **hace** + time + **que** + present tense

EXPLICACIÓN GRAMATICAL

To ask how long something has been going on, Spanish-speakers say:

¿ **Cuánto tiempo hace que... ?**   *(For) how long . . . ?*

Ejercicio 8.   *Diálogo: ¿ Cuánto tiempo hace ?*
Pregúntele a otra persona cuánto tiempo hace que hace las siguientes cosas.

Modelo: estudiar
—¿ **Cuánto tiempo hace que estudias español ?**
—**Hace seis meses que estudio español.**

1. asistir a la universidad
2. tener una tarjeta de crédito
3. conocer a su compañero de cuarto
4. estar en esta clase
5. saber manejar
6. ser estudiante

Ejercicio 9.   *¿ Cuánto tiempo ?*
¿ Cuánto tiempo hace que las siguientes personas hacen sus actividades ?

Modelo: Mis amigos construyen una casa. (cinco meses)
Hace cinco meses que mis amigos construyen una casa.

1. Jane Fonda hace ejercicio. (cinco años)
2. Julia Child cocina. (veinte años)

3. Nosotros tenemos tarjetas de crédito. (seis meses)
4. Los niños duermen. (dos horas)
5. Tú hablas por teléfono. (veinte minutos)
6. El profesor habla. (cincuenta minutos)
7. Los niños miran la televisión. (quince minutos)
8. Ellos ahorran dinero. (un año)

E. Los usos de *para*

Note the uses and meanings of **para** in the sentences below.

Trabajamos **para** ganarnos la vida.	*We work (in order) to earn a living.*
Salió **para** el banco.	*He left for the bank.*
¿Tiene Ud. un cheque **para** mí?	*Do you have a check for me?*
Voy a hacerlo **para** mañana.	*I am going to do it by tomorrow.*

The preposition **para** is used to indicate:

purpose, goal, objective,	*in order to*	**para** ganar dinero
general destination in space	*to, toward, for*	un autobús **para** Madrid
the recipient	*for*	un regalo **para** Ud.
		Trabajo **para** Pemex.
general destination in time, deadline	*by, for*	un trabajo **para** hoy
contrast	*for*	**Para** un norteamericano, hablas español muy bien.

banco de crédito
La visión de la diferencia

Ejercicio 10.   *¿Adónde? ¿Para qué?*
¿Adónde fueron las siguientes personas? Dé sus destinaciones y sus motivos para salir.

> Modelo: Luis (el banco / depositar su dinero)
> **Luis salió para el banco. Fue para depositar su dinero.**

1. Elena (el café / divertirse con sus amigos)
2. yo (la biblioteca / estudiar)
3. nosotros (la agencia de empleos / buscar trabajo)
4. tú (el centro / comprar ropa)
5. mis amigos (España / aprender español)
6. Teresa y Lucía (el cine / ver una película)

Ejercicio 11.   *En la tintorería (dry cleaner's shop)*
El Sr. Peralta está dando instrucciones a su empleado.

> **Modelo:**   la blusa / la doctora Cuevas / las seis de la tarde
> **La blusa es para la doctora Cuevas.**
> **La necesita para las seis de la tarde.**

1. los pantalones / el Sr. Martínez / mañana
2. el traje / Carlos Espinosa / las cinco
3. los suéteres / mi hija / esta tarde
4. el impermeable / mi vecina / la próxima semana
5. el uniforme / el cartero / las doce
6. los vestidos / la Srta. Castro / las tres

F. Los usos de *por*

Note the uses and meanings of **por** in the sentences below.

Llamamos a Juan **por** teléfono.	*We are calling Juan **on** the phone.*
Los chicos corren **por** el parque, **por** las calles...	*The boys run **through** the park, **along** the streets . . .*
Vengo **por** mi cheque.	*I am coming **for** (in search of) my check.*
Hago el trabajo **por** mi familia.	*I work **for** (on behalf of) my family.*
Te esperé **por** dos horas.	*I waited for you **for** two hours.*
Te daré $100 **por** tu bicicleta.	*I will give you $100 **for** your bicycle.*
Me pagan dos veces **por** mes.	*They pay me twice **a** (per) month.*

The preposition **por** is used to indicate:

mode, means	*by*	**por** avión, **por** teléfono
motion at a location	*through, along*	**por** la calle
motive, cause, duty	*for (the sake of)*	**por** la igualdad, **por** mis padres
elapsed time	*for*	**por** tres horas, **por** dos semanas
exchange	*(in exchange) for*	diez dólares **por** una silla
units of measure	*per; a / an*	veinte kilómetros **por** hora
multiplication	*times, by*	dos **por** dos son cuatro

Vocabulario   *Expresiones con* por

por casualidad	*by chance, coincidence*	**por lo común**	*generally, normally*
por ciento	*percent*	**por lo general**	*generally*
por cierto	*certainly*	**por lo menos**	*at least*
por ejemplo	*for example*	**por suerte**	*fortunately*
por eso	*therefore, so*	**por supuesto**	*of course*
por favor	*please*	**por todas partes**	*everywhere*
por fin	*finally, at last*		

Ejercicio 12. *Inquisitivo*
Pregúntele a otra persona cuánto pagó por las siguientes cosas.

> Modelo: el libro de español
> —¿ **Cuánto pagaste por el libro de español?**
> —**Pagué veinte dólares por el libro de español.**

1. tu bicicleta
2. tus zapatos de tenis
3. tus jeans

4. la última cinta que compraste
5. todos tus libros este semestre
6. tu raqueta de tenis

Ejercicio 13.   *Y Ud., ¿ qué dice ?*

1. ¿Llama Ud. a sus amigos por teléfono ? ¿Cuándo ?
2. ¿Le gusta dar paseos por la ciudad ? ¿ por la calle ? ¿por la playa ?
3. Cuando Ud. maneja, ¿respeta el límite de velocidad *(speed limit)* ? ¿A cuántas millas por hora maneja Ud. generalmente ?
4. ¿Cuántas veces por mes va Ud. al cine ? ¿al teatro ?
5. ¿Cuántas veces por semana va Ud. a la clase de español ?
6. ¿Manda Ud. muchas cartas por avión ? ¿Adónde ? ¿A quiénes ?
7. ¿Hace Ud. ejercicio por lo menos una vez por día ? ¿Cuántas veces ?

Ejercicio 14.   *Ayer*
*Describa lo que las siguientes personas hicieron ayer. Use **por** o **para,** según sea apropiado (as appropriate).*

1. Silvia tomó el avión _____ Nueva York. Fue allá _____ asistir a una conferencia.
2. Felipe llamó a su novia _____ teléfono. Hablaron _____ dos horas. _____ un estudiante pobre, él gasta mucho en llamarla _____ larga distancia. Él la llama _____ lo menos dos veces _____ semana.
3. Enrique e Isabel dieron un paseo _____ el centro. _____ eso, volvieron tarde.
4. Carmen compró un vestido nuevo _____ la fiesta. Pagó cien pesos _____ el vestido.
5. Ana compró un regalo _____ su mamá _____ su cumpleaños.
6. Inés salió _____ México _____ visitar a su novio. Él trabaja _____ una compañía mexicana.
7. _____ supuesto, las estudiantes se preparan _____ el examen.
8. Hoy en día hay computadoras _____ todas partes. Cuestan _____ lo menos cien dólares. Mucha gente las usa _____ su trabajo. _____ suerte tenemos dos en nuestra oficina.

Ejercicio 15. *En español*

Ramón Ortega y su amigo Jorge Goya están hablando. Dé su conversación en español.

RAMÓN   Good heavens! How much did you pay for that car?

JORGE   Not much. I bought it for two hundred dollars.

RAMÓN   Where did you find it?

JORGE   Well, I know you are not going to believe it, but I was walking along San Martín Avenue, and by chance I saw it in a parking lot. And a man was saying to me . . .

RAMÓN   Psst. Would you like to buy a good car? Cheap?

JORGE   You're right! And I bought it and fixed it a bit, and now I use it for my work.

RAMÓN   How long have you had it?

JORGE   I've had it for six months. And with a car, I am earning more money and saving more.

RAMÓN   What are you saving your money for?

JORGE   To buy another car.

RAMÓN   Fortunately!

≋Ahora le toca a Ud.   *Ganar y gastar*

Describa en un párrafo breve cómo Ud. gana dinero y cómo lo gasta. ¿Cuáles son sus gastos principales?

Si Ud. necesita una llave...

Lección 24

El intruso

intruder

*La casa está tranquila y ninguna **luz está encendida.***   light / is on

SRA. RUIZ	Pssst, Domingo. Despiértate. ¿Oyes un ruido?	
SR. RUIZ	¿Eh, eh? ¿Qué pasa? **Estaba dormido. No he oído nada.**	I was asleep. I haven't heard anything.
SRA. RUIZ	Escucha bien. *(Ellos **se quedan** muy quietos y escuchan atentamente.)* ¿Ahora me vas a decir que **no has oído** nada?	stay / you haven't heard
SR. RUIZ	Sí, hay un ruido. **Parece** que alguien está tratando de entrar en la casa.	It seems
SRA. RUIZ	¿Dejaste la **ventana abierta** en la cocina?	window / open
SR. RUIZ	Sí, **la había abierto** cuando cenamos y **me olvidé** de cerrarla antes de acostarme.	I had opened it / I forgot
SRA. RUIZ	¡Ay, Dios mío! ¿Qué hacemos ahora?	
SR. RUIZ	Llamamos a la policía en seguida.	
SRA. RUIZ	Shhhh. Oigo **pasos.**	footsteps
SR. RUIZ	¡Caramba! El ladrón ya **ha entrado** en la casa. **Ha encendido** una luz. ¿Dónde está mi **bata?** Voy a ver qué pasa.	has entered / He has turned on / robe
SRA. RUIZ	**¡Ten cuidado!**	Be careful!
CARLOS	¡Papá! ¿Todavía estás **despierto?**	awake
SR. RUIZ	¡Hijo! ¿Qué es esto? ¿Por qué **has entrado** por la ventana?	have you entered
CARLOS	**Me había olvidado** de llevar la **llave,** y cuando vi la ventana abierta, decidí no molestarlos. Pensaba que tú y Mamá ya estaban dormidos.	I had forgotten / key

Comprensión

Complete las frases para recontar la historia.

1. Cuando comienza la historia, los señores Ruiz están...
2. La señora Ruiz oye...
3. Pero el señor Ruiz no...
4. Ellos creen que...
5. Creen que el intruso ha entrado por...
6. El señor Ruiz sugiere que...
7. El intruso...
8. El señor Ruiz quiere ponerse la bata y...
9. La señora Ruiz le aconseja que...
10. El intruso es...
11. Entró por la ventana porque...

Lengua española

Vocabulario *En el hogar (home)*

SUSTANTIVOS

el dueño	*owner; landlord*	**la calefacción**	*heating*
el espejo	*mirror*	**la escalera**	*staircase*
los muebles	*furniture*	**la luz**	*light*
el piso	*floor*	**la llave**	*key*

ADJETIVOS

cómodo ≠ incómodo	*comfortable ≠ uncomfortable*
moderno ≠ antiguo	*modern ≠ old, antique*

VERBOS

alquilar	*to rent*	**Alquilaron** el apartamento hace un año.
apagar	*to turn off*	¿**Apagaste** la luz antes de salir?
compartir	*to share*	Los hermanos **comparten** el cuarto.
encender (e → ie)	*to turn on*	No **enciendo** las luces durante el día.
olvidarse (de)	*to forget*	**Se olvidó de** apagar el televisor.
poner	*to set, place*	Tienes que **poner** la mesa ahora.
parecer	*to seem*	Esta casa **parece** muy cómoda.
quedarse	*to stay, remain*	Quiero **quedarme** en casa hoy.
reparar	*to fix, repair*	El carpintero **reparó** la escalera.
romper	*to break, tear*	¿Quién **rompió** la ventana?

OBSERVACIÓN

Note the difference between **el radio** *(the radio set)* and **la radio** *(radio broadcast)*.

Carlos enciende **el radio.**   Le gusta escuchar **la radio.**

Ejercicio 1. *Su casa*
Para describir su casa o apartamento, conteste las siguientes preguntas.

1. ¿Vive Ud. en una casa o en un apartamento? En su opinión, ¿cuál es preferible?
2. ¿Tiene Ud. su propio cuarto o tiene que compartirlo? ¿Con quién lo comparte?
3. ¿Cómo es su casa o apartamento? ¿Es grande? ¿cómodo/a? ¿moderno/a?
4. ¿Tiene Ud. aire acondicionado en su casa o apartamento? ¿Tiene buena calefacción? ¿Tiene energía solar?
5. ¿Tiene Ud. carteles en su cuarto? ¿De quiénes son?
6. ¿Cuál es el mueble preferido en su cuarto?

Ejercicio 2. *Para conservar energía*
Como parte de una campaña (campaign) *para conservar energía, Ud. está haciendo carteles que sugieren cómo hacerlo. Dé sus sugerencias afirmativas o negativas en forma de mandatos.*

> Modelo: comprar alfombras y cortinas
> **Compre Ud. alfombras y cortinas.**

1. dejar las ventanas abiertas en el invierno
2. encender la luz durante el día
3. encender el televisor sin mirarlo
4. cerrar la puerta después de entrar
5. bajar la calefacción por la noche
6. olvidarse de apagar el aire acondicionado
7. apagar el radio al salir de casa
8. quedarse en cama

A. El participio pasado

In the sentences below, the words in boldface are the past participles of the verbs in parentheses. Compare the past participle endings with the infinitive endings.

(alquilar)	El apartamento está **alquilado.**	*The apartment is **rented.***
(reparar)	El televisor está **reparado.**	*The television set is **fixed.***
(encender)	El radio está **encendido.**	*The radio is **turned on.***
(perder)	El niño está **perdido.**	*The child is **lost.***
(servir)	El desayuno está **servido.**	*Breakfast is **served.***
(construir)	El garaje está bien **construido.**	*The garage is well **built.***

For most verbs, the past participle is formed as follows:

> infinitive stem + $\begin{cases} \textbf{-ado} & \text{(for \textbf{-ar} verbs)} \\ \textbf{-ido} & \text{(for \textbf{-er} and \textbf{-ir} verbs)} \end{cases}$

NOTAS GRAMATICALES

1. The construction **estar** + past participle is used to describe a condition resulting from a given action. In such a construction, the past participle functions as an adjective. It must agree in gender and number with the noun or pronoun it modifies.

> **La lámpara** está **encendida.**
> **Las luces** no están **encendidas.**
> **El radio** y **el estéreo** están **apagados.**

2. In both Spanish and English, the past participle may function as an adjective. Sometimes, however, Spanish uses a past participle where English uses another expression.

> Mi hermana está **dormida.**   *My sister is **asleep.***
> Los chicos están **sentados.**   *The boys are **sitting (seated).***

Ejercicio 3.   *¡ Qué desorden! (What a mess!)*
Miguel salió con mucha prisa (in a hurry) *esta mañana. Describa el estado de su apartamento con frases negativas o afirmativas.*

> Modelo: las luces (encender)   **Las luces están encendidas.**

1. el televisor (encender)
2. el radio (apagar)
3. el aire acondicionado (encender)
4. las ventanas (cerrar)
5. la puerta (cerrar)
6. la cocina (arreglar)
7. su alcoba (arreglar)
8. los platos (lavar)

Ejercicio 4.   *Diálogo: ¿ Cómo estás ?*
*Pregúntele a otra persona en la clase cómo está hoy. Use **estar** y el participio pasado, como en el modelo.*

> Modelo: preocupar
>   —¿ **Estás preocupado/a ?**
>   —**Sí, estoy preocupado/a.**   o   —**No, no estoy preocupado/a.**

1. preparar para el examen
2. bien vestir
3. ocupar hoy
4. sentar cómodamente
5. descansar
6. dormir
7. agitar
8. cansar

B. Participios pasados irregulares

A few verbs in Spanish have irregular past participles.

escribir	**escrito** *(written)*	La carta está **escrita**.
romper	**roto** *(broken)*	Las gafas están **rotas**.
hacer	**hecho** *(done; made)*	La cama está **hecha**.
morir	**muerto** *(dead)*	Su abuelo está **muerto**.
poner	**puesto** *(put; set)*	La mesa está **puesta**.
abrir	**abierto** *(open, opened)*	La ventana está **abierta**.

Ejercicio 5.   ¿*Cómo están las cosas?*
Ana María regresa de sus vacaciones y su compañera de cuarto le cuenta cómo están las cosas. Haga el papel de la compañera.

Modelo: un espejo / romper   **Un espejo está roto.**

1. los cheques / escribir
2. el garaje / alquilar
3. las camas / hacer
4. el canario / morir
5. la mesa / poner

6. la lámpara de cristal / romper
7. las plantas / morir
8. la pared / reparar
9. las ventanas / lavar
10. las almohadas / poner en el sofá

Ejercicio 6.   *Frustraciones*
*Las siguientes personas no hicieron ciertas cosas. Dé ocho frases afirmativas o negativas con los elementos de las Columnas A, B, C, y D y los verbos **poder** y **estar**.*

Modelo: **Elena no pudo llamar a Paco porque el teléfono no estaba arreglado.**

A	B	C	D
yo	ir al centro	el teléfono	arreglar
Elena	cambiar un cheque	el televisor	romper
mis amigos	acostarse	la mesa	abrir
Raúl y yo	ir de compras	el coche	cerrar
Ud.	comer	la cama	reparar
	ver aquel programa	las tiendas	poner
	llamar a Paco	el banco	hacer
	comprar aspirinas	la farmacia	
	preparar la comida	el mercado	
	sentarse	el refrigerador	
	dormir	la silla	

C. El presente perfecto

The present perfect is a past tense. As in English, it is used to describe what has or has not happened. In the sentences below, the verbs in boldface are in the present perfect.

¿**Has leído** tu horóscopo hoy?   *Have you read your horoscope today?*
No, **no he leído** el periódico   *No, I haven't read the paper yet.*
todavía.

¿**Han llamado** Uds. a Tomás?   *Have you called Tomás?*
No, y no **hemos llamado** a Ana   *No, and we haven't called Ana either.*
tampoco.

Study the forms of the present perfect of **ir** in the chart below.

(yo)	**He** ido a México.	(nosotros)	**Hemos** ido al Uruguay.
(tú)	**Has** ido al Perú.	(vosotros)	**Habéis** ido al Paraguay.
(él, ella, Ud.)	**Ha** ido a Chile.	(ellos, ellas, Uds.)	**Han** ido a España.

NOTAS GRAMATICALES

1. The present perfect is a compound tense that consists of two words.

> present of **haber** + past participle

2. When the past participle is used in a perfect tense, its form does not change with the subject. It always ends in **-o.**

Paco y Roberto ⎫
Elena y María ⎬ han **aprendido** mucho.

3. The construction **haber** + past participle forms a block that cannot be broken by a pronoun or a negative word.

¿**Ha llamado** Ud. a Elena?   *Have you called Elena?*
No, no la **he llamado.**   *No, I have not called her.*

¿Te **has olvidado** de algo?   *Have you forgotten something?*
No me **he olvidado** de nada.   *I haven't forgotten anything.*

4. Here are several more verbs with irregular past participles.

decir	**dicho** *(said, told)*	¿Qué ha **dicho** el profesor?
descubrir	**descubierto** *(discovered)*	El científico ha **descubierto** un virus nuevo.
ver	**visto** *(seen)*	¿Has **visto** mi nuevo sillón?
volver	**vuelto** *(returned)*	Pedro no ha **vuelto** a casa.

5. Verbs with infinitives ending in **-eer** have an accent mark on the past participle ending.

> leer **leído**   creer **creído**

Ejercicio 7.   *Diálogo: ¿ Qué has hecho recientemente ?*
Pregúntele a otra persona si ha hecho una de las siguientes cosas recientemente.

Modelo: comprar alguna revista
—¿ Has comprado alguna revista recientemente ?
—Sí, he comprado una revista.
o **—No, no he comprado ninguna revista.**

1. arreglar su cuarto
2. reparar su coche
3. perder sus llaves
4. jugar a un deporte
5. aprender algo nuevo
6. viajar en avión
7. ir a un partido de fútbol
8. compartir sus cosas
9. romper un espejo
10. escribir una carta
11. abrir una cuenta en el banco
12. poner algo nuevo en su cuarto

Ejercicio 8.   *¿ Cómo han pasado el mes?*
Algunos estudiantes hispanos han pasado un mes en los Estados Unidos. Cuente lo que han hecho, según el modelo.

Modelo: Esteban / adaptarse bien   **Esteban se ha adaptado bien.**

1. Enrique / divertirse mucho
2. yo / quedarse en Miami por un mes
3. María / olvidarse de su novio
4. Felipe / encontrarse con mucha gente
5. tú / expresarse bien en inglés
6. yo / hacer muchas cosas
7. nosotros / pelearse
8. Uds. / ver Nueva York
9. tú / ir a San Francisco
10. Inés y Ana / descubrir muchas tiendas interesantes

Ejercicio 9.   *Dicho y hecho*
Los señores Romero han dicho al dueño de su casa que él debe hacer ciertas cosas mientras ellos están de vacaciones. Cuando regresan, le preguntan si ha hecho estas cosas. Haga el papel de los señores Romero y del dueño, según el modelo.

Modelo: reparar la escalera
Los señores Romero: **¿ Ha reparado la escalera ?**
El dueño: **Sí, la he reparado.**

1. apagar el aire acondicionado
2. lavar los pisos
3. hacer más llaves
4. pintar las paredes
5. comprar otro refrigerador
6. reparar el lavaplatos
7. encender la calefacción
8. llamar al plomero

Vocabulario   *Para poner la mesa*

el cuchillo	*knife*	la copa	*wine glass*
el mantel	*tablecloth*	la cuchara	*spoon*
el platillo	*saucer*	la cucharita	*teaspoon*
el plato	*plate*	la servilleta	*napkin*
el tenedor	*fork*	la taza	*cup*
el vaso	*glass*		

Ejercicio 10.   *La cena*

¿ Tiene Ud. invitados (guests) *para cenar esta noche ? ¿ Qué ha puesto en la mesa ?*

1. Para decorar la mesa he puesto _____ y _____ .
2. Para tomar el vino he puesto _____ .
3. Para comer la carne he puesto _____ y _____ .
4. Para el café he puesto _____ y _____ .
5. Para tomar agua he puesto _____ .
6. Para limpiar la boca y las manos he puesto _____ .
7. Para tomar la sopa he puesto _____ .
8. Para comer el flan he puesto _____ .

D. El pluscuamperfecto

The pluperfect tense is used to express what had happened prior to another past event. In the sentences below, the verbs in boldface are in the pluperfect.

Cuando llegué, mis amigos ya **habían salido.**	*When I arrived, my friends **had** already **left.***
El verano pasado fui a Puerto Rico.	*Last summer, I went to Puerto Rico.*
El verano anterior **había ido** a México.	*The summer before, **I had gone** to Mexico.*

Study the forms of the pluperfect of **leer** in the chart below.

(yo)	**Había leído** el periódico.	(nosotros)	**Habíamos leído** las noticias.
(tú)	**Habías leído** la revista.	(vosotros)	**Habíais leído** el artículo.
(él, ella, Ud.)	**Había leído** el horóscopo.	(ellos, ellas, Uds.)	**Habían leído** el poema.

NOTAS GRAMATICALES

1. The pluperfect, like the present perfect, is a compound tense. It is formed according to the following pattern:

> imperfect of **haber** + past participle

2. As with the present perfect, adverbs and negative expressions never come between the auxiliary verb **haber** and the past participle.

Ya **había comprado** la alfombra.   *I had already bought the rug.*
No **habían visto** las almohadas.   *They had not seen the pillows.*

3. Object pronouns always come *before* the verb **haber.** Contrast:

Nos habían despertado temprano.   *They had woken **us** up early.*
Me lo habías dicho ayer.   *You had told **me that** yesterday.*

Ejercicio 11.   *Todo cambia*
Explique lo que pasó el verano pasado, y después explique lo que había pasado el verano anterior.

Modelo: Pedro (visitar a sus primas / a sus abuelos)
El verano pasado Pedro visitó a sus primas.
El verano anterior había visitado a sus abuelos.

1. Rafael (trabajar en un banco / en una tienda)
2. Elena y Silvia (compartir un apartamento / un cuarto)
3. Uds. (quedarse en casa / en la universidad)
4. tú (pasar las vacaciones en el Perú / en España)
5. mi familia y yo (ir a la playa / ir a Las Vegas)
6. yo (ahorrar mucho dinero / poco dinero)
7. Federico (hacer un viaje al Canadá / a Europa)
8. María (salir con Miguel / con Alberto)

Ejercicio 12.   *La primera vez (The first time)*
Imagínese que Ud. acaba de pasar el verano en España, donde hizo muchas cosas diferentes. Cuando un/a compañero/a le pregunta si había hecho estas cosas antes, dígale que sí o que no, según el modelo.

Modelo: Hablaste español.
—¿ **Habías hablado español antes ?**
—**Sí, había hablado español antes.**
o   —**No, no había hablado español antes.**

1. Viviste en un país hispano.
2. Comiste calamares *(squid)*.
3. Bebiste vino español.
4. Escuchaste música flamenca.
5. Visitaste el Prado.
6. Fuiste a Sevilla y Granada.
7. Viste una corrida *(bullfight)*.
8. Leíste *Cambio 16.*

En sus vacaciones olvídese de todo
menos de apagar las luces.

Ejercicio 13.   *En español*
El « Plaza Hotel » ha puesto el siguiente letrero (sign) *en las puertas de todas las habitaciones. Tradúzcalo para los huéspedes* (guests) *que hablan español.*

Have you turned off the air-conditioning before leaving your room?
Have you turned off all the lights that you are not using?
Have you closed the windows before turning on the air-conditioning?
Have you looked under **(debajo de)** the beds to be sure **(asegurarse)** that you haven't left something there?
Have you forgotten anything?

≋Ahora le toca a Ud.   *Para conservar energía*

Diga las cosas que Ud. ha hecho este mes para ayudar a conservar energía.

EN RESUMEN

A. Sustituya las palabras o expresiones entre paréntesis por las palabras en cursiva. Haga todos los cambios necesarios.

1. *Yo* estoy pagando las cuentas ahora. (los comerciantes; tú; el contador; tú y yo)
2. Nosotros *estamos pagando con una tarjeta de crédito.* (firmar los cheques; abrir una cuenta corriente; ahorrar nuestros sueldos; leer la cuenta)
3. ¿Están arreglando *la sala?* Sí, estamos arreglándola. (las flores; los documentos; el garaje)
4. ¿Estás poniéndote *el suéter?* No, no estoy poniéndomelo. (las botas; la corbata; el sombrero)
5. ¿*Gastará sus ahorros* Jaime? (tener éxito; hacer un viaje; venir a la oficina; salir para España; poner su dinero en el banco)
6. *La enfermera* lo cuidará. (los empleados; el Sr. Suárez y yo; tú; su amiga; yo)
7. *Yo* no haría eso. (tú; el carpintero; los mecánicos; mi jefe y yo)
8. En mi lugar, ¿qué *harías?* (decir; querer; poner en la sala; escoger)
9. Sí, Mamá. Todo está *preparado.* (hacer; arreglar; romper; poner en la mesa)
10. No *he hecho* nada. (decir; perder; romper; comprar; ver; leer)
11. Antes de ir a México, *ellos* nunca habían viajado. (yo; mi familia; mi familia y yo; tú)
12. Cuando *yo* estuve en España, vi algo que no había visto antes. (Camila; Carlos e Inés; mi esposo y yo; tú)

B. Complete las frases con **por** *o* **para.**

¡Las vacaciones _____ fin! Mañana saldré _____ Puerto Rico y voy a estar allá _____ dos semanas. Tengo que volver a casa _____ el 23 de enero porque tengo que hacer un trabajo _____ un cliente el 25 de enero. Claro, voy _____ avión porque hoy en día no es caro. Pagué solamente ciento cincuenta dólares _____ el boleto. ¡No voy a preocuparme _____ nada! Cuando estoy en Puerto Rico quiero dar un paseo _____ el viejo San Juan _____ mirar la arquitectura colonial y las calles interesantes. También quiero pasar _____ lo menos dos horas _____ día en la playa. ¡_____ mí, no hay vacaciones mejores!

Otras perspectivas VIII

En la biblioteca de la Universidad de Panamá

Lectura cultural *La enseñanza*

education

El sistema **educativo** al nivel secundario y universitario en los países hispanos es bastante diferente del sistema educativo de los Estados Unidos. En la **mayoría** de estos países, los estudiantes **ingresan** a la escuela secundaria a los trece o catorce años. Pero los colegios son especializados. Los estudiantes que quieren prepararse para la universidad tratan de ingresar a un colegio que enseñe las humanidades. En algunos países los que quieren ser maestros asisten a una escuela **normal.** También hay escuelas militares y escuelas vocacionales que preparan a los estudiantes para carreras específicas. Así que a los trece o catorce años los jóvenes ya tienen que tomar las decisiones que **influirán** enormemente su futuro.

educational
majority
enter

teacher-training

will affect

Ésta es una de las diferencias notables entre el sistema educativo de los Estados Unidos y **el de** los países hispanos. Otra diferencia es que en los colegios de estos países la mayoría de las asignaturas son obligatorias. El sistema no permite que los estudiantes escojan lo que quieren estudiar o, si se les permite escoger, es **dentro de** una selección muy limitada.

that of

within

Al terminar sus estudios secundarios, los estudiantes reciben el bachillerato. Éste no es el equivalente del título universitario de los Estados Unidos. El bachillerato indica solamente que los estudiantes se han graduado de la escuela secundaria.

Las universidades de los países hispanos se componen de diferentes facultades: **Ingeniería,** Filosofía y Letras, Medicina, Ciencias Naturales, Ciencias Sociales, Derecho, **Pedagogía,** Farmacología, Administración de Negocios, **Odontología,** Veterinaria, Trabajo Social, **Agronomía** y Economía. Después de tomar un examen de ingreso, los estudiantes que han sido aceptados se matriculan directamente en la facultad que han seleccionado y allá pasan de tres a siete años, según el curso que siguen. Es una educación dirigida casi exclusivamente a la preparación profesional.

> Engineering
> Education
> Dentistry / Agriculture

Las universidades públicas son muy grandes y casi siempre están en las grandes ciudades. La Universidad Nacional Autónoma de México, por ejemplo, tiene más de 250.000 estudiantes y se llama Ciudad Universitaria. La matrícula en las universidades públicas es muy baja, pero el número de estudiantes que quiere ingresar es muy grande, y no hay suficientes **plazas** para todos. También hay universidades **particulares,** pero su matrícula es bastante cara.

> places
> private

La vida estudiantil también es diferente. Pocas universidades tienen residencias de estudiantes, y las que tienen residencias no tienen suficientes cuartos. Entonces, los estudiantes de la misma ciudad generalmente viven con su familia. **Los que** son de **otra parte** tienen que vivir con parientes, alquilar un cuarto en una casa o **compartir** un apartamento con otros estudiantes. Por eso, la vida social de los estudiantes no se concentra tanto en la universidad como en los Estados Unidos, y no hay tanto interés en los deportes universitarios. **Sin embargo,** los estudiantes frecuentemente se reúnen en grupos para estudiar juntos. Tradicionalmente, el estudiante hispano ha dirigido su energía y entusiasmo a **cuestiones** políticas. Entonces, **no es nada** sorprendente que muchos de los líderes políticos de los países latinoamericanos hayan comenzado sus actividades políticas mientras eran estudiantes.

> Those who /
>   elsewhere
> to share

> However

> issues / it's not at all

Actividad A.   *Comprensión de lectura*

1. En los países hispanos los estudiantes ingresan al colegio cuando tienen _____ .
2. Las escuelas secundarias son _____ .
3. En los colegios hispanos la mayoría de las asignaturas son _____ .
4. Se recibe el bachillerato al terminar los estudios _____ .
5. Para ingresar a la universidad, hay que tomar _____ .
6. La universidad se compone de _____ .
7. Un curso de estudios puede seguir por _____ .
8. La preparación universitaria está dirigida a la _____ .
9. En las universidades públicas la matrícula es _____ , pero el número de estudiantes que quiere ingresar es _____ .
10. La mayoría de los estudiantes no viven _____ .

Actividad B. *Diferencias culturales*

1. ¿A qué edad ingresó Ud. al colegio?
2. ¿Asistió Ud. a un colegio especializado? ¿Cuál era la especialización?
3. ¿Ya ha tomado Ud. decisiones sobre su futuro? ¿A qué edad las tomó?
4. ¿Qué asignaturas eran obligatorias en su colegio? ¿Cuáles son obligatorias en su universidad?
5. ¿Tiene su universidad facultades? ¿Cuáles son?
6. ¿Tomó Ud. un examen de ingreso para ingresar a la universidad? ¿Era fácil o difícil?
7. ¿Cuántos años piensa Ud. pasar en la universidad?
8. ¿Cree Ud. que su preparación está dirigida a una carrera profesional?
9. ¿Es la matrícula en su universidad alta, baja o regular?
10. ¿Cuántos estudiantes se matriculan en su universidad?
11. ¿Dónde vive Ud. mientras estudia?
12. ¿Participa Ud. en la vida social de la universidad? ¿Tiene Ud. interés en los deportes universitarios como participante o espectador/a?
13. ¿Hay mucha actividad política en su universidad? ¿Cuáles son las cuestiones políticas que les interesan a los estudiantes? ¿Cómo demuestran su interés?

La biblioteca de la Universidad Nacional Autónoma de México es una obra de arte del pintor Juan O'Gorman.

Nota cultural   En otras palabras...

A veces hay diferencias regionales en la lengua española. Una palabra casi universal es **autobús.** Pero en México se usa la palabra **camión** en vez de **autobús,** en algunos países del Caribe se dice **la guagua,** en la Argentina y el Uruguay los autobuses pequeños se llaman **colectivos** y también se escuchan las palabras **ómnibus** o **micro** en *algunas partes.*

some places

Día por día   *Un año en el extranjero*   abroad

Frank Griffin es un estudiante norteamericano que va a pasar un año en el extranjero para perfeccionar su español. Hoy es su primer día en la Universidad Nacional Autónoma de México (UNAM).

FRANK   Perdón, señorita. ¿Me podría decir dónde queda la **librería**?   bookstore

Buenos días, señorita. ¿Dónde está la librería, por favor?
¿Me puede indicar la librería?

SEÑORITA   Sí. Está en ese **edificio** grande.   building

Cómo no. Queda en ese edificio grande.
No estoy segura, pero creo que está en ese edificio grande.

FRANK   Gracias. ¿Sabe Ud. a qué hora se abre?
SEÑORITA   Ay, lo siento mucho, pero no sé.

Creo que abre a las 9:00.

¿Es Ud. norteamericano?

FRANK   Sí. Me llamo Frank Griffin y voy a pasar un año aquí en la UNAM.

SEÑORITA   ¡Qué bien! Me llamo Sandra Quiñones y soy estudiante aquí.
¿Qué va a estudiar?

¿Qué piensa estudiar?
¿Qué clases va a tomar?

FRANK   Quiero estudiar literatura mexicana. ¿Conoce Ud. a algunos de los profesores que enseñan esta materia?

SANDRA   Sí, cómo no. Yo también estudio literatura mexicana.
¿Qué le gustaría saber?

¿Qué quiere saber?
¿Qué desea saber?
¿Qué preguntas tiene?

FRANK   **A ver...** ¿No podemos tomar un café **mientras** hablamos?   Let's see / while

¿Le gustaría tomar un café conmigo...
¿La puedo invitar a tomar un café...

SANDRA   ¡Cómo no! Y, ¿por qué no nos **tuteamos**?   address each other as
                                                                              tú

Actividad C.   *En el centro*
Frank le pregunta a un joven en la esquina dónde para el autobús que va al Museo de Bellas Artes.

FRANK   Perdón, señor. ¿ _____ dónde para el camión que pasa por el Museo de Bellas Artes?

JOVEN   Aquí en esta esquina. Yo también estoy esperándolo.

FRANK   Gracias. ¿ _____ si los camiones pasan frecuentemente?

JOVEN   Sí. _____ pasan cada quince minutos.

FRANK   Cada quince minutos. ¿ _____ si pasó uno hace poco?

JOVEN   _____ . Yo también acabo de llegar a la esquina.

Actividad D.   *En el museo*
Frank entra al museo y habla con la señorita que vende boletos de entrada.

FRANK   ¿ _____ es la entrada?

SEÑORITA   Diez pesos, señor. Cinco pesos con tarjeta de estudiante.

FRANK   Aquí tiene mi tarjeta. ¿ _____ se cierra el museo?

SEÑORITA   A las cinco de la tarde.

FRANK   ¿ _____ se venden boletos para el Ballet Folklórico?

SEÑORITA   En la boletería que está a la vuelta *(around the corner)*.

FRANK   ¿ _____ si hay una función esta noche?

SEÑORITA   _____ . Se puede preguntar en la boletería.

BALLET FOLKLORICO DE MEXICO

PALACIO DE BELLAS ARTES   MEXICO

Lección 25 **Los turistas**

Lesson Objectives
In this lesson you will learn to . . .
- give directions
- ask the necessary questions to get around in a new place
- indicate location
- use ordinal numbers
- shop in Spanish-speaking countries

Lección 26 **Una carta del viajero**

Lesson Objectives
In this lesson you will learn to . . .
- express your travel preferences
- indicate what belongs to you or to others
- state obligations

UNIDAD IX

Lección 27 **La política**

Lesson Objectives
In this lesson you will learn to . . .
- state your opinions
- express your feelings about certain issues
- express certainty or doubt
- discuss politics and government

Otras perspectivas IX

In this section you will . . .
- learn about the natural wonders and spectacular sights of Latin America
- practice buying a ticket, getting a seat and boarding a plane

Se viaja cómodamente en el Metro.

Lección 25

Los turistas

*¿ Estamos en México ? ¡ No !
Es la Calle Olivera de Los
Angeles.*

Guillermo y Roberto, dos jóvenes de Barcelona, están de vacaciones en Nueva
York. Hoy es el **primer** día de su visita.   first

GUILLERMO	*(Leyendo **en voz alta de la guía turística**)* « La **Sede** de las Naciones Unidas está situada entre la Primera Avenida y el East River, **desde** la calle 42 **hasta** la calle 48. Las **esculturas** y **obras** de arte en sus **edificios fueron donadas** por las naciones **miembros...** »	aloud / guidebook / Headquarters from / to / sculptures works / buildings / were donated members
ROBERTO	Claro que tenemos que verla. Pero escucha esto: « La **Estatua** de la Libertad, el **mundialmente** famoso símbolo de libertad, fue donada por Francia a los Estados Unidos en commemoración de la **alianza** entre ambos países durante la Guerra de Independencia... »	Statue world alliance
GUILLERMO	¿ No podemos ver los dos lugares en un día ?	
ROBERTO	**A ver** el mapa. ¡ Hombre ! ¡ Es imposible ir a los dos lugares en un día ! ¿ Por qué no vamos a ver la Estatua de la Libertad mañana ? **Total,** éste es nuestro primer día en Nueva York y no se puede ver todo en un día.	Let's see After all
GUILLERMO	¡ Pero mira lo que hay para ver el **segundo** día, el **tercer** día y...	second / third
ROBERTO	¡ Y si **seguimos** leyendo las guías turísticas **en vez de** salir, no vamos a ver nada hoy !	we keep on / instead of

Comprensión

1. ¿ De qué país son Guillermo y Roberto ? ¿ Dónde están ahora ?
2. ¿ Cuánto tiempo hace que están en los Estados Unidos ?
3. ¿ Qué están leyendo ?
4. ¿ Adónde quiere ir Guillermo ?
5. ¿ Adónde quiere ir Roberto ?
6. ¿ Dónde está situada la Sede de las Naciones Unidas ?
7. ¿ Qué país donó la Estatua de la Libertad a los Estados Unidos ?
8. ¿ Por qué es difícil ver los dos lugares en un día ?

Lengua española

Vocabulario *En la ciudad (city) y el campo (country)*

SUSTANTIVOS

el árbol	*tree*	la autopista	*toll road, highway*
el camino	*road*	la cuadra	*block*
el edificio	*building*	la granja	*farm*
el lago	*lake*	la montaña	*mountain*
el mapa	*map*	la parada de autobús	*bus stop*
el pueblo	*town*		
el río	*river*		

VERBOS

bajar (de)	*to get off*	**Bajamos del** autobús aquí.
doblar (a la derecha, a la izquierda)	*to turn (right, left)*	¿Tengo que **doblar a la derecha** en la esquina?
seguir (e → i)	*to continue; to follow*	Yo siempre **sigo** las instrucciones.
seguir derecho	*to go straight ahead*	Y ahora **seguimos derecho.**
subir (a)	*to get on*	María **sube al** autobús en la esquina.

OBSERVACIÓN

Note the difference between **campo** and **país**.

El campo is the country, as opposed to the city.   *Me gusta visitar **el campo**.*
Un país is a country, in the sense of a nation.   *México es **un país**.*

Ejercicio 1.   *Su ambiente (surroundings)*

1. ¿Dónde vive Ud., en una ciudad, en un pueblo, en un suburbio o en el campo? ¿Le gusta vivir allí? ¿Por qué?
2. ¿Preferiría vivir en otro lugar? ¿Por qué?
3. ¿Nació en el mismo lugar donde vive ahora? ¿Vivía en otro lugar antes? ¿Dónde vivía?
4. En su opinión, ¿cuál es la ciudad más linda y agradable que Ud. conoce? ¿Cuáles son las características de esta ciudad?
5. ¿En qué ciudad no le gustaría vivir? ¿Por qué?
6. ¿Prefiere Ud. vivir en el campo o solamente visitarlo?

Ejercicio 2.   ¿Cómo se va... ?

Ud. es un/a huésped/a (guest) *en el Hotel Jerez en Jerez de la Frontera, España, y tiene un coche alquilado. Pero, como Ud. no conoce bien la ciudad, tiene que pedir indicaciones* (directions). *Mire el mapa y haga y conteste las preguntas con un/a compañero/a de clase.*

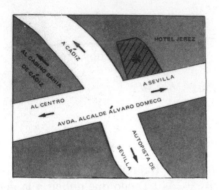

1. —Perdóneme, señor. ¿Cómo se va al centro?
   —Al salir del hotel, tiene que _____ .
2. —Discúlpeme, señorita. ¿Me podría decir cómo se llega a la autopista de Sevilla?
   —¡Cómo no! Cuando Ud. sale del hotel, hay que _____ .
3. —Buenos días, señora. ¿Dónde se encuentra la carretera para Cádiz?
   —Cuando Ud. sale del hotel, tiene que _____ .
4. —Buenas tardes, señor. ¿Me puede indicar el camino para Sevilla?
   —Sí, cómo no. Es muy fácil. Al salir del hotel, _____ .

A. La voz pasiva

When the subject of a sentence receives the action of the verb instead of performing it, the verb is said to be in the passive voice. Contrast the verb forms used in each pair of sentences. In the first sentence, the subject does the action: the construction is in the active voice. In the second sentence, the subject is the recipient of the action: the construction is in the passive voice.

(active)	Nuestros amigos siempre **nos invitan** a Nueva York.	*Our friends always **invite us** to New York.*
(passive)	Siempre **somos invitados** a Nueva York **por** nuestros amigos.	*We are always **invited** to New York **by** our friends.*
(active)	Mi tío **compró** este mapa.	*My uncle **bought** this map.*
(passive)	Este mapa **fue comprado por** mi tío.	*This map **was bought by** my uncle.*

In Spanish, the passive construction is formed as follows:

ser + past participle + **por** + agent (if expressed)

NOTAS GRAMATICALES

1. In passive constructions, the past participle agrees with the subject in gender and number.

   Graciela es **invitada.**   **Nosotros** somos **invitados.**

2. The verb **ser** in the passive construction may occur in any tense: present, preterite, future, etc.

   María e Inés no **fueron** invitadas.   Mis hermanos **serán** invitados.

Ejercicio 3.   *La fiesta del club de español*
El club de español da una fiesta de Navidad. Diga quiénes prepararán la comida, según el modelo.

    Modelo: el flan / Alicia   **El flan será preparado por Alicia.**

1. la ensalada / Manuel
2. los sándwiches / Consuelo
3. las tortas / Tina y María
4. el arroz / Cecilia
5. la sangría / Guillermo y Tomás
6. los tacos / los estudiantes mexicanos

Ejercicio 4.   *Mucha ayuda*
Isabel y Ricardo se casaron en junio, y como no tenían mucho dinero para arreglar su apartamento, sus parientes y amigos los ayudaron. Diga qué cosas fueron hechas por las siguientes personas.

    Modelo: el apartamento / pintar / el hermano de Isabel
          El apartamento fue pintado por el hermano de Isabel.

1. las cortinas / hacer / la tía Clara
2. el sofá / comprar / el tío Bernardo
3. las paredes de la cocina / pintar / su amigo Paco
4. los platos / prestar / la mamá de Ricardo
5. el espejo / regalar / sus primos
6. el trabajo / compartir / sus parientes y amigos
7. la mesa del comedor / construir / el papá de Isabel
8. el apartamento / arreglar / sus parientes y amigos

Ejercicio 5.   *El terremoto (earthquake) del '85*
En 1985 hubo un terremoto muy fuerte en la capital de México. Cuente lo
que pasó, usando la voz pasiva.

> Modelo: Los mexicanos recuerdan el terremoto.
> **El terremoto es recordado por los mexicanos.**

1. El terremoto destruyó muchos edificios.
2. La gente buscó a las víctimas en las ruinas de los edificios.
3. La policía usó perros para encontrar a las víctimas.
4. Los perros encontraron a algunas personas.
5. El gobierno mexicano construirá casas nuevas.
6. El terremoto causó mucho sufrimiento *(suffering)*.
7. Los seismólogos estudian los terremotos.

B. La voz pasiva y el *se* passivo

The passive voice is used when the agent responsible for the action is known.

> *Don Quijote* **fue escrito** por   Don Quixote *was written* by
>   Cervantes.   Cervantes.

When the agent is unknown or not clearly defined, the following construction
is preferred:

> **se** + verb + subject

> No **se escribieron** muchas novelas   *Not many novels* **were written** *at that time.*
>   en esa época.

Note that in such a construction, the verb agrees with the subject.

> **Se vende** pan en la panadería.   *Bread* **is sold** *at the bakery.*
> **Se venden** pasteles en la pastelería.   *Cakes* **are sold** *at the pastry shop.*

SU HELADERIA

Calidad

Variedad y gustos

exclusivos

CHIOZZA 2016
SAN BERNARDO

Ejercicio 6. *Cambios*

Ernesto acaba de regresar a México después de una ausencia de unos cinco años. Le pregunta a su primo Alberto cuándo se hicieron ciertas cosas. Con otro/a estudiante, haga los papeles de Ernesto y Alberto.

> Modelo: ¿ construir este museo ? / 2 años
> Ernesto: **¿ Cuándo se construyó este museo ?**
> Alberto: **Se construyó hace 2 años.**

1. ¿ plantar esos árboles ? / 4 años
2. ¿ inaugurar esta autopista ? / 6 meses
3. ¿ terminar este puente *(bridge)* ? / 2 meses
4. ¿ pintar esa pintura mural ? / 3 años
5. ¿ vender esas casas ? / 4 meses
6. ¿ construir aquellos edificos ? / 3 anõs

Vocabulario *Productos y servicios*

LOS LUGARES, LOS PRODUCTOS Y LOS SERVICIOS

En la **carnicería**	se vende carne.	En la **panadería**	se venden pan y pasteles.
En la **heladería**	se vende helado.	En la **papelería**	se venden papel, cuadernos, lápices
En la **lavandería**	se lava la ropa.		y bolígrafos.
En la **lechería**	se venden leche,	En los **quioscos**	se venden periódicos, revistas, y flores.
	queso y huevos.	En la **tintorería**	se limpia la ropa.
En la **librería**	se venden libros.	En la **verdulería**	se venden fruta y verduras.
		En la **zapatería**	se venden zapatos.

OBSERVACIÓN

The word **tienda** is used with the name of a product to designate many other types of shops.

una tienda de discos	*a record shop*
una tienda de ropa	*a clothing store*

Ejercicio 7.   *En España*

Bob Morgan es un estudiante norteamericano que está pasando un año en España. Le pregunta a la dueña de su apartamento dónde se pueden comprar ciertos productos u obtener ciertos servicios. Con otro/a estudiante, hagan los papeles de Bob y la dueña.

Modelo: comprar zapatos
          Bob: **¿Dónde se compran zapatos?**
          La dueña: **Se compran zapatos en la zapatería.**

1. comprar pan
2. vender revistas
3. vender carne
4. lavar camisas

5. comprar huevos
6. vender libros
7. limpiar la ropa

8. comer helado
9. vender verduras
10. comprar bananas

Vocabulario   *Frases prepositivas de lugar*

EL PERRO ESTÁ AL LADO DEL ÁRBOL.

ESTÁ DELANTE DEL ÁRBOL.

ESTÁ DETRÁS DEL ÁRBOL.

ESTÁ DENTRO DE SU CASA.

ESTÁ FUERA DE SU CASA.

ESTÁ ENTRE DOS ÁRBOLES.

Ejercicio 8.   *En esta cuadra*

Ud. está en el centro de una ciudad hispana al lado del semáforo de la esquina, esperando a un amigo. Mientras espera, varias personas le piden indicaciones. Contésteles, dando las indicaciones completas, según la ilustración.

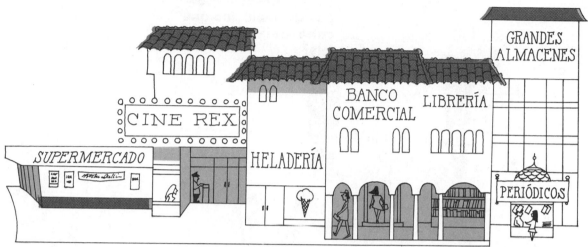

1. Discúlpeme, señor (señorita, señora). ¿Me podría decir si hay un banco
   cerca de aquí?
      Sí, el banco está _____ .
   ¿Está al lado del almacén?
      No, está _____ .
2. Discúlpeme, señor. ¿Sabe Ud. si se venden periódicos en esta cuadra?
      Sí, se venden periódicos en _____ .
   ¿Está el quiosco fuera del almacén?
      Sí, está _____ .
3. Discúlpeme, señor. Estoy buscando una zapatería. ¿Hay una en esta
   calle?
      No, pero se venden zapatos en _____ .
   Ah, ya lo veo. Hay un quiosco delante del almacén.
      Sí, el almacén está _____ .
4. Discúlpeme, señor. ¿Me puede decir dónde se encuentra una librería cerca
   de aquí?
      Sí, hay una librería _____ .
   ¿Está entre el cine y el banco?
      No, está _____ .
5. Discúlpeme, señor. ¿Hay una panadería por aquí?
      No, no hay una panadería, pero se vende pan en _____ .
   ¿Está lejos de aquí el supermercado?
      No, Ud. está _____ .

—¿Cuál es el mejor momento del día para ti? ¿El desayuno detrás del periódico o la cena delante de la tele?

C. *Pero* vs. *sino*

Pero and **sino** both correspond to *but* in English. However, they each have distinct uses. Note these uses in the following sentences.

No se venden revistas en la librería **sino** en el quiosco.	*They don't sell magazines in the bookstore **but** in the kiosk.*
No se baja en esta esquina **sino** en la otra.	*You don't get off at this corner **but** at the other.*
No hay una zapatería cerca de aquí, **pero** se venden zapatos en el almacén.	*There isn't a shoe store near here, **but** shoes are sold in the department store.*

Sino means *but* in the sense of *on the contrary*. It always follows a negative expression.

Ejercicio 9.   *Para ir al Museo Antropológico*
*Ud. es un/a turista en la capital de México y quiere visitar el Museo Antro-
pológico. Con otra persona de la clase, hagan los papeles del / de la turista y
el/la amigo/a mexicano/a que le da indicaciones.*

> Modelo: ir en metro / autobús
> El/la turista: **¿Se va en metro?**
> El/la amigo/a: **No, no se va en metro sino en autobús.**

1. tomar el autobús en esta esquina / en la próxima esquina
2. bajar cuando el autobús llega a la Zona Rosa / al Museo Antropológico
3. doblar a la izquierda al bajar del autobús / a la derecha
4. abrir el museo a las once / a las diez
5. ver cuadros modernos / artefactos de las culturas maya y azteca

D. Los números ordinales

Ordinal numbers are used to indicate numerical sequence. In Spanish, they
have the following forms:

1	**primero (primer)**	*first*	5	**quinto**	*fifth*	8 **octavo**	*eighth*
2	**segundo**	*second*	6	**sexto**	*sixth*	9 **noveno**	*ninth*
3	**tercero (tercer)**	*third*	7	**séptimo**	*seventh*	10 **décimo**	*tenth*
4	**cuarto**	*fourth*					

NOTAS GRAMATICALES

1. Ordinal numbers are adjectives and agree in gender and number with the
   nouns they modify.

   Es mi **segunda** clase y mi **segundo**   *This is my **second** class and my **second**
   examen.   exam.*

2. Ordinal numbers are usually placed before the nouns they modify. **Primero**
   and **tercero** become **primer** and **tercer** before masculine singular nouns.

   Enero es el **primer** mes del año. Marzo es el **tercer** mes.

3. When used with the names of royalty and popes, the ordinal number follows the individual's name. (The definite article is not used.)

   ¿Qué sabe Ud. de **Carlos V (Quinto)** y **Felipe II (Segundo)**?

4. Ordinal numbers are rarely used in Spanish beyond **décimo** *(tenth)*. Beyond *ten,* cardinal numbers are used and are placed after the noun.

   ¿Cuáles son los derechos de la mujer en **el siglo** *(century)* **XX (veinte)**?

Las 10 ciudades más grandes del mundo
1960-2000 (Cifras en millones)

1960	1980	2000
1. Nueva York 15,4	Nueva York 20,4	Mexico City 31,0
2. Londres 10,7	Tokio 20,0	Tokio 24,2
3. Tokio 10,7	Mexico City 15,0	Nueva York 22,8
4. Ruhr 8,7	Sao Paulo 13,5	Shanghai 22,7
5. Shanghai 7,4	Shanghai 13,4	Sao Paulo 21,8
6. París 7,2	Los Angeles 11,7	Peking 19,9
7. Los Angeles 7,1	Peking 10,7	Rio de Janeiro 19
8. Buenos Aires 6,9	Rio de Janeiro 10,7	Bombay 17,1
9. Chicago 6,5	Londres 10,2	Calcuta 16,7
10. Moscú 6,3	Buenos Aires 10,1	Djakarta 16,6

Fuente: ONU 1979.   Incluidos suburbios.

Ejercicio 10.   *Las diez ciudades más grandes del mundo*
Aquí tenemos las estadísticas de las Naciones Unidas para las ciudades más grandes del mundo en 1960, 1980 y el año 2000. Indique su orden, según el modelo.

Modelo: Buenos Aires / 1960
En 1960 Buenos Aires era la octava ciudad más grande del mundo.

1. Buenos Aires / 1980
2. México, D.F. / 1980
3. Nueva York / 1960
4. Los Ángeles / 1960
5. Londres / 1980
6. Tokio / 2000

7. Rio de Janeiro / 1980
8. São Paulo / 1980
9. París / 1960
10. São Paulo / 2000
11. Nueva York / 1980
12. México, D.F. / 2000

Fútbol: la Copa América

Uruguay, campeón por novena vez

Ejercicio 11. *En español*

Ud. está en la capital de México y quiere ir al Parque Chapultepec. Pídale indicaciones a la mujer que está en la esquina.

UD.   Excuse me. Could you please tell me how to get to Chapultepec Park?

MUJER   Of course. Do you want to walk or take a bus?

UD.   Well, is it far from here?

MUJER   Ten blocks, more or less.

UD.   Then I would prefer to walk. One sees more of the city that way **(de esa manera).**

MUJER   Very well. You go straight ahead until you come to a traffic light in front of a very tall building. You turn right at that corner.

UD.   Turn right at the first traffic light.

MUJER   Yes. Then you continue on that street until you come to a big avenue. Turn left at the fountain *(la fuente)* that is in front of you and walk two more blocks. Then you will see the park.

UD.   Thank you very much.

MUJER   Is this the first time you are in Mexico?

UD.   No, this is my second trip to Mexico, but I forgot my map in the hotel room. Thank you very much. You are very kind.

≋Ahora le toca a Ud.   *Donde yo vivo...*

Escriba un párrafo sobre su propia ciudad o pueblo: ¿qué sorpresas agradables hay allí para el turista extranjero?

Dos viajeros latinoamericanos
en Nueva York.

Lección 26

Una carta del viajero
traveler

Jorge Castro y su primo Ernesto son de Caracas, Venezuela, y ahora están de viaje en los Estados Unidos.

Queridos Mamá y Papá,

   ¡Saludos de los Estados Unidos! Hoy es nuestro tercer día aquí, y todo está muy bien. El **vuelo** fue excelente, la comida del avión fue bastante buena, y pasamos por la **aduana** sin tener ningún problema. (No **tenemos pinta** de **contrabandistas**.) Encontramos el **albergue juvenil** fácilmente, y allá nos encontramos con dos jóvenes españoles que también están haciendo un viaje por los Estados Unidos. Son **tipos** muy simpáticos y hoy fuimos juntos a ver algunos de los lugares famosos de «la manzana grande». Vamos a quedarnos aquí en Nueva York por unos días más, y después pensamos ir en autobús a Washington, D.C.

   Sí, Papá, trato de practicar el inglés **lo más** posible. Pero tú sabes que hablar es una cosa, y comprender es otra. Sí, Mamá, soy muy **cuidadoso,** no hago nada **peligroso** ni tonto. No, no me olvidaré de escribirles dos veces por semana.

   Tengo que terminar esta carta ahora porque los muchachos me esperan para comer. Han descubierto un restaurante chino que es bueno y barato. Un abrazo para todos.

         Cariños,

         Jorge

Regards
flight
customs / look like
smugglers / youth
  hostel
guys

as much as
careful
dangerous

Affectionately

Comprensión

1. ¿De dónde son Jorge Castro y su primo? ¿Dónde están?
2. ¿Cuántos días han estado en los Estados Unidos?
3. ¿Cómo fue su vuelo a los Estados Unidos?
4. ¿Dónde conocieron a los dos jóvenes españoles?
5. ¿Adónde van después de ver Nueva York? ¿Cómo viajarán?
6. ¿Tiene Jorge dificultad en hablar inglés? ¿en comprenderlo?
7. ¿Adónde van a comer los jóvenes? ¿Por qué van allí?

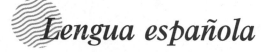 Lengua española

Vocabulario *De viaje*

SUSTANTIVOS

el albergue juvenil	*youth hostel*	**la aduana**	*customs*
el clima	*climate*	**la camioneta**	*camper, van*
el cheque de viajero	*traveler's check*	**la mochila**	*backpack*
el paisaje	*scenery; landscape*	**la tienda de campaña**	*tent*
el pasaporte	*passport*		
el saco de dormir	*sleeping bag*		
el/la turista	*tourist*		
el/la viajero/a	*traveler*		

VERBOS

acampar	*to camp, go camping*	Siempre **acampamos** en los parques nacionales.
pararse	*to stop*	¿**Se para** el autobús aquí?
pasarlo bien	*to have a good time*	¿**Lo pasaste bien**?
viajar a dedo	*to hitchhike*	Se prohibe **viajar a dedo** en la autopista.

ADJETIVOS

agradable ≠ **desagradable**	*pleasant* ≠ *unpleasant*
cuidadoso	*careful*
peligroso	*dangerous*

Ejercicio 1. *Las vacaciones*

1. ¿Le gusta acampar? ¿Con quién acampa Ud.? ¿Dónde? ¿Cuándo?
   ¿Lo pasa bien?
2. ¿Piensa acampar Ud. durante las vacaciones de verano? ¿Dónde?
3. ¿Es cómodo dormir en un saco de dormir? ¿Prefiere Ud. viajar con
   mochila? ¿Duerme Ud. en una camioneta o en una tienda de campaña?

4. ¿Ha viajado Ud. alguna vez a otro país? ¿Dónde ha viajado? ¿Lo pasó bien?
5. ¿Cómo prefiere Ud. viajar? ¿en avión? ¿en barco? ¿en coche? ¿en autobús? ¿en camioneta? ¿a dedo?
6. ¿Hay muchos turistas en la región donde vive Ud.? ¿Por qué van allí?
7. ¿Tiene Ud. pasaporte? ¿Le gusta su foto en el pasaporte?

A. La construcción del verbo + el infinitivo

In the sentences below, note the infinitives after certain verbs.

Espero hacer un viaje.	*I hope to take a trip.*
¿**Quiere Ud. viajar** conmigo?	*Do you want to travel with me?*
Aprendo a manejar un coche.	*I am learning to drive a car.*
Tratamos de ser cuidadosos.	*We are trying to be careful.*
Insisten en acampar aquí.	*They insist on camping here.*

When one verb immediately follows another in Spanish, the second verb is almost always an infinitive. The resulting constructions are:

> verb + infinitive
> verb + preposition **(a, de, en)** + infinitive

NOTA GRAMATICAL

The first verb determines the type of construction. When a verb is followed by a preposition, it is useful to learn this preposition together with the verb: **aprender a, insistir en.**

Vocabulario   *Verbos seguidos por infinitivos*

VERBO (+ INFINITIVO)

permitir	*to permit, allow*	¿Me **permite sentarme** aquí?
prohibir	*to prohibit, forbid*	Se **prohibe estacionarse** en esta calle.

(Note: Other verbs with this construction are **gustar, necesitar, poder, preferir, querer, saber.**)

VERBO + *A* (+ INFINITIVO)

comenzar a	*to begin to*	¿Cuándo **comenzaste a estudiar** español?
acostumbrarse a	*to get used to*	**Se acostumbró a compartir** el cuarto.

(Note: Other verbs with this construction are **aprender a, ayudar a, empezar a, enseñar a, ir a.**)

VERBO + *DE* (+ INFINITIVO)

alegrarse de	*to be glad to (about)*	**Me alegro de ayudarla.**
cansarse de	*to get tired of*	¿**Te cansas de estudiar**?

(Note: Other verbs with this construction are **acabar de, olvidarse de, tratar de, terminar de.**)

VERBO + *EN* (+ INFINITIVO)

insistir en	*to insist on*	**Insisto en ver** su pasaporte.
tardar en	*to take a long time*	**Tardan** mucho **en llegar.**

Ejercicio 2. *Su vida actual*

¿ Hace Ud. las siguientes cosas? Complete las siguientes frases afirmativa o negativamente con las expresiones entre paréntesis.

Modelo: Aprendo a _____ . (hablar francés)
Aprendo a hablar francés. o **No aprendo a hablar francés.**

1. Aprendo a _____ . (hablar en público ; programar computadoras ; respetar las opiniones de otra gente)
2. Necesito _____ . (estudiar ; dormir mucho ; ganar dinero)
3. Me alegro de _____ . (asistir a esta universidad ; vivir en esta ciudad ; sacar una « A »)
4. Me canso de siempre _____ . (ir a las mismas clases ; estudiar español ; ver a las mismas personas)
5. A veces me olvido de _____ . (hacer la tarea ; prepararme para los exámenes ; llamar a mis amigos ; escribirles a mis padres)
6. Trato de _____ . (sacar buenas notas ; divertirme ; pasarlo bien ; limpiar mi cuarto ; ser cuidadoso)
7. Ayudo a _____ . (publicar el periódico estudiantil ; servir la comida en la cafetería ; limpiar la casa)
8. Tardo en _____ . (tomar decisiones ; terminar mi trabajo ; comprar mis libros)

Ejercicio 3. *Permisos y prohibiciones*
¿ Se permite o se prohibe hacer las siguientes cosas en su universidad ?

> Modelo: comer en las clases
> **Se permite comer en las clases.**
> o **Se prohibe comer en las clases.**

1. hablar con un compañero durante un examen
2. traer un animal a las clases
3. tomar bebidas alcohólicas en las fiestas
4. fumar *(to smoke)* en las clases
5. estacionar el coche en todas partes de la universidad
6. llevar una grabadora a las clases
7. llevar los apuntes a un examen
8. cocinar en los cuartos
9. hablar inglés en las clases de español
10. traer su almuerzo a la biblioteca

Ejercicio 4. *Otras posibilidades*
*Sustituya los verbos entre paréntesis por el verbo **querer**. No se olvide de usar la preposición apropiada si es necesaria.*

> Modelo: No quiero hablar italiano. (aprender)
> **No aprendo a hablar italiano.**

1. Carmen *quiere* pintar la casa. (terminar)
2. Raúl no *quiere* acampar. (acostumbrarse)
3. Silvia *quiere* comprar una mochila. (necesitar)
4. *Queremos* viajar a dedo. (ir)
5. Rafael *quiere* quedarse aquí. (preferir)
6. No *quiero* salir contigo. (gustar)
7. *Quieres* bailar. (cansarse)
8. Ellos *quieren* ver el paisaje. (tratar)
9. Los turistas *quieren* pararse en el museo. (insistir)
10. *Queremos* pagar la cuenta. (olvidarse)

B. El infinitivo con expresiones de obligación

Note the use of infinitives after the verbs and expressions of obligation in boldface.

Ud. **debe** llevar cheques de viajero.	*You **should (ought to)** take traveler's checks.*
Tenemos que pasar por la aduana.	*We **have to** pass through customs.*
Hay que pedir un pasaporte.	***One has to (One must)** request a passport.*

The infinitive is used after verbs or expressions of obligation such as:

deber   **tener que**   **hay que**

NOTAS GRAMATICALES

1. **Hay que** expresses an impersonal obligation. It has several English equivalents.

Hay que hacerlo.
{ *One has to do it.*
We must do it.
They have to do it.
It has to be done. }

2. These expressions of obligation may be conjugated in all tenses.

Debemos estudiar el problema.	*We **ought to** study the problem.*
Tuve que decir la verdad.	*I **had to** tell the truth.*
Habrá que tener paciencia.	*We **will have to** be patient.*

Ejercicio 5.   *Antes del viaje*
Ud. y un/a amigo/a se preparan para un viaje a España. ¿Qué tienen que hacer, qué deben hacer o qué hay que hacer? ¿Y qué no tienen que hacer, no deben hacer o no hay que hacer?

Modelo: aprender el francés
No tenemos que aprender el francés.

1. aprender el español
2. obtener pasaportes
3. leer libros sobre España
4. consultar mapas
5. llevar mucho dinero
6. hablar con amigos que han estado en España
7. comprar cheques de viajero
8. llamar al agente de viajes
9. preparar sándwiches
10. comprar un Eurailpass

C. Otras construcciones con el infinitivo

Note the use of the infinitive in the constructions in boldface.

Estoy **cansado de estudiar**.	*I am **tired of studying**.*
Es **la hora de salir**.	*It is **time to leave**.*
Leo el horóscopo **para saber** el futuro.	*I read the horoscope **in order to know** the future.*

Infinitives are often used in the following constructions:

> adjective + **de** + infinitive
> noun + **de** + infinitive
> preposition + infinitive

Ejercicio 6.   *¿ Te gusta ?*
Pregúntele a otra persona de la clase si le gusta la idea de hacer las siguientes cosas.

Modelo: tener exámenes frecuentemente
—**¿ Te gusta la idea de tener exámenes frecuentemente ?**
—**Sí, me gusta la idea de tener exámenes frecuentemente.**
o   —**No, no me gusta la idea de tener exámenes frecuentemente.**

1. hacer un viaje
2. acampar en el invierno
3. viajar a dedo
4. pagar con tarjeta de crédito
5. estar en situaciones peligrosas
6. conservar energía
7. trabajar durante las vacaciones
8. ir a México conmigo

Ejercicio 7.   *Si Ud. me pregunta...*
Complete las siguientes frases con un infinitivo para expresar sus preferencias u opiniones. Se pueden agregar (add) más palabras.

1. Al _____ , me gusta _____ .
2. Antes de _____ , trato de _____ .
3. Prefiero _____ con gente agradable en vez de _____ con gente desagradable.
4. Trabajo para _____ dinero para _____ .
5. No me gusta salir de casa sin _____ .
6. Me alegro de _____ en vez de _____ .
7. Termino de _____ antes de _____ .
8. Siempre me olvido de _____ después de _____ .

Vocabulario   *¡Feliz viaje!*

SUSTANTIVOS

el aeropuerto	*airport*	**la aerolínea**	*airline*
el billete / boleto	*ticket*	**la estación**	*station*
de ida	*one-way*		
de ida y vuelta	*round-trip*		
el vuelo	*flight*		

VERBOS

fumar	*to smoke*	Se prohíbe **fumar** en el avión.
pesar	*to weigh*	El empleado **pesa** el equipaje.
quejarse (de)	*to complain (about)*	Los pasajeros **se quejan del** servicio.
volar (o → ue)	*to fly*	¿ Te gusta **volar** en avión ?

044 4252 979 053 1

Billete de pasaje y control de equipaje
Passenger ticket and baggage check

Emitido por / issued by Aerolíneas Argentinas · Miembro de IATA · Sede Central: Paseo Colón 185 · Buenos Aires · Argentina.

2 Regional

AEROLINEAS ARGENTINAS S.A.

AEROLINEAS ARGENTINAS

Ejercicio 8.   *Ud. y los viajes*

1. ¿Le gustaría ser aeromozo/a? ¿Por qué? ¿Por qué no?
2. ¿Cómo se llama el aeropuerto más cerca de donde Ud. vive? ¿Hay una aduana allí?
3. ¿Cuáles son las ventajas *(advantages)* de viajar en avión? ¿en tren? ¿en autobús? ¿en coche?
4. ¿Prefiere Ud. sentarse en la sección donde se permite fumar o en la sección donde se prohibe fumar?
5. ¿Tiene Ud. miedo de viajar en avión? ¿Ha viajado Ud. alguna vez en helicóptero?
6. Cuando Ud. viaja, ¿generalmente lleva mucho equipaje o poco equipaje? ¿Por qué?
7. ¿Le gusta sentarse al lado de la ventana cuando viaja? ¿Por qué?
8. ¿Se queja Ud. cuando viaja? ¿De qué?
9. ¿Se pone Ud. el cinturón de seguridad cuando viaja en coche? ¿cuando viaja en avión?
10. Cuando Ud. hace un viaje, ¿pesa Ud. su equipaje antes de salir de casa? ¿Qué hace Ud. si pesa demasiado?

El avión de Aerolíneas Argentinas llega a Tierra del Fuego.

D. Los pronombres y adjetivos posesivos acentuados

To emphasize possession or relationship, Spanish-speakers use the stressed forms of the possessive adjective. Note the position of these stressed adjectives in the sentences below.

¿Quién es Sergio?	*Who is Sergio?*
Es **un amigo mío.**	*He is **a friend of mine.***
¿Con quiénes viaja Ramón?	*With whom does Ramón travel?*
Viaja con **unos amigos suyos.**	*He travels with **(some) friends of his.***

The forms of the stressed possessive adjectives are as follows:

	SINGULAR		PLURAL		
	Masc.	**Fem.**	**Masc.**	**Fem.**	
(yo)	**mío**	**mía**	**míos**	**mías**	*(of mine)*
(tú)	**tuyo**	**tuya**	**tuyos**	**tuyas**	*(of yours)*
(él, ella, Ud.)	**suyo**	**suya**	**suyos**	**suyas**	*(of his, hers, yours)*
(nosotros)	**nuestro**	**nuestra**	**nuestros**	**nuestras**	*(of ours)*
(vosotros)	**vuestro**	**vuestra**	**vuestros**	**vuestras**	*(of yours)*
(ellos, ellas, Uds.)	**suyo**	**suya**	**suyos**	**suyas**	*(of theirs, yours)*

NOTAS GRAMATICALES

1. Stressed possessive adjectives come *after* the nouns they modify. They agree with the nouns in gender and number.

2. Stressed possessive pronouns are formed as follows:

> definite article + stressed possessive adjective

Ésa no es mi bolsa.	*That's not my bag.*
La mía es negra.	***Mine** is black.*
Y, **¿la tuya?** ¿De qué color es?	*And **yours?** What color is it?*

Note that stressed pronouns must be of the same number and gender as the nouns they refer to.

mi maleta → **la mía**   tus maletas → **las tuyas**

3. When stressed possessive pronouns are used after **ser,** the definite article
is not used.

Estos boletos son **míos.**	*These tickets are **mine.***
No son **tuyos.**	*They are not **yours.***

Ejercicio 9.   *¡ Adiós !*
*Las siguientes personas salen de viaje con ciertos parientes y amigos. ¿ Con
quiénes van ?*

> **Modelo:**   Raquel (una amiga)   **Raquel viaja con una amiga suya.**

1. Paco (unos amigos)
2. Estela (una prima)
3. Marisol y Carmen (unas amigas)
4. nosotros (una prima)
5. Ud. (unos amigos)
6. tú (unos parientes)
7. yo (una hermana)
8. Uds. (un pariente)

Ejercicio 10.   *Las cosas perdidas*
*El Sr. Castro trabaja en la oficina del aeropuerto donde se depositan las cosas
perdidas. Cuando una persona viene a buscar un artículo, él le muestra varias
cosas. Con otra persona, hagan los papeles del Sr. Castro y las personas que
han perdido algo.*

> **Modelo:**   He perdido mi maleta. (sí)
> Sr. Castro: **Aquí tengo una maleta. ¿ Es suya ?**
> La persona: **Sí, es mía.**   o   **No, no es mía.**

1. He perdido mi cámara. (sí)
2. Busco mis llaves. (no)
3. He perdido mis gafas. (no)
4. Busco mi pasaporte. (sí)
5. Hemos perdido una maleta roja. (sí)
6. Buscamos nuestros boletos. (no)
7. Hemos perdido una bolsa azul. (sí)
8. Buscamos nuestros esquís. (sí)

Ejercicio 11.   *Un intercambio (exchange) de información*
Intercambie información con otra persona de la clase, según el modelo.

> **Modelo:**   Mi cuarto es grande.
> **—Mi cuarto es (no es) grande. ¿ Y el tuyo ?**
> **—El mío es grande también. (El mío no es grande tampoco.)**

1. Mi compañero/a de cuarto es agradable.
2. Mis amigos son divertidos.
3. Mis clases son interesantes.
4. Mi familia vive cerca de aquí.
5. Mi cuarto es cómodo.
6. Mis vacaciones fueron fabulosas.
7. Mi último examen fue muy difícil.
8. El semestre pasado mis notas fueron bastante buenas.

Ejercicio 12. *En español*

Enrique y Tina se encuentran en la universidad en septiembre. Dé su conversación en español.

ENRIQUE   Hello, Tina! I'm glad to see you again. How was your vacation?

TINA   Mine was wonderful **(maravilloso).** And how was yours?

ENRIQUE   Great **(Estupendo)!** What did you do?

TINA   I took a trip to Europe with some of my friends.

ENRIQUE   So did I! Where did you go?

TINA   We went to Spain, France, and Italy.

ENRIQUE   We did also! Were you camping?

TINA   No, we stayed in youth hostels, and we met other students there from many countries.

ENRIQUE   How did you travel in Europe?

TINA   We went from New York to Madrid by plane, and then we traveled by train. And how did you travel?

ENRIQUE   Sometimes we got on a train, but sometimes we hitchhiked.

TINA   Did you ever get tired of traveling?

ENRIQUE   Never! It will be difficult to get used to staying in one place and studying again.

TINA   Don't complain. One cannot be a tourist forever **(para siempre).**

≋Ahora le toca a Ud. *Consejos para viajeros*

Dé consejos de viaje a cada una de las siguientes personas que piensan visitar los Estados Unidos. Escriba un párrafo corto de tres o cuatro frases para cada uno de ellos.

1. María y Luisa quieren pasar el verano en los Estados Unidos. Están interesadas en la naturaleza y tienen un presupuesto *(budget)* limitado.

2. Felipe y Carlos quieren estudiar en los Estados Unidos por un año. Estudian economía. También les gustan los deportes.

3. El Sr. Montero es el presidente de una compañía pequeña que fabrica *(manufactures)* productos electrónicos. Él quiere conocer a gente en la industria norteamericana y también mantenerse al tanto *(up-to-date)* de los nuevos desarrollos *(developments)* tecnológicos.

4. La Sra. Ayala es una escritora independiente *(free-lance).* También es experta en fotografía. A ella le gustaría escribir un artículo sobre algunos aspectos singulares del estilo de vida en los Estados Unidos.

La Cámara de Diputados de Costa Rica

Lección 27

La política

¿ *Tiene Ud. interés en la* **política**? *O, ¿ es indiferente? Cuando hicimos esta*   politics
pregunta a varios hispanos, nos contestaron así:

Francisco Arias (21 años, de Venezuela)

Claro que me interesa la política. Y me molesta mucho que no todos los **ciu-**   citizens
dadanos de este país tengan el mismo interés. Realmente me **asombra** que   it amazes
muchas personas no estén más **conscientes** de la gran responsabilidad que   aware
implica una democracia.   entails

Teresa Muñoz (18 años, del Paraguay)

¿ Yo? ¿ Interesarme en la política? ¿ Para qué? **Dudo** que el **gobierno** es-   I doubt / government
cuche la **voz** del **pueblo.**   voice / people

Ricardo López (20 años, de México)

No es verdad que los estudiantes sean **apáticos.** Pero **temo** que sean cínicos   apathetic / I fear
con respecto a la política.

Mónica Osorio (19 años, de Cuba)

A mi modo de pensar, hay **sólo** una solución para los países del Tercer   only
Mundo: ¡ el marxismo! No creo que ningún otro tipo de gobierno pueda resolver nuestros problemas.

Enrique Rivera (20 años, de la Argentina)

¿ La política? **No me importa un pepino.** Compro el periódico para leer la   I couldn't care less.
página **deportiva,** nada más. Estoy bien **afligido** porque es **dudoso** que mi   sports / distressed /
equipo gane el **campeonato** este año.   doubtful
championship

María Rubio (18 años, del Perú)

Es sorprendente que haya algún estudiante que no se interese en la política. Pero temo que los estudiantes radicales sean más **ruidosos** que los demás y que la gente piense que ellos representan a todos.   noisy

Comprensión   *¿ Cierto o falso ?*
Si el comentario es falso, corríjalo.

1. Le molesta a Francisco que otras personas no tengan tanto interés en la política.
2. Según Francisco, la democracia implica una gran responsabilidad.
3. Con respecto a la política, Teresa Muñoz es cínica.
4. Teresa tiene mucho interés en la política.
5. Ricardo López cree que los estudiantes son apáticos.
6. Mónica Osorio cree que el marxismo ofrece soluciones a los problemas del Tercer Mundo.
7. Enrique Rivera lee mucho sobre la política.
8. Según María Rubio, los estudiantes radicales representan a todos.

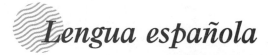

Lengua española

Vocabulario   *El mundo político*

SUSTANTIVOS

un/a candidato/a	*candidate*	la democracia	*democracy*
un/a ciudadano/a	*citizen*	las elecciones	*election*
el gobierno	*government*	una ley	*law*
un partido	*political party*	la libertad	*liberty; freedom*
un/a político/a	*politician*	la lucha	*fight; struggle*
el pueblo	*people*	la mayoría	*majority*
un voto	*vote*	la minoría	*minority*
		la política	*politics; policy*
		una voz (voces)	*voice (voices)*

ADJETIVOS

apático	*apathetic*	¿Son **apáticos** los jóvenes?
consciente	*conscious, aware*	No están **conscientes** de sus derechos.
justo	*fair, just*	Esta ley no es **justa.**
político	*political*	No tengo interés en los problemas **políticos.**

VERBOS

darse cuenta de	*to realize*	No **me di cuenta de** lo que pasaba.
elegir (e → i)	*to elect; to choose*	¿A qué candidato **elegirán**?
luchar	*to struggle; to fight*	**Luchamos** para obtener la libertad.
resolver (o → ue)	*to solve, resolve*	El gobierno no puede **resolver** esos problemas.
tener interés en	*to be interested in*	¿**Tiene** Ud. **interés en** la política?
votar (por)	*to vote (for)*	¿**Por** qué candidato **votaste**?

EXPRESIONES

en contra de	*against*	El pueblo lucha **en contra de** la guerra.
en pro de	*for*	Y lucha **en pro de** la paz.

   Ejercicio 1.   *¿Está Ud. de acuerdo o no?*
*Explique por qué Ud. está de acuerdo o no está de acuerdo con las siguientes
declaraciones.*

1. La democracia es el mejor sistema político.
2. No existe democracia sin libertad de expresión.
3. No importa qué candidatos elijamos; todos van a hacer lo mismo.
4. La paz es más importante que la libertad.
5. El gobierno de los Estados Unidos no es perfecto, pero es el mejor gobierno del mundo.
6. Actualmente la mayoría de los estudiantes son apáticos.
7. La libertad y la justicia son cosas muy relativas.
8. No hay verdadera *(real, true)* democracia en los Estados Unidos porque solamente una minoría de los ciudadanos votan en las elecciones.

A. El subjuntivo después de verbos de emoción

In Spanish, when the subject expresses his or her feelings about an event or situation, the second verb in the sentence is in the subjunctive mood. Note the two verbs in boldface in the following sentences.

Me alegro de que Ud. **vaya** a votar.
I am happy that you *are going* to vote.

Raúl teme que su candidato **no pueda** ganar.
Raul fears that his candidate *cannot* win.

In Spanish, emotions and feelings are often expressed using the following construction:

> verb or expression of emotion + **que** + subjunctive clause

NOTAS GRAMATICALES

1. When the emotion concerns the subject's own actions or condition, the infinitive is used instead of a subjunctive clause. Contrast:

   Me alegro de **que Ud. pueda votar.**
   I am happy (that) you are able to vote.

   Me alegro de **poder votar.**
   I am happy (that) I am able to vote.

2. Many expressions that follow the **me gusta** pattern to describe feelings and attitudes may be followed by the subjunctive.

me gusta	*I like*	**Me gusta** que Uds. **sigan** mis consejos.
no me gusta	*I don't like;* *it displeases me*	**No me gusta** que Ud. **vote** por el otro candidato.
me molesta	*it bothers me*	¿ **Le molesta** que yo **abra** la ventana ?
me sorprende	*it surprises me*	**Me sorprende** que Ud. no **se dé cuenta de** lo que pasa.

Vocabulario *Sentimientos y emociones*

LA FELICIDAD

alegrarse de   *to be happy, glad*   **Me alegro de** que Ud. tenga éxito en su carrera.

LA TRISTEZA (SADNESS)

sentir (e → ie)   *to be sorry, regret*   **Sentimos** que Ud. no pueda acompañarnos.

EL ASOMBRO (AMAZEMENT)

asombrarse de   *to be astonished, amazed*   **¿Te asombras de** que ellos no voten?

EL MIEDO (FEAR)

temer   *to fear, dread*   **Temo** que mi candidato pierda la elección.

tener miedo de   *to be afraid*   **¿Tienes miedo de** que la lucha sea difícil?

Ejercicio 2. *Las elecciones*

El candidato se alegra de que algunas personas voten por él y siente que otras no voten por él. Exprese sus sentimientos, según el modelo.

     Modelo: José (no)   **El candidato siente que José no vote por él.**

1. yo (sí)
2. Federico (no)
3. Uds. (no)
4. nosotros (sí)
5. sus padres (no)
6. tú (sí)
7. Clara y Elena (sí)
8. Ud. (no)

Ejercicio 3. *La respuesta apropiada*

Haga las siguientes declaraciones a otra persona de la clase, que va a responder con **Me alegro de que...** *o* **Siento que...**

     Modelo: estar bien hoy
                —**Estoy bien hoy.**
                —**Me alegro de que estés bien hoy.**

1. no estar bien
2. acabar de salir bien en un examen
3. no sentirse bien hoy
4. tener buenas noticias
5. estar de vacaciones mañana
6. tener un problema serio

Ejercicio 4. *La cortesía*

Pregúntele a su profesor/a si le molesta que Ud. haga ciertas cosas en la clase. El/La profesor/a le contestará.

     Modelo: fumar   **¿Le molesta que fume?**

1. comer
2. quitarse los zapatos
3. contar chistes en español
4. no venir el día del examen
5. prepararse para otra clase
6. dormir
7. leer el periódico cuando Ud. habla
8. hacer preguntas

Ejercicio 5. *Para expresar sus sentimientos*

Combine una expresión de la Columna **A** *con una expresión de la Columna* **B** *para expresar sus sentimientos. El segundo verbo será en el subjuntivo.*

Modelo: **Temo que el nivel de vida baje.**

A	B
Me gusta que...	mis profesores dan exámenes los viernes.
No me gusta que...	mis amigos no tienen interés en la política.
Me sorprende que...	mis padres no se dan cuenta de que la vida estudiantil es difícil.
No me sorprende que...	
Temo que...	la administración de la universidad no me pide consejos.
No temo que...	algunos estudiantes son apáticos.
	no hay más candidatos.
	algunos jóvenes fuman.
	el pueblo elige ciertos candidatos.
	el problema de la violencia aumenta.
	el nivel de vida baja.
	la inflación es grave.
	los conflictos internacionales no se resuelven.

todos tenemos derecho al voto...

B. El subjuntivo después de expresiones de duda

In each of the following pairs of sentences, speaker A considers some things as certain and uses the indicative. Speaker B considers them doubtful and uses the subjunctive. Contrast the verbs used in each set of sentences.

A *(certainty):* **Creo que es** posible reformar el gobierno.
B *(doubt):* **Dudo** *(I doubt)* **que sea** posible reformar el gobierno.

A *(certainty):* **Es cierto que** muchas personas **tienen** interés en la política.
B *(doubt):* **No creo que** muchas personas **tengan** interés en la política.

A *(certainty):* **Es verdad que** muchos norteamericanos **votan** en las elecciones.
B *(doubt):* **No es verdad que** muchos norteamericanos **voten** en las elecciones.

In Spanish, expressions of *doubt* and *uncertainty* are followed by the *subjunctive.*

NOTAS GRAMATICALES

1. When an expression of certainty is used in the negative, it may become an expression of doubt.

>   **Creo** que las leyes **son** justas.   *(certainty)*
>   **No creo** que las leyes **sean** justas.   *(no certainty = doubt)*

Similarly, when an expression of doubt is used in the negative, it may become an expression of certainty.

>   **Dudo** que Ud. **sepa** los resultados de   *(doubt)*
>   las elecciones.
>   **No dudo** que Ud. **sabe** los resultados   *(no doubt = certainty)*
>   de las elecciones.

2. In interrogative sentences, expressions of certainty are followed by the indicative if the speaker is merely asking for information. But if the speaker is expressing a doubt, however minimal, the subjunctive is used. Contrast the following sentences.

>   ¿**Cree Ud. que** Pedro **es** orgulloso?   *Do you think (that) Pedro is proud?*
>   (I am asking you because I would
>   like to have your opinion.)
>   ¿**Cree Ud. que** Pedro **sea** tímido?   *Do you really think (that) Pedro is
>   timid? (I am asking you because I
>   personally doubt it.)*

Vocabulario   *Verbos y expresiones de certeza y de duda*

LA CERTEZA (CERTAINTY)

creer	*to believe, think*
estar seguro de	*to be sure of*
es cierto / seguro	*it is certain*
es verdad	*it is true*
no dudar	*not to doubt*
no negar (e → ie)	*not to deny*

LA DUDA (DOUBT)

no creer	*not to believe*
no estar seguro de	*to be unsure of*
no es cierto / seguro	*it is not certain*
no es verdad	*it is not true*
dudar	*to doubt*
negar (e → ie)	*to deny*

¡USTED NECESITA UN SENADOR JOVEN!,

capaz, valiente, con mucha fuerza y mucha imaginación.

¡Usted necesita a...

Ejercicio 6.   *¿ Sí o no ?*

*¿ Cree Ud. que las siguientes declaraciones son válidas ? Exprese su opinión con **Creo que**... o **No creo que**... El segundo verbo será en el indicativo o el subjuntivo, según sus ideas.*

> Modelo: Es peligroso fumar.
> **Creo que es peligroso fumar.**
> o   **No creo que sea peligroso fumar.**

1. El pueblo siempre vota por el mejor candidato.
2. El próximo presidente de los Estados Unidos va a ser una mujer.
3. Las minorías deben tener más poder político.
4. Vale la pena votar.
5. Las leyes son iguales para los ricos y los pobres.
6. Los candidatos gastan demasiado dinero en sus campañas *(campaigns)*.
7. La paz es un sueño *(dream)* imposible.
8. Los políticos están conscientes de los problemas del pueblo.

Ejercicio 7.   *¿ Existe el progreso ?*

Compare el mundo de hoy con el mundo de hace diez años, comenzando sus frases con una de las expresiones del Vocabulario.

> Modelo: el mundo (¿ más racional ?)
> **Creo (Es verdad, Es cierto...) que el mundo de hoy es más racional que antes.**
> o   **No creo (No estoy seguro de, Dudo...) que el mundo de hoy sea más racional que antes.**

1. los jóvenes (¿ más responsables ?)
2. los políticos (¿ más conservadores ?)
3. la sociedad (¿ más justa ?)
4. las mujeres (¿ más independientes ?)
5. las oportunidades (¿ más abundantes ?)
6. la gente (¿ más feliz ?)
7. las familias (¿ más unidas ?)
8. la vida (¿ más interesante ?)

Ejercicio 8. *Sentimientos personales*
Dé dos frases para expresar sus sentimientos sobre las siguientes personas o ideas. Se puede expresar seguridad o duda.

> Modelo: los políticos (tener buenas intenciones / siempre decir la verdad)
> **Creo que los políticos tienen buenas intenciones. Pero dudo que siempre digan la verdad.**

1. el pueblo (votar inteligentemente / elegir el mejor candidato)
2. los políticos (tener buenas intenciones / darse cuenta de los problemas)
3. los hombres (escuchar a las mujeres / comprenderlas)
4. los candidatos (hablar mucho / hacer mucho)
5. los jóvenes (ser apáticos / votar)
6. la libertad (ser un concepto / ser la realidad)
7. el presidente (ser un hombre justo / estar consciente de los problemas del país)
8. mis amigos y yo (tener interés en la política / poder solucionar todos los problemas)
9. las minorías (tener derechos iguales / tener oportunidades iguales)

ELECCIONES

Ejercicio 9. *El candidato habla*
Complete las siguientes frases del discurso (speech) *con el indicativo, el infinitivo o el subjuntivo del verbo entre paréntesis.*

1. Me alegro de (estar) _____ aquí y me alegro de que Uds. también (estar) _____ aquí.
2. Quiero que Uds. (saber) _____ que yo (ser) _____ consciente de los problemas.
3. Siento no (poder) _____ resolver estas dificultades inmediatamente.
4. Dudo que el otro candidato (darse) _____ cuenta de que (haber) _____ problemas.
5. Me gusta que muchos jóvenes me (escuchar) _____ . Espero que ellos (estar) _____ de acuerdo con lo que yo digo.
6. Los ciudadanos de este país temen que el gobierno (aumentar) _____ los impuestos (*taxes*). Pero pueden estar seguros de que yo no (pensar) _____ hacerlo si Uds. me eligen.
7. Yo no niego que la situación económica (ser) _____ grave y me sorprende que el otro candidato nunca la (mencionar) _____ .
8. Pero dudo que (ser) _____ necesario tomar medidas (*measures*) drásticas para resolver los problemas actuales.
9. Es necesario que todos (luchar) _____ juntos para mantener la paz.
10. Acuérdense Uds. en el día de las elecciones que (ser) _____ importante que todos los ciudadanos (votar) _____ .

C. El pronombre neutro *lo*

In the questions below, the direct objects are not nouns but clauses. Note the corresponding object pronouns used in the answers.

—¿Sabe Ud. que Madrid es la capital de España?
—Sí, **lo** sé. *(Yes, I know. / I know it. / I know that.)*

—Creo que nuestro equipo va a ganar mañana. ¿Y tú?
—Yo, no. No **lo** creo. *(I don't think so.)*

> The neuter pronoun **lo** can replace a clause or a whole sentence.

NOTAS GRAMATICALES

1. When the neuter pronoun **lo** refers to something previously expressed, it corresponds to the English words *it, that,* or *so.*

Votaré mañana.	*I will vote tomorrow.*
Se **lo** prometo.	*I promise you **(that)**.*

The pronoun **lo** is frequently used in the following expressions.

Lo sé.	*I know (that).*
Ya lo creo.	*I think so.*
Lo dudo.	*I doubt it.*
Lo siento mucho.	*I'm very sorry about that. (I really regret it.)*

2. When used with verbs like **ser** and **estar, lo** replaces the predicate noun or adjective. It may not be omitted.

—¿Es Ud. **candidato?**   —Sí, **lo** soy.   *Yes, I am.*
—¿Está **nervioso** antes de las elecciones?   —No, no **lo** estoy.   *No, I'm not.*

Ejercicio 10.   *Ud. y el mundo actual*
Dé una reacción afirmativa o negativa a los comentarios con una de las siguientes expresiones: **lo creo, lo sé, lo dudo, lo siento mucho.**

1. La mayoría de los norteamericanos están en contra de la energía nuclear.
2. Es posible eliminar el terrorismo.
3. Para el año 2000 habrá un tercer partido *(party)* político en los Estados Unidos.
4. Ronald Reagan fue un presidente conservador.
5. Hay que ser ciudadano para votar en los Estados Unidos.
6. El gobierno piensa aumentar el programa espacial *(space)*.
7. Para el año 2000 el presidente de los Estados Unidos será de un grupo minoritario.
8. El Congreso votará a favor de reducir los impuestos *(taxes)*.

Ejercicio 11. *En español*

El candidato Ignacio Sandoval da un discurso (speech) *a un grupo de ciuda-*
danos. Délo en español.

My friends—and I believe that you are all friends of mine—I am here today
to ask you to vote for me. I am interested in being your representative **(repre-**
sentante) because I want to fight for the rights of the people of this province
(provincia). It is important that we have a strong voice in the government of
this country. And I want you **(Uds.)** to know that I am the best candidate. I
am afraid that the other candidate says I am not an honest man. But that
little problem about **(sobre)** my business and government contracts **(contratos)**
was resolved. The other candidate is a thief, not I! Do you realize that he has
not paid his taxes **(impuestos)** for five years? I am aware of your problems,
but I doubt that the other candidate knows what is going on. I hope that
every man and woman will contribute to my campaign **(campaña).** You complain that you do not have a good representative. Vote for me, and you will
have one! And remember—it is important for all citizens to vote!

≈Ahora le toca a Ud. *La política*

¿Cómo contestaría Ud. la pregunta del entrevistador en *La política*? ¿Tiene Ud.
interés en la política? O, ¿es Ud. indiferente? Explique su respuesta.

EN RESUMEN

A. Sustituya las palabras entre paréntesis por las palabras en cursiva. Haga los otros cambios necesarios.

1. Mis amigos y yo *queremos* acampar. (preferir; ir a; cansarse de; insistir en; acostumbrarse a)
2. Nuestros padres nos permiten *manejar el coche.* (viajar a dedo; alquilar un apartamento; compartir los gastos; pagar la cuenta)
3. Ud. *debe* ponerse el cinturón de seguridad. (tener que; olvidarse de; necesitar; acabar de; insistir en; quejarse de)
4. ¿Vas a mirar la televisión *sin* hacer tu tarea? (antes de; en vez de; después de)
5. Esta *mochila* es mía. (pasaporte; maletas; boletos)
6. *Esteban* va al aeropuerto para esperar a unos amigos suyos. (Elena; nosotros; tú; Elena y Esteban; yo)

B. Complete las frases con la preposición apropiada.

1. Me alegro _____ conocerla.
2. ¿Tienes suficiente dinero _____ comprar el boleto?
3. El pasajero insiste _____ sentarse al lado de la ventana.
4. Hay que acostumbrarse _____ volar.
5. Después _____ estacionar el coche, hay que apagar el motor.
6. Como tardaron _____ llegar, estaban muy cansados y se acostaron _____ cenar.

C. Complete las frases con la forma apropiada de las expresiones entre paréntesis.

1. Mis padres quieren que yo...
   (pagar la matrícula; sacar buenas notas; llamar a casa; no equivocarse; estudiar derecho)
2. El consejero sugiere que Ricardo...
   (venir a su oficina; no faltar a las clases; explicarle el problema; hacer su trabajo; ser más trabajador; escoger una especialidad)
3. Es importante que nosotros...
   (llevarse bien; ser cuidadosos; solucionar el problema; graduarse; tocar la música; votar)
4. No es posible que Josefina y Javier...
   (almorzar juntos; divorciarse; darse cuenta de las consecuencias; tener interés en acampar; casarse)
5. Dudo que nuestro equipo...
   (jugar bien; ser campeones; perder todos los partidos; ir a Miami; tener éxito; ganar el partido)

6. Daniel está seguro de que el avión...
   (llegar a tiempo ; pararse en Bogotá ; no costar mucho ; ir directamente a Quito ; salir a las 9:00)

7. El profesor nos prohibe...
   (hablar inglés ; gritar ; quejarse ; tomar un examen dos veces ; fumar en la clase)

8. Los políticos temen que el pueblo...
   (estar en contra de ellos ; ser apático ; decidir no votar por ellos ; apagar el televisor cuando ellos hablan)

9. No creo que tú...
   (amarme ; equivocarse ; conducir bien ; seguir derecho aquí ; decir la verdad ; tener razón)

10. Margarita siente no...
    (poder asistir a la fiesta ; llegar temprano)

11. Margarita siente que Ricardo no...
    (poder asistir a su fiesta ; estar bien ; contestar el teléfono ; salir bien en sus exámenes)

12. Nos alegramos de...
    (hacer un viaje ; poder votar ; verte ; resolver el problema ; ayudarlos)

13. A los estudiantes les gusta que sus profesores...
    (ser conscientes de sus problemas ; darse cuenta de que trabajan día y noche ; siempre estar en su oficina ; no tardar en darles sus notas)

14. Al candidato le sorprende que el pueblo...
    (no votar por él ; no tener interés en lo que dice ; preferir el otro candidato ; elegirlo)

Otras perspectivas IX

En los meses de junio, julio y agosto muchos equipos de esquí practican para los Juegos Olímpicos en Portillo, Chile.

Lectura cultural   *El hombre y la naturaleza*

«¡Los devoró la **selva**!» es la última frase de la novela *La Vorágine,* escrita por el colombiano José Eustasio Rivera en 1924. Esta frase no es ninguna exageración novelística. Los conquistadores españoles descubrieron que la naturaleza de las Américas era muy diferente de la que se conocía en Europa. Los que han seguido a los conquistadores también han descubierto la **belleza** y la crueldad de la selva, la inmensidad solitaria de la **pampa** y los peligros que les esperan en las altas montañas.

No sólo la **tierra** es el enemigo del hombre, sino también el clima y las catástrofes naturales. En Chile, el Perú, el Ecuador y Guatemala los **terremotos** ocurren con frecuencia. En algunas regiones la **temporada de las lluvias** produce **inundaciones** que devastan la tierra, mientras que en otras partes la **falta** de lluvia produce **sequías** y hambre. En los Andes hay frío **cortante**; en la selva amazónica el calor es **insoportable**. Como no es posible dominar el **ambiente**, el latinoamericano ha tenido que adaptarse al **poder** y al peligro de la naturaleza y **superarlos.**

jungle / maelstrom

beauty
plains

land
earthquakes
rainy season
floods
lack / droughts / bitter
unbearable
environment / power
overcome them

Sin embargo, esta misma naturaleza **abarca** sitios de increíble belleza natural y lugares que revelan o todavía **guardan** los secretos de las civilizaciones del pasado. Las costas de los océanos Atlántico y Pacífico y del mar Caribe tienen kilómetro **tras** kilómetro de magníficas playas; los Andes ofrecen un **desafío** a los **alpinistas** y los esquiadores; y para los que les fascina la historia, hay ciudades coloniales conservadas como eran en los siglos XVI y XVII. Para dar una idea de lo que le espera al visitante, aquí hay una **breve** descripción de solamente nueve de las muchas maravillas de Latinoamérica.

encompasses
keep

after
challenge / mountain climbers

brief

El monte Aconcagua: Situada en la provincia argentina de Mendoza, esta montaña **andina** es la **cima** más alta de nuestro hemisferio. Llega a una **altura** de 6.595 metros (22.834 pies).

Andean / peak / height

El río Amazonas: El segundo río más grande del mundo nace en los Andes del Perú y **desemboca en** el Mar Atlántico.

empties into

El Salto Ángel: Estas **cataratas** situadas en Venezuela son las más altas del mundo, con una **caída** de 979 metros (3.212 pies).

falls
fall, drop

La región de los lagos: En el sur de Chile y de la Argentina se encuentra esta región de lagos, montañas, cataratas y glaciares.

Las Islas Galápagos: A aproximadamente 600 millas de la costa continental del Ecuador están las Islas Galápagos, que se han llamado «el laboratorio **vivo** de la evolución». Aquí Carlos Darwin vio en 1835 especies de flora y fauna que no existen en ninguna otra parte del mundo.

living

Una vista panorámica de Machu Picchu, la ciudad del imperio Inca.

Copán: Esta ciudad abandonada en Honduras ya existía hace 1.500 años y **alcanzó su apogeo** en el siglo VIII d. de J.C. (después de Jesu Cristo). Allá se ven magníficos ejemplos del arte, la arquitectura y las **artesanías** de la civilización maya.

reached its peak

crafts

La Isla de *Pascua:* En el océano Pacífico, a muchos kilómetros de la costa de Chile, **se halla** la Isla de Pascua. Es una isla desierta; pocos habitantes viven allí. Pero está poblada por 350 gigantescas estatuas de **piedra,** monolitos enormes **tallados** por **artesanos** de una civilización desconocida.

Easter

is found

stone

carved / craftsmen

Machu Picchu: A 80 kilómetros de Cuzco, Perú, está Machu Picchu, «la ciudad perdida» de los Incas. Por su **ubicación** en las montañas, los conquistadores españoles nunca la encontraron, aunque sabían de su existencia y la buscaban. Se **quedó escondida** hasta 1911, cuando fue descubierta por Hiram Bingham, un arqueólogo norteamericano.

location

remained / hidden

Teotihuacán: Alrededor del año 500 d. de J.C., Teotihuacán era una ciudad de aproximadamente 125.000 habitantes. Todavía se pueden ver las enormes pirámides aztecas que **quedan** a poca distancia de la capital de México.

Around

are

Las pirámides de Teotihuacán, el centro del imperio azteca.

Actividad A. *Comprensión de lectura: ¿ Cierto o falso?* *Corrija Ud. los comentarios falsos.*

1. Hay más extremos de naturaleza en Latinoamérica que en Europa.
2. En algunas partes de Latinoamérica la vida del campo es muy difícil.
3. El hombre ha dominado la naturaleza en Latinoamérica.
4. La Catarata del Niágara es más alta que el Salto Ángel.
5. El Amazonas es el río más grande del mundo.
6. El monte Aconcagua es la montaña más alta del mundo.
7. Machu Picchu fue construída por los Incas.
8. Teotihuacán y Copán fueron construidas por los Mayas.

Actividad B.   *Un poco de la historia y geografía de Latinoamérica*
Empareje (Match) *los lugares de la Columna A con los países de la*
Columna B.

A	B
1. La región de los lagos	Ecuador
2. El monte Aconcagua	México
3. El río Amazonas	Honduras
4. El Salto Ángel	Chile
5. Las Islas Galápagos	Venezuela
6. Copán	Perú
7. La Isla de Pascua	Argentina
8. Machu Picchu	
9. Teotihuacán	

Actividad C.   *Diferencias culturales*

1. Describa el clima y la geografía de las siguientes regiones de los Estados Unidos: el noreste, el sureste, los estados centrales, el suroeste, el noroeste.
2. ¿Tenemos inundaciones en los Estados Unidos? ¿Dónde? ¿Cuándo? ¿Hay terremotos? ¿En qué parte? ¿Hay sequías? ¿Dónde? ¿Cómo nos afectan? ¿Hay huracanes? ¿Cuándo ocurren generalmente?
3. ¿Dónde vive la mayor parte de la población de los Estados Unidos, en el campo o en los centros urbanos?
4. Cuando Ud. tiene visitantes de otro país, ¿qué maravillas de la naturaleza recomienda que vean en los Estados Unidos? ¿Qué más recomienda Ud. que vean?
5. Si Ud. pudiera *(could)* hacer un viaje a algunos de los sitios mencionados en la **Lectura cultural,** ¿adónde iría? ¿Por qué?

Día por día   *¡Feliz viaje!*

I. EN EL AEROPUERTO

AGENTE   Su boleto y su pasaporte, por favor.

PASAJERA   Acá los tiene.

Un momento, por favor. Tengo que buscarlos.

AGENTE   **A ver.** Clase turista, el vuelo 711 para Bogotá.   Let's see.

Primera clase,...

¿Cuántas maletas tiene?

¿Cuánto equipaje tiene Ud.?
¿Tiene equipaje?

PASAJERA   Tengo una maleta y una bolsa. ¿Puedo llevar la bolsa en el
           avión?

AGENTE   Sí, señorita. Va debajo del asiento.

Solamente si **cabe** debajo del asiento.   it fits
No. Es muy grande y no cabe debajo del asiento.

           ¿Fumar o no fumar?

PASAJERA   No fumar.

AGENTE   ¿Ventanilla o **pasillo**?   aisle

PASAJERA   El pasillo, por favor.

AGENTE   Muy bien. Todo está en orden. Tiene el asiento 24B. Puede
           abordar el avión por la **puerta** 16 y hay que estar allí media   gate
           hora antes.

PASAJERA   ¿Sale el avión a tiempo?

¿A qué hora sale el avión?
¿A qué hora **se aborda** el avión?   is boarding

AGENTE   Sí, el avión sale a las 7:45.

Lo siento, señorita, pero hay una **demora** de media hora.   delay
Todavía no se sabe. Hay dificultades mecánicas.
Les avisaremos a los pasajeros **tan pronto como** sepamos algo   as soon as
más.

Actividad D.   *Un viaje de negocios (business)*

El Sr. Torres va a Santiago, Chile, en un viaje de negocios. Al llegar al aero-
puerto, descubre que su vuelo tiene una demora de una hora. Hagan Uds. los
papeles del Sr. Torres y el agente.

AGENTE   Su boleto y su pasaporte, por favor.

SR. TORRES   _____ .

AGENTE   ¿Cuánto equipaje tiene?

SR. TORRES   _____ .

AGENTE   La bolsa se puede llevar como equipaje de mano. ¿Fumar o no
             fumar?

SR. TORRES   _____ .

AGENTE   ¿Ventanilla o pasillo?

SR. TORRES   _____ .

AGENTE   Tengo que avisarle que _____ .

SR. TORRES   ¿A qué hora cree Ud. que va a salir?

AGENTE   Todavía no se sabe, señor, pero _____ .

II. EN LA ADUANA

Su pasaporte, por favor.

INSPECTOR   Su pasaporte, por favor.

¿Me permite ver su pasaporte, por favor?

VÍCTOR   Aquí lo tiene.
INSPECTOR   Nacionalidad argentina, ¿eh?
VÍCTOR   Sí, señor.
INSPECTOR   ¿Cuánto tiempo piensa pasar en España?
VÍCTOR   Tengo un visado estudiantil. Voy a pasar un año en la Universidad de Salamanca.
INSPECTOR   ¿Cuántas maletas tiene?

¿Cuáles maletas son suyas?

VÍCTOR   Éstas dos.
INSPECTOR   ¿Tiene algo que declarar? ¿Tabaco? ¿Bebidas alcohólicas?
VÍCTOR   No, señor. Solamente objetos de uso personal.
INSPECTOR   Bueno, puede pasar. ¡Que disfrute de su visita a España!

..., puede salir. ¡Que lo pase bien aquí!

Actividad E.   *Ahora Ud. es el/la turista*
Imagínese que Ud. tiene que pasar por la aduana al llegar a España. Un/a compañero/a puede hacer el papel del inspector.

INSPECTOR   ¿Su nacionalidad?
UD.   _____ .
INSPECTOR   ¿Cuánto tiempo piensa pasar en España?
UD.   _____ .
INSPECTOR   ¿Cuánto equipaje tiene?
UD.   _____ .
INSPECTOR   Abra Ud. su mochila, por favor. ¿Lleva Ud. _____ ?
UD.   No, señor. Tengo solamente _____ .
INSPECTOR   Muy bien. _____ . ¡ _____ !

UNIDAD X

Bien acompañado.

*Están muy ocupados en el
Instituto Nacional de
Meteorología de Madrid.*

Lección 28

La entrevista

interview

La compañía CHIC, **fabricante** de productos de **belleza,** puso un **aviso** en el periódico para un/a director/a de relaciones públicas. Era exactamente el tipo de empleo que buscaba Marta, así que ella les mandó su **currículum** y cartas de referencia. Ahora Marta tiene una entrevista con el señor Torres, jefe de personal de la compañía. Vamos a ver lo que cada uno está pensando en este momento:

manufacturer / beauty / want ad

résumé

Marta

Quiero un empleo que...
    sea interesante.
    me ofrezca oportunidades para progresar.
    me pague bien.
    esté cerca de casa.
    ofrezca buenos **beneficios.**
    esté en un **ambiente** agradable.
    me dé muchas responsabilidades.
    utilice mi talento.

benefits
environment

uses

El señor Torres

Bucamos una persona que...
    sepa inglés.
    aprenda rápidamente.
    trabaje bien con **los demás.**
    sepa usar una computadora.
    sea agradable.
    tolere tensión de vez en cuando.
    quiera aceptar mucha responsabilidad.
    se adapte fácilmente a nuevas situaciones.

others

Comprensión

¿ Qué aspectos del empleo son importantes para Marta ? (Explique cómo Ud. ha llegado a estas conclusiones.)

1. ¿ el sueldo ?
2. ¿ las posibilidades de viajar ?
3. ¿ las posibilidades de progresar ?

4. ¿ las responsabilidades ?
5. ¿ el prestigio ?

¿ Qué cualidades son importantes para el Sr. Torres ? (Explique cómo Ud. ha llegado a estas conclusiones.)

6. ¿ la inteligencia ?
7. ¿ la personalidad ?
8. ¿ la apariencia física ?

9. ¿ las referencias ?
10. ¿ la ambición ?

Lengua española

Vocabulario *El trabajo*

SUSTANTIVOS

el ambiente	*atmosphere; environment*	la capacidad	*ability*
el aviso	*classified advertisement*	una cita	*appointment, date*
el beneficio	*benefit*	una entrevista	*interview*
el conocimiento	*knowledge*	la experiencia	*experience*
el currículum	*résumé*	la ocupación	*occupation*
el desempleo	*unemployment*	la posibilidad	*possibility*
el entrenamiento	*training*	la profesión	*profession*
el entusiasmo	*enthusiasm*	la responsabilidad	*responsibility*
el miembro	*member*	la satisfacción	*satisfaction*
el sindicato	*union*	la solicitud	*application form*

VERBOS

conseguir (e → i)	*to get, obtain*	¿ **Consiguió** Ud. el empleo ?
jubilarse	*to retire*	El Sr. Rivas **se jubila** el año próximo.

ADJETIVOS

entusiasmado ≠ deprimido	*enthusiastic ≠ depressed*	Cuando mi trabajo va bien estoy **entusiasmada,** pero cuando va mal estoy **deprimida.**
satisfecho ≠ insatisfecho	*satisfied ≠ dissatisfied*	¿ Estás **satisfecho** con tu empleo o estás **insatisfecho** ?

OBSERVACIÓN

Conseguir is conjugated like **seguir**.

Espero que Ud. **consiga** el empleo que quiere.

Ejercicio 1.   *Y Ud., ¿ qué dice ?*

1. ¿ Cree Ud. que el desempleo es un problema grave en los Estados Unidos actualmente ? ¿ Por qué ?
2. En su opinión, ¿ qué se necesita para tener éxito en una carrera ?
3. ¿ Ha tenido Ud. una entrevista de empleo alguna vez ? ¿ Qué ocurrió durante la entrevista ? ¿ Consiguió Ud. el empleo ?
4. ¿ Cómo se viste Ud. para una entrevista de empleo ?
5. ¿ Cuál es la mejor manera *(way)* de conseguir un empleo ? ¿ por un aviso en el periódico ? ¿ por contactos familiares ? ¿ por amigos ? ¿ por la universidad ?
6. ¿ Quiere Ud. un empleo que le ofrezca un programa de entrenamiento ? ¿ Por qué ?
7. ¿ Le gustaría ser miembro de un sindicato ? ¿ Cuáles son los beneficios ?
8. En su opinión, ¿ qué edad debe ser mandatoria para jubilarse ?
9. ¿ Tiene Ud. un currículum ? ¿ Qué información generalmente se incluye en un currículum ?

A. El subjuntivo *vs.* el indicativo después de pronombres relativos

Read the following pairs of sentences carefully. In the first sentence of each pair, the subjects refer to real, specific persons or things. In the second sentence, the subjects refer to hypothetical or as yet unidentified persons or things. Note the forms of the verbs in each set of sentences.

Conozco a una persona que **habla** francés.	*I **know** a person who **speaks** French.* (The speaker knows this person exists.)
Busco una persona que **hable** español.	*I **am looking for** a person who **speaks** Spanish.* (As far as the speaker is concerned, this person may or may not be found.)
Vivo en un apartamento que **está** lejos de la universidad.	*I **live** in an apartment that **is** far from the university.* (This is a fact.)
Necesito un apartamento que **esté** más cerca.	*I **need** an apartment that **is** closer.* (This apartment may or may not be found.)

Carlos **quiere** bailar con la chica
que **baila** bien.

*Carlos **wants** to dance with the girl
who **dances** well. (He knows who
she is.)*

Carlos **quiere** bailar con una chica
que **baile** bien.

*Carlos **wants** to dance with a girl who
dances well. (He is not sure who that
girl is.)*

In Spanish, both the indicative and the subjunctive moods may be used after
relative pronouns. The choice of mood depends on what the subject is describing.

The *indicative* is used to describe specific persons or things. It is the mood of *what
is, was,* or *will be.*

The *subjunctive* is used to describe nonspecific persons or things. It is the mood of
what may be or *might have been.*

NOTA GRAMATICAL

The personal **a** is used to introduce direct objects that refer to specific persons.
When the direct object is a hypothetical or unidentified person, the **a** is usually omitted. Contrast:

El jefe busca **a la empleada** que
habla ruso.

*The boss is looking for **the employee** who
speaks Russian. (A specific person.)*

El jefe busca **una empleada** que
hable chino.

*The boss is looking for **an employee** who is
able to speak Chinese. (A person as yet
unidentified.)*

Ejercicio 2.   *Se necesita una secretaria*
*El jefe de personal de una compañía busca una secretaria que tenga ciertas
capacidades. ¿ Cuáles son ?*

> **Modelo:**   saber hablar español y francés
> **Buscamos una secretaria que sepa hablar español y francés.**

1. saber el programa Palabra Perfecta
2. saber escribir cartas en inglés
3. tener mucha paciencia
4. ser seria
5. llevarse bien con otra gente
6. estar entusiasmada
7. tener un buen sentido de humor
8. ser ambiciosa

Ejercicio 3.   *¿ Están satisfechos ? ¡ No !*

*Las siguientes personas no están satisfechas con sus amigos y les gustaría co-
nocer a otros.*

> **Modelo:**   Silvia tiene un novio que es muy inteligente. (muy romántico)
> **Silvia quiere tener un novio que sea muy romántico.**

1. Ana sale con un chico que tiene moto. (coche)
2. Felipe tiene una amiga que es seria. (divertida)
3. Carmen tiene un novio que trabaja en un café. (en un banco)
4. Tomás conoce a una chica que habla tres lenguas. (un buen sentido de humor)
5. Gabriela tiene un novio que habla con ella de deportes. (de música clásica)
6. Isabel conoce a un chico que la invita al teatro. (a bailes)

defensor = back (soccer)

marque = scores

marcador de punta = scorer

Ejercicio 4.   *Lo más importante*

*En su opinión, ¿ cuál es el aspecto más importante de cada grupo ? Comience
sus frases con* **Prefiero**.

> **Modelo:**   vivir en una casa (tener garaje ; estar situada en el centro ;
> ser cómoda)
> **Prefiero vivir en una casa que esté situada en el centro.**
> o   **Prefiero vivir en una casa que tenga garaje.**
> o   **Prefiero vivir en una casa que sea cómoda**

1. manejar un coche (ser rápido ; consumir poca gasolina ; ser automático ; tener bolsas de aire)
2. tener profesores (dar buenas notas ; enseñar bien ; exigir mucho de mí)
3. tener amigos (ser generosos ; decir siempre la verdad ; comprenderme)
4. tener un trabajo (ser interesante ; pagar bien ; ofrecer posibilidades de progresar)
5. tener un/a novio/a (ser inteligente ; tener un buen empleo ; ser atractivo/a)
6. trabajar con personas (ser amables ; tener un buen sentido de humor ; respetarme)
7. salir con personas (ser divertidas ; tener ideas diferentes ; saber bailar bien)

Ejercicio 5.   *Expresión personal*
Complete las siguientes frases con sus ideas personales.

1. Busco un trabajo que _____ .
2. Deseo vivir en un apartamento que _____ .
3. Quiero casarme con una persona que _____ .
4. Es interesante conocer a gente que _____ .
5. No me gustaría trabajar con alguien que _____ .
6. No conozco a nadie que _____ .

B. El uso del subjuntivo después de conjunciones

In each of the sentences below, the speaker mentions a condition that has not yet been met. Note the conjunctions in boldface and the forms of the verbs that follow these conjunctions.

Te presto el periódico **para que leas** los avisos.	*I am lending you the newspaper **so that you may read** the want ads.*
Tenemos que buscar otra secretaria **antes de que** la Srta. Ruiz se **jubile.**	*We have to look for another secretary **before** Miss Ruiz **retires.***
No puedo hacer este trabajo **sin que** me **ayudes.**	*I cannot do this work **without your helping** me.*
Iré al trabajo **a menos que esté** enfermo.	*I will go to work **unless I am** sick.*
Vamos a darle el empleo **con tal que consigamos** el contrato.	*We are going to give you the job **provided that we obtain** the contract.*

The subjunctive is **always** used after the following conjunctions:

a condición de que	*on condition (that)*
a menos que	*unless*
antes de que	*before*
con tal que	*provided (that), providing (that)*
en caso de que	*in case*
para que	*so (that)*
sin que	*without*

NOTAS GRAMATICALES

1. The subjunctive is used after conjunctions indicating conditions that are uncertain or have not yet been met. The indicative is used after conjunctions implying that the conditions are known or certain. Contrast:

La invito **porque conoce** a mis padres.   *I am inviting her **because she knows** my parents.*
La invito **para que conozca** a mis padres.   *I am inviting her **so that she will get to know** my parents.*

2. An infinitive construction is usually used after the prepositions **antes de, para,** or **sin** when there is no change in subject in the two clauses. Contrast:

Voy a llamarte **antes de salir.**   *I am going to call you **before I leave** (before leaving).*

Voy a llamarte **antes de que salgas.**   *I am going to call you **before you leave.***

But:

Iré al cine **con tal que tenga** cinco dólares.   *I will go to the movies **provided that I have** five dollars.*

Ejercicio 6.   *El candidato de todo el mundo*
¿*Por qué votan las siguientes personas por cierto candidato presidencial? Dé sus razones, según el modelo.*

     Modelo: Carlos (haber más empleo)
              Carlos vota por él para que haya más empleo.

1. mi papá (dar más beneficios a los jubilados)
2. yo (cambiar el sistema judicial)
3. tú (eliminar el crimen)
4. Uds. (reducir el costo de la vida)
5. Ud. (luchar en contra de la contaminación)
6. los miembros del sindicato (resolver el problema del desempleo)

Ejercicio 7.   *Llamadas urgentes*
El jefe de personal tiene que hablar con las siguientes personas antes de que sea demasiado tarde.

     Modelo: Su secretaria sale de vacaciones.
              Él tiene que hablar con su secretaria antes de que salga de vacaciones.

1. Su secretaria almuerza.
2. El presidente de la compañía aumenta los sueldos.
3. Los miembros del sindicato comienzan la huelga.
4. Ramón Pereda asiste a un programa de entrenamiento.
5. La Srta. Campos pone un aviso en el periódico.
6. El nuevo empleado completa la solicitud.

Ejercicio 8.   *Planes para el fin de semana*
Las siguientes personas irán a alguna parte este fin de semana a menos que ocurra algo.

> Modelo: yo (a la playa / llover)
> **Iré a la playa a menos que llueva.**

1. tú (al campo / hacer frío)
2. Carmen (al cine / haber alguna reunión política)
3. Federico (a la fiesta / tener trabajo)
4. los estudiantes (al café / el profesor dar un examen)
5. mis amigos (al partido de fútbol / tener que estudiar)
6. yo (al campo / tener que escribir mi currículum otra vez)

Ejercicio 9.   *La entrevista*
El jefe de personal le dice a Marta que le dará el empleo con tal que ella haga las siguientes cosas.

> Modelo: Ud. trabaja los sábados.
> **Le daremos el empleo con tal que Ud. trabaje los sábados.**

1. No tenemos otro candidato con más experiencia.
2. Ud. aprende a programar la computadora.
3. Ud. trabaja con entusiasmo.
4. Ud. no pide un aumento de sueldo durante el primer año.
5. Ud. consigue tres cartas de referencia.
6. Ud. completa la solicitud.

C. Los mandatos indirectos

Indirect commands are used to make requests concerning a third party. Compare the following pairs of sentences.

> Quiero que María abra la puerta.
> **Que abra** la puerta.   *Have her open the door.*

> Quiero que los jóvenes completen la solicitud.
> **Que completen** la solicitud.   *Have them fill out the application.*

In Spanish, indirect commands are formed as follows:

que + subjunctive clause (third person)

NOTAS GRAMATICALES

1. If the subject is expressed, it usually follows the verb.

Que lo haga **José.**   *Have/Let José do it.*
Que le escriba **ella.**   *Have her write him.*

2. A similar construction is used in the **tú/Ud./Uds.** forms to express wishes.

¡Que te diviertas mucho!   *Have a good time!*
¡Que tenga suerte!   *Good luck! (May you have good luck!)*

Ejercicio 10.   ¡ Que lo hagan !
Diga si quiere que las siguientes personas hagan o no hagan ciertas cosas, según el modelo.

Modelo: Los chicos no quieren quedarse aquí.
          ¡ Que no se queden aquí !

1. El candidato quiere hablar.
2. La secretaria quiere trabajar unas horas extras.
3. Los peatones quieren cruzar la calle ahora.
4. Los niños quieren comer el postre antes de la comida.
5. El policía quiere ver su licencia de conductor.
6. Tomás no quiere limpiar su cuarto.
7. Papá no quiere afeitarse hoy.

Ejercico 11.   Nuestros mejores deseos (wishes)
¿ Qué les diría Ud. a estas personas en las siguientes situaciones ?

Modelo: a un amigo que está en el hospital / salir pronto
          ¡ Que salgas pronto del hospital !

1. a unos amigos que salen de viaje / tener feliz viaje
2. a un pariente que cumple *(turns)* cincuenta años / disfrutar de tu cumpleaños
3. a. unos amigos que van a una fiesta / pasarlo bien
4. a unos amigos que se casan / ser felices
5. a una amiga que tiene un empleo nuevo / tener éxito
6. a un atleta que va a jugar en un campeonato / tener suerte
7. a sus abuelos cuando se jubilan / divertirse mucho

Ejercicio 12.   *En español*

Marta tiene una entrevista con el jefe de personal. Dé su conversación en español.

EL JEFE	Good morning, Miss Rivas. Sit down, please. I see on your résumé that you have had some very interesting experience.
MARTA	Yes, sir. In my last job, I had a lot of responsibility, and I learned a lot.
EL JEFE	Then why did you leave that job?
MARTA	I wasn't satisfied with my salary, and I want to work in an environment that is friendlier.
EL JEFE	Yes, it is very important that people derive **(tener)** satisfaction from a job. We are looking for a person who has the ability to learn quickly.
MARTA	I think I learn quickly and adapt well.
EL JEFE	Would you be able to attend our training program before you begin the job?
MARTA	Yes, provided that the company pays my salary while **(mientras)** I am learning.
EL JEFE	Of course we would pay you. I will speak to the president of the company about you, unless he is on vacation.
MARTA	Do you want me to call you next week?
EL JEFE	No, no. Don't call us. We'll call you.

≋Ahora le toca a Ud.   *El trabajo ideal*

¿ Qué tipo de trabajo busca Ud. ? Complete las siguientes frases para describirlo.

Busco un empleo que...
Quiero trabajar para un jefe que...
Me gustaría trabajar en (una oficina, un hospital, etc.) que...
Prefiero trabajar con personas que...
No aceptaré un empleo aburrido a menos que...
Aceptaré un sueldo bajo a condición de que...

Buenos Aires, Argentina; la vida urbana.

Lección 29

Cartas de los lectores

En todos los periódicos y revistas de los países de **habla española** hay una columna dedicada a las cartas de los **lectores**. Recientemente una revista publicó una **serie** de artículos que **trataba de** los problemas de la capital de ese país. Aquí tenemos algunas de las cartas de los lectores que responden a los artículos.

Spanish-speaking
readers
series / dealt with

Nuestra capital es una de las ciudades más sucias del mundo. Eso lo van a saber los autores de los artículos cuando viajen al **exterior.**

abroad

Josefina Paniagua

He pedido que me instalen un teléfono, y me dice la compañía de teléfonos que lo van a instalar **tan pronto como** puedan. Pero hace ocho años ya que lo estoy esperando.

as soon as

Emilio Tovar

Es una lástima que cada vez haya más tráfico y más contaminación. Las autoridades deben prohibir que la gente venga all centro con coches.

Octavio Miranda

Me parece mejor que las autoridades gasten más dinero para **embellecer** esta histórica capital. Es importante que la gente tenga tranquilidad y **belleza.** No vale la pena preocuparnos por problemas que no tengan soluciones.

to beautify
beauty

Victoria Medina

Hasta que haya leyes para que la industria vaya al campo, tendremos los problemas de la contaminación, del transporte y un exceso de **basura.**

Until
garbage

Teresa Aragón

Comprensión

1. ¿Cree Josefina Paniagua que su ciudad sea una de las más sucias del mundo? ¿Qué sugiere que hagan los autores de los artículos?
2. ¿Qué necesita Emilio Tovar? ¿Qué le dice la compañía de teléfonos? ¿Hace cuánto tiempo que está esperando un teléfono?
3. ¿Qué sugiere Octavio Miranda para solucionar los problemas del tráfico y de la contaminación?
4. ¿Se preocupa Victoria Medina por los problemas urbanos? ¿Qué sugiere ella que hagan las autoridades?
5. Según Teresa Aragón, ¿cuáles son los problemas urbanos creados por la industria? ¿Cuál es la solución que ofrece?

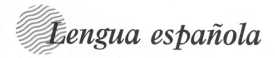

Lengua española

Vocabulario   *La vida urbana*

LAS VENTAJAS (ADVANTAGES)

el rascacielos	*skyscraper*	**la belleza**	*beauty*
los servicios	*services*	**la calidad de la vida**	*quality of life*
el transporte	*transportation*	**la industria**	*industry*
		la población	*population*

LAS DESVENTAJAS (DISADVANTAGES)

el alquiler	*rent*	**la aglomeración de gente**	*crowds*
el barrio pobre	*slum*	**la basura**	*garbage*
el costo de la vida	*cost of living*	**la contaminación del aire**	*air pollution*
el crimen	*crime*	**la corrupción**	*corruption*
los impuestos	*taxes*	**la falta de espacio libre**	*lack of open space*
		la vivienda	*housing*

ADJETIVOS

alto ≠ **bajo**	*high ≠ low*	Mi sueldo es **bajo,** pero el costo de la vida es **alto.**
escaso	*scarce*	En esta ciudad el espacio libre es **escaso.**
grave	*serious*	¿Cuál es el problema más **grave** de la vida urbana?
hermoso	*beautiful*	Madrid es una ciudad **hermosa.**

VERBOS

contaminar	*to pollute*	Algunas industrias **contaminan** el ambiente.
controlar	*to control*	¿Es posible **controlar** la contaminación?
crear	*to create*	Tenemos que **crear** nuevos sistemas de transporte.
crecer (-zco)	*to grow*	La población de la ciudad está **creciendo**.
escaparse	*to escape*	La gente **se escapa** al campo los fines de semana.
mejorar	*to improve*	¿**Ha mejorado** la calidad de la vida aquí?
reducir (-zco)	*to reduce*	Los políticos siempre prometen **reducir** los impuestos.

OBSERVACIÓN

The verb **reducir,** like other **-cir** verbs, has an irregular preterite stem ending in **j:**

> El año pasado los políticos **redujeron** los impuestos.

Ejercicio 1.   *Y Ud., ¿qué dice?*
*Dé su opinión sobre las siguientes declaraciones con las expresiones **Creo que**...*
*o **No creo que**... Apoye* (Support) *sus opiniones con ejemplos.*

1. El ambiente influye en el comportamiento *(behavior)* de la gente.
2. Los rascacielos contribuyen a la belleza de una ciudad.
3. Los servicios públicos de mi ciudad (o pueblo) son buenos.
4. La industria debe controlar la contaminación.
5. La vida urbana tiene más ventajas que desventajas.
6. La vida del campo o de un pueblo tiene más ventajas que la vida urbana.
7. Hay que reemplazar *(replace)* los barrios pobres de mi ciudad con buenas viviendas.
8. La falta de espacio libre es un problema muy grave en mi ciudad.
9. La población de mi ciudad está creciendo.
10. Hay una escasez *(scarcity)* de viviendas en mi ciudad y los alquileres son altos.

Ejercicio 2.   *Así es la vida*
Ciertas personas no están contentas con la ciudad grande en que viven. Cuente (Tell) *lo que les molesta, según el modelo.*

> Modelo: Carmen (La gente siempre está de mal humor.)
> **A Carmen le molesta que la gente siempre esté de mal humor.**

1. su papá (Hay mucha algomeración de tráfico.)
2. su mamá (El costo de la vida es muy alto.)
3. Enrique (El transporte no es bueno.)
4. nosotros (Los coches contaminan el aire.)
5. tú (Hay una falta de espacio libre.)
6. Jaime (Los apartamentos baratos son escasos.)
7. Uds. (Los impuestos son muy altos.)
8. Ud. (Los barrios pobres no tienen suficientes servicios municipales.)

A. El indicativo vs. el subjuntivo después de *cuando*

Read the following sets of sentences carefully. The first sentence in each set concerns activities that took place in the past. The second sentence is about activities that are currently taking place. The third sentence concerns actions that have not yet taken place. Note the forms of the verbs in boldface.

Cuando **tenía** dinero, **iba** a conciertos.
> When (Whenever) *I had* money, *I would go* to concerts.

Cuando **tengo** dinero, **voy** al cine.
> When (Whenever) *I have* money, *I go* to the movies.

Cuando **tenga** mucho dinero, **iré** a España.
> When *I have* a lot of money, *I will go* to Spain.

Cuando **estuvimos** en París, **hablamos** francés.
> When *we were* in Paris, *we spoke* French.

Cuando **estamos** en clase, **hablamos** español.
> When (Whenever) *we are* in class, *we speak* Spanish.

Cuando **estemos** en México, **hablaremos** español.
> When *we are* in Mexico, *we will speak* Spanish.

After **cuando,**

1. the *indicative* is used to refer to habitual actions or actions that have already taken place.
2. the *subjunctive* is used to refer to future actions, as yet uncompleted.

CUANDO CLAUSE	MAIN CLAUSE
Indicative: preterite imperfect	past tense
present	present tense
Subjunctive: present	future tense or *ir a* + verb

NOTA GRAMATICAL

Similarly, the preceding patterns determine the use of the indicative or subjunctive after the following conjunctions of time:

hasta que	*until*	No podía ir **hasta que** terminó el trabajo.
tan pronto como **así que** **en cuanto**	*as soon as*	**Tan pronto como** salieron, empezó a llover. **Así que** Uds. estén listos, vamos a salir. **En cuanto** deje de llover, saldrán.

Ejercicio 3. *Cuando tengan las vacaciones...*
¿ Qué harán las siguientes personas cuando tengan sus vacaciones ?

> **Modelo:** el Sr. Ramos / hacer un viaje
> **Cuando tenga las vacaciones, el Sr. Ramos hará un viaje.**

1. Elena / escaparse de la ciudad
2. yo / ir al campo
3. Roberto y Susana / viajar a España
4. tú / arreglar tu casa
5. nosotros / descansar
6. Felipe / esquiar

Ejercicio 4. *Otro modo de vivir*
Las siguientes personas viven en el campo o en un pueblo. ¿ Cómo reaccionarán cuando visiten la capital ?

> **Modelo:** Carlos / estar alegre
> **Carlos estará alegre cuando visite la capital.**

1. Isabel / estar deprimida
2. yo / tener miedo
3. mis tías / querer ver todo
4. tú / tener interés en todo
5. nosotros / acostumbrarse a la actividad
6. Mateo / estar entusiasmado

JUEGA LIMPIO CON TU CIUDAD

GRACIAS

FEDERACIÓN ESPAÑOLA DE MUNICIPIOS Y PROVINCIAS

Ejercicio 5. *El pueblo protesta*
Un grupo de ciudadanos está protestando los altos impuestos y la falta de servicios. ¿ Qué dicen ?

> **Modelo:** el gobierno aumenta los servicios
> **No pagaremos los impuestos hasta que el gobierno mejore los servicios municipales.**

1. el costo de la vida baja
2. la industria controla la contaminación
3. nuestro ambiente mejora
4. la policía reduce el crimen
5. los alquileres son más bajos
6. la basura no se acumula más en las calles
7. la municipalidad prohibe la construcción de más rascacielos
8. la calidad de la vida en los barrios pobres es mejor

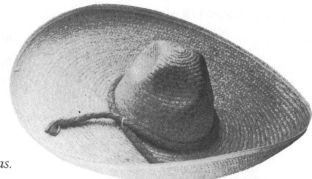

Ejercicio 6. *Planes personales*
Complete las siguientes frases con sus propias ideas.

1. No buscaré un trabajo interesante hasta que _____ .
2. Tendré que ganarme la vida tan pronto como _____ .
3. La calidad de mi vida mejorará en cuanto _____ .
4. No voy a casarme hasta que _____ .
5. Estaré perfectamente contento/a así que _____ .
6. Pagaré mis impuestos en cuanto _____ .

B. El presente perfecto del subjuntivo

Read each set of sentences below. In the first sentence of each pair, the speaker expresses feelings or doubts about a present event and uses the *present subjunctive*. In the second sentence, the speaker expresses feelings or doubts about a past event and uses the *present perfect subjunctive*. Contrast the verbs in boldface.

Siento que **no estés bien.**	*I'm sorry (that) **you are not** well.*
Siento que **no hayas estado bien.**	*I'm sorry (that) you **haven't been** well.*
Dudo que Carlos **llame.**	*I doubt that Carlos **is calling.***
Dudo que Luis **haya llamado.**	*I doubt that Luis **has called.***
Es bueno que **lleguemos** temprano	*It's good (that) **we are arriving** early.*
Es bueno que **hayamos** llegado temprano.	*It's good (that) **we have arrived** early.*

The subjunctive mood, like the indicative mood, has several tenses. Note the forms of the present perfect subjunctive of **hablar** in the following chart.

Es posible que...			
(yo)	**haya hablado**	(nosotros)	**hayamos hablado**
(tú)	**hayas hablado**	(vosotros)	**hayáis hablado**
(él, ella, Ud.)	**haya hablado**	(ellos, ellas, Uds.)	**hayan hablado**

NOTAS GRAMATICALES

1. The present perfect subjunctive is a compound tense. It is formed as follows:

> present subjunctive of **haber** + past participle

2. Remember, the past participles of most verbs are formed by adding **-ado** / **-ido** to the infinitive stems:

> habl- → habl**ado**
> com- → com**ido**
> viv- → viv**ido**

3. Review the following irregular past participles.

escribir → escrito	poner → puesto	romper → roto	ver → visto
volver → vuelto	decir → dicho	hacer → hecho	

Ejercicio 7. *La buena anfitriona (hostess)*

Carmen es de Andalucía, pero ahora vive en Madrid. Por supuesto, cuando sus amigos y parientes vinieron a Madrid, Carmen los llevó a ver los lugares interesantes de la ciudad y los invitó a cenar en su apartamento. Haga el papel de Carmen, la buena anfitriona.

Modelo: Rafael
> **Me alegro de que Rafael haya venido. Espero que se haya divertido aquí.**

1. Teresa
2. tú
3. mis tíos
4. Uds.
5. Ud.
6. mis amigos

Ejercicio 8. *¿Dónde está Carlos?*

Carlos tenía una cita con sus amigos en el Café Pamplona, pero todavía no ha llegado. Mientras lo esperan, sus amigos sugieren que Carlos no haya llegado por las siguientes razones.

Modelo: tener un accidente
> **Es posible que haya tenido un accidente.**

1. ir a una entrevista
2. perder sus llaves
3. salir con su novia
4. tener que arreglar su coche
5. encontrarse con otros amigos
6. olvidarse de la hora de la reunión
7. sentirse mal
8. dormirse

Ejercicio 9.   *El pueblo natal (hometown)*
*Después de trabajar por muchos años en Buenos Aires, el Sr. Dávila se ha
jubilado y ha vuelto a vivir en su pueblo natal. ¡ Pero el pueblo ha cambiado
mucho ! Haga el papel del Sr. Dávila y comente sobre los cambios.*

> Modelo: es malo / el ambiente ha cambiado
> **Es malo que el ambiente haya cambiado.**

1. es bueno / la población ha crecido
2. es una lástima / el costo de la vida ha subido
3. es sorprendente / la belleza del ambiente ha cambiado poco
4. es posible / muchos jóvenes han ido a trabajar en la ciudad
5. es increíble / el transporte público ha mejorado
6. es probable / mis amigos también se han jubilado
7. es imposible / el crimen ha aumentado aquí
8. es malo / mi café preferido ha cerrado

C. El subjuntivo: un resumen

The subjunctive is used:

1. after an impersonal expression of opinion or wish.

   Es útil que **estudiemos** el español.

2. after an expression of desire or an indirect command.

   El profesor **quiere** que **hablemos** español.

3. after an expression of doubt or disbelief.

   No **creo** que el español **sea** tan difícil de aprender.

4. after an expression of emotion.

   Me alegro de que **vayas** a México.

5. after a relative pronoun (to express a possibility).

   Quiero conocer una chica **que sea** de México.

6. after a conjunction that implies a condition as yet unfulfilled.

   Iré a México **con tal que tenga** bastante dinero.

7. after a conjunction that refers to an uncompleted action or future activities.

   Hablaré español **cuando esté** en España.

Ejercicio 10.   *El mundo del futuro*

Complete las siguientes frases para expresar sus ideas sobre el mundo del futuro.

1. Espero que mis amigos _____ .
2. Deseo que mi familia _____ .
3. Prefiero que todo el mundo _____ .
4. Es posible que _____ .
5. Dudo que _____ .
6. Quiero vivir en un mundo que _____ .
7. El mundo será más estable cuando _____ .
8. El futuro será más seguro cuando _____ .

Ejercicio 11.   *En español*

Paco Rivera ha ido a la capital para visitar a sus tíos que viven allí. Dé su conversación en español.

TÍA FLORA	Paco, we are very glad that you have come to visit us.
TÍO RAMÓN	Yes, we hope you will stay here at least one week so that we can visit all the interesting and beautiful places in this city. What would you like to see first?
PACO	Everything! The skyscrapers, the museums, the parks, the department stores, the cafés . . .
TÍO RAMÓN	I'm glad you are enthusiastic. So am I! And I hope you've brought comfortable shoes. Let's go!

Una semana después, Paco está haciendo su maleta para regresar a su pueblo en la provincia.

TÍA FLORA	We're sorry that you have to leave so soon. I hope you've enjoyed your visit here.
PACO	I've enjoyed my visit very much, but I have to go home because my classes begin next week.
TÍO RAMÓN	When you come here again, we will be able to see the new aquarium **(aquario).**
TÍA FLORA	Do you think you would like to live in the city?
PACO	Well, urban life has many advantages and opportunities, but I also see many unpleasant things.
TÍA FLORA	What?
PACO	The crowds, the traffic congestion, the pollution, the lack of open space, the high cost of living, the crime. . . . The city is a nice place to visit, but I wouldn't like to live here.
TÍO RAMÓN	Paco, you are right. As soon as we have our vacation, we'll come to visit you.

≋Ahora le toca a Ud. *Mi ciudad / mi pueblo*

Describa la ciudad o pueblo donde Ud. vive. Diga lo que le gusta y lo que no le gusta sobre su ciudad o pueblo. Mencione algunas ventajas y desventajas del tipo de vida que Ud. conoce mejor: la vida urbana, la rural o la vida en un pueblo pequeño.

Y tú, ¿ qué opinas ?

Hacia el futuro

Toward

Sabemos que el mundo de hoy tiene sus defectos y sus problemas. En su opinión, ¿ cómo se podría mejorarlo ? Cuando les hicimos esta pregunta a varias personas, nos contestaron así:

Rafael Fernández (de la Argentina)

Era malo que **tuviéramos** una **dictadura** militar. Ahora que tenemos un gobierno democrático otra vez, todos debemos luchar para mantener la **estabilidad** económica y política.

we had / dictatorship
stability

Pedro Redondo (de Costa Rica)

No se puede transformar la sociedad sin transformar primero al individuo. Si la gente **fuera** más abierta, más honrada y **más bondadosa,** el mundo sería mejor.

were / kinder

Ramona Arroyo (de Cuba)

¡ Hasta que todos los pueblos entiendan la necesidad de luchar juntos en contra del imperialismo, no habrá soluciones para los problemas del mundo !

Francisco Durán (de México)

Esos políticos viejos son corruptos. ¡ Si nosotros, los jóvenes, tuviéramos el poder, todo sería diferente !

Lola Galindo (del Perú)

Si **pudieran** encontrar más **petróleo** en este país, por lo menos se solucionarían nuestros problemas económicos.

they could / oil

Fernando Herrero (de Bolivia)

No habría tanta **pobreza** y desempleo si **se repartiera** la tierra de una manera más justa.

poverty / were
distributed

Comprensión

1. Según Rafael Fernández, ¿qué tienen que hacer los ciudadanos de su país?
2. En la opinión de Pedro Redondo, ¿qué es necesario para que el mundo sea mejor?
3. Según Ramona Arroyo, ¿cuándo habrá soluciones a los problemas del mundo?
4. ¿Tiene Francisco Durán mucha confianza en los políticos? ¿Qué piensa de ellos?
5. Según Lola Galindo, ¿cuál es una de las maneras de solucionar los problemas económicos de un país?
6. ¿Qué solución a los problemas de la pobreza y el desempleo nos ofrece Fernando Herrero?

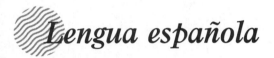

Lengua española

Vocabulario   *El estado del mundo*

SUSTANTIVOS

el asunto	*matter*	**la confianza**	*confidence, trust*
el estado	*state*	**la crisis**	*crisis*
el individuo	*individual*	**la cuestión**	*issue, matter*
el petróleo	*oil, petroleum*	**la esperanza**	*hope*
el poder	*power*	**la pobreza**	*poverty*
el sistema	*system*	**la revolución**	*revolution*
los valores	*values*	**la riqueza**	*riches*
		la sociedad	*society*
		la tierra	*land*

VERBOS

discutir	*to discuss; to argue*	Mis amigos y yo **discutimos** la política.
establecer (-zco)	*to establish*	El gobierno **estableció** un nuevo sistema.
rechazar	*to reject*	A veces los jóvenes **rechazan** los valores de sus padres.
reformar	*to reform*	Los revolucionarios hablan de **reformar** la sociedad.

Ejercicio 1. *Preguntas*

1. ¿Cuáles son las cuestiones actuales que Ud. discute con sus padres?
   ¿Cuáles discute con sus amigos?
2. ¿Tiene Ud. los mismos valores que tienen sus padres? ¿O rechaza Ud. los
   valores de ellos? ¿Cuáles acepta Ud. y cuáles rechaza?
3. ¿Está Ud. contento/a con el sistema de gobierno de su país? ¿O le gustaría cambiarlo?
4. En su opinión, ¿cuál es la mejor manera de reformar o de mejorar un
   sistema de gobierno?
5. En su opinión, ¿hay alguna relación entre el poder y la corrupción?

A. El imperfecto del subjuntivo: las formas regulares

Contrast the verbs in each of the following sets of sentences. In the first sentence of each pair, the subject is communicating wishes, doubts, or emotions
that are currently being experienced. The verb that follows **que** is in the *present subjunctive*. In the second sentence, the subject is communicating wishes,
doubts, or emotions that were experienced in the past. The verb that follows
que is in the *imperfect subjunctive*.

(present)	¿**Es** importante que **respetemos** las tradiciones ahora?	*Is it important now that **we respect** traditions?*
(past)	**Era** importante que **respetáramos** las tradiciones antes.	*In the past, **it was** important that **we respect** traditions.*
(present)	**Espero** que mis padres me **comprendan.**	*I hope that my parents **understand** me.*
(past)	**Esperaban** que sus padres los **comprendieran.**	*They hoped that their parents **understood** them.*
(present)	**No quiero** que **discutamos** la política.	*I don't want us to discuss politics.*
(past)	Mis padres **no querían** que **discutiéramos** la política en casa.	*My parents **didn't want us** to discuss politics at home.*

Note the forms of the imperfect subjunctive in the chart below.

	HABLAR	COMER	VIVIR
Ellos Form of the Preterite	**Hablaron**	**Comieron**	**Vivieron**
(yo)	habl**ara**	com**iera**	viv**iera**
(tú)	habl**aras**	com**ieras**	viv**ieras**
(él, ella, Ud.)	habl**ara**	com**iera**	viv**iera**
(nosotros)	habl**áramos**	com**iéramos**	viv**iéramos**
(vosotros)	habl**arais**	com**ierais**	viv**ierais**
(ellos, ellas, Uds.)	habl**aran**	com**ieran**	viv**ieran**

NOTAS GRAMATICALES

1. The imperfect subjunctive is formed as follows:

> **ellos** form of the preterite minus **-ron** + imperfect subjunctive endings

2. The imperfect subjunctive endings* are:

> **-ra**   **-ras**   **-ra**   **-ramos**   **-rais**   **-ran**

Note that in the **nosotros** form of the imperfect subjunctive, an accent mark is placed over the final vowel of the stem.

Ejercicio 2.   *Una falta de confianza*
Héctor Rabioso fue candidato en las últimas elecciones, pero perdió porque no recibió los votos que esperaba.

Modelo: los estudiantes
Esperaba que los estudiantes votaran por él.

1. tú
2. todo el pueblo
3. nosotros

4. los miembros de los sindicatos
5. su familia
6. su mamá

---

*In Spanish, there is a second form of the imperfect subjunctive, which is used less commonly. Instead of the **-ra** endings, it uses **-se, -ses, -se, -semos, -seis,** and **-sen.**

Ejercicio 3.   *El final de la dictadura* (dictatorship)
*Los ciudadanos de un país democrático, que antes era una dictadura, hablan
de cómo eran las cosas en la época del dictador.*

> Modelo: Los obreros forman un sindicato.
> **El dictador no permitía que los obreros formaran un sindicato.**

1. La gente discute la política.
2. El pueblo comparte las riquezas del país.
3. Los ciudadanos participan en el gobierno.
4. Los jóvenes hablan de una revolución.
5. Los militares establecen otro sistema.
6. Los ciudadanos lo rechazan.
7. Sus consejeros mencionan la crisis.
8. Los periódicos escriben de la cuestión del petróleo.

B. Los usos del imperfecto del subjuntivo

The imperfect subjunctive is generally used after the same verbs and expressions as the present subjunctive, when these expressions are in a *past tense*. Note the cases and examples below.

The imperfect subjunctive is used:

1. after an impersonal expression of opinion or wish.

   Era importante que los niños **escucharan** a sus padres.

2. after an expression of indirect command or desire.

   Mis padres **querían** que yo **estudiara** más.

3. after an expression of doubt or disbelief.

   No creían que **volviera** tarde.

4. after an expression of emotion.

   Se asombraban de que me **casara** con Miguel.

5. after a relative pronoun (to express a possibility).

   Quería salir con chicos **que hablaran** español.

6. after a conjunction that implies a condition as yet unfulfilled.

   Mis padres me **mandaron** a México **para que aprendiera** español.

Ejercicio 4. *Sentimientos y opiniones*

Reemplace las palabras en cursiva con las palabras entre paréntesis. Haga todos los cambios necesarios.

> **Modelo:** Era sorprendente que *los políticos* no discutieran la crisis. (nosotros)
>
> **Era sorprendente que nosotros no discutiéramos la crisis.**

1. Era importante que *nosotros* discutiéramos el asunto. (yo; los militares; tú; el presidente)
2. El candidato quería que *el pueblo* lo escuchara. (tú; los ciudadanos; su familia; yo; nosotros)
3. A los padres no les gustaba que *su hijo* rechazara sus valores. (yo; sus hijos; tú y yo; la sociedad)
4. Mi abuelo insistía en que *yo* votara. (mi papá; mis hermanos y yo; mis primas)
5. Yo dudaba que *ese candidato* ganara las elecciones. (tú; los socialistas; nosotros; el candidato liberal)
6. Voté por *ti* para que cambiaras el sistema. (los candidatos conservadores; Uds.; el presidente; Ud.)
7. La compañía buscaba *un empleado* que hablara español. (dos técnicos; una secretaria; un ejecutivo; una abogada)

Yacimientos de petróleo en el Lago Maracaibo de Venezuela.

C. El imperfecto del subjuntivo: las formas irregulares

Since the stem of the imperfect subjunctive is always derived from the **ellos** form of the preterite, the verbs that have irregular preterite stems also have irregular stems in the imperfect subjunctive. Here are a few examples. Note that the endings are regular.

INFINITIVE	*ELLOS* FORM OF PRETERITE	*YO* FORM OF IMPERFECT SUBJUNCTIVE
ir	fueron	fuera
ser	fueron	fuera
hacer	hicieron	hiciera
querer	quisieron	quisiera
venir	vinieron	viniera
estar	estuvieron	estuviera
haber	hubieron	hubiera
poder	pudieron	pudiera
poner	pusieron	pusiera
saber	supieron	supiera
tener	tuvieron	tuviera
conducir	condujeron	condujera
decir	dijeron	dijera
dormir	durmieron	durmiera
servir	sirvieron	sirviera

Ejercicio 5. *Ayer y hoy*
Compare las actitudes de hoy y ayer con las expresiones (No) Es importante...
y (No) Era importante.

Modelo: No hay discriminación.
(No) Es importante que no haya discriminación.
(No) Era importante que no hubiera discriminación.

1. No hay guerra.
2. Los políticos dicen la verdad.
3. El presidente sabe mucho de los problemas económicos.
4. Los padres tienen paciencia con sus hijos.
5. Las familias tienen muchos niños.
6. Los hijos mantienen los valores de la familia.
7. Las mujeres pueden votar.
8. El pueblo tiene confianza en su gobierno.

Ejercicio 6.   *Esperanzas*

La gente esperaba que las siguientes cosas pasaran. Combine las dos frases, como en el modelo.

> Modelo: La gente esperaba. Los médicos curaron el cáncer.
> **La gente esperaba que los médicos curaran el cáncer.**

1. Era necesario. No hubo más conflictos en el mundo.
2. Era importante. Los hombres y las mujeres tenían derechos iguales.
3. El presidente recomendó. Se estudian las causas de la pobreza.
4. Era bueno. El gobierno hizo algo para solucionar la crisis de energía.
5. Nosotros queríamos. Los científicos explicaron todo.
6. Ellos sugirieron. Nosotros mejoramos la sociedad
7. Me alegraba. El nuevo gobierno eliminó la injusticia.
8. Dudábamos. Los hombres eran irracionales.

D. El uso del subjuntivo después de *si*

Compare the forms of the verbs in the following pairs of sentences.

Si **tengo** dinero este verano, **iré** a España.	*If **I have** money this summer, **I will go** to Spain.*
Si **tuviera** dinero, **iría** a Mallorca.	*If **I had** money, **I would go** to Majorca.*
Si **estamos** en España algún día, **visitaremos** Barcelona.	*If **we are** in Spain some day, **we will visit** Barcelona.*
Si **estuviéramos** en España, **hablaríamos** español.	*If **we were** in Spain, **we would speak** Spanish.*

Note the verb sequences that are used in sentences with **si** *(if)* clauses.

	DEPENDENT CLAUSE *(SI)*	MAIN CLAUSE
The Condition Expresses Something Possible	present indicative	future
The Condition Expresses Something Considered Contrary to Fact	imperfect subjunctive	conditional

NOTA GRAMATICAL

The expression **como si** *(as if, as though)* is always followed by the *imperfect subjunctive.*

Habla **como si fuera** un candidato.
Hablaba **como si fuera** un candidato.

Ejercicio 7.   *Si yo tuviera mucho dinero...*
Si las siguientes personas tuvieran mucho dinero, harían las siguientes cosas.

Modelo: Elena / comprar un coche caro
Si tuviera mucho dinero, Elena compraría un coche caro.

1. nosotros / viajar por el mundo
2. mis padres / comprar una casa grande
3. yo / no trabajar más
4. tú / pagar los estudios de tus hermanos menores
5. Javier / dedicarse a la política
6. Marta y Alicia / pasar el invierno en Acapulco

Ejercicio 8.   *Sueños* (Dreams)
Pregúntele a otra persona de la clase qué haría en las siguientes circunstancias.

Modelo: ser presidente
—Si fueras presidente, ¿ qué harías ?
—Si yo fuera presidente, reformaría el gobierno (reduciría los impuestos...).

1. no ser estudiante
2. tener un millón de dólares
3. ser rector de la universidad
4. ser secretario general de las Naciones Unidas
5. no tener que trabajar
6. ser astronauta
7. poder vivir en otra época

Ejercicio 9.   *Ilusiones*
Todas las siguientes personas tienen sus ilusiones. ¿ Cómo las expresan ?

Modelo: el candidato habla / ser liberal
El candidato habla como si fuera liberal.

1. Álvaro gasta dinero / ser millonario
2. nosotros trabajamos / tener mucho tiempo
3. Marta y Lidia hablan / ser actrices
4. tú caminas / dolerle la pierna
5. yo corro / tener mucha prisa
6. Estela llora / hay una tragedia

Ejercicio 10. *Antes de las elecciones*

Complete las siguientes frases para dar sus ideas y opiniones sobre los sucesos antes de las últimas elecciones. Use el indicativo, el subjuntivo o el infinitivo.

1. Era necesario _____ .
2. El presidente quería _____ .
3. Los candidatos hablaban como si _____ .
4. Yo dudaba _____ .
5. A mis amigos y yo nos alegrábamos _____ .
6. Mis padres me aconsejaban _____ .
7. Si yo _____ .
8. Era una lástima _____ .
9. La gente votaba por él para que _____ .
10. ¡Ojalá _____ !

Ejercicio 11. *En español*

Un grupo de estudiantes de la universidad está charlando en un café. Dé su conversación en español.

RICARDO	Have you (**Uds.**) read the big news?
PILAR	Are you talking about the oil that was found (**encontrar**) in the province of Santa Fe?
JOSÉ	I hope you are telling the truth.
RICARDO	Of course I am telling the truth! Listen to the radio.
ESTRELLA	I am happy that they finally found oil. It could solve many of our problems.
RICARDO	That's true. It is important that this country do something in order to create more jobs and to solve the problem of poverty.
PILAR	I don't believe that oil will solve all our problems.
JOSÉ	No, I am not sure that oil will solve those problems either, but it will help to reduce them.
ESTRELLA	What do you think the government will do with the money from the oil?
RICARDO	I always hoped that something good would happen here, and now it has happened.
PILAR	We have to wait and see what the government will do when we sell the oil.
JOSÉ	If the oil weren't found, there would be a crisis in this country very soon.
ESTRELLA	You're right. Now if I were in the government . . .
JOSÉ	What would you do?
ESTRELLA	Well . . . this is an important matter. I have to think about it.

≋Ahora le toca a Ud. *El mundo del futuro*

Lea otra vez las opiniones de las personas que aparecen al comienzo de la lección. Luego, escriba un párrafo corto explicando cómo el mundo podría ser mejor.

**VOTO POR LA VIDA
Y LA PAZ
EN EL MUNDO**
Vale: el primer día de paz

Año Internacional de la Paz

Movimiento universal por la paz del mundo

EN RESUMEN

A. Reemplace las palabras en cursiva con la forma apropiada de las expresiones entre paréntesis.

1. Busco un apartamento que *sea cómodo.* (estar cerca del centro; tener cinco cuartos; ser barato; no costar demasiado)
2. Sus padres le dan dinero a Jaime para que *compre un coche.* (pagar la matrícula; hacer un viaje; arreglar su coche)
3. Marta no irá a la fiesta a menos que Tomás *la invite.* (ir con ella; llamarla; llevarla en su coche; bailar con ella)
4. Ellos quieren irse antes de que *sea muy tarde.* (llover; llegar la policía; ocurrir algo; haber problemas)
5. No vamos a comer hasta que *la comida esté lista.* (llegar papá; los niños lavarse las manos; yo poner la mesa; todos sentarse)
6. Te diré las noticias tan pronto como las *oiga.* (saber; recibir; leer; tener)
7. Es probable que los chicos *hayan dormido tarde.* (haber ido a la escuela; haber dicho una mentira; haber jugado con sus amigos; no haber hecho la tarea)
8. El consejero le dijo que era importante que *hablara con el profesor.* (venir a su oficina; escucharlo; escoger cursos interesantes; dedicarse a su trabajo)
9. El dictador no permitía que el pueblo *votara.* (reclamar sus derechos; reunirse en público; decir algo en contra del gobierno; protestar)
10. El ladrón robó el dinero antes de que *la policía pudiera llegar.* (el banco abrirse; los empleados verlo; alguien darse cuenta; yo entrar al banco)
11. Si yo estuviera en esa situación, *haría algo inmediatamente,* (tener más paciencia; pedir más dinero; tratar de salir; decir algo)
12. Si yo *fuera rico,* viajaría por todo el mundo. (estar bien; poder hacerlo; no tener miedo; hablar otras lenguas)

B. Dé la forma correcta (el indicativo, el subjuntivo o el infinitivo) del verbo entre paréntesis.

1. Si yo (poder) _____ vivir en el campo, (estar) _____ muy contento.
2. Pero, aunque (vivir) _____ en la ciudad, mi casa está muy cerca de un parque; entonces a veces me siento como si (vivir) _____ en el campo.
3. Pienso comprar una casa en el campo después de (jubilarse) _____ .
4. Claro, no puedo pensar en estas cosas hasta que (tener) _____ los 65 años.
5. El gobierno ha cambiado la ley recientemente, y ahora algunas personas pueden jubilarse antes de que (tener) _____ los 65 años.
6. Era necesario que el gobierno (cambiar) _____ la ley.
7. Mucha gente dudaba que (ser) _____ necesario cambiarla.

8. Pero las personas que no quieren (jubilarse) _____ no tienen que (hacerlo) _____ .

9. En caso de que Ud. no (haber) _____ leído eso en el periódico, yo buscaré el artículo para que Ud. lo (leer) _____ .

10. Sería bueno que Ud. lo (mostrar) _____ a su padre porque estoy seguro de que él (tener) _____ interés en leerlo.

11. Me había dicho que no creía que el gobierno lo (hacer) _____ .

12. Algunas personas buscan un empleo que les (ofrecer) _____ muchos beneficios, pero a otras personas no les (importar) _____ .

Appendices
and
Vocabularies

Appendix A Regular Verbs

Infinitive	hablar *to speak*	aprender *to learn*	vivir *to live*
Present participle	hablando *speaking*	aprendiendo *learning*	viviendo *living*
Past participle	hablado *spoken*	aprendido *learned*	vivido *lived*

SIMPLE TENSES

	hablar	aprender	vivir
Present indicative *I speak, am speaking,* *do speak*	hablo hablas habla	aprendo aprendes aprende	vivo vives vive
	hablamos habláis hablan	aprendemos aprendéis aprenden	vivimos vivís viven
Imperfect indicative *I was speaking, used* *to speak, spoke*	hablaba hablabas hablaba	aprendía aprendías aprendía	vivía vivías vivía
	hablábamos hablabais hablaban	aprendíamos aprendíais aprendían	vivíamos vivíais vivían
Preterite *I spoke, did speak*	hablé hablaste habló	aprendí aprendiste aprendió	viví viviste vivió
	hablamos hablasteis hablaron	aprendimos aprendisteis aprendieron	vivimos vivisteis vivieron
Future *I will speak, shall* *speak*	hablaré hablarás hablará	aprenderé aprenderás aprenderá	viviré vivirás vivirá
	hablaremos hablaréis hablarán	aprenderemos aprenderéis aprenderán	viviremos viviréis vivirán

Conditional	hablaría	aprendería	viviría
I would speak	hablarías	aprenderías	vivirías
	hablaría	aprendería	viviría
	hablaríamos	aprenderíamos	viviríamos
	hablaríais	aprenderíais	viviríais
	hablarían	aprenderían	vivirían
Present subjunctive	hable	aprenda	viva
(that) I speak	hables	aprendas	vivas
	hable	aprenda	viva
	hablemos	aprendamos	vivamos
	habléis	aprendáis	viváis
	hablen	aprendan	vivan
Imperfect subjunctive	hablara	aprendiera	viviera
(-ra)*	hablaras	aprendieras	vivieras
(that) I speak, might	hablara	aprendiera	viviera
speak	habláramos	aprendiéramos	viviéramos
	hablarais	aprendierais	vivierais
	hablaran	aprendieran	vivieran
Commands	—	—	—
speak	habla	aprende	vive
(don't speak)	(no hables)	(no aprendas)	(no vivas)
	hable	aprenda	viva
(let's speak)	hablemos	aprendamos	vivamos
	hablad	aprended	vivid
	(no habléis)	(no aprendáis)	(no viváis)
	hablen	aprendan	vivan

*Alternate endings: -se, -ses, -se, ´semos, -seis, -sen.

COMPOUND TENSES

| *Present perfect indicative*
I have spoken | he
has
ha | hemos
habéis
han | } hablado | aprendido | vivido |

| *Pluperfect indicative*
I had spoken | había
habías
había | habíamos
habíais
habían | } hablado | aprendido | vivido |

| *Future perfect indicative*
I will have spoken | habré
habrás
habrá | habremos
habréis
habrán | } hablado | aprendido | vivido |

| *Conditional perfect*
I would have spoken | habría
habrías
habría | habríamos
habríais
habrían | } hablado | aprendido | vivido |

| *Present perfect subjunctive*
(that) I have spoken | haya
hayas
haya | hayamos
hayáis
hayan | } hablado | aprendido | vivido |

| *Past perfect subjunctive*
(that) I had spoken | hubiera
hubieras
hubiera | hubiéramos
hubierais
hubieran | } hablado | aprendido | vivido |

| *Present progressive*
I am speaking | estoy
estás
está | estamos
estáis
están | } hablando | aprendiendo | viviendo |

| *Past progressive*
I was speaking | estaba
estabas
estaba | estábamos
estabais
estaban | } hablando | aprendiendo | viviendo |

Appendix B Stem-changing Verbs

	1. e → ie		2. o → ue	
	pensar	perder	contar	volver
Present indicative	**pienso**	**pierdo**	**cuento**	**vuelvo**
	piensas	**pierdes**	**cuentas**	**vuelves**
	piensa	**pierde**	**cuenta**	**vuelve**
	pensamos	perdemos	contamos	volvemos
	pensáis	perdéis	contáis	volvéis
	piensan	**pierden**	**cuentan**	**vuelven**
Present subjunctive	**piense**	**pierda**	**cuente**	**vuelva**
	pienses	**pierdas**	**cuentes**	**vuelvas**
	piense	**pierda**	**cuente**	**vuelva**
	pensemos	perdamos	contemos	volvamos
	penséis	perdáis	contéis	volváis
	piensen	**pierdan**	**cuenten**	**vuelvan**

	3. e → ie, i	4. e → i, i	5. o → ue, u
	sentir	pedir	dormir
Present indicative	**siento**	**pido**	**duermo**
	sientes	**pides**	**duermes**
	siente	**pide**	**duerme**
	sentimos	pedimos	dormimos
	sentís	pedís	dormís
	sienten	**piden**	**duermen**
Present subjunctive	**sienta**	**pida**	**duerma**
	sientas	**pidas**	**duermas**
	sienta	**pida**	**duerma**
	sintamos	**pidamos**	**durmamos**
	sintáis	**pidáis**	**durmáis**
	sientan	**pidan**	**duerman**

(Note: The verb **jugar** changes **u → ue.**)

Preterite	sentí	pedí	dormí
	sentiste	pediste	dormiste
	sintió	**pidió**	**durmió**
	sentimos	pedimos	dormimos
	sentisteis	pedisteis	dormisteis
	sintieron	**pidieron**	**durmieron**
Past subjunctive	**sintiera**	**pidiera**	**durmiera**
	sintieras	**pidieras**	**durmieras**
	sintiera	**pidiera**	**durmiera**
	sintiéramos	**pidiéramos**	**durmiéramos**
	sintierais	**pidierais**	**durmierais**
	sintieran	**pidieran**	**durmieran**
Present participle	**sintiendo**	**pidiendo**	**durmiendo**

Appendix C Verb Charts

Infinitive	Participles	Present indicative	Imperfect	Preterite
1. abrir *to open*	abriendo **abierto**	abro abres abre abrimos abrís abren	abría abrías abría abríamos abríais abrían	abrí abriste abrió abrimos abristeis abrieron
2. andar *to walk*	andando andado	ando andas anda andamos andáis andan	andaba andabas andaba andábamos andabais andaban	**anduve** **anduviste** **anduvo** **anduvimos** **anduvisteis** **anduvieron**
3. caer *to fall*	**cayendo** **caído**	**caigo** caes cae caemos caéis caen	caía caías caía caíamos caíais caían	caí **caíste** **cayó** **caímos** **caísteis** **cayeron**
4. conocer *to know* **c → zc** before **a, o**	conociendo conocido	**conozco** conoces conoce conocemos conocéis conocen	conocía conocías conocía conocíamos conocíais conocían	conocí conociste conoció conocimos conocisteis conocieron
5. construir *to build* **i → y,** **y** inserted before **a, e, o**	**construyendo** construido	**construyo** **construyes** **construye** construimos construís **construyen**	construía construías construía construíamos construíais construían	construí construiste **construyó** construimos construisteis **construyeron**

Future	Conditional	Present subjunctive	Imperfect subjunctive	Commands
abriré	abriría	abra	abriera	—
abrirás	abrirías	abras	abrieras	abre (no abras)
abrirá	abriría	abra	abriera	abra
abriremos	abriríamos	abramos	abriéramos	abramos
abriréis	abriríais	abráis	abrierais	abrid (no abráis)
abrirán	abrirían	abran	abrieran	abran
andaré	andaría	ande	**anduviera**	—
andarás	andarías	andes	**anduvieras**	anda (no andes)
andará	andaría	ande	**anduviera**	ande
andaremos	andaríamos	andemos	**anduviéramos**	andemos
andaréis	andaríais	andéis	**anduvierais**	andad (no andéis)
andarán	andarían	anden	**anduvieran**	anden
caeré	caería	**caiga**	**cayera**	—
caerás	caerías	**caigas**	**cayeras**	cae (no **caigas**)
caerá	caería	**caiga**	**cayera**	**caiga**
caeremos	caeríamos	**caigamos**	**cayéramos**	**caigamos**
caeréis	caeríais	**caigais**	**cayerais**	caed (no **caigáis**)
caerán	caerían	**caigan**	**cayeran**	**caigan**
conoceré	conocería	**conozca**	conociera	—
conocerás	conocerías	**conozcas**	conocieras	conoce (no **conozcas**)
conocerá	conocería	**conozca**	conociera	**conozca**
conoceremos	conoceríamos	**conozcamos**	conociéramos	**conozcamos**
conoceréis	conoceríais	**conozcáis**	conocierais	conoced (no **conozcáis**)
conocerán	conocerían	**conozcan**	conocieran	**conozcan**
construiré	construiría	**construya**	**construyera**	—
construirás	construirías	**construyas**	**construyeras**	**construye** (no **construyas**)
construirá	construiría	**construya**	**construyera**	**construya**
construiremos	construiríamos	**construyamos**	**construyéramos**	**construyamos**
construiréis	construiríais	**construyáis**	**construyerais**	construid (no **construyáis**)
construirán	construirían	**construyan**	**construyeran**	**construyan**

Infinitive	Participles	Present indicative	Imperfect	Preterite
6. continuar *to continue*	continuando continuado	**continúo** **continúas** **continúa**	continuaba continuabas continuaba	continué continuaste continuó
		continuamos continuáis **continúan**	continuábamos continuabais continuaban	continuamos continuasteis continuaron
7. dar *to give*	dando dado	**doy** das da	daba dabas daba	**di** **diste** **dio**
		damos **dais** dan	dábamos dabais daban	**dimos** **disteis** **dieron**
8. decir *to say, tell*	**diciendo** **dicho**	**digo** **dices** **dice**	decía decías decía	**dije** **dijiste** **dijo**
		decimos decís **dicen**	decíamos decíais decían	**dijimos** **dijisteis** **dijeron**
9. empezar (e → ie) *to begin*	empezando empezado	**empiezo** **empiezas** **empieza**	empezaba empezabas empezaba	**empecé** empezaste empezó
z → c before **e**		empezamos empezáis **empiezan**	empezábamos empezabais empezaban	empezamos empezasteis empezaron
10. escoger *to choose*	escogiendo escogido	**escojo** escoges escoge	escogía escogías escogía	escogí escogiste escogió
g → j before **a, o**		escogemos escogéis escogen	escogíamos escogíais escogían	escogimos escogisteis escogieron

Future	*Conditional*	*Present subjunctive*	*Imperfect subjunctive*	*Commands*
continuaré	continuaría	**continúe**	continuara	—
continuarás	continuarías	**continúes**	continuaras	**continúa** (no **continúes**)
continuará	continuaría	**continúe**	continuara	**continúe**
continuaremos	continuaríamos	continuemos	continuáramos	continuemos
continuaréis	continuaríais	continuéis	continuarais	continuad (no continuéis)
continuarán	continuarían	**continúen**	continuaran	**continúen**
daré	daría	**dé**	**diera**	—
darás	darías	des	**dieras**	da (no des)
dará	daría	**dé**	**diera**	**dé**
daremos	daríamos	demos	**diéramos**	demos
daréis	daríais	**deis**	**dierais**	dad (no **deis**)
darán	darían	den	**dieran**	den
diré	**diría**	diga	dijera	—
dirás	**dirías**	digas	dijeras	di (no **digas**)
dirá	**diría**	diga	dijera	diga
diremos	**diríamos**	digamos	dijéramos	digamos
diréis	**diríais**	digáis	dijerais	decid (no **digáis**)
dirán	**dirían**	digan	dijeran	digan
empezaré	empezaría	**empiece**	empezara	—
empezarás	empezarías	**empieces**	empezaras	**empieza** (no **empieces**)
empezará	empezaría	**empiece**	empezara	**empiece**
empezaremos	empezaríamos	**empecemos**	empezáramos	**empecemos**
empezaréis	empezaríais	**empecéis**	empezarais	empezad (no **empecéis**)
empezarán	empezarían	**empiecen**	empezaran	**empiecen**
escogeré	escogería	**escoja**	escogiera	—
escogerás	escogerías	**escojas**	escogieras	escoge (no **escojas**)
escogerá	escogería	**escoja**	escogiera	**escoja**
escogeremos	escogeríamos	**escojamos**	escogiéramos	**escojamos**
escogeréis	escogeríais	**escojáis**	escogierais	escoged (no **escojáis**)
escogerán	escogerían	**escojan**	escogieran	**escojan**

Infinitive	Participles	Present indicative	Imperfect	Preterite
11. esquiar	esquiando	**esquío**	esquiaba	esquié
to ski	esquiado	**esquías**	esquiabas	esquiaste
		esquía	esquiaba	esquió
		esquiamos	esquiábamos	esquiamos
		esquiáis	esquiabais	esquiasteis
		esquían	esquiaban	esquiaron
12. estar	estando	**estoy**	estaba	**estuve**
to be	estado	**estás**	estabas	**estuviste**
		está	estaba	**estuvo**
		estamos	estábamos	**estuvimos**
		estáis	estabais	**estuvisteis**
		están	estaban	**estuvieron**
13. haber	habiendo	**he**	había	**hube**
to have	habido	**has**	habías	**hubiste**
(auxiliary)		**ha [hay]**	había	**hubo**
		hemos	habíamos	**hubimos**
		habéis	habíais	**hubisteis**
		han	habían	**hubieron**
14. hacer	haciendo	**hago**	hacía	**hice**
to make;	**hecho**	haces	hacías	**hiciste**
to do		hace	hacía	**hizo**
		hacemos	hacíamos	**hicimos**
		hacéis	hacíais	**hicisteis**
		hacen	hacían	**hicieron**
15. ir	**yendo**	**voy**	**iba**	**fui**
to go	ido	**vas**	**ibas**	**fuiste**
		va	**iba**	**fue**
		vamos	**íbamos**	**fuimos**
		vais	**ibais**	**fuisteis**
		van	**iban**	**fueron**

Future	Conditional	Present subjunctive	Imperfect subjunctive	Commands
esquiaré	esquiaría	**esquíe**	esquiara	—
esquiarás	esquiarías	**esquíes**	esquiaras	**esquía** (no **esquíes**)
esquiará	esquiaría	**esquíe**	esquiara	**esquíe**
esquiaremos	esquiaríamos	esquiemos	esquiáramos	esquiemos
esquiaréis	esquiaríais	esquiéis	esquiarais	esquiad (no esquiéis)
esquiarán	esquiarían	**esquíen**	esquiaran	**esquíen**
estaré	estaría	**esté**	**estuviera**	—
estarás	estarías	**estés**	**estuvieras**	**está** (no **estés**)
estará	estaría	**esté**	**estuviera**	**esté**
estaremos	estaríamos	estemos	**estuviéramos**	estemos
estaréis	estaríais	estéis	**estuvierais**	estad (no estéis)
estarán	estarían	**estén**	**estuvieran**	**estén**
habré	**habría**	**haya**	**hubiera**	—
habrás	**habrías**	**hayas**	**hubieras**	—
habrá	**habría**	**haya**	**hubiera**	—
habremos	**habríamos**	**hayamos**	**hubiéramos**	—
habréis	**habríais**	**hayáis**	**hubierais**	—
habrán	**habrían**	**hayan**	**hubieran**	—
haré	**haría**	**haga**	**hiciera**	—
harás	**harías**	**hagas**	**hicieras**	**haz** (no **hagas**)
hará	**haría**	**haga**	**hiciera**	**haga**
haremos	**haríamos**	**hagamos**	**hiciéramos**	**hagamos**
haréis	**haríais**	**hagáis**	**hicierais**	haced (no **hagáis**)
harán	**harían**	**hagan**	**hicieran**	**hagan**
iré	iría	**vaya**	**fuera**	—
irás	irías	**vayas**	**fueras**	**ve** (no **vayas**)
irá	iría	**vaya**	**fuera**	**vaya**
iremos	iríamos	**vayamos**	**fuéramos**	**vayamos; vamos**
iréis	iríais	**vayáis**	**fuerais**	id (no **vayáis**)
irán	irían	**vayan**	**fueran**	**vayan**

Infinitive	Participles	Present indicative	Imperfect	Preterite
16. leer *to read*	**leyendo** **leído**	leo lees lee	leía leías leía	leí **leíste** **leyó**
i → y; stressed i → í		leemos leéis leen	leíamos leíais leían	**leímos** **leísteis** **leyeron**
17. oír *to hear*	**oyendo** **oído**	**oigo** **oyes** **oye**	oía oías oía	oí **oíste** **oyó**
		oímos oís **oyen**	oíamos oíais oían	**oímos** **oísteis** **oyeron**
18. pagar *to pay*	pagando pagado	pago pagas paga	pagaba pagabas pagaba	**pagué** pagaste pagó
g → gu before e		pagamos pagáis pagan	pagábamos pagabais pagaban	pagamos pagasteis pagaron
19. poder (o → ue) *can; to be able*	**pudiendo** podido	**puedo** **puedes** **puede**	podía podías podía	**pude** **pudiste** **pudo**
		podemos podéis **pueden**	podíamos podíais podían	**pudimos** **pudisteis** **pudieron**
20. poner *to place, put*	poniendo **puesto**	**pongo** pones pone	ponía ponías ponía	**puse** **pusiste** **puso**
		ponemos ponéis ponen	poníamos poníais ponían	**pusimos** **pusisteis** **pusieron**

Future	Conditional	Present subjunctive	Imperfect subjunctive	Commands
leeré	leería	lea	**leyera**	—
leerás	leerías	leas	**leyeras**	lee (no leas)
leerá	leería	lea	**leyera**	lea
leeremos	leeríamos	leamos	**leyéramos**	leamos
leeréis	leeríais	leáis	**leyerais**	leed (no leáis)
leerán	leerían	lean	**leyeran**	lean
oiré	oiría	**oiga**	**oyera**	—
oirás	oirías	**oigas**	**oyeras**	**oye** (no **oigas**)
oirá	oiría	**oiga**	**oyera**	**oiga**
oiremos	oiríamos	**oigamos**	**oyéramos**	**oigamos**
oiréis	oiríais	**oigáis**	**oyerais**	**oíd** (no **oigáis**)
oirán	oirían	**oigan**	**oyeran**	**oigan**
pagaré	pagaría	**pague**	pagara	—
pagarás	pagarías	**pagues**	pagaras	paga (no **pagues**)
pagará	pagaría	**pague**	pagara	**pague**
pagaremos	pagaríamos	**paguemos**	pagáramos	**paguemos**
pagaréis	pagaríais	**paguéis**	pagarais	pagad (no **paguéis**)
pagarán	pagarían	**paguen**	pagaran	**paguen**
podré	**podría**	pueda	pudiera	—
podrás	**podrías**	puedas	pudieras	—
podrá	**podría**	pueda	pudiera	—
podremos	**podríamos**	podamos	**pudiéramos**	—
podréis	**podríais**	podáis	pudierais	—
podrán	**podrían**	puedan	pudieran	—
pondré	**pondría**	ponga	pusiera	—
pondrás	**pondrías**	pongas	pusieras	pon (no **pongas**)
pondrá	**pondría**	ponga	pusiera	**ponga**
pondremos	**pondríamos**	pongamos	**pusiéramos**	**pongamos**
pondréis	**pondríais**	pongáis	pusierais	poned (no **pongáis**)
pondrán	**pondrían**	pongan	pusieran	**pongan**

Infinitive	Participles	Present indicative	Imperfect	Preterite
21. producir *to produce*	produciendo producido	**produzco** produces produce	producía producías producía	**produje** **produjiste** **produjo**
		producimos producís producen	producíamos producíais producían	**produjimos** **produjisteis** **produjeron**
22. querer (e → ie) *to like*	queriendo querido	**quiero** **quieres** **quiere**	quería querías quería	**quise** **quisiste** **quiso**
		queremos queréis **quieren**	queríamos queríais querían	**quisimos** **quisisteis** **quisieron**
23. reír *to laugh*	**riendo** **reído**	**río** **ríes** **ríe**	reía reías reía	reí **reíste** **rió**
		reímos reís **ríen**	reíamos reíais reían	**reímos** **reísteis** **rieron**
24. romper *to break*	rompiendo **roto**	rompo rompes rompe	rompía rompías rompía	rompí rompiste rompió
		rompemos rompéis rompen	rompíamos rompíais rompían	rompimos rompisteis rompieron
25. saber *to know*	sabiendo sabido	**sé** sabes sabe	sabía sabías sabía	**supe** **supiste** **supo**
		sabemos sabéis saben	sabíamos sabíais sabían	**supimos** **supisteis** **supieron**

Future	Conditional	Present subjunctive	Imperfect subjunctive	Commands
produciré	produciría	**produzca**	**produjera**	—
producirás	producirías	**produzcas**	**produjeras**	produce (no **produzcas**)
producirá	produciría	**produzca**	**produjera**	**produzca**
produciremos	produciríamos	**produzcamos**	**produjéramos**	**produzcamos**
produciréis	produciríais	**produzcáis**	**produjerais**	producid (no **produzcáis**)
producirán	producirían	**produzcan**	**produjeran**	**produzcan**
querré	**querría**	quiera	**quisiera**	—
querrás	**querrías**	quieras	**quisieras**	**quiere** (no **quieras**)
querrá	**querría**	quiera	**quisiera**	**quiera**
querremos	**querríamos**	queramos	**quisiéramos**	queramos
querréis	**querríais**	queráis	**quisierais**	quered (no queráis)
querrán	**querrían**	quieran	**quisieran**	**quieran**
reiré	reiría	**ría**	**riera**	—
reirás	reirías	**rías**	**rieras**	**ríe** (no **rías**)
reirá	reiría	**ría**	**riera**	**ría**
reiremos	reiríamos	**riamos**	**riéramos**	**riamos**
reiréis	reiríais	**riáis**	**rierais**	**reíd** (no **riáis**)
reirán	reirían	**rían**	**rieran**	rían
romperé	rompería	rompa	rompiera	—
romperás	romperías	rompas	rompieras	rompe (no rompas)
romperá	rompería	rompa	rompiera	rompa
romperemos	romperíamos	rompamos	rompiéramos	rompamos
romperéis	romperíais	rompáis	rompierais	romped (no rompáis)
romperán	romperían	rompan	rompieran	rompan
sabré	**sabría**	sepa	supiera	—
sabrás	**sabrías**	sepas	supieras	sabe (no **sepas**)
sabrá	**sabría**	sepa	supiera	**sepa**
sabremos	**sabríamos**	sepamos	supiéramos	sepamos
sabréis	**sabríais**	sepáis	supierais	sabed (no **sepáis**)
sabrán	**sabrían**	sepan	supieran	**sepan**

Infinitive	Participles	Present indicative	Imperfect	Preterite
26. salir	saliendo	**salgo**	salía	salí
to go out	salido	sales	salías	saliste
		sale	salía	salió
		salimos	salíamos	salimos
		salís	salíais	salisteis
		salen	salían	salieron
27. seguir (e → i, i)	**siguiendo**	**sigo**	seguía	seguí
to follow	seguido	**sigues**	seguías	seguiste
		sigue	seguía	**siguió**
gu → g		seguimos	seguíamos	seguimos
before **a, o**		seguís	seguíais	seguisteis
		siguen	seguían	**siguieron**
28. ser	siendo	**soy**	**era**	**fui**
to be	sido	**eres**	**eras**	**fuiste**
		es	**era**	**fue**
		somos	**éramos**	**fuimos**
		sois	**erais**	**fuisteis**
		son	**eran**	**fueron**
29. tener	teniendo	**tengo**	tenía	**tuve**
to have	tenido	**tienes**	tenías	**tuviste**
		tiene	tenía	**tuvo**
		tenemos	teníamos	**tuvimos**
		tenéis	teníais	**tuvisteis**
		tienen	tenían	**tuvieron**
30. tocar	tocando	toco	tocaba	**toqué**
to play	tocado	tocas	tocabas	tocaste
		toca	tocaba	tocó
c → qu		tocamos	tocábamos	tocamos
before **e**		tocáis	tocabais	tocasteis
		tocan	tocaban	tocaron

Future	Conditional	Present subjunctive	Imperfect subjunctive	Commands
saldré	**saldría**	**salga**	saliera	—
saldrás	**saldrías**	**salgas**	salieras	**sal** (no **salgas**)
saldrá	**saldría**	**salga**	saliera	**salga**
saldremos	**saldríamos**	**salgamos**	saliéramos	**salgamos**
saldréis	**saldríais**	**salgáis**	salierais	salid (no **salgáis**)
saldrán	**saldrían**	**salgan**	salieran	**salgan**
seguiré	seguiría	**siga**	**siguiera**	—
seguirás	seguirías	**sigas**	**siguieras**	**sigue** (no **sigas**)
seguirá	seguiría	**siga**	**siguiera**	**siga**
seguiremos	seguiríamos	**sigamos**	**siguiéramos**	**sigamos**
seguiréis	seguiríais	**sigáis**	**siguierais**	seguid (no **sigáis**)
seguirán	seguirían	**sigan**	**siguieran**	**sigan**
seré	sería	**sea**	**fuera**	—
serás	serías	**seas**	**fueras**	**sé** (no **seas**)
será	sería	**sea**	**fuera**	**sea**
seremos	seríamos	**seamos**	**fuéramos**	**seamos**
seréis	seríais	**seáis**	**fuerais**	sed (no **seáis**)
serán	serían	**sean**	**fueran**	**sean**
tendré	**tendría**	tenga	tuviera	—
tendrás	**tendrías**	tengas	tuvieras	**ten** (no **tengas**)
tendrá	**tendría**	tenga	tuviera	**tenga**
tendremos	**tendríamos**	tengamos	tuviéramos	**tengamos**
tendréis	**tendríais**	tengáis	tuvierais	tened (no **tengáis**)
tendrán	**tendrían**	tengan	tuvieran	**tengan**
tocaré	tocaría	**toque**	tocara	—
tocarás	tocarías	**toques**	tocaras	toca (no **toques**)
tocará	tocaría	**toque**	tocara	**toque**
tocaremos	tocaríamos	**toquemos**	tocáramos	**toquemos**
tocaréis	tocaríais	**toquéis**	tocarais	tocad (no **toquéis**)
tocarán	tocarían	**toquen**	tocaran	**toquen**

Infinitive	Participles	Present indicative	Imperfect	Preterite
31. traer *to bring*	**trayendo** **traído**	**traigo** traes trae traemos traéis traen	traía traías traía traíamos traíais traían	**traje** **trajiste** **trajo** **trajimos** **trajisteis** **trajeron**
32. valer *to be* *worth*	valiendo valido	**valgo** vales vale valemos valéis valen	valía valías valía valíamos valíais valían	valí valiste valió valimos valisteis valieron
33. venir *to come*	**viniendo** venido	**vengo** **vienes** **viene** venimos venís **vienen**	venía venías venía veníamos veníais venían	**vine** **viniste** **vino** **vinimos** **vinisteis** **vinieron**
34. ver *to see*	viendo **visto**	**veo** ves ve vemos **veis** ven	**veía** **veías** **veía** **veíamos** **veíais** **veían**	**vi** viste **vio** vimos visteis vieron
35. volver (o → ue) *to return*	volviendo **vuelto**	**vuelvo** **vuelves** **vuelve** volvemos volvéis **vuelven**	volvía volvías volvía volvíamos volvíais volvían	volví volviste volvió volvimos volvisteis volvieron

Future	Conditional	Present subjunctive	Imperfect subjunctive	Commands
traeré	traería	**traiga**	**trajera**	—
traerás	traerías	**traigas**	**trajeras**	trae (no **traigas**)
traerá	traería	**traiga**	**trajera**	**traiga**
traeremos	traeríamos	**traigamos**	**trajéramos**	**traigamos**
traeréis	traeríais	**traigáis**	**trajerais**	traed (no **traigáis**)
traerán	traerían	**traigan**	**trajeran**	**traigan**
valdré	**valdría**	**valga**	valiera	—
valdrás	**valdrías**	**valgas**	valieras	**val** (no **valgas**)
valdrá	**valdría**	**valga**	valiera	**valga**
valdremos	**valdríamos**	**valgamos**	valiéramos	**valgamos**
valdréis	**valdríais**	**valgáis**	valierais	valed (no **valgáis**)
valdrán	**valdrían**	**valgan**	valieran	**valgan**
vendré	**vendría**	**venga**	**viniera**	—
vendrás	**vendrías**	**vengas**	**vinieras**	**ven** (no **vengas**)
vendrá	**vendría**	**venga**	**viniera**	**venga**
vendremos	**vendríamos**	**vengamos**	**viniéramos**	**vengamos**
vendréis	**vendríais**	**vengáis**	**vinierais**	venid (no **vengáis**)
vendrán	**vendrían**	**vengan**	**vinieran**	**vengan**
veré	vería	**vea**	viera	—
verás	verías	**veas**	vieras	ve (no **veas**)
verá	vería	**vea**	viera	**vea**
veremos	veríamos	**veamos**	viéramos	**veamos**
veréis	veríais	**veáis**	vierais	ved (no **veáis**)
verán	verían	**vean**	vieran	**vean**
volveré	volvería	**vuelva**	volviera	—
volverás	volverías	**vuelvas**	volvieras	**vuelve** (no **vuelvas**)
volverá	volvería	**vuelva**	volviera	**vuelva**
volveremos	volveríamos	volvamos	volviéramos	volvamos
volveréis	volveríais	volváis	volvierais	volved (no volváis)
volverán	volverían	**vuelvan**	volvieran	**vuelvan**

Vocabularies

These vocabularies include contextual meanings of all words and idiomatic expressions used in the book except most proper nouns, adjectives that are exact cognates, most conjugated verb forms, and words that are glossed or cognates in the *Otras perspectivas* sections. The Spanish style of alphabetization is followed in the Spanish-English Vocabulary, with **ch** occurring after **c, ll** after **l,** and **ñ** after **n.** Stem-changing verbs are indicated by **(ie), (ue),** or **(i)** following the infinitive.

The number or letter in parentheses refers to the lesson in which the word appears as an *active* vocabulary word.

The following abbreviations are used:

adj.	adjective	*inf.*	infinitive	*poss.*	possessive
adv.	adverb	*interj.*	interjection	*prep.*	preposition
conj.	conjunction	*interr.*	interrogative	*pres. part.*	present participle
dem.	demonstrative	*invar.*	invariable		
dim.	diminutive	*irr.*	irregular	*pret.*	preterite
dir.	direct	*m.*	masculine	*pron.*	pronoun
excl.	exclamation	*n.*	noun	*reflex.*	reflexive
f.	feminine	*obj.*	object	*subj.*	subject
fam.	familiar	*past part.*	past participle	*v.*	verb
imp.	imperative	*pl.*	plural		
indir.	indirect				

Spanish–English Vocabulary

A

a to, at, in, by (1); — **base de** by; — **casa** (to) home; — **continuación** *(adj.)* following; — **eso de** about; — **fin de** in order to; — **pesar de** in spite of, despite; — **tiempo** on time (20); — **través de** through
abandonar to abandon
abiertamente openly

abierto,-a open (22)
el/la **abogado/a** lawyer (22)
el **abrazo** hug, embrace (11)
el **abrigo** coat, overcoat (10)
abril April (3)
abrir to open (23)
absoluto,-a absolute
abstracto,-a abstract
absurdo,-a absurd
la **abuela** grandmother (6)
el **abuelo,** grandfather (6); los **abuelos**

grandparents (6)
la **abundancia** abundance, plenty
aburrido,-a bored, boring (3)
acabar con to finish (up, off); **acabar de** to have just (7)
acabarse to end
acampar to camp (26)
el **accidente** accident (18)
el **aceite** oil (19)
aceptable *(adj.)* acceptable

aceptar to accept (17)

acerca de about

acercarse (a + obj.) to approach

aconsejar to advise; to warn (20)

acordarse (ue) (de + obj.) to remember, recall (18)

acostar (ue) to put to bed (16)

acostarse (ue) to go to bed (16)

acostumbrarse a to get used to (24)

la actitud attitude (17)

la actividad activity (5)

activo,-a active

el actor actor

la actriz actress

actual (adj.) present, present-day (17); —mente at present

actuar to act

adaptar(se) to adapt (16)

además (adv.) besides, furthermore

adentro (adv.) inside

adiós good-bye (A)

el adjetivo adjective (3)

la administración administration

el/la administrador/a administrator

administrar to administer

admirar to admire (10)

admitir to admit

el/la adolescente adolescent

¿adónde? where? (with verbs of motion) (5)

la aduana customs (26)

el/la adulto/a adult

el adverbio adverb (3)

la aerolínea airline (26)

el/la aeromozo/a steward, stewardess (26)

el aeropuerto airport (26)

afeitarse to shave (16)

el/la aficionado/a fan (12)

afortunadamente fortunately

afuera (adv.) outside

la agencia agency

el agente (de viajes) agent (travel) (22)

agosto August (3)

agradable (adj.) pleasant, agreeable (26)

agradecer to thank

el agua (f.) water (4)

ahí there (near the person addressed) (6); — mismo right there

el/la ahijado/a godchild

ahora now (3); de — en adelante from now on; — mismo right now (23)

ahorrar to save (money) (23)

el aire air; el — acondicionado air-conditioning (24)

¡aja! (excl.) aha!

el ajo garlic (19)

al = a + el to the (5); — + inf. on (upon) + pres. part. (15); — fin at last;

— lado de next to (25)

el albergue juvenil youth hostel (24)

la alcoba bedroom (13)

el alcohol alcohol

alegrarse (de + inf.) to be glad (to), happy (to) (24)

alegre (adj.) cheerful, joyful, lively (7)

la alegría joy

alejado,-a far from

alejarse to move away

el alemán German (language)

la alergia allergy

el alfabeto alphabet

la alfombra rug, carpet (24)

algo (pron.) something, anything (8); (adv.) somewhat, rather

alguien someone, somebody, anybody, anyone (8)

alguno, algún, alguna (adj., pron.) some, any, someone (8); (pl.) some, a few (8)

alimentar to feed, nourish

el alimento food

el alma (f.) soul, spirit

el almacén department store (5)

la almohada pillow, cushion (24)

almorzar (ue) to have (eat) lunch (13)

el almuerzo lunch (13)

alquilar to rent (24)

el alquiler rent (29)

alrededor round, around

la **alternativa** alternative

alto,-a tall, high, upper (3)

la **altura** height

el/la **alumno/a** student

allá over there, there (6)

allí there (6)

amable (*adj.*) kind (17)

el **ama de casa** (*f.*) housewife, housekeeper (17)

amar to love (21)

amarillo,-a yellow (10)

la **ambición** ambition

ambicioso,-a ambitious

el **ambiente** environment, atmosphere; surrounding (28)

la **ambulancia** ambulance (18)

el/la **amigo/a** friend (2)

la **amistad** friendship (11); las **—es** friends

el **amor** love (21)

amoroso,-a loving

amplio,-a wide, extensive, roomy

analizar to analyze

ancho,-a wide, broad

andar to walk; to run (*a car*)

el **ángel** angel

angosto,-a narrow

el **anillo** ring (21)

animado,-a lively

el **aniversario** anniversary

anoche last night (13)

anotar to write down

ante (*prep.*) before, in the presence of

anteayer day before yesterday (13)

el **antepasado** ancestor

anterior (*adj.*) previous

antes (*adv.*) before, formerly; **— de** (*prep.*) before (*time*) (5); **— de que** (*conj.*) before

antiguo,-a ancient, old

antipático,-a unpleasant, disagreeable (3)

anunciar to announce

el **anuncio** announcement; los **anuncios** advertisements

añadir to add

el **año** year (3); el **Año Nuevo** New Year; el **—próximo** next year (22)

apagar to turn off (22)

el **aparato** appliance

aparecer to appear

la **apariencia** appearance

el **apartamento** apartment (4)

aparte (*adv.*) aside, apart

apático,-a apathetic (27)

el **apellido** surname

el **apetito** appetite

aplaudir to applaud

apreciar to appreciate

el **aprecio** appreciation

aprender (**a** + *inf.*) to learn (to) (4)

apropiado,-a appropriate

aprovechar to take advantage of

aproximadamente approximately

el **apunte** note (6)

aquel, aquella (-los, -las) (*adj.*) that, those (*distant*) (10)

aquél, aquélla (-los, -las) (*pron.*) that (one), those (10)

aquí here (6)

el **árbol** tree (25)

el/la **arquitecto/a** architect

la **arquitectura** architecture

arreglar to arrange, fix (13)

arreglarse to get ready; to fix oneself up (16)

arrestar to arrest

arriba up

el **arroz** rice (19)

el **arte** (*m.* or *f.*) art

el **artículo** article (4)

el/la **artista** artist

la **ascendencia** ancestry

asegurar to assure

así so, thus; **— que** as soon as

el/la **asiático/a** Asian

asiático,-a Asian

el **asiento** seat (26)

la **asignatura** course, subject (20)

asistir a to attend (4)

asociado,-a associated

asombrarse to be surprised (27); to be astonished

el **asombro** amazement (27)

el **aspecto** aspect (3)

la **aspirina** aspirin

el/la **astronauta** astronaut

el **asunto** issue, matter (30)

asustado,-a frightened (18)

el **atasco** traffic jam (15)

la **atención** attention

atender to attend to; to serve

atento,-a attentive (17); **atentamente** attentively

el/la **atleta** athlete (12)

atlético,-a athletic

atractivo,-a attractive

el **atún** tuna fish (19)

aumentar to raise, increase

el **aumento** increase, raise

aun *(adv.)* even; **— cuando** even if

aún *(adv.)* still, yet

aunque *(conj.)* although, even though

los **auriculares** earphones

el **autobús** bus (8)

el **automóvil** automobile

la **autopista** toll road, highway (25)

el **autor,** la **autora** author

la **autoridad** authority

autónomo,-a autonomous

avanzado,-a advanced

la **avenida** avenue (15)

la **aventura** adventure

el **avión** airplane (8)

el **aviso** advertisement, classified ad (28)

¡Ay! Ouch!, Oh!, Oh dear!

ayer yesterday (13)

ayudar (a + *inf.*) to help (to) (10)

el **azúcar** sugar (19)

azul *(adj.)* blue (10); **— marino** navy blue

B

el **bachillerato** high school diploma

bailar to dance (1)

el **baile** dance

bajar to go down, lower (23); **— a** to go downstairs

bajo,-a low, short (3)

el **balcón** balcony (13)

el **baloncesto** basketball (12)

la **banana** banana

el **banco** bank (20)

bañarse to take a bath (16)

el **baño** bath, bathroom

barato,-a cheap, inexpensive (9)

el **barco** boat (8)

el **barquito** little boat

el **barrio pobre** slum (29)

base: a — de by

básico,-a basic

el **básquetbol** basketball (12)

bastante *(adj.* and *pron.)* enough, sufficient (3); **— ** *(adv.)* quite, rather (3)

la **basura** garbage (29)

la **bata** robe

el **bebé** baby

beber to drink (4)

la **bebida** drink, beverage

la **beca** scholarship (6)

el **béisbol** baseball (12)

la **belleza** beauty (29)

el **beneficio** benefit (28)

besar to kiss

el **beso** kiss

la **biblioteca** library (5)

la **bicicleta** bicycle (8)

bien well; **¡Qué — !** How nice!

el **biftec** steak (19)

bilingüe *(adj.)* bilingual

el **billete** bill *(currency),* ticket (24); el **— de ida** one-way ticket (26); el **— de ida y vuelta** round-trip ticket (26)

la **biología** biology

el **bistec** steak

blanco,-a white (10)

la **blusa** blouse (10)

la **boca** mouth (12)

la **boda** wedding (21)

el **boleto** ticket (26)

el **bolígrafo** ball-point pen (4)

la **bolsa** bag (26)

el **bolso** handbag

el **bombero** fireman (14)

bondadoso,-a kind

bonito,-a pretty, beautiful (3)

las **botas** boots (10)

la **botella** bottle

el **brazo** arm (12)

breve *(adj.)* brief, short

brillante *(adj.)* brilliant, bright, shining

el **brillante** diamond

bruscamente brusquely

bueno, buen, buena good (3); **bueno**

(adv.) well, all right;
es bueno que it's
good that (26)
la **bufanda** scarf,
muffler (10)
burgués, burguesa
bourgeois, middle-
class
buscar to look for (6)

el **caballero** gentleman;
knight
el **caballo** horse
la **cabeza** head (12)
el **cacao** cocoa, cacao
plant
cada each, every (13)
caer to fall
el **café** café (5); coffee
(4); el **— al aire libre**
open-air café
la **cafetería** cafeteria (5)
la **caja de ahorros**
savings bank
la **calabaza** pumpkin
los **calcetines** socks (10)
la **calculadora**
calculator (6)
el **cálculo** calculus
la **calefacción** heat (24)
el **calendario** calendar
calentar (ie) to heat
la **calidad** quality (29)
el **calor** heat, warmth
(8); **hacer —** to be
warm or hot
(weather) (8); **tener
—** to be (feel) warm
(people) (4)
la **caloría** calorie
la **calle** street (15)
la **cama** bed (24)
la **cámara** camera (9)

el **camarógrafo**
cameraman
cambiar to change
(17)
el **cambio** change (9);
en — on the other
hand
caminar to walk; to
go (8)
el **camino** road (25)
la **camioneta** van, station
wagon (26)
la **camisa** shirt (9)
la **camiseta** T-shirt,
undershirt (10)
el **campamento** camping
la **campaña** campaign; la
tienda de —
camping tent
el **campeón,** la
campeona
champion (12)
el **campeonato**
championship
el/la **campesino/a** country-
dweller, small farmer,
peasant
el **campo** country *(rural
area);* field (23)
el **canal** *(television)*
channel
el **canario** canary
la **canción** song
la **cancha de tenis** tennis
court
el/la **candidato/a** candidate (27)
cansado/a tired (7)
cansar(se) to tire (24)
cantar to sing (1)
el/la **cantante** singer
el **canto** song
la **capacidad** capacity
(28)
capaz *(adj.)* capable
la **capital** capital

el **capitalismo** capitalism
el **capítulo** chapter
la **cara** face (12)
el **carácter** character (3)
la **característica**
characteristic
¡Caramba! *(interj.)*
Good heavens!, My
goodness!
el **cariño** affection;
cariñoso,-a
affectionate (17)
la **carne** meat (4)
la **carnicería** butcher
shop (25)
caro,-a expensive (9)
el **carpintero** carpenter
(22)
la **carrera** career (17);
race
la **carretera** highway
el **carro** car
la **carta** letter (4)
el **cartel** sign, poster
(24)
la **cartera** wallet, billfold
el **cartero** mail carrier
(14)
la **casa** house (4); **a —**
(after verb of motion)
home (4); **en —** at
home (4)
el **casamiento** wedding,
marriage (21)
casado,-a married (7)
casarse to get married,
marry (17)
casi almost (17);
— siempre almost
always (18)
el **caso** case; **en — de
que** in case; **en todo
—** in any case
el **cassette** tape
recording (5)

la **catarata** falls

la **catástrofe**
catastrophe (18)

la **catedral** cathedral

el/la **catedrático/a** professor

el **catolicismo** Catholicism
católico,-a Catholic
catorce fourteen (B)

la **causa** cause
causar to cause

la **cebolla** onion
celebrar to celebrate

la **cena** supper (13)
cenar to eat supper
(13)

el **centavo** cent

el **centímetro** centimeter

el **centro** center
downtown (5); el
— comercial
shopping center
(5)

cepillar(se) to brush
(*teeth, hair*) (16)

el **cepillo** brush; el **— de
dientes** toothbrush

cerca (*adv.*) near,
close, nearby (6); **—
de** (*prep.*) near (6)

el **cerdo** pork (19)

el **cereal** cereal (19)

la **ceremonia** ceremony
cero zero (B)
cerrado,-a closed
cerrar (ie) to close

la **cerveza** beer (4)
cien *see* **ciento**

la **ciencia** science (B); la
— ficción science
fiction

científico,-a scientific

el/la **científico/a** scientist
ciento (cien) hundred,
one hundred; **cien por
ciento** 100 percent;

— uno one hundred
and one (11)

cierto,-a certain, true
(12)

el **cigarrillo** cigarette

cinco five (B)

cincuenta fifty

el **cine** movie, movie
theater (5)

cinematográfico,-a
(*adj.*) film

cínico,-a cynical

la **cinta** tape, ribbon (6)

el **cinturón de seguridad**
safety belt (26)

el **círculo** circle

la **circunstancia**
circumstance

el/la **cirujano/a** surgeon
(22)

la **cita** date,
appointment (10)

la **ciudad** city (14); la **—
universitaria** campus

el/la **ciudadano/a** citizen
(27)

cívico,-a civic

civil (*adj.*) civil

la **civilización** civilization
claramente clearly
claro,-a clear, light
(10)
¡Claro! Of course!,
Certainly!; **¡— que sí!**
Of course (it is)!; **¡—
que no!** Of course not!

la **clase** class,
classroom (6); kind

clásico,-a classical
clasificar to classify

el **cliente,** la **clienta**
customer, client
(14)

el **clima** climate (26)

la **clínica** clinic (22)

cobrar to cash (*a
check*) (23)

la **cocina** kitchen (13);
cooking; stove (13)

cocinar to cook
(13)

el **coche** car (1)

la **coincidencia**
coincidence

coincidir to coincide

el **colegio** high school; el
— mayor dorm
(*Spanish university*)

combinar to combine

la **comedia** comedy

el **comedor** dining
room (13)

el/la **comentarista**
commentator

**comenzar (ie) (a +
inf.)** to begin (to)
(24)

comer to eat (4)

comercial (*adj.*)
commercial

el/la **comerciante** merchant,
shopkeeper (22)

el **comercio** commerce,
business; shop

cómico,-a comical,
funny

el/la **cómico/a** comedian

la **comida** meal (13);
food (13)

comience (Ud.) (*imp. of*
comenzar) begin

comienzo: al — at the
beginning

la **comisaría** police
station (18)

la **comisión** commission

como as, like, since;
tanto — just as;
tanto... — both . . .
and; **tan +** *adj.* or

adv. + — as . . .
as; — **si** as if
¿cómo? how? (2);
¿— se llama (Ud.)?
What is your name?
(B); **¡— no!** Of
course!; Certainly!;
¿— está (Ud.)? How
are you?; **¿— se dice?**
How do you say?
(B)
la **cómoda** bureau, chest
of drawers
la **comodidad** comfort
cómodo,-a
comfortable (24)
el/la **compañero/a**
companion (6);
— **de cuarto**
roommate
la **compañía** company
(19)
comparar to compare
compartir to share
(24)
compasivo,-a
compassionate,
understanding
competir to compete
complejo,-a complex
el **complemento** *(dir.* and
indir.) object
pronoun
completamente
completely
completo,-a complete
la **composición**
composition
la **compra** purchase;
hacer las —s to do
the shopping (8); **ir
de —s** to go
shopping
comprar to buy,
purchase (5)

comprender to
understand,
comprehend (4)
comprensivo,-a
understanding
comprometerse to get
engaged
comprometido,-a
committed
la **computación** computer
science (1)
la **computadora**
computer (4)
común *(adj.)* common,
usual, ordinary; **por lo
—** commonly,
generally (18)
comunicar(se) to
communicate
la **comunidad** community
con with, to (1);
— **tal que** so long
as, provided that
la **concentración**
concentration
concentrarse to
concentrate
el **concepto** concept
el **concierto** concert
la **condición** condition; **a
— de que** on
condition (that)
el **condimento**
condiments,
seasonings (19)
conducir to drive
(15)
el/la **conductor/a** conductor;
driver (15)
la **conferencia** conference;
lecture (20)
confesar to confess
la **confianza** confidence,
trust (30)
el **conflicto** conflict

confortable *(adj.)*
comfortable
confrontar to confront
confundir to confuse;
to mistake; **—se** to
mingle
confuso,-a confused,
mixed-up
el **congelador** freezer
el **congreso** Congress
el **conjunto** whole, group
conmigo with me (2)
conocer to know; to be
acquainted with; to
meet (8)
el **conocimiento**
knowledge (28)
conozca (Ud.) *(imp.* of
conocer) know
la **conquista** conquest
el/la **conquistador/a**
conqueror
consciente *(adj.)*
conscious, aware (27)
la **consecuencia**
consequence
conseguir (i) to get,
obtain; to attain; to
succeed in (17)
el/la **consejero/a** adviser
(20)
el **consejo** advice (11)
**conservador,
conservadora**
conservative (3)
conservar to keep,
preserve, retain,
conserve
considerable *(adj.)*
considerable
considerar to consider
consigo with him, with
her
consistir (en) to consist
(of)

constante *(adj.)* constant

constantemente constantly

la **construcción** construction

constructivo,-a constructive

construir to build, construct (15); **construido,-a** built

consultar to consult

el **consultorio** medical office (14)

consumir to consume

el **consumo** consumption

el/la **contador/a** accountant (19)

contagioso,-a contagious

la **contaminación** contamination, pollution; la — **del aire** air pollution (29)

contaminar to contaminate, pollute (29)

contar (ue) to count (17); to tell, relate (17)

contemplar to contemplate

contemporáneo,-a contemporary

contener (ie) to contain

el **contenido** contents

contento,-a happy, pleased, glad (7)

contestar to answer, reply (6)

contigo with you *(fam.)* (2)

la **continuación** continuation; **a —** following

continuar to continue

contra against (12)

contradictorio,-a contradictory

contrario: al — on the contrary

el **contraste** contrast

el **contrato** contract

la **contribución** contribution

contribuir to contribute (15)

controlar to control (29)

la **conversación** conversation

conversar to converse, talk

convertir (ie) to convert

convivir to live together

la **cooperación** cooperation

la **copa** wine glass (24)

el **corazón** heart

la **corbata** tie (9)

correcto,-a correct, polite, courteous

el **correo** mail; **oficina de —s** post office (14)

correr to run (4)

corresponder to be suitable; ought to

corriente *(adj.)* current

la **corrupción** corruption (29)

cortar(se) to cut (oneself)

cortés *(adj.)* courteous

la **cortesía** courtesy

la **cortina** curtain (24)

corto,-a short (10)

la **cosa** thing (8)

la **costa** coast

costar (ue) to cost (13)

el **costo** cost; el — **de vida** cost of living (29)

la **costumbre** custom

la **creación** creation

crear to create (29)

crecer to grow, increase (29)

creciente *(adj.)* growing

el **crecimiento** growth

la **creencia** belief

creer to believe, think (10); **¡ya lo creo!** of course!, certainly!

criar to raise *(children)*

la **criatura** creature; infant

el **crimen** crime (29)

cristiano,-a Christian

Cristo Christ

la **crítica** criticism

el **crítico** critic

criticar to criticize

la **crueldad** cruelty

cruzar to cross (15)

el **cuaderno** notebook, workbook (6)

la **cuadra** city block (25)

el **cuadro** picture, painting (24)

cual: el —, la —, lo — that, which, who, whom

¿cuál? which?, what?

la **cualidad** quality

cualquier, cualquiera anybody, anyone

cuando when (2); **de vez en —** now and

then, once in a
while (8)
¿ cuándo ? when? (2)
cuanto: en — as soon
as; **en — a** with
regard to
cuánto,-a (-os,-as) how
much, how many (B)
cuarenta forty
cuarto,-a fourth (23)
el **cuarto** quarter *(time)*
(6); quart
el **cuarto** room (4); el
— de baño
bathroom (13); el
— de estar family
room (13)
cuatro four (B)
cuatrocientos,-as four
hundred (11)
cubierto,-a covered
cubrir to cover; *(past
part.* **cubierto***)*
la **cuchara** spoon (24)
la **cucharita,** la
cucharadita
teaspoon (24)
el **cuchillo** knife (24)
la **cuenta** bill, account
(23); la **— corriente**
checking account
(23); la **— de
ahorros** savings
account (23)
cuente (Ud.) *(imp.* of
contar) tell
el **cuerpo** body (12);
corps
la **cuestión** issue,
matter (30)
el **cuidado** care; **con —**
carefully; **¡ — !**
watch out!; **—
personal** personal
care (16)

cuidadoso,-a careful
(26)
cuidar to take care of,
care for (10)
la **culpa** blame, guilt
(22); **tener la —** to
be to blame, guilty
(22)
cultivar to cultivate
la **cultura** culture
cultural *(adj.)* cultural
culturalmente
culturally
el **cumpleaños** birthday
(3)
cumplir to fulfill, carry
out; **—... años** to
become . . . years old
la **cuota** fee
el **cura** priest
la **cura** cure
curar to cure (22)
la **curiosidad** curiosity
curioso,-a curious;
strange (8)
el **currículum** résumé
(28)
la **cursiva** italics
el **curso** course

CH

el **champán** (el
champaña)
champagne
la **chaqueta** jacket (10)
charlar to chat (5)
el **cheque** check (23);
los **—s de viajero**
traveler's checks (26)
el/la **chicano/a** Mexican-
American
el **chicle** chewing gum
el/la **chico/a** boy, girl (2)

el **chile** hot pepper, chili
pepper
el **chino** Chinese
(language)
el **chiste** joke
chocar to crash, collide
el **chocolate** chocolate,
hot chocolate
el **choque** impact,
collision

D

dar to give (11);
— un paseo to take
a walk, a ride (11)
darse cuenta de to
notice; to realize
(27)
dar(se) la mano to
shake hands (11)
el **dato** fact
de of, from, about, by,
to, with, as; in *(after
superlative)* (A);
than *(before
numerals);* **— nada**
you're welcome (B)
dé (Ud.) *(imp.* of **dar)**
give
debajo de below,
under, underneath;
por — underneath
deber to owe (11);
must, should, ought
to (10)
el **deber** duty, obligation;
task
débil *(adj.)* weak (17)
decente *(adj.)* decent
decidir to decide (20)
décimo,-a tenth (25)
decir (i) to say, tell
(11); **— que sí/no** to
say yes/no (11)

la **decisión**   decision

el **decorado**   decoration

decorar   to decorate
(22); **decorado,-a**
decorated

dedicar   to dedicate;
—se a   to dedicate
(devote) oneself to; to
be devoted to   (16)

el **dedo**   finger, toe   (12)

el **defecto**   defect

defender (ie)   to
defend   (22)

definido,-a   defined

definir   to define

definitivamente   finally,
once and for all

dejar   to leave
(behind)   (10); to let,
allow, permit

del = de + el   of the
(5)

delante de   in front of,
ahead of, before   (25)

delgado,-a   slender,
slim   (3)

delicado,-a   delicate

delicioso,-a   delicious
(13)

demás   *(adj. and pron.)*
(the) rest, other(s)
(22); enough

demasiado,-a   *(adj. and*
pron.)   too much
(many)

demasiado   *(adv.)*   too
much   (3)

la **democracia**
democracy   (27)

democrático,-a
democratic

demográfico,-a
demographic

demostrar (ue)   to
demonstrate, show

el/la **dentista**   dentist   (14)

dentro de   within   (25)

el **departamento**
department

depender de   to depend
on

el **dependiente,**   la
dependienta
salesman,
saleswoman   (14)

el **deporte**   sport   (12)

deportivo,-a   sports
(5); la **página**
deportiva   sports
page

depositar   to deposit

deprimido,-a
depressed   (28)

el **derecho**   law   (20);
right   (17)

derecho,-a   right   (16);
a la derecha   to (on,
at) the right   (23)

desagradable   *(adj.)*
unpleasant

desaparecer   to
disappear

desarrollar   to develop

el **desarrollo**   development

el **desastre**   disaster

el **desayuno**   breakfast
(13); **tomar el —**   to
eat breakfast   (13)

descansar   to rest   (8);
descansado,-a
rested   (7)

descender (ie)   to
descend

el **descendiente**
descendant

desconcertado,-a
perplexed, annoyed

desconocido,-a
unknown   (17)

describir   to describe

la **descripción**
description   (3)

descubierto,-a   *(past*
part. of **descubrir**)
discovered   (22)

descubrir   to discover

el **descubrimiento**
discovery

desde   from, since; for
(time)

desear   to wish, desire,
want   (2)

el **desempleo**
unemployment   (28)

el **deseo**   desire, wish

el **desfile de modelos**
fashion show

la **desigualdad**
inequality   (17)

el **desorden**   mess,
disorder

despertar (ie)   to
awaken, wake up
(16); **—se**   to wake
(oneself) up   (16)

después   *(adv.)*
afterward, later; **— de**
(prep.)   after   (5)

el **destino**   destiny, fate

destruir   to destroy
(15)

la **desventaja**
disadvantage   (29)

el **detalle**   detail

detener (ie)   to stop,
detain

determinante   *(adj.)*
determining

determinar   to
determine

detrás   *(adv.)*   behind;
— de   *(prep.)*
behind   (25)

devolver (ue)   to return;
to give back

el **día**   day   (3); **buenos**
—s   good morning
(A);   **de — en —**
from day to day; **hoy**
en —   nowadays;
algún —   someday
el **diálogo**   dialogue
diario,-a   daily
el **diario**   newspaper
dibujar   to draw
el **diccionario**   dictionary
diciembre   December
(3)
el **dictador**   dictator
la **dictadura**
dictatorship
dicho,-a *(past part.* of
**decir)*   said, told
(22)
diecinueve   nineteen
(B)
dieciocho   eighteen
(B)
dieciséis   sixteen   (B)
diecisiete   seventeen
(B)
el **diente**   tooth   (16)
la **dieta: estar a —**   to be
on a diet
diez   ten   (B)
la **diferencia**   difference
diferente *(adj.)*
different
difícil *(adj.)*   difficult,
hard   (2)
difícilmente   with
difficulty
la **dificultad**   difficulty
diga (Ud.) *(imp.* of **decir)***
tell
diligente *(adj.)*   diligent
dinámico,-a   dynamic
el **dinero**   money   (1)
Dios   God; ¡ **— mío !**
Good heavens!

diplomático,-a
diplomatic
el/la **diplomático/a**   diplomat
la **dirección**   address;
direction   (11)
directamente   directly
el **director,** la **directora**
director
dirigir   to direct   (22)
el **disco**   record   (5)
compacto   compact
disc
la **discoteca**   discotheque
la **discriminación**
discrimination
disculpar   to excuse;
discúlpeme   excuse
me
el **discurso**   speech
discutir   to discuss; to
argue   (30)
el **disfraz**   costume
disfrutar de   to enjoy
(8)
disponer   to dispose
distinto, -a   distinct,
different
distribuir   to distribute
la **diversión**
entertainment,
amusement
divertido,-a   amusing,
entertaining, funny
(3)
divertir (ie)   to amuse
(16)
divertirse (ie)   to have
fun, have a good
time   (16)
dividido,-a   divided
divorciar(se)   to get
divorced; to divorce
(21)
el **divorcio**   divorce   (21)
doblar   to turn   (25);
to fold; **— a la**

derecha / izquierda
to turn right / left
(25)
doce   twelve   (B)
la **docena**   dozen
el/la **doctor/a**   doctor
(14)
documental *(adj.)*
documentary
el **documento**   document
el **dólar**   dollar   (B)
doler (ue)   to ache,
pain   (12)
doloroso,-a   painful
doméstico,-a   domestic
dominar   to dominate,
control
el **domingo**   Sunday   (5)
donde   where, in
which   (2)
¿ **dónde ?**   where?   (2)
dormir (ue)   to sleep
(9); **—se (ue)**   to fall
alseep, sleep   (16)
el **dormitorio**   bedroom
(13)
dos   two   (B);
doscientos,-as   two
hundred
el **drama**   drama, play
dramático,-a   dramatic
ducharse   to shower
(16)
la **duda**   doubt   (27);
sin —   doubtless,
without a doubt
(17)
dudar   to doubt   (27)
dudoso,-a   doubtful
el/la **dueño/a**   owner,
landlord/lady   (24)
el **dulce**   candy   (4)
durante   during   (5)
durar   to last   (21)
duro,-a   stale

E

e and (used for **y** before **i-**, **hi-**, but not **hie-**) (1)

la **ecología** ecology

la **economía** economy, study of economics

económico,-a economic

la **edad** age (17)

el **edificio** building (25)

educar(se) to educate, bring up

la **educación** education, upbringing

educativo,-a educational

el **efecto** effect

eficiente *(adj.)* efficient

egoísta *(adj.)* selfish (3)

el/la **ejecutivo/a** executive (22)

ejemplar *(adj.)* exemplary

el **ejemplo** example

el **ejercicio** exercise (6)

el *(pl.* **los)** the *(m.)* (B); **el (los) que** that, who, which, he (those) who (whom), the one(s) who (that, which)

él he, him (after *prep.*) (1)

la **elección** election (27)

la **electricidad** electricity

eléctrico,-a electrical (19)

el **electricista** electrician (22)

la **electrónica** electronics

la **elegancia** elegance

elegante *(adj.)* elegant

elegir (i) to choose, select, elect (27)

elevado,-a high

eliminar to eliminate

ella she, her (after *prep.*) (1); **ellos, ellas** they, them (after *prep.*) (1)

la **embajada** embassy; ambassadorship

el/la **embajador/a** ambassador

embargo: sin — nevertheless, however

embellecer to beautify

emigrar to emigrate

la **emoción** emotion (27)

empezar (ie) (a + *inf.)* to begin (to) (9)

emplear to employ

el/la **empleado/a** employee (14)

el **empleo** job (22)

en in, on, at, into, of (1); **— casa** at home; **— contra de** against (27); **— seguida** right away (26)

enamorado,-a in love (7)

encender to turn on; to light (24)

encendido,-a turned on, lit

encima above, on top, overhead

encontrar (ue) to meet, encounter (9); **—se (ue)** to find oneself, be found; **—se con** to meet, run across (18)

el **encuentro** encounter

la **encuesta** survey

el/la **enemigo/a** enemy

la **energía** energy

enero January (3)

el **énfasis** emphasis

la **enfermedad** illness (19)

el/la **enfermero/a** nurse (14)

enfermo,-a sick (7)

el/la **enfermo/a** sick person (22)

enfrente de in front of

enojado,-a angry (7)

enojarse to get angry, be angry

enorme *(adj.)* enormous, massive, huge

enormemente extremely

la **ensalada** salad (4); la **— mixta** mixed salad (19)

la **enseñanza** teaching, education

enseñar to teach (6)

entender (ie) to understand

entero,-a whole, entire

entonces then, at that time (8)

la **entrada** ticket (15); gateway; entrance

entrar (en) to enter (10)

entre among, between (25)

el **entrenamiento** training (28)

la **entrevista** interview (28)

el/la **entrevistador/a**
interviewer
entusiasmado,-a
enthusiastic (28)
el **entusiasmo**
enthusiasm (28)
la **época** epoch, age, era,
time
el **equipaje** baggage
(26)
el **equipo** team (12)
equivalente *(adj.)*
equivalent, same
equivocarse to be
wrong (20)
la **escalera** stair,
staircase (24)
escaparse to escape,
get out, run away
(29)
escaso,-a scarce (29)
la **escena** scene
escoger to choose,
pick, select (20)
escoja (Ud.) *(imp.* of
escoger) choose
escribir to write (4)
escrito,-a written (22)
el/la **escritor/a** writer
el **escritorio** desk (6)
escuchar to listen (1)
la **escuela** school; la
— primaria
elementary school
(14); la
— secundaria high
school (14)
la **escultura** sculpture
ese, esa (esos, esas)
(adj.) that, those
(nearby) (10); **eso**
(neuter pron.) that
(10); **por eso** because
of that, therefore

ése, ésa (ésos, ésas)
(pron.) that (one),
those (10)
esencial *(adj.)*
essential (2)
el **esfuerzo** effort
el **espacio** space
espacioso,-a spacious
la **espalda** back (12)
especial *(adj.)* special
especializado,-a
specialized
especialmente
especially
la **especialidad** major
(20)
el/la **especialista** specialist
específico,-a specific
el/la **espectador/a** spectator
el **espejo** mirror (24)
la **esperanza** hope,
prospect (30)
esperar to wait (8); to
hope, expect (2)
el/la **espía** spy
el **espíritu** spirit
espléndido,-a splendid,
great
espontáneo,-a
spontaneous
el/la **esposo/a** husband,
wife, spouse (6)
el **esquema** chart
el **esquí** ski
esquiar to ski (12)
la **esquina** street corner
(15)
estable *(adj.)* stable
establecer to
establish (30)
la **estación** station (8);
season *(weather)* (8);
la **— de servicio**
service station

el **estacionamiento**
parking lot (15)
estacionar to park
(15)
el **estadio** stadium
el **estadista** statesman
la **estadística** statistic
el **estado** state (30)
el **estante** bookcase,
bookshelf
estar to be (6); **— de**
vacaciones to be on
vacation (6); **— de**
viaje to be on a trip;
— de moda to be in
style, fashion; **— de**
acuerdo to be in
agreement; to agree
(6); **— en huelga** to
be on strike;
— seguro,-a de to be
sure (27)
la **estatua** statue
el **este** east
este, esta (estos, estas)
(adj.) this, these
(10)
éste, ésta (éstos, éstas)
(pron.) this (one),
these (10)
el **estéreo** stereo set (9)
el **estereotipo** stereotype
el **estilo** style
esto *(neuter pron.)* this
el **estómago** stomach
(12)
estrecho,-a narrow
la **estrella** star
estricto,-a strict
la **estructura** structure
(17)
estructurar to structure
el/la **estudiante** student
(2)

estudiantil *(adj.)* student

estudiar to study (1)

el **estudio** study (6)

estudioso,-a studious

estupendo,-a stupendous

estúpido,-a stupid

eterno,-a eternal (21)

evaluar to evaluate

evidente *(adj.)* evident

evitar to avoid

exactamente exactly

la **exageración** exaggeration

el **examen** examination, exam (6); — **de ingreso** entrance exam (25)

excelente *(adj.)* excellent

exclusivamente exclusively, only

la **excursión** excursion, trip

excusar(se) to excuse oneself, apologize

la **exhibición** exhibit, exhibition

exigir to demand (20)

el/la **exiliado/a** exile

la **existencia** existence

existir to exist

el **éxito** success (22); **tener —** to be successful (22)

exótico,-a exotic

la **expansión** expansion

la **experiencia** experience (28)

el **experimento** experiment

el **experto** expert

la **explicación** explanation

explicar to explain (20)

explique (Ud.) *(imp.* of **explicar)** explain

expresarse to express oneself (16)

la **expresión** expression

expresivo,-a expressive

extendido,-a extended

extenso,-a extensive

exterior *(adj.)* exterior, outside; **al —** abroad

el/la **extranjero/a** foreigner, stranger (8)

el **extranjero** abroad, foreign country

extraño,-a strange

extraordinario,-a extraordinary

la **fábrica** factory

fabricar to manufacture

fabuloso,-a fabulous

fácil *(adj.)* easy (2)

fácilmente easily

facilitar to facilitate

la **facultad** school *(of a university)* (20)

la **falda** skirt (10)

falso,-a false

la **falta** lack; la **— de espacio libre** lack of open space (29); **a — de** for lack of

faltar to lack, need (23); **— a clase** to cut a class (20)

la **fama** fame

la **familia** family (6)

familiar *(adj.)* of the family (21)

el/la **familiar** *(n.)* family member

famoso,-a famous (17)

la **fantasía** fantasy

fantástico,-a fantastic

el/la **farmacéutico/a** pharmacist (22)

la **farmacia** pharmacy, drugstore (14)

la **farmacología** pharmacology

el **favor** favor; **hacerme el — de + *inf.*** please + *v.;* **por —** please

favorito,-a favorite

febrero February (3)

la **fecha** date *(calendar)* (3)

la **felicidad** happiness (21)

¡Felicitaciones! Congratulations! (11)

feliz *(adj.)* happy (17)

femenino,-a feminine

el/la **feminista** feminist

feo,-a ugly, homely (3)

la **ficción** fiction; la **ciencia —** science fiction

la **fidelidad** fidelity (21)

la **fiesta** party, celebration (5)

la **fila** line

la **filosofía** philosophy; **filosófico,-a** philosophical

el **fin** end; el **— de semana** weekend (3); **por —** finally, at last; **al —** at last

final *(adj.)* final
el **final** end
finalmente finally
la **firma** signature; firm
firmar to sign
la **física** physics
físico,-a physical
el **flan** custard (19)
la **flor** flower (9)
la **florería** flower shop
(23)
folklórico,-a folk,
folkloric
la **fonética** phonetics
la **forma** form; **de esta —**
in this way
la **formación** formation;
education
formar to form
la **fortuna** fortune
la **foto (fotografía)**
photo (5)
la **fotografía** photography
el/la **fotógrafo/a**
photographer
fracasar to fail
el **fracaso** failure
el **francés** French
(language)
la **frase** sentence, phrase
la **frecuencia** frequency;
con — frequently
frecuentemente
frequently
la **frente** forehead; **— a**
(prep.) in front of;
en — de in front of
la **fresa** strawberry (19)
fresco,-a cool, fresh;
hacer fresco to be
cool *(weather)*
frío,-a cold (8); **hacer
frío** to be cold
(weather); **tener frío**

to be (feel) cold
(people) (4)
frito,-a fried
la **frontera** border
la **frustración** frustration
frustrado,-a frustrated
la **fruta** fruit (4)
fuera de *(prep.)* outside
(of) (25)
fuerte *(adj.)* strong
(17)
la **fuerza** strength, force
fumar to smoke (26)
funcionar to function
fundar to found
furioso,-a furious,
angry (7)
el **fútbol** soccer (5)
el **futuro** future (19)
futuro,-a future

las **gafas** eyeglasses (10);
las **— de sol**
sunglasses (10)
la **gana** desire, wish;
tener —s de to want
to; to feel like (8)
ganar to earn; to win
(1); **—se la vida** to
earn a living (22)
el **garaje** garage (13)
garantizar to guarantee
garbanzo: el **—
negro** black sheep of
the family
la **gasolina** gasoline
gastar to spend (28);
to waste, use up
el **gato** cat (6)
la **generación** generation
general: por lo — in
general, generally

(18); **—mente**
generally (18)
la **generosidad** generosity
generoso,-a generous
(3)
el **genio** genius
la **gente** people (2)
la **geografía** geography
geográfico,-a
geographic
la **geometría** geometry
gobernar to govern
el **gobierno** government
(22)
gordo,-a fat (3)
la **grabadora** tape
recorder (9)
gracias thanks, thank
you (B)
el **grado** degree, grade
graduarse to
graduate (20)
gramatical *(adj.)*
grammatical
el **gramo** gram
grande, gran *(adj.)*
large, big, great (4)
la **granja** farm (25)
grave *(adj.)* grave,
serious (29)
la **gravedad** gravity;
seriousness
el **gris** gray (10)
gritar to shout (18);
el **grito** scream, cry
el **grupo** group
el **guante** glove (10)
guapo,-a handsome,
good-looking (3)
la **guerra** war (18)
el/la **guía** guide
la **guitarra** guitar (1)
gustar to be pleasing
(to), like (2)

el **gusto** pleasure, taste;
con mucho —
gladly, with great
pleasure; **a —**
comfortable; **cada uno
a su —** each to his
own taste; **tanto —**
it's a pleasure

haber to have
(auxiliary) (22), be
(impersonal); **había**
there was (were);
habrá there will be;
habría there would
be; **hay** there is
(are) (B)
la **habilidad** skill
la **habitación** room,
bedroom (13)
el **habitante** inhabitant
habla: de — española
Spanish-speaking
hablar to talk, speak (1)
hace poco a while
ago (23)
hacer to make, do
(8); **— daño a** to do
harm to, hurt; **— la
pregunta** to ask a
question (11); **— un
viaje** to take a trip
(8); **— la maleta** to
pack the suitcase;
¿ qué tiempo hace ?
what kind of weather
is it? (8); **hace buen
tiempo** it's good
weather (8); **hace
mal tiempo** it's bad
weather (8); **hace**

+ (time) **+ que**
ago (15); **¿ hace
cuánto tiempo que... ?**
(for) how long . . . ?
(15)
hacia toward; about
(time)
haga (Ud.) *(imp.* of
hacer) do
el **hambre** *(f.)* hunger;
tener — to be
hungry
la **hamburguesa**
hamburger (4)
la **harmonía** harmony
hasta *(prep.)* until, to,
up to, as far as;
— luego until later,
see you later (A);
— que until;
— mañana until
tomorrow, so long
(A); **— la vista** until
we meet again (A);
— *(adv.)* even
hay there is (are) *(see*
haber) (B); **— que**
one must (24)
el **hecho** fact; event
(18)
hecho,-a *(past part.* of
hacer) made, done
(22)
la **heladería** ice cream
parlor (25)
el **helado** ice cream (4)
el **helero** glacier
la **herencia** inheritance,
legacy, heritage
herido,-a wounded,
injured (18)
el/la **herido/a** wounded,
injured person
la **hermana** sister (2)

el **hermano** brother (2)
hermoso,-a beautiful,
pretty (29)
heróico,-a heroic
la **hija** daughter (6)
el **hijo** son (6)
hispánico,-a Hispanic
hispano,-a Hispanic
el/la **hispanohablante**
Spanish-speaking
person
la **historia** history (B)
histórico,-a historic
la **historieta** comic strip
el **hockey** hockey
el **hogar** home (22)
¡ hola ! hello!, hi!
(A)
el **hombre** man (2)
honrado,-a honest
(17)
la **hora** hour, time *(of
day)* (6); **¿ a qué
—?** at what time?
(6); **¿ qué — es ?**
what time is it? (6)
el **horario** schedule
el **horno** oven
el **horóscopo** horoscope
el **horror** horror, dread,
terror
hoy today (B); **—
(en) día** nowadays
(13)
la **huelga** strike (18)
el/la **huésped** guest
el **huevo** egg (19)
la **humanidad** humanity
humano,-a human
el **humor** mood, humor;
de buen (mal) — in
a good (bad) mood
(7); **sentido de —**
sense of humor

I

ida y vuelta round-trip
la **idea** idea
el/la **idealista** idealist
identificar to identify
el **idioma** language
la **iglesia** church (5)
ignorar to ignore
igual *(adj.)* equal, the
   same (17); — **que**
   just as
la **igualdad** equality
   (17)
igualmente equally,
   likewise, just as
ilícito,-a illicit, illegal
ilógico,-a illogical
la **ilusión** illusion
la **imagen** image
la **imaginación**
   imagination
imaginarse to imagine
impaciente *(adj.)*
   impatient
imparcial *(adj.)*
   impartial
imperfecto,-a imperfect
el **imperio** empire
el **impermeable**
   raincoat (10)
impetuoso,-a
   impetuous
imponer to impose
imponerse to impose
   one's authority
la **importancia**
   importance
importante *(adj.)*
   important (2)
importar to be
   important; to
   import (12)

imposible *(adj.)*
   impossible (21)
impresionante *(adj.)*
   impressive
improbable *(adj.)*
   improbable (21)
el **impuesto** tax (29)
inaugurar to
   inaugurate
el **incendio** fire, blaze
   (18)
incluir to include
incómodo,-a
   uncomfortable (22)
incompleto,-a
   incomplete
incorrecto,-a incorrect
increíble *(adj.)*
   incredible
la **independencia**
   independence
independiente *(adj.)*
   independent (17);
   free-lance
la **indicación** indication
indicar to indicate
indiferente *(adj.)*
   indifferent
el/la **indígena** native
el/la **indio/a** Indian
indique (Ud.) *(imp.* of
   indicar) indicate
indispensable *(adj.)*
   indispensable (21)
el/la **individuo/a**
   individual (30)
la **industria** industry
   (29)
el **industrial(ista)**
   industrialist
la **industrialización**
   industrialization
inesperado,-a
   unexpected

la **infelicidad**
   unhappiness (21)
el **infinitivo** infinitive (2)
la **inflación** inflation
   (23)
inflacionario,-a
   inflationary
la **influencia** influence
influir to influence; to
   affect; to bear upon
la **información**
   information; — **de**
   fondo background
   information (18)
informarse to be
   informed
la **infracción** violation
   (15)
el **infractor** violator
la **ingeniería** engineering
el/la **ingeniero/a** engineer
el **inglés** English
   (language) (B)
ingresar to register,
   enroll; to enter
el **ingreso** income;
   entrance
inicial *(adj.)* initial
la **injusticia** injustice
injusto,-a unjust, unfair
inmediatamente
   immediately (21)
inmediato,-a
   immediate
inmenso,-a immense,
   huge
el/la **inmigrante** immigrant
inmoral *(adj.)* immoral
inmóvil *(adj.)*
   unmovable
inquisitivo,-a
   inquisitive
insatisfecho,-a
   dissatisfied (28)

inscribirse to enroll, register

la **inseguridad** insecurity

insistir to insist (24)

la **instalación** installation, facility (19)

instalar to install

el **instante** instant

la **institución** institution

el **instituto** institute

la **instrucción** direction

el **instrumento** instrument

el **insulto** insult

el/la **intelectual** intellectual

la **inteligencia** intelligence

inteligente *(adj.)* intelligent (3)

inteligentemente intelligently

la **intención** intention

el **intento** intent, intentions

el **intercambio** exchange

el **interés** interest (23); **tener —** to be interested (27)

interesante *(adj.)* interesting (3)

interesar to be interested; to interest (12)

internacional *(adj.)* international

interno,-a internal

la **interpretación** interpretation

el/la **intérprete** interpreter

íntimo,-a intimate, close

introducir to introduce *(a subject or object)*

inútil *(adj.)* useless (2)

inventar to invent

invertir to invest

la **investigación** investigation; research

el **invierno** winter (8)

la **invitación** invitation

el/la **invitado/a** guest

invitar to invite (5)

ir *(a + inf.) (irr.)* to go (to) (5); **—se** to go away, leave (18); **vamos a** *(+ inf.)* let's *(+ v.)* (5); **— de paseo** to travel around

irónicamente ironically

la **isla** island

la **izquierda** left (16)

el/la **izquierdista** leftist

izquierdo,-a left (16)

el **jabón** soap

jamás ever, never

el **jamón** ham (19)

el **jardín** garden (13)

el/la **jefe/a** boss, manager, chief (22)

joven *(adj.)* young

el/la **joven** young person (2)

jubilado,-a retired

jubilarse to retire (28)

el **juego** game, match (12)

el **jueves** Thursday (3)

el/la **jugador/a** player (12)

jugar (ue) *(a + obj.)* to play *(game or sport)* (12); **— un papel** to play a role

el **jugo** juice (19); el

— de fruta fruit juice (19)

julio July (3)

junio June (3)

junto,-a together, joined, united (7)

la **justicia** justice; **justo,-a** just, fair (27)

la **juventud** youth

el **kilo(gramo)** kilo(gram)

el **kilómetro** kilometer

la *(pl.* **las***)* the *(f.);* **la** *(obj. pron.)* her, it *(f.),* you *(formal f.)* (10)

el **laboratorio** laboratory (6)

el **lado** side; **al — de** beside, at the side of, along with (23)

el **ladrón** robber, thief (18)

el **lago** lake (25)

la **lámpara** lamp (24)

el **lápiz** pencil (4)

largo,-a long (10); **larga distancia** long-distance

la **lástima** pity, compassion; **¡Qué—!** What a pity!; **es una — que** it's too bad (that) (26)

la **lavadora** washing machine (13)

la **lavandería** laundry (25)

el **lavaplatos**
  dishwasher   (13)
lavar to wash   (13);
  —se to wash
  oneself   (16)
le *(obj. pron.)* him, you
  (formal m.)   (11); to
  him, her, it, you
  (formal)   (11)
la **lección** lesson   (B)
el/la **lector/a** reader
la **lectura** reading
la **leche** milk   (4)
la **lechería** dairy *(store)*
  (25)
la **lechuga** lettuce   (19)
leer to read   (4)
la **legislatura** legislature
la **legumbre** vegetable,
  legume
lejano,-a far off
lejos *(adv.)* far,
  distant   (6); **— de**
  (prep.) far from
  (6)
la **lengua** language,
  tongue   (6)
lento,-a slow   (17)
el **letrero** sign
levantar to raise, lift
  (16); **—se** to get up,
  rise   (16)
la **ley** law   (27)
la **libertad** liberty,
  freedom   (27)
la **libra** pound
libre *(adj.)* free, open
  (17)
la **librería** bookstore
  (25)
el **libro** book   (B)
la **licencia** license; la **—**
  de conducir driver's
  license   (15)
el **líder** leader

el **liderazgo** leadership
ligero,-a light
limitado,-a limited
la **limonada** lemonade
limpiar to clean   (13)
la **limpieza** cleanliness;
  cleansing
limpio,-a clean   (13)
lindo,-a pretty, lovely,
  nice   (3)
la **línea** line
lingüístico,-a linguistic
listo,-a ready; quick,
  clever   (7)
literario,-a literary
la **literatura** literature
lo *(neuter article)* the;
  that, what is   (12);
  — bueno what is
  good, the good part;
  — que what, that
  which   (16); **—** *(obj.*
  pron.) him, it *(m. and*
  neuter), you *(formal*
  m.); **— es** he, it is
  (12); **— más** as
  much as
el/la **locutor/a** announcer,
  commentator
lógico,-a logical
lograr to attain,
  succeed in, manage
los the *(m.);* **—** *(obj.*
  pron.) them, you
  (formal)   (10)
la **lotería** lottery
la **lucha** struggle, fight
  (27)
luchar to struggle; to
  fight   (27)
luego later, then, next;
  hasta — until later;
  see you later
el **lugar** place   (5)
la **luna** moon; la **— de**

miel honeymoon
  (21)
el **lunes** Monday   (3)
la **luz** light   (24); traffic
  light   (23)

la **llama** flame
llamar to call; to
  knock   (5); **— por**
  teléfono to
  telephone, call by
  telephone   (5); **—se**
  to be called, be
  named, call oneself;
  ¿cómo se llama
  (Ud.)? what is
  (your) name?   (A);
  me llamo María my
  name is *(or* I am
  called) María   (A)
la **llave** key   (24)
la **llegada** arrival
llegar (a) to arrive (at),
  reach   (10)
llenar to fill
lleno,-a full
llevar to take, carry
  (5); to wear   (10); **—se**
  bien (con) to get
  along well (with)
  (21); **— a cabo**
  to carry out; **— la**
  cuenta to keep
  accounts   (22)
llorar to cry, weep
  (18)
llover (ue) to rain   (8)
la **lluvia** rain

la **madera** wood
la **madre** mother   (6)

la **madrina** godmother
maduro,-a mature, ripe (17)
el/la **maestro/a** teacher *(elementary school)* (14)
magnífico,-a magnificent
el **maíz** corn
la **maleta** suitcase (8)
malo, mal, mala bad, ill (3); **mal** *(adv.)* badly
la **mamá** mama, mom, mother (6)
el **mandamiento** commandment
mandar to send, order (11)
el **mandato** command
manejar to drive (1)
la **manera** manner, way; **de otra —** another way; **de esa —** that way
la **manifestación** demonstration (18)
la **mano** *(f.)* hand (12)
el **mantel** tablecloth (24)
mantener (ie) to maintain, support; **—(se) al tanto** to keep abreast
la **mantequilla** butter (19)
la **manzana** apple (19)
la **mañana** morning; **por la —** in the morning;**—** *(adv.)* tomorrow (3); **hasta —** until tomorrow, so long (A); **de la —** in the morning (6)

el **mapa** map (25)
la **máquina** machine (19); la **— de escribir** typewriter (4)
la **maquinaria** machinery
el **mar** sea
el **maratón** marathon
la **maravilla** wonder
maravilloso,-a marvelous
la **marca** brand
el **marido** husband
el **marisco** shellfish
marrón *(adj.)* brown (10)
el **martes** Tuesday (3)
marzo March (3)
más more, most, longer *(time)* (1); **— tarde** later; **— o menos** more or less; **— (grande) que** (bigger) than (17); **— de +** number more than + number (17); el **— inteligente de...** the most intelligent of the . . . (17); **— bien** rather
masculino,-a masculine
matar to kill (18)
las **matemáticas** mathematics (B)
el/la **matemático/a** mathematician
la **materia** subject; la **— prima** raw materials
materno,-a maternal
la **matrícula** tuition fee (20)
matricularse to enroll, register, matriculate (20)

el **matrimonio** marriage (21)
máximo,-a maximum
mayo May (3)
la **mayonesa** mayonnaise (19)
mayor *(adj.)* greater, greatest; older, oldest (6); major; la **— parte de** most of
la **mayoría** majority (27); la **— de las veces** most of the time (18)
me *(obj. pron.)* me, to me, (to) myself (10)
el **mecánico** mechanic (22)
la **media** stocking (10)
media: Son las dos y — half past: It is half past two (2:30) (6)
la **medianoche** midnight (6)
la **medicina** medicine (19)
el/la **médico/a** doctor (19)
la **medida** measure, step
medio,-a half, a half; middle (17); average
el **mediodía** noon, noontime (6)
mejor *(adj.)* better, best (12); **es — que** it's better than (26)
mejorar to improve (29)
los/las **mellizos/as** twins
la **memoria** memory
mencionar to mention
menor *(adj.)* smaller, younger, lesser (6); smallest, youngest, least (6)

menos less, least, fewer (17); **a — que** *(conj.)* unless; **por lo —, al —** at least (20)

el **mensaje** message

mensual *(adj.)* monthly

la **mente** mind

mentir to lie, tell a lie (15)

la **mentira** lie (11)

menudo: a — often, frequently (1)

el **mercado** market (14)

la **mermelada** marmalade, jam

el **mes** month (3); el **— pasado** last month

la **mesa** table (13); **poner la —** to set the table (22)

el/la **mesero/a** waiter, waitress

la **meta** goal (17)

meteorológico,-a meteorological

el **método** method

el **metro** subway (15)

mi *(adj.)* my (6)

mí me, myself (after *prep.*) (2)

el **micrófono** microphone

la **microonda** microwave

el **miedo** fear (27); **tener — (de + obj.)** to be afraid (of) (4)

el **miembro** member (28)

mientras (que) *(conj.)* while, as long as (18)

el **miércoles** Wednesday (3)

mil a (one) thousand (11)

militar *(adj.)* military

los **militares** military personnel (30); soldiers (30)

la **milla** mile

millón million (11)

mínimo,-a small, minimum

la **minoría** minority (27)

el **minuto** minute

mío,-a my, (of) mine (24); (el) **mío**, (la) **mía**, (los) **míos**, (las) **mías** *(pron.)* mine (24)

la **mirada** look

mirar to look at (1); **mirarse** to look at oneself (16)

mismo,-a same, very (12)

el **misterio** mystery

misterioso,-a mysterious

la **mitad** half; **a — de** halfway down

la **mitología** mythology

mixto,-a mixed

la **mochila** backpack (26)

la **moda** style, fashion (10); **estar de —** to be stylish; el **último grito de la —** the latest word in fashion

el **modelo** model

la **moderación** moderation

moderno,-a modern (24)

modesto,-a modest

modificar to modify

el **modo** manner, means, way (17); **de — que** *(conj.)* so, so that; **de**

todos —s anyhow

mojado,-a wet

molestar to bother; to molest (12)

el **momento** moment; **en este —** at this moment; **por el —** for the moment

la **moneda** money, coin, currency (23)

la **montaña** mountain (23)

montar to mount; to stage

el **monumento** monument

la **moralidad** morality

moreno,-a brown, dark, brunette (3)

morir (ue) to die (15)

el **mosaico** mosaic

la **mostaza** mustard (19)

mostrar (ue) to show (11)

la **moto(cicleta)** motorcycle (8)

el **movimiento** movement (17)

la **muchacha** girl (2)

el **muchacho** boy (2)

mucho,-a much, many, very (3); **mucho** *(adv.)* much, hard, a great deal (1); **mucho gusto** pleased to meet you (A)

los **muebles** furniture (24)

la **muerte** death (18)

muerto,-a dead (18)

la **mujer** woman (2)

la **multa** fine (15)

multado,-a fined

mundial *(adj.)* world, global

el **mundo** world (27);
  todo el — everybody
la **municipalidad**
  municipality
el **museo** museum (5)
la **música** music
el/la **músico/a** musician
  muy very (1)

N

nacer to be born (14)
el **nacimiento** birth
la **nación** nation, country
  nacional (adj.) national
la **nacionalidad**
  nationality (3)
  nada nothing, (not)
  anything (8);
  de — you're
  welcome, don't
  mention it; **— más**
  nothing, anything else
  nadar to swim (1)
  nadie no one, nobody,
  (not) anyone (8)
la **naranja** orange
  (19)
la **nariz** nose (12)
la **naturaleza** nature
la **Navidad** Christmas
  necesario,-a
  necessary (2)
la **necesidad** need,
  necessity
  necesitar to need (2)
  negar (ie) to deny
  (27)
el **negocio** business (19)
  negro,-a black (10)
  nervioso,-a nervous
  (7)
  nevar (ie) to snow (8)
  ni neither, nor (8);
  ni... ni neither . . .

nor, (not) either . . .
  or (8)
la **nieta** granddaughter
el **nieto** grandson
la **nieve** snow
  ninguno, ningún,
  ninguna no, none,
  (not) any (8)
la **niñez** childhood
el/la **niño/a** child (6)
el **nivel** level (20);
  el — de vida
  standard of living
  (20)
  no not, no
la **noción** notion
  nocturno,-a nocturnal
la **noche** night, evening;
  buenas —s good
  evening, good night
  (A); **de la —** in the
  evening, at night,
  P.M. (6); **por la —**
  at night (6)
  no más only, just
  nombrar to name
el **nombre** name (6)
  normal (adj.) normal,
  usual (21)
  normalmente usually
el **norte** north;
  Norteamérica North
  America
  nos (obj. pron.) us, to
  us, (to) ourselves
  (10)
  nosotros we, us (after
  prep.) (1)
la **nota** note; grade (6)
  notar to notice; to note
la **noticia** news (4)
  novecientos,-as nine
  hundred (11)
la **novela** novel
el/la **novelista** novelist

  noveno,-a ninth (25)
  noventa ninety (B)
la **novia** fiancée,
  sweetheart,
  girlfriend (21)
  noviembre
  November (3)
el **novio** fiancé,
  sweetheart,
  boyfriend (2)
  nuestro,-a our, (of)
  ours (6); (el) **nuestro,**
  (la) **nuestra,** (los)
  nuestros, (las)
  nuestras (pron.)
  ours (24)
  nueve nine (B)
  nuevo,-a new (8)
el **número** number (B);
  el — equivocado
  wrong number
  numeroso,-a numerous
  nunca never, (not) ever

O

  o or (1); **o... o** either
  . . . or (8)
la **obligación** obligation
  obligatorio,-a
  obligatory,
  compulsory
la **observación**
  observation
  observar to observe
  obtener (ie) to obtain,
  get (10)
la **ocasión** occasion
el **océano** ocean
  octavo,-a eighth (25)
  octubre October (3)
la **ocupación**
  occupation (28)
  ocupado,-a busy,
  occupied (7)

ocupar to occupy; to hold; **—se de** to look after, deal with

la **ocurrencia** happening

ocurrir to occur, happen (14)

ochenta eighty

ocho eight (B)

ochocientos,-as eight hundred (11)

la **odontología** dentistry

el **oeste** west; el **lejano —** far west

ofender to offend

la **oficina** office (19)

el **oficio** trade (22)

ofrecer to offer (11)

oír to hear, listen (8)

¡ojalá (que...)! *(interj.)* would (that . . .), I wish (that . . .) (20)

el **ojo** eye (12)

olvidarse (de + obj.) to forget (24)

once eleven (B)

la **ópera** opera

la **operación** operation (19)

la **opinión** opinion

la **oportunidad** opportunity (17)

el/la **optimista** optimist

la **orden** order, command

la **oreja** ear (12)

el **organismo** organism

la **organización** organization

organizar to organize

el **origen** origin

originarse to originate

oscuro,-a dark (10)

el **otoño** fall, autumn (8)

otro,-a other, another (3)

¡oye! hey, listen

P

la **paciencia** patience

el/la **paciente** patient

pacífico,-a calm, peaceful

el **padre** father (6); los **—s** parents (6)

el **padrino** godfather

pagar to pay (20)

la **página** page (6)

el **país** country, nation (8)

el **paisaje** scenery, landscape (26)

la **palabra** word (1)

el **palacio** palace

la **pampa** plains, grasslands

el **pan** bread (4); el **— tostado** toast (19)

la **panadería** bakery (25)

el **panorama** panorama, scene, view

los **pantalones** pants (10)

el **pañuelo** handkerchief, scarf, kerchief

el **papá** papa, dad, pop, father (6)

la **papa** potato (19); las **—s fritas** french fried potatoes (19)

el **papel** paper (4); role (17)

la **papelería** stationery store (25)

para *(prep.)* for, in order to, to, by (2);

— que *(conj.)* so that, in order to; **¿ — qué?** why? (what for?)

la **parada** *(bus)* stop (25)

parado,-a standing; stopped

el **paraguas** umbrella (9)

parar to stop (26)

parcialmente partially

parecer to appear, seem; to resemble (24)

parecido,-a similar

la **pared** wall (22)

la **pareja** pair, couple

el **paréntesis** parenthesis

el **pariente** relative

el **parque** park (23)

el **parquímetro** parking meter (15)

la **parte** part; la **mayor — de** most of, the greater part of; **alguna —** somewhere; **por otra —** on the other hand; **por todas —s** everywhere

la **participación** participation

el/la **participante** participant

participar to participate

el **partido** match, game (5); political party (27)

pasado,-a past, last (5); **pasado mañana** day after tomorrow (22)

el/la **pasajero/a** passenger (24)

el **pasaporte** passport (24)

pasar to pass (by) (5); to happen; to spend *(time)* (5); **—lo bien** to have a good time (26)

el **pasatiempo** pastime, hobby, amusement

el **paseo** walk, stroll, ride; boulevard; **dar un —** to take a walk (ride) (25)

pasivo,-a passive

el **paso** step

el **pastel** pie, pastry (4)

paterno,-a paternal

el **patio** patio, courtyard

el **pavo** turkey (19)

la **paz** peace (18)

el/la **peatón** pedestrian (15)

la **pedagogía** pedagogy

el **pedido** request

pedir (i) to ask; to ask for, request

peinarse to comb *(one's hair)* (16)

la **pelea** fight (18)

pelear(se) to fight (18)

la **película** movie, film (5)

el **peligro** danger

peligroso,-a dangerous (26)

el **pelo** hair (12)

la **pelota** ball (12)

el **pensamiento** thought, thinking

pensar (ie) to think (9); to intend (+ *inf.*) (9); **— en** (+ *obj.*) to think about

(+ *obj.*) (9); **— de** to think of (9)

peor *(adj.)* worse, worst (17)

el **pepino** cucumber, pickle (19)

pequeño,-a small, little (4)

la **pera** pear (19)

la **percepción** perception

perder (ie) to lose, miss (9); **— tiempo** to waste time

perdido,-a lost, missed

el **perdón** pardon (B)

perdonar to pardon

el/la **peregrino/a** pilgrim

perezoso,-a lazy (3)

perfectamente perfectly

perfecto,-a perfect

el **periódico** newspaper, periodical (4)

el/la **periodista** reporter, journalist

el **período** period

permiso: con su — excuse me (B)

permitir to permit, allow (24)

pero but (1)

el **perro** dog (6); el **— caliente** hot dog (19)

persistir to persist

la **persona** person (2)

el **personal** personnel; el **jefe de —** head of personnel

la **personalidad** personality

la **perspectiva** perspective

pesar to weigh (26); **a — de** in spite of, despite

el **pescado** fish (19)

la **peseta** monetary unit of Spain

el/la **pesimista** pessimist

el **peso** monetary unit of several Latin American countries; weight

el **petróleo** petroleum, oil (30)

el/la **pianista** pianist

el **pie** foot (12)

la **pierna** leg (12)

pilotar to pilot

la **pimienta** pepper (19)

pintar to paint (13)

el/la **pintor/a** painter

la **piña** pineapple (19)

la **piscina** swimming pool

el **piso** floor, apartment (22)

la **pizza** pizza

el **plan** plan

planear to plan

el **planeta** planet

planificar to plan

la **planta** plant (9)

el **plato** plate, dish (24); el **platillo** saucer (24)

la **playa** beach (5)

la **plaza** plaza, square (5); opening; la **— de toros** bullfight ring

el **plazo** term, time period; **comprar a —s** to buy on credit *(installment plan)*

la **plomería** plumbing (22)

el **plomero** plumber (22)

la **población** population
(29)
poblar to colonize,
settle
pobre *(adj.)* poor
(17); humble,
modest (17)
la **pobreza** poverty (30)
poco,-a little
(quantity); few; **poco**
(adv.) little (1);
— **a** — little by
little; **un** — a little
(1)
poder (ue) to be able,
can (9)
el **poder** power (30)
el **poema** poem
el **poeta**, la **poetisa** poet
la **policía** police force
el **policía** policeman
(15)
la **política** politics (27)
el **político** politician
(27)
político,-a political
(27)
el **pollo** chicken (19)
poner to put, place
(8), set (24); —**se**
to put (on oneself)
(16); —**se de**
acuerdo to agree
ponga (Ud.) *(imp.* of
poner) put
poquito,-a *(dim.* of
poco) very little
por for, during, in,
through, along, by,
around, on behalf of,
for the sake of, on
account of, about,
because of, per, in
exchange for (23);

— **casualidad**
accidentally (23);
— **ciento** percent
(23); — **cierto**
certainly (23); — **lo**
común usually,
generally (23);
— **ejemplo** for
example (23);
— **eso** therefore,
because of that (23);
— **favor** please (B);
— **fin** at last (23);
— **lo común**
commonly (23); —
lo general in general,
as a rule (23); — **lo**
menos at least
(23); ¿— **qué**?
why?, for what
reason? (2); —
suerte luckily,
fortunately (23);
— **supuesto** of
course (1); — **todas**
partes everywhere
(23)
el **porcentaje** percentage
porque because (2)
el **portafolio** briefcase
portátil *(adj.)* portable
poseer to possess
la **posibilidad**
possibility (28)
posible *(adj.)*
possible (21)
posiblemente possibly
la **posición** position
positivo,-a positive
el **postre** dessert (21)
el **potencial** potential
potencial *(adj.)*
potential
la **práctica** practice

practicar to practice
el **precio** price (20)
precolombino,-a pre-
Columbian
la **preferencia** preference
preferible *(adj.)*
preferable
preferido,-a preferred,
favorite (12)
preferir (ie) to prefer
(10)
la **pregunta** question
(6); **hacer la** — to
ask a question (11)
el **prejuicio** prejudice
el **premio** prize
la **prensa** press
la **preocupación**
preoccupation, worry
preocupado,-a
worried (7)
preocuparse to
worry (16)
la **preparación**
preparation
preparar to prepare
(13)
prepararse to prepare
oneself
la **preposición** preposition
la **presencia** presence
la **presentación**
presentation
presentar to present,
introduce (11)
el **presente** present *(time)*
el/la **presidente/a** president
la **presión** pressure
el **préstamo** loan (23)
prestar to lend (11)
el **prestigio** prestige
prestigioso,-a
prestigious
el **pretérito** preterite (13)

prevenir (ie) to prevent
primario,-a primary
la **primavera** spring (8)
**primero, primer,
    primera** first (25)
el/la **primo/a** cousin (6)
principalmente
    principally, mainly
el **principio** beginning;
    principle; **al —** at
    the beginning
la **prisa** haste, hurry;
    tener — to be in a
    hurry (4)
la **prisión** prison
el/la **prisionero/a** prisoner
privado,-a private
pro: en — de in favor
    of, for (27)
la **probabilidad**
    probability
probable probable
    (21)
probablemente
    probably
probar to try; to prove;
    to test
el **problema** problem
    (17)
la **producción** production
producir to produce
el **producto** product
    (23); el **— agrícola**
    agricultural product;
    el **— fabricado**
    manufactured product
la **profesión** profession
    (28)
profesional (adj.)
    professional
el/la **profesor/a** professor (2)
profundo,-a deep,
    profound
el **programa** program

la **programación**
    programming
el/la **programador/a de
    computadoras**
    computer
    programmer (22)
programar to
    program (19)
progresar to progress
el **progreso** progress
prohibir to prohibit,
    forbid (24)
prometer to promise
    (11)
pronto soon, quickly,
    suddenly (20);
    de — all at once,
    suddenly;
    tan — como as soon
    as
la **propiedad** property;
    ownership
propio,-a (one's) own
    (12); **ser — de** to
    belong to
proponer to propose
proteger to protect
protestar to protest
la **provincia** province
próximo,-a next,
    coming (12)
el **proyecto** project, plan
prudentemente
    prudently, carefully
la **psicología** psychology
el/la **psiquiatra** psychiatrist
publicar to publish
público,-a public
el **público** public; people;
    en — in public
el **pueblo** town, village
    (25); people, nation
    (27); el **— natal**
    hometown

el **puente** bridge
la **puerta** door (24)
pues well, well then,
    then
el **puesto** post, position
puesto,-a (past part.
    of **poner**) set (22)
la **pulsera** bracelet (9)
el **punto** point, dot (12);
    el **— de vista** point
    of view
puro,-a pure

Q

que that, which,
    whom, who (4);
    than; (indir.
    command) have, let,
    may, I wish (hope); el
    (la, los, las) **—** that,
    which, who, whom, he
    (she, those) who, the
    one(s) who; lo **—**
    what, that which,
    which (fact)
¿qué? what?, which?
    (B); **¿para —?** why?,
    for what purpose?,
    what for?; **¿por —?**
    why?, for what
    reason?; **¿— tal?** how
    are you?, how are you
    doing?; **¡—...!** what a
    . . .!, how . . .!
    (18)
quedar(se) to stay,
    remain (24); to be
la **queja** complaint
quejarse to complain
    (26)
querer to wish, want
    (2); to love (21);
    — decir to mean

querido,-a   dear

el **queso**   cheese   (19)

quien *(rel. pron.)*   who, whom, he (she, those) who, the one(s) who

¿ **quién?** *(interr. pron.)* who?   (2); ¿ a — ? (to) whom?; ¿ — es? Who's that?, Who is it?   (A)

quieto,-a   quiet

la **química**   chemistry

quince   fifteen   (B)

quinientos,-as   five hundred   (11)

quinto,-a   fifth   (23)

el **quiosco**   kiosk, stand, stall   (25)

quitarse   to take off (oneself)   (16)

quizá(s)   perhaps   (20)

R

racional   *(adj.)* rational

el **radical**   radical, root (9)

el **radio**   radio *(set);* **con auriculares** Walkman (9) la **radio** radio *(broadcasting)*   (1)

rápidamente   rapidly, quickly

rápido,-a   rapid, fast (17)

la **raqueta (de tenis)** racquet (tennis)   (12)

raramente   rarely

raro,-a   rare, curious, strange

el **rascacielos** skyscraper   (29)

la **raza**   race; people

la **razón**   reason

razonable *(adj.)* reasonable

la **reacción**   reaction

reaccionar   to react

real *(adj.)*   real; royal

realmente   really

la **realidad**   reality

el/la **realista**   realist

realizar   to carry out; to accomplish

la **recepción**   reception

la **recepcionista** receptionist

la **receta**   recipe; prescription

recibir   to receive (10)

el/la **recién casado/a** newlywed   (21)

reciente *(adj.)*   recent

recientemente   recently

la **reciprocidad** reciprocity

reclamar   to claim, demand   (17)

la **recomendación** recommendation

recomendar (ie)   to recommend   (20)

reconocer   to recognize   (8)

recordar (ue)   to recall, remember   (9)

el **recuerdo**   memory, remembrance

recuperarse   to recuperate, recover

el **recurso**   resource

rechazar   to reject (30)

redondo,-a   round

reducir   to reduce, cut down, bring down (29)

reemplazar   to substitute, replace

la **referencia**   reference

referir (ie)   to refer

reflejar   to reflect

la **reforma**   reform, change

reformar   to reform, change   (30)

el **refrán**   proverb, saying

el **refresco**   soft drink, cool drink   (4)

el **refrigerador** refrigerator   (13)

regalar   to give (*a gift*)

el **regalo**   gift, present (9); el — **de cumpleaños** birthday present

la **región**   region

regresar   to return   (5)

regular *(adj.)*   regular (1); not bad, so-so

regularmente   regularly

reír (i)   to laugh

la **relación**   relation

relacionado,-a   related

la **religión**   religion

religioso,-a   religious

el **reloj**   watch, clock   (6); el — **despertador** alarm clock

remoto,-a   remote

reparar   to repair   (22)

repartir   to distribute

repasar   to review   (6)

repente: de — suddenly   (18)

repetir (i)   to repeat (11)

la **representación** representation; theater performance

representar   to represent

el/la **representante** representative

el **requisito** requirement (20)

la **res** beast, animal; la **carne de —** beef

la **residencia** residence, student dormitory (4)

residir to reside

la **resignación** resignation

resignado,-a resigned

resistir to resist

resolver (ue) to solve, resolve (27)

respecto: con — a with regard to

respetable *(adj.)* respectable

respetar to respect (21)

el **respeto** respect (21)

responder to answer

la **responsabilidad** responsibility (28)

responsable *(adj.)* responsible

la **respuesta** response, reply (6)

el **restaurante** restaurant (5)

el **resto** rest *(remainder)*

el **resultado** result, score, outcome (12)

resultar to result

el **resumen** summary

retener (ie) to retain

retirar to withdraw (23)

el **retrato** portrait

la **reunión** reunion, gathering

reunirse (con) to get together (with)

revisar to revise; to check

la **revista** magazine (4)

la **revolución** revolution (30)

el/la **revolucionario/a** revolutionary

revolver (ue) to mix, stir

rico,-a rich (17)

ridículo,-a ridiculous

el **rincón** corner

el **río** river (25)

la **riqueza** riches (30)

el **ritmo** rhythm

robar to rob, steal (18)

el **robo** robbery, theft (18)

rojo,-a red (10)

romántico,-a romantic

romper to break (24); **—se** to break

la **ropa** clothes (9)

la **rosa** rose

rosa *(adj.)* pink, rose-color

roto,-a *(past part.* of **romper)** broken (22)

rubio,-a blond (3)

el **ruido** noise (14)

ruidoso,-a noisy

el **ruso** Russian *(language)*

la **rutina** routine

rutinario,-a routine

el **sábado** Saturday (3)

saber to know, know how (9); *(pret.)* to learn, find out

sacar to take, take out (5); **— buenas notas** to get good grades (6); **—se el premio gordo** to win the big prize *(lottery);* **— fotos** to take photos

el **saco de dormir** sleeping bag (26)

la **sal** salt (19)

la **sala** living room (13)

el **salario** salary

salir to leave, go out, come out (8); **— bien (mal)** to do well (badly) (20); **— para** to leave for

el **salón** hall

la **salsa de tomate** catsup; tomato sauce (19)

la **salud** health (7); **¡Salud!** Cheers!, To your health! (B)

saludar to greet

los **saludos** regards (B)

la **sandalia** sandal (10)

la **sandía** watermelon (19)

la **satisfacción** satisfaction (28)

satisfacer to satisfy

satisfecho,-a *(past part.* of **satisfacer)** satisfied (28)

se *(indef. subj.)* one, people, you *(formal),* etc.; *(pron.* used for **le, les)** to him, her, it, them; you *(formal)* (12); *(reflex. pron.)* (to) himself, herself, etc.; *(reciprocal pron.)*

each other, one
another
secar to dry
la **secarropas** *(clothes)*
dryer
el/la **secretario/a**
secretary (22)
el **secreto** secret
secundario,-a
secondary
la **sed** thirst; **tener —** to
be thirsty (4)
seguida: en — at
once, immediately
(26)
seguir (i) to follow,
continue, go on (17);
— derecho to go
straight ahead (25)
según according to
segundo,-a second
(25); el **segundo plano**
middle distance
seguramente surely
seguro,-a sure; **estar
— (de)** to be sure
(of, that) (27); **es —**
it's certain
seis six (B)
seiscientos,-as six
hundred (11)
seleccionar to select,
choose
la **selva** forest, jungle
el **semáforo** traffic light
(15)
la **semana** week (3)
semejante *(adj.)*
resembling
el **semestre** semester
el/la **senador/a** senator
sencillo,-a simple
sensible *(adj.)*
sensitive (17)

sentado,-a seated
sentar (ie) to seat
(someone) (16)
sentarse (ie) to sit
down (16)
sentido: el **— de
humor** sense of
humor; el **—
contrario** opposite
direction
el **sentimiento** sentiment,
feeling (27)
sentir(se) (ie) to feel
(21), regret, be
sorry (15); **lo siento
mucho** I'm sorry
la **señal** sign
el **señor** gentleman,
Mr. (B)
la **señora** woman, lady,
Mrs. (B)
la **señorita** young woman,
Miss (B)
separado,-a separated
septiembre
September (3)
séptimo,-a seventh
(25)
ser to be (3); **llegar a
—** to become; el **—
humano** human
being
seriamente seriously
la **serie** series
la **seriedad** seriousness
serio, a serious (3)
el **servicio** service (23)
la **servilleta** napkin (24)
servir (i) to serve (11)
sesenta sixty (B)
setecientos,-as seven
hundred (11)
setenta seventy (B)
severo,-a severe

sexto,-a sixth (23)
si if, whether (8); **—
mismo** oneself
sí yes (B); **creer que
—** to believe so
sí *(reflex. pron.* after
(preps.) himself,
herself, yourself
(formal) themselves,
yourselves *(formal)*
el **SIDA** AIDS
siempre always (1)
la **siesta** nap
siete seven (B)
el **siglo** century
el **significado** meaning
significar to signify,
mean
significativo,-a
significant
siguiente *(adj.)*
following, next (13)
el **silencio** silence
silenciosamente silently
la **silla** chair (13)
el **sillón** armchair (24)
simbólico symbolic
el **símbolo** symbol
la **similaridad** similarity
simpático,-a nice,
pleasant, charming
(3)
simplemente simply
sin *(prep.)* without
(12); **— embargo**
nevertheless, however;
— que *(conj.)*
without; **— duda**
doubtless (17)
sincero,-a sincere
el **sindicato** labor union
(28)
sino but *(instead)*
(23)

el **sinónimo** synonym

el **sistema** system (30)

la **situación** situation

situado,-a situated, located

sobre on, upon, about, concerning; — **todo** especially, above all

sobrevivir to survive

el/la **sobrino/a** nephew, niece (6)

la **sociedad** society (30)

la **sociología** sociology

el **sofá** sofa, couch (24)

sofisticado,-a sophisticated

el **sol** sun (8); **tomar el** — sunbathe; **hace** — it's sunny (8); **gafas de** — sunglasses (10)

solamente only

solemne *(adj.)* solemn

la **solicitud** application form (28)

solitario,-a solitary

solo,-a alone (7)

sólo *(adv.)* only

el/la **soltero/a** bachelor; single, unmarried person (7); **ser** — to be single, unmarried (7)

la **solución** solution

solucionar to solve, resolve (27)

el **sombrero** hat (10)

sonar (ue) to sound

sonreír to smile

la **sonrisa** smile

soñar (ue) (con) to dream (of, about)

la **sopa** soup (19)

sorprendente *(adj.)* surprising (26)

sorprender to surprise; **sorprendido,-a** surprised

la **sorpresa** surprise (9)

su his, her, its, your *(formal),* their (6)

subir to go up, climb (23); to lift, get on (25); — **a** to go up, get into (20)

el **suburbio** suburb (23)

el **suceso** event, happening, occurrence (18)

sucio,-a dirty (13)

el **sueldo** salary (23)

el **sueño** dream; **tener** — to be sleepy (4)

la **suerte** luck (22); **tener** — to be lucky (4)

el **suéter** sweater (9)

suficiente *(adj.)* sufficient

sufrir to suffer

la **sugerencia** suggestion (20)

sugerir (ie) to suggest (20)

el **sujeto** subject

superior *(adj.)* superior, high, upper

el **supermercado** supermarket (14)

la **superstición** superstition

supersticioso,-a superstitious

supervisar to supervise

suponer to suppose

supuesto,-a *(past part.* of **suponer)** supposed (22); **por supuesto** of course

el **sur** south

el **suroeste** southwest

suspender to suspend

el **sustantivo** noun (3)

sustituir to substitute

el **susto** fright, scare

suyo,-a his; her; your *(formal),* their (24); (el) **suyo,** (la) **suya,** (los) **suyos,** (las) **suyas** *(pron.)* his, hers, yours *(formal),* theirs (24)

el **tabaco** tobacco

tal*(adj.)* such, such a, similar; **con — que** *(conj.)* provided that; **¿qué —?** how are you?; — **vez** perhaps

el **talento** talent

la **talla** size

el **taller** workshop (19)

también also, too (1)

tampoco neither, (not) either (8)

tan *(adv.)* as, so; — + *adj.* or *adv.* + **como** as . . . as (17)

tanto *(adv.)* as (so) much; —... **como** both . . . and (17)

tanto,-a (-os, -as) *(adj. and pron.)* as much (many); so much (many); —... **como**

as much (many) . . . as (17)

tardar to be late (26); to be slow

tarde *(adj.)* late (10)

la **tarde** afternoon; **buenas —s** good afternoon (A); **por la —** in the afternoon; **de la —** in the afternoon (6)

la **tarea** task; homework assignment (6); work

la **tarjeta** card (9); la **— de crédito** credit card (23)

la **taza** cup (24) **te** *(pron.)* you *(fam.)*. to you, yourself (10)

el **té** tea (4)

el **teatro** theater (5)

el/la **técnico/a** technician

la **tecnología** technology **tecnológico,-a** technological

las **telecomunicaciones** telecommunications

el/la **telefonista** telephone operator

el **teléfono** telephone; **llamar por —** to telephone, call on the phone (5); el **número de —** telephone number (11)

el **telegrama** telegram

la **telenovela** serial, soap opera

la **televisión** television (1)

el **televisor** television set (9)

el **tema** theme, subject **temer** to fear (27)

el **temperamento**

temperament, disposition

temprano,-a early (10)

la **tendencia** tendency

el **tenedor** fork (24)

tener to have (4); **— ... años** to be . . . years old (7); **¿Cuántos años tiene (Ud.)?** How old are (you)? (7); **— calor** to be warm *(living beings)* (4); **— prisa** to be in a hurry (4); **— ganas de** to be eager to; to feel like (8); **— que** + *inf.* to have to *(must)* (4); **— razón** to be right (4); **— hambre** to be hungry (4); **— sed** to be thirsty (4); **— frío** to be cold *(living beings)* (4); **— éxito** to be lucky (4); **— lugar** to take place (18)

el **tenis** tennis (12)

la **tensión** tension

la **teoría** theory **tercero, tercer, tercera** third (23)

terminar to end, finish (20)

el **termómetro** thermometer

el **territorio** territory

el/la **testigo** witness

el **texto** text, book **ti** you, yourself (after *prep., fam.*) (2)

la **tía** aunt (6)

el **tiempo** time *(general sense);* weather (8); **a —** on time (10); **¿cuánto —?** how long?; **hacer buen (mal) —** to be good (bad) weather (8); **mucho —** long, a long time; **¿Qué — hace?** What kind of weather is it? (8)

la **tienda** store, shop (5); **la — de campaña** tent

la **tierra** land, ground, earth (30) **tímido,-a** timid, shy (17)

la **tintorería** dry cleaner's shop (23)

el **tío** uncle (6); los **—s** aunt(s) and uncle(s) (6) **típicamente** typically **típico,-a** typical

el **tipo** type, kind; guy **tirar** to shoot (18)

el **título** title, degree (20)

el **tocadiscos** phonograph, record player (9) **tocar** to play *(instrument)* (1); to touch; to ring

el **tocino** bacon (19) **todavía** still, yet (7); **— no** not yet **todo,-a** all, whole, entire, every (3); **todo el mundo** everybody (22); **todo el año** all year; **todos los días** every day;

sobre todo
especially, above all;
todo el tiempo all
the time
todo *(pron.)* everything
tolerante *(adj.)* tolerant
tolerar to tolerate,
stand
tomar to take; to eat,
drink (5); — **el sol**
to take a sunbath;
— **decisiones** to
make decisions (20);
— **con calma** to take
(it) easy; — **un**
examen to take an
exam (6)
el **tomate** tomato (19)
la **tontería** foolishness
(11); stupid remark
tonto,-a foolish,
stupid (3)
la **torta** cake (21)
la **tostada** toast
trabajador,
trabajadora
hardworking (3)
trabajar to work (1)
el **trabajo** work, job (6);
el — **eventual**
temporary job
la **tradición** tradition
tradicional *(adj.)*
traditional
tradicionalmente
traditionally
traducir to translate
(15)
traduzca (Ud.) *(imp.* of
traducir) translate
traer to bring (8)
el **tráfico** traffic; la
congestión
de — traffic jam,
congestion

la **tragedia** tragedy
el **traje** suit (10);
el — **de baño**
bathing suit (10)
tranquilo,-a calm,
tranquil, quiet (7)
tranquilamente quietly,
calmly
transformar to
transform, change
el **transporte**
transportation (15);
el — **público** public
transportation (15)
tras behind, after; **día**
— **día** day after day
el **tratamiento** treatment
tratar *(de + obj.)* to
treat, deal (with);
tratar de + *inf.* to
try to + *v.* (22)
través: a — **de** across,
through
trece thirteen (B)
treinta thirty (B)
el **tren** train (8)
tres three (B)
trescientos,-as three
hundred (11)
el **triángulo** triangle
el **trigo** wheat
la **trigonometría**
trigonometry
triste *(adj.)* sad (7)
la **tristeza** sadness (27)
el **triunfo** triumph
la **trompeta** trumpet
tu your *(fam.)*
tú you *(fam.)* (1)
el **turismo** tourism
el/la **turista** tourist (24)
tuyo,-a *(adj.)* your
(fam.), of yours (24);
(el) **tuyo,** (la) **tuya,**

(los) **tuyos,** (las) **tuyas**
(pron.) yours
(fam.) (24)

u or (used for **o** before
o-, ho-) (1)
último,-a last *(in a*
series) (12)
últimamente lately;
latest (17)
único,-a only, unique
(17)
la **unidad** unity, unit
unido,-a united
el **uniforme** uniform
la **universidad**
university (5)
universitario,-a *(adj.)*
university
el/la **universitario/a** student
el **universo** universe
uno, un, una a, an,
one (B); **unos,-as**
some, a few, several;
about (+ quantity)
urbano,-a urban (29)
usar to use; el **uso**
use
usted you *(formal)*
(1)
usualmente usually
útil *(adj.)* useful (1)
utilizar to use, utilize

las **vacaciones** vacation
vacío,-a empty
la **vainilla** vanilla
válido,-a valid
valiente *(adj.)* valiant,
brave

el **valor** value (30)

variar to vary

la **variedad** variety; las
—**es** variety show

varios,-as various,
several (12)

el **vaso** drinking glass
(24)

el/la **vecino/a** neighbor
(14)

la **vecindad**
neighborhood (14)

vegetariano,-a
vegetarian

veinte twenty (B)

la **velocidad** velocity,
speed

vender to sell (5)

venir (**a** + *inf.*) to
come (to) (8)

la **venta** sale

la **ventaja** advantage
(29)

la **ventana** window (24)

ver to see (10);
vamos a — let's see;
nos vemos bye, see
you

el **verano** summer (8)

el **verbo** verb (1)

la **verdad** truth (11);
¿ — **?** isn't it
true?; **es** — it's
true (27)

verdadero,-a true, real

verde *(adj.)* green
(10)

la **verdulería** vegetable
shop (25)

la **verdura** vegetable (4)

la **versión** version

el **vestido** dress (10)

vestido,-a dressed

vestir(se) (i) to get
dressed; to dress (16)

el/la **veterinario/a**
veterinarian (22)

la **vez** *(pl.* **veces***)* time
(series), occasion; **a la**
— at the same time;
a veces sometimes
(8); **alguna** —
sometime, ever; **de** —
en cuando once in a
while, from time to
time (8); **en** — **de**
instead of (14);
muchas veces many
times, often; **otra** —
again (7); **por**
primera — for the
first time (15); **tal** —
perhaps; **una** —
once (18); **dos**
veces twice (18)

viajar to travel; — **en**
avión to travel by
plane (8); — **a**
dedo to hitchhike
(26)

el **viaje** trip (8); **hacer**
un — to take a
trip (8); **¡Feliz** —**!**
Have a good trip!

el/la **viajero/a** traveler
(26)

la **víctima** victim (18)

la **victoria** victory (12)

la **vida** life (17); el **costo**
de — cost of
living (29); **ganarse**
la — to earn a
living; el **nivel de** —
standard of living
(20); la **calidad de** —
quality of life (29)

viejo,-a old (3)

el/la **viejo/a** old man, old
woman

el **viento** wind (8); **hace**
— it's windy (8)

el **viernes** Friday (3)

el **vinagre** vinegar (19)

el **vino** wine (4)

la **violencia** violence

violento,-a violent

violentamente
violently, abruptly

violeta *(adj.)* purple
(10)

el **violín** violin

la **virtud** virtue

la **visibilidad** visibility

la **visión** vision

la **visita** visit

visitar to visit (1)

la **vista** sight, view; **hasta**
la — until we see
each other again

visto,-a *(past part.* of
ver) seen (22)

la **vivienda** housing,
dwelling (29)

vivir to live (4)

vivo,-a alive, living

el **vocabulario**
vocabulary (A)

vocacional *(adj.)*
vocational

volar (ue) to fly (26)

el **vólibol** volleyball (12)

la **voluntad** will

voluntario,-a voluntary

volver (ue) to return,
come back (9)

vosotros,-as you *(fam.*
pl.), yourselves (1)

votar to vote (17)

el **voto** vote (27)

la **voz** voice (27); **en — alta** aloud, loudly; **en — baja** softly, in a whisper

el **vuelo** flight (26)

la **vuelta** return; el **billete de ida y —** round-trip ticket (26)

vuelto (*past part.* of **volver**) returned (22)

vuestro,-a *(adj.)* your *(fam. pl.),* of yours

(6); (el) **vuestro,** (la) **vuestra,** (los) **vuestros,** (las) **vuestras** *(pron.)* yours *(fam. pl.)*

y and (B)

ya already, now (13); **— no** no longer

el/la **yanqui** Yankee (North American)

el **yate** yacht

yo I (1)

la **zanahoria** carrot (19)

la **zapatería** shoe store (25)

la **zapatilla:** las **—s de tenis** sneakers

el **zapato** shoe (10); el **— de tenis** tennis shoe (10)

English-Spanish Vocabulary

A

a un, una; algún, alguna
ability la capacidad (28)
able: be — poder (ue) (9)
about de (1); sobre; acerca
de
above all sobre todo
abroad el extranjero
accept aceptar (17)
accident el accidente (18)
accidentally por
casualidad (23)
according to según
account la cuenta (19);
checking — la cuenta
corriente (23); **savings
—** la cuenta de ahorros
(23)
accountant el/la contador/a
(22)
ache *(v.)* doler (ue)
achieve lograr
across a través de
act *(v.)* actuar
active activo,-a
activity la actividad (5)
actor, actress el actor, la
actriz
adapt adaptar(se) (16)
add agregar
address *(n,)* la dirección
(11)
administer administrar
admire admirar (10)
advance *(n.)* el adelanto
advanced avanzado,-a
advantage la ventaja
(29)
advertisement el anuncio;
want ad el aviso (28)
advice el consejo (11)

advise (that) aconsejar
(que) (20)
adviser el/la consejero/a
(20)
affect influir
affectionate cariñoso,-a
(17)
afraid: be — (that) tener (ie)
miedo (de que) (4)
after después de, después de
+ *inf.* (5)
afternoon la tarde (6); **in
the —** por la tarde (6);
de la tarde (6)
again otra vez (7)
against contra (12); en
contra de *(opposed to)*
(27)
age *(n.)* la edad (17)
ago hace + *time* (15)
agree (with) estar de
acuerdo (con) (6)
agricultural product el
producto agrícola
agriculture la agronomía
AIDS el SIDA
air-conditioning el aire
acondicionado (24)
airline la aerolínea (26)
airplane el avión (8)
air pollution la
contaminación del aire
(29)
airport el aeropuerto (8)
alarm clock el reloj
despertador
alcohol el alcohol;
—ic beverage la bebida
alcohólica
all todo,-a (3); **— right**
regular
allow permitir (24)

almost casi (17);
— always casi siempre
alone solo, -a (7)
along por *(by way of)* (20)
already ya (13)
also también (1)
although aunque
always siempre (1)
amazement el asombro
(27)
ambassador el/la
embajador/a
ambassadorship la embajada
ambulance la ambulancia
(18)
American americano,-a;
North —
norteamericano,-a;
South — sudamericano,-a
amiable amable (17)
among entre (12);
— themselves entre sí
amuse divertir (ie) (16)
amusing divertido,-a (3)
ancestor el antepasado
ancestry la ascendencia
ancient antiguo,-a
and y (e) (B)
Andean andino,-a
Anglo-Saxon anglo-sajón,
anglo-sajona
angry enojado,-a; furioso,-a
(7); **get — (with)** enojarse
(con), enfadar
announcement el anuncio
announcer el/la locutor/a
another otro, -a (3); **—
way** de otra manera
answer *(v.)* contestar (6);
— *(n.)* la respuesta (6)
antique, old antiguo,-a
(24)

anxiously *(adv.)* con ansias

any alguno, algún, alguna (8); cualquier,-a

anyhow de todos modos

anyone alguien (8)

anything algo (8)

apartment el apartamento, el piso (4)

apathetic apático,-a (27)

appear parecer *(seem)*; aparecer

apple la manzana (19)

application form la solicitud (28)

appointment la cita (10)

April abril (3)

aquarium el aquario

architect el/la arquitecto/a

architecture la arquitectura

argue discutir

arm *(n.)* el brazo (12)

armchair el sillón (24)

around alrededor de; a eso de

arrange arreglar (13)

arrive llegar (10)

article el artículo (4)

as . . . as tan... como (17); as much (many) . . . as tanto.... como (17); as soon as así que; en cuanto

ask preguntar *(question)* (6); pedir (i) *(request)* (11); — a question hacer una pregunta (11)

asleep: fall — dormirse (ue) (16)

aspect el aspecto (3)

astonish: be —ed (that) asombrarse de (que) (27)

at a; en (1); — last por fin (23); — least por lo menos (23); — the

beginning al principio; — the end al fin

athlete el/la atleta (12)

atmosphere el ambiente (28)

attend asistir (a) (4)

attitude la actitud (17)

August agosto (3)

aunt la tía (6)

authority la autoridad (8)

autumn el otoño

available: have — disponer

avenue la avenida (15)

average medio,-a

avoid evitar

awaken *(someone)* despertar (ie) (16)

aware consciente (27)

B

back *(n.)* la espalda (12); in — of detrás de

background el fondo

backing el respaldo

backpack la mochila (26)

bacon el tocino (19)

bad *(adj.)* malo,-a (3); it's — that es malo que (21); it's too — that es una lástima que; bad, badly *(adv.)* mal (B); very — muy mal (B)

bag *(n.)* la bolsa (24)

baggage el equipaje (26)

bakery la panadería (25)

balcony el balcón (13)

ball la pelota (12)

banana la banana

bank *(n.)* el banco (20)

baseball el béisbol (12)

basketball el básquetbol (baloncesto) (12)

bathe, take a bath bañar(se) (16)

bathing suit el traje de baño (10)

bathroom el baño (13)

be estar *(condition)* (6); ser *(characteristic)* (3); — to blame tener la culpa; — . . . years old tener... años (7); How old are you? ¿Cuántos años tiene (Ud.)? (7)

beach *(n.)* la playa (5)

bear upon influir

beautiful hermoso,-a (29)

beautify embellecer

beauty la belleza (29)

because porque (2); — of, due to por eso *(for that reason)*

become ponerse + *adj.*

bed la cama (24); go to — acostarse (ue) (16)

bedroom la alcoba, el dormitorio, la habitación, el cuarto, la recámara (13)

beef la carne de res

beer la cerveza (4)

before antes (de que) (5); — -ing antes de + *inf.*

begin comenzar (ie) (a), empezar (ie) (a) (9); — *(imp. of* comenzar) comience (Ud.)

behavior el comportamiento

behind *(prep.)* detrás de (25)

belief la creencia

believe creer (10); — in creer en (24)

belong to ser propio de; pertenecer

below a continuación

belt el cinturón (26)

benefit *(n.)*   el beneficio (28)

best   mejor   (12)

better   mejor   (12)

between   entre   (25)

bicycle   la bicicleta   (8)

big   grande   (4)

bill *(payable)*   la cuenta (23)

birthday   el cumpleaños (3); **— present**   el regalo de cumpleaños

black   negro,-a   (10); **— sheep**   el garbanzo negro *(lit. black bean)*

blame *(n.)*   la culpa   (22); **be to —** *(v.)*   tener (ie) la culpa   (22)

block *(n.)*   la cuadra *(city)* (25)

blond *(adj.)*   rubio,-a   (3)

blouse   la blusa   (10)

blue   azul   (10)

boat   el barco   (8)

body   el cuerpo   (12)

book   el libro   (B)

bookcase   el estante

bookstore   la librería   (25)

boots   las botas   (10)

boring, bored   aburrido,-a (3)

born: be —   nacer   (14)

boss *(n.)*   el/la jefe/a   (22)

bother *(v.)*   molestar   (12); **it —s me (that)**   me molesta (que)

bottle *(n.)*   la botella

bottom *(n.)*   el fondo

boy   el muchacho, el chico (2), el nene

boyfriend   el novio   (2)

bracelet   la pulsera   (9)

brand *(n.)*   la marca

bread   el pan   (4)

break *(v.)*   romper   (24); romperse

breakfast *(n.)*   el desayuno (13); **eat —**   tomar el desayuno   (13)

bride   la novia   (21)

bridge *(n.)*   el puente

briefcase   el portafolio

bring   llevar *(to carry);* traer *(to bring along)*   (8); **— up**   criar *(to raise children)*

broad   ancho,-a

broken   roto,-a   (22)

brother   el hermano   (2)

brown   marrón

brunette *(adj.)*   moreno,-a (3)

brush *(v.)*   cepillar(se) *(hair, teeth)*   (16)

budget *(n.)*   el presupuesto

build   construir   (15)

building   el edificio   (25)

burglary   el robo   (18)

bus *(n.)*   el autobús   (8); **— stop**   la parada del autobús   (23)

business   el negocio; los negocios *(general sense)* (22); **—man, —woman** el/la comerciante   (22)

busy   ocupado,-a   (7)

but   pero   (1); sino *(on the contrary)*   (23)

butcher shop   la carnicería (25)

butter *(n.)*   la mantequilla (19)

buy   comprar   (5)

by   por *(during, in exchange for, on behalf of)*   (20); para *(destination, time)* (20); **— the way**   a propósito

café   el café   (5); **open-air — **   el café al aire libre

cafeteria   la cafetería   (5)

cake *(n.)*   la torta   (21); el pastel   (4)

calculator   la calculadora (6)

calculus   el cálculo

call *(v.)*   llamar   (5); **— on the telephone**   llamar por teléfono   (5)

calm *(adj.)*   tranquilo,-a   (7)

calorie   la caloría

camera   la cámara   (9)

camp, go camping   hacer camping, acampar   (26)

campaign *(n.)*   la campaña

camper   la camioneta   (26)

campus   la ciudad universitaria   (24)

can (be able to)   poder (ue)   (9)

candidate   el/la candidato/a (27)

candy   el dulce   (4)

capable   capaz

capacity   la capacidad

car   el coche   (1)

card   la tarjeta   (9); **credit — **   la tarjeta de crédito (20); el carné   (7)

care (about) *(v.)*   importar (12); **I — (that)**   me importa (que); **take — of** cuidar   (10); **personal — ** *(n.)*   el cuidado personal   (16)

career   la carrera   (17)

Careful! *(interj.)*   ¡Cuidado! (B)

careful *(adj.)*   cuidadoso,-a (26)

carpenter el carpintero (22)
carpet *(n.)* la alfombra (24)
carrot la zanahoria (19)
carry llevar (5); — **out** llevar a cabo; realizar
cash *(v.)* cobrar (23)
cat el gato (6)
catsup la salsa de tomate (19)
center *(n.)* el centro (5)
century el siglo
ceremony la ceremonia
certain cierto,-a (12); —**ly** por cierto (23)
certainty la certeza (27)
chair *(n.)* la silla (13)
challenge *(n.)* el desafío
champion *(n.)* el campeón, la campeona (12)
change *(v.)* cambiar (17); — *(n.)* el cambio *(general sense)* (9); la moneda *(coins)* (23)
character el carácter (3)
chart el esquema
chat *(v.)* charlar (5)
cheap barato,-a (9)
check *(v.)* revisar *(look over, inspect);* — *(n.)* el cheque (20); la cuenta *(bill)* (20)
checking account la cuenta corriente (23)
cheerful alegre (7)
cheese el queso (19)
chest of drawers la cómoda
chicken el pollo (19)
child el/la niño/a (6); **children** los niños (6)
childhood la niñez
chocolate el cacao
choose escoger (20); elegir (i) *(elect, select)* (20)
church la iglesia (5)

cigarette el cigarrillo
citizen el/la ciudadano/a (27)
city la ciudad (14); — **planning** el urbanismo
claim *(v.)* reclamar (17)
class *(n.)* la clase; —**room** la clase; —**mate** el/la compañero/a de clase (6)
clean *(v.)* limpiar (13); — *(adj.)* limpio,-a (13)
cleansing *(n.)* la limpieza
clear *(adj.)* claro,-a
climate el clima (26)
clipping el recorte
clock *(n.)* el reloj (6)
close *(v.)* cerrar (ie) (23)
close (to) cerca de (6)
closing el cierre
clothes, clothing la ropa (9); **articles of clothing** las prendas
coast *(n.)* la costa
coat *(n.)* el abrigo (10)
coffee el café (4)
coin la moneda (23)
cold *(n.)* el frío (8); — *(adj.)* frío,-a (8); **be** — tener (ie) frío (4); **it's** — hace frío (8); — **drink** el refresco
colleague el/la colega
collide chocar (15)
color *(n.)* el color (10)
comb *(v.)* peinar(se) (16); — *(n.)* el peine
come venir (ie) (8)
comedy la comedia
comfortable cómodo,-a (22)
comics las historietas
command *(n.)* el mandato
commercial *(n.)* *(advertisement)* el anuncio

committed comprometido,-a
commonly por lo común (23)
compact disc disco compacto (5)
company la compañía (19)
comparison la comparación
complain (about) quejarse (de) (26)
complaint la queja
computer la computadora (4); — **programmer** el/la programador/a de computadoras (22); — **science** la computación (1)
concert el concierto
confidence la confianza (30)
congratulations las felicitaciones (11)
conscious consciente (27)
conservative conservador,-a (3)
consider considerar
construct *(v.)* construir (15)
consult consultar
contented contento,-a
continue seguir (25)
contract *(n.)* el contrato
contribute contribuir (15)
control *(v.)* controlar (29)
cook *(v.)* cocinar (13)
cool *(adj.)* fresco,-a; **it's** — hace fresco (8); — **off** *(v.)* refrescar
corner *(n.)* *(of a street)* la esquina (15)
corruption la corrupción (29)
cost *(v.)* costar (ue) (9); — *(n.)* el costo; — **of living** el costo de vida (29)
costume *(n.)* el disfraz

couch *(n.)* el sofá (22)
count *(v.)* contar (ue) (17)
country el país *(nation)*
  (8); el campo
  (countryside) (23)
couple *(n.)* la pareja (21)
course la asignatura (20);
  of — por supuesto (20)
court *(n.)* la cancha *(tennis)*
courteous atento,-a (17)
cousin el/la primo/a (6)
crash *(v.)* chocar (15)
create crear (29)
creature la criatura
credit card la tarjeta de
  crédito (23)
crime el crimen (29)
cross *(v.)* cruzar (15)
crowds la aglomeración de
  gente (29)
cry llorar *(weep)* (18);
  — out gritar (18)
cucumber el pepino (19)
culture *(n.)* la cultura
cup *(n.)* la taza (24)
cure *(v.)* curar (22)
current *(adj.)* (el) actual
  (17)
curtains las cortinas (24)
cushion *(n.)* la almohada
  (24)
custard el flan (19)
custom la costumbre
customer el/la cliente/a
  (14)
customs la aduana (26)
cut *(v.)* cortar; **— a class**
  faltar a una clase (20)

dad papá (6)
dairy *(shop)* la lechería
  (25)

dance *(v.)* bailar (1);
  — *(n.)* el baile
dangerous peligroso,-a
  (24)
dark moreno,-a *(a person)*
  (3); oscuro,-a *(a place or
  thing)* (10)
date *(n.)* la cita
  (appointment) (10); la
  fecha *(calendar)* (3);
  What is today's —?
  ¿Cuál es la fecha de
  hoy? (3)
daughter la hija (6)
day el día (3)
dead muerto,-a (18)
death la muerte (18)
December diciembre (3)
decide decidir (20)
decision la decisión (20);
  make a — tomar una
  decisión
decorate decorar (22)
defend defender (ie) (22)
define definir
degree el título (20); el
  grado
delicious delicioso,-a (13)
demand *(v.)* exigir; reclamar
  (claim) (20)
democracy la democracia
  (27)
demonstration la
  manifestación (18)
dentist el/la dentista (14)
dentistry la odontología
deny (that) negar (ie)
  (que) (27)
department store el
  almacén (5)
depressed deprimido,-a
  (28)
description la descripción
  (3)

design *(v.)* diseñar; **—** *(n.)*
  el diseño
designer el/la diseñador/a
desk el escritorio (6)
dessert el postre (21)
destiny el destino
destroy destruir (15)
develop desarrollar
development el desarrollo
devil el diablo
devote oneself (to) dedicarse
  (a) (16)
dictator el dictador
dictatorship la dictadura
die morir (ue, u); **dead** *(past
  part. of* morir) muerto, -a
  (15)
diet *(n.)* el régimen, la dieta
difference la diferencia
difficult difícil (2)
dining room el comedor
  (13)
diploma el título (20)
direct *(v.)* dirigir (22)
direction la indicación;
  opposite — el sentido
  contrario
director el/la director/a
dirty sucio,-a (13)
disadvantage la
  desventaja (29)
disagreeable antipático,-a
  (3)
discotheque la discoteca
discover descubrir; **—ed**
  (past part. of descubrir)
  descubierto,-a (22)
discuss discutir (30)
dishwasher el lavaplatos
  (13)
dispose disponer
dissatisfied insatisfecho,-a
  (28)
distribute distribuir; repartir

divorce *(n.)* el divorcio (21); **get —d** *(v.)* divorciar(se) (21)

do hacer (8); — *(imp. of hacer)* haga (Ud.); — **well (badly)** salir bien (mal) (20)

doctor *(n.)* el/la médico/a (14)

document *(n.)* el documento

documentary *(n.)* el documental

dog *(n.)* el perro (6)

dollar el dólar

door la puerta (24)

dorm la residencia; el colegio mayor *(Spain)*

doubt (that) *(v.)* dudar (que) (27); — *(n.)* la duda (27); **—less** sin duda (17)

down: go — bajar (20)

downtown el centro (5)

dozen la docena

draw up dibujarse

dream (of) *(v.)* soñar (ue) (con); — *(n.)* el sueño

dress *(v.)* vestir; — **oneself, get —ed** vestirse (i) (16); — *(n.)* el vestido (10)

drink *(v.)* beber (5); tomar *(have something to drink, drink alcoholic beverages)* (4); **cold —** *(n.)* el refresco (4)

drive *(v.)* conducir (15); manejar (1)

driver el conductor, la conductora (15); **—'s license** la licencia de conducir (5)

drugstore la farmacia (14)

dry cleaner's shop la tintorería (25)

due to por

dull *(adj.)* rutinario,-a

during durante (5)

each cada *(invar.)* (13)

ear la oreja (12)

early *(adv.)* temprano (10)

earn ganar (1); **— a living** ganarse la vida (22)

earphones los auriculares

earth la tierra

earthquake el terremoto

easy fácil (2)

eat comer (4)

ecology la ecología

education: science of — pedagogía; formación

egg *(n.)* el huevo (21)

eight ocho (B)

eighteen dieciocho (diez y ocho) (B)

eighth octavo,-a (25)

eight hundred ochocientos,-as (11)

eighty ochenta (B)

either . . . or o... o (8)

elect *(v.)* elegir (i) (27)

election las elecciones (27)

electric eléctrico,-a (19)

electrician el/la electricista (22)

eleven once (B)

embassy la embajada

embrace *(n.)* el abrazo (11)

emotion la emoción (27)

employee el/la empleado/a (14)

employment el empleo

empty *(adj.)* vacío,-a; **— into** *(v.)* desembocar

end *(v.)* terminar *(finish)* (20); acabarse

engineer *(n.)* el/la ingeniero/a

engineering la ingeniería

English *(n.)* el inglés (B); **speak —** hablar inglés

enjoy disfrutar (de) (8)

enough bastante

enroll (in) matricular(se) (en) (20)

enter entrar (en) (18); ingresar

enthusiasm el entusiasmo (28)

enthusiastic entusiasmado,-a (28)

environment el ambiente (28)

equal igual (17)

equality la igualdad (17)

errand la diligencia

escape *(v.)* escaparse (29)

essential esencial

establish establecer (30)

eternal eterno,-a (21)

even aun *(adv.)*

evening: Good — Buenas noches (A); **in the —** de la noche (6); por la noche (6)

event el suceso (18)

ever: not ever nunca

every cada *(invar.)* (12); **— day** todos los días (18)

everyone todo el mundo (22)

everywhere por todas partes (23)

exam el examen (6); **entrance —** el examen de ingreso (20)

example el ejemplo; **for —**
  por ejemplo (20)
exchange *(n.)* el cambio
  (17); el intercambio
Excuse me Con su
  permiso (B); Perdón (B)
executive el/la ejecutivo/a
  (22)
exercise *(n.)* el ejercicio (6)
existence la existencia
expensive caro,-a (9)
experience *(n.)* la
  experiencia (28)
experiment *(n.)* el
  experimento
explain explicar (25); **—**
  (imp. of explicar*)* explique
  (Ud.)
express (oneself)
  expresar(se) (16)
expression la expresión
eye *(n.)* el ojo (12)

face *(n.)* la cara (12)
facilities las instalaciones
fact el hecho (18)
faculty member el/la
  catedrático/a
fair *(adj.)* justo,-a *(just)*
  (27)
faithfulness la fidelidad (21)
fall *(v.)* caer; **— asleep**
  dormirse (ue) (16); *(n.)*
  la caída; **—s** *(n.)* la
  catarata
fame la fama
family la familia (6);
  — member el familiar;
  — room el cuarto de
  estar (13)

famous famoso,-a (17)
fan el/la aficionado/a
  (devotee) (12)
far (from) lejos (de) (6);
  alejado de
farm *(n.)* la granja (25)
fascinate fascinar; **I am —d**
  by me fascina
fashion *(n.)* la moda (10);
  — show el desfile de
  modelos
fashionable de moda
fast *(adj.)* rápido,-a (17)
fat gordo,-a (3)
fatality el muerto (18)
fate el destino
father *(n.)* el padre (6)
fault *(n.)* la culpa *(blame)*
favorite preferido,-a (12)
fear *(v.)* temer (27); *(n.)*
  el miedo (27)
February febrero (3)
feel sentir (ie) *(sense)* (15);
  — like tener (ie) ganas
  de (8); **— sorry**
  condolerse
feeling el sentido; el
  sentimiento (27)
fiancé(e) el/la novio/a
fifteen quince (B)
fifth quinto,-a (25)
fifty cincuenta (B)
fight *(v.)* pelear; **— (with**
  each other) pelearse
  (18); *(n.)* la lucha
  (struggle) (27); la pelea
  (18)
fill llenar
film *(n.)* la película *(movie*
  and roll of —) (5)
finally por fin *(at last)* (23)
find *(v.)* encontrar (9);
  hallar

fine *(n.)* la multa (15)
finger *(n.)* el dedo (12)
finish *(v.)* terminar; acabar
  de + *inf. (to have just)*
fire *(n.)* el incendio (18)
fireman el bombero (14)
first primero, primer,
  primera (25)
fish *(n.)* el pescado (19)
fit (into) caber
five cinco (B)
five hundred quinientos,-as
  (11)
fix *(v.)* arreglar, reparar
  (repair) (13); **— oneself**
  up, get ready arreglarse
  (16)
flight el vuelo (26)
floor *(n.)* el piso *(of a*
  building) (24); el suelo *(of*
  a room)
flower *(n.)* la flor (9);
  — shop la florería (23)
fly *(v.)* volar (ue) (26)
follow seguir (i) (25);
  —ing siguiente (13)
food la comida (13)
foolish tonto,-a (3);
  —ness la tontería (11)
foot *(n.)* el pie (12)
for para *(purpose, in order*
  to) (2); por (20); en pro
  de *(in favor of)* (27);
  — example por ejemplo
  (23)
forbid (that) prohibir
  (que) (24)
force *(n.)* la fuerza
forehead la frente
foreign extranjero,-a (8);
  — country el extranjero
  (abroad)
foreigner el/la extranjero/a

forever para siempre

forget (to) olvidarse (de) (24)

fork *(n.)* el tenedor (24)

former anterior *(previous)*

fortunately por suerte (23); afortunadamente

forty cuarenta (B)

found *(v.)* fundar

foundation el fundamento

fountain la fuente

four cuatro (B)

four hundred cuatrocientos,-as (11)

fourteen catorce (B)

fourth cuarto,-a (25)

free *(adj.)* libre (17)

freedom la libertad (27)

freezer el congelador

French el francés

Friday el viernes (3)

friend el/la amigo/a (2)

friendly amable

friendship la amistad (11)

frightened asustado,-a (18)

from de (A); — **time to time** de vez en cuando (8)

fruit la fruta (4); — **store** la frutería

fulfill cumplir

full lleno,-a

fun: have — *(v.)* divertirse (ie) (16); — *(adj.),* —**ny** divertido,-a (3)

furious furioso,-a (7)

furniture los muebles (24)

future el futuro (22)

G

game *(n.)* el partido *(match)* (12)

garage *(n.)* el garaje (13)

garbage la basura (29)

garden *(n.)* el jardín (13)

gasoline la gasolina

generally generalmente; por lo general (18)

generation la generación

generous generoso,-a (3)

gentleman el señor (2)

geography la geografía

get conseguir (i) (17); obtener (ie) (10); — + *adj.* ponerse *(become)* + *adj.;* — **a grade** sacar una nota (6); — **along (with)** llevarse bien (con) (21); — **off,** — **down** bajar (de) (25); — **on** subir (en) (25); — **up** levantarse (16); — **used to** acostumbrarse (a + *inf.*) (24)

gift el regalo (9)

girl la muchacha, la chica (2), la nena; —**friend** la novia (2)

give dar (11); ofrecer; — **a present** regalar; — *(imp. of* dar*)* dé (Ud.)

glacier el helero

glad: be — **(about)** alegrarse (de) (24)

glass el vaso *(drinking)* (22)

glasses las gafas *(eye)* (10)

gloves los guantes (10)

go ir (5); — **away** irse (18); **be** —**ing to** ir a (+ *inf.*) (5); — **down** bajar (23); — **on foot, walk** ir a pie; — **shopping** ir de compras; — **out** salir (8); — **up** subir (23);

— **straight ahead** seguir derecho (25)

goal la meta (17)

god el dios; **My God! My goodness!** ¡Dios mío!

godchild el/la ahijado/a

godfather el padrino

godmother la madrina

good bueno, buen, buena (3); **Good heavens!** ¡Caramba! (B)

Good afternoon Buenas tardes (A)

Good-bye Adiós (A); Hasta mañana *(See you tomorrow)* (A)

Good evening Buenas noches (A)

Good morning Buenos días (A)

Good night Buenas noches (A)

govern gobernar (ie)

government el gobierno (22)

grade *(n.)* la nota (6)

graduate graduarse (20)

gram el gramo

grandfather el abuelo (6)

grandmother la abuela (6)

grandparents los abuelos (6)

gray gris (10)

great grande, gran (4); **Great!** ¡Qué bien!, ¡Estupendo!

green verde (10)

green grocery la verdulería (25)

greetings saludos (B)

groom *(n.)* el novio (21)

grow crecer (29)

groth el crecimiento

guest el/la invitado, el huésped (22)
guide *(n.)* el/la guía
guilt *(n.)* la culpa; **be —y** tener la culpa (22)
guitar la guitarra (1)
guy el tipo

hair el pelo (12)
half la mitad; **— past** *(time)* y media (6)
ham el jamón (19)
hamburger la hamburguesa (4)
hand *(n.)* la mano (12)
handkerchief el pañuelo
handsome guapo,-a (3)
happen pasar (14)
happiness la felicidad (21)
happy alegre; contento,-a; feliz (7); **be — (that)** alegrarse de (que) (27)
hardworking trabajador,-a (3)
hat el sombrero (10)
have tener (4); **— a good time** divertirse (26); **— just . . . ed** acabar de + *inf.* (24); **— to** tener que (4); **— (auxiliary)** haber (22)
he él (1)
head *(n.)* la cabeza (12)
headline el título
heal curar (22)
health la salud (7); **in good —** de buena salud (7); **To your —!** ¡Salud!
hear oír (8)
heart el corazón
heat *(n.)* el calor (8); *(v.)* calentar

heating la calefacción (24)
height la altura
Hello Hola; Buenos días (A)
help (to) ayudar (a) (10);
her la *(dir. obj. pron.)* (10); le, se *(indir. obj. pron.)* (11); su *(poss. adj.)* (6)
here aquí (6)
heritage la herencia
hers suyo,-a (24)
hesitate (to) vacilar (en) (24)
Hi! ¡Hola! (A)
high *(adj.)* alto,-a; **— school** *(n.)* colegio; escuela secundaria
highway la autopista (25)
him lo *(dir. obj. pron.)* (10); le, se *(indir. obj. pron.)* (11)
his su *(poss. adj.)* (6); suyo,-a (24)
history la historia (B)
hitchhike viajar a dedo (26)
home el hogar (22); **at —** en casa; **go —** ir a casa
homework assignment la tarea (6)
honest honrado,-a (17)
honeymoon la luna de miel (21)
hope *(n.)* la esperanza (30); **— (that)** *(v.)* esperar (que) (2); **let's — (that)** ojalá (que) (20)
horoscope el horóscopo
horse el caballo
hospital el hospital (19)

hot: it's — hace calor (8); **be — (warm)** tener calor (4); **— dog** el perro caliente (19)
hour la hora (6)
house *(n.)* la casa (4)
housewife el ama *(f.)* de casa (17)
housing la vivienda (29)
how cómo; **how?** ¿cómo? (2); **— + *adj.*!** ¡qué + *adj.*! (18); **— are you?** ¿Cómo está Ud.? (B); **— do you say . . . ?** ¿Cómo se dice...? (B); **—'s everything?** ¿Qué tal? (B); **(for) — long?** ¿hace cuánto tiempo que...? (15); **— much?** ¿cuánto? (B)
however sin embargo
hug *(n.)* el abrazo (11)
hundred, one hundred ciento, cien (B); **— and one** ciento uno (11)
hungry: be — tener (ie) hambre (4)
hurry: be in a — tener (ie) prisa (4)
hurt doler (ue) (16); **my arm —s** me duele el brazo
husband *(n.)* el esposo (6)

I yo (1)
ice cream el helado (4); **— parlor** la heladería (25)
if si (8)
illness la enfermedad (22)
immediately inmediatamente (21)

important importante (2)
impose imponer(se)
impossible imposible (21)
improbable improbable (21)
improve mejorar (29)
in en (1); — **case (of/ that)** en caso de (que); — **front of** delante de (25); — **order to** para (2); — **back of** detrás de (23); — **this way** de esta forma/manera
include incluir
income el ingreso
increase (v.) aumentar; (n.) el aumento
independent independiente (17)
indicate indicar; — (imp. of indicar) indique (Ud.)
indispensable indispensable (21)
individual (n.) el individuo (30)
industry la industria (29)
inequality la desigualdad (17)
inexpensive barato,-a
inflation la inflación (23)
influence (v.) influir
injure herir; —**d person** el/la herido/a (18)
insecurity la inseguridad
inside (prep.) dentro de (25)
insist (on) insistir en + inf. (24); — **(that)** insistir en (que) + subjunctive (25)
install instalar
installations las instalaciones (19)
instead of en vez de (14)

instrument el instrumento
intelligent inteligente (3)
intend pensar (ie) + inf. (9)
interest (v.) interesar; **be —ed in** tener (ie) interés en (27); **I am —ed in** me interesa + n. (12); (n.) el interés (23)
interesting interesante (3)
interview (n.) la entrevista (28)
interviewer el/la entrevistador/a
introduce presentar (people) (11)
intruder el/la intruso/a
investigation la investigación
invite invitar (5)
issue (n.) la cuestión (30)
it lo (10); la (10)
italics la cursiva
its su (poss. adj.) (6)
it's all the same da lo mismo

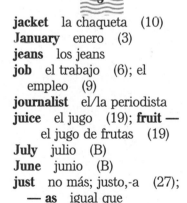

jacket la chaqueta (10)
January enero (3)
jeans los jeans
job el trabajo (6); el empleo (9)
journalist el/la periodista
juice el jugo (19); **fruit —** el jugo de frutas (19)
July julio (B)
June junio (B)
just no más; justo,-a (27); — **as** igual que

keep: — abreast mantenerse al tanto; — **account** llevar

la cuenta (19); — **awake** quitar el sueño, desvelar
ketchup la salsa de tomate (19)
key (n.) la llave (24)
kill (v.) matar (18)
kind (adj.) amable (17)
kiosk el quiosco (25)
kiss (n.) el beso (11)
kitchen la cocina (13)
knee (n.) la rodilla
knife (n.) el cuchillo (24)
know conocer (be familiar, acquainted with) (8); saber (have knowledge of, know how to) (9)
knowledge el conocimiento (28)

laboratory el laboratorio (6)
lack (v.) faltar (20); (n.) la falta (23)
lady la señora (2)
lake el lago (25)
lamp la lámpara (24)
land (n.) la tierra (30)
landlord/lady el/la dueño/a
landscape (n.) el paisaje (24)
language la lengua (6)
last (v.) **(for)** durar (por) (21); (n.) el pasado (most recent, time) (12); (adj.) último,-a (in a series) (5); **at —** al fin
late tarde (10)
latest último,-a (17)
Latin America Latinoamérica; —**n** el/la latinoamericano/a (3)

laundry la lavandería (25)
law la ley (27); **study of —**
el derecho (20)
lawyer el/la abogado/a
(19)
lazy perezoso,-a (3)
learn (how to) aprender
(a) (4)
least: at — por lo menos
(20)
leave *(v.)* salir *(go out)* (8);
dejar *(leave behind)* (10)
lecture *(n.)* la conferencia
(20)
left *(adj.)* izquierdo,-a
(16); **(turn) to the —**
(doblar) a la izquierda
(23)
leg la pierna (12)
lend prestar (11)
less than menos que (17);
less + *adj.* **+ than**
menos... que (17)
letter la carta (4);
— carrier el cartero (14)
lettuce la lechuga (19)
level *(n.)* el nivel (23)
liberal *(adj.)* liberal
liberty la libertad (27)
library la biblioteca (5)
lie *(n.)* la mentira (11);
— *(v.)* mentir (ie) (15);
— down acostar(se)
(ue) (16)
life la vida (17)
lift *(v.)* levantar (16)
light, turn on *(v.)* encender
(ie)
light *(n.)* la luz *(pl.* las
luces) (24); *(adj.)*
claro,-a (10)
like como *(as); (v.)*
gustar (2); **I like . . .**
me gusta... (2); **I like**

better me gusta más
(prefer) (12)
line *(n.)* la fila; la línea; **to
stand in —** hacer cola
listen escuchar (1);
Listen! ¡Escuche!, ¡Oiga!,
¡Oye!
literature la literatura
little pequeño,-a *(size);*
poco,-a *(quantity)* (1); **a
—** un poco (1)
live vivir (4); **— together**
convivir
lively alegre (7)
living room la sala (13)
loan el préstamo (23)
location la ubicación
long largo,-a (10);
— distance larga distancia
look: — at *(v.)* mirar (1);
Look! ¡Mira!; **— for**
buscar (6); **— like** tener
pinta de; **—** *(n.)* la mirada
lose perder (ie) (9)
lot: a — (of) mucho,-a (3)
love *(v.)* querer (ie) (9);
amar (21); **—** *(n.)* el
amor (21); **in —**
enamorado,-a (7)
loving cariñoso,-a (17)
low bajo,-a (29)
luck la suerte (19); **be
—y** tener suerte (4)
lunch *(n.)* el almuerzo
(13); **eat —, have —**
almorzar (ue)

machine la máquina (19)
machinery la maquinaria
made *(past part. of* hacer)
hecho,-a (22)
magazine la revista (4)

maintain mantener (ie)
major *(n.)* la especialidad
(field of study) (25);
— *(adj.)* mayor
make hacer (8); **— fun
of** burlarse de; **— a
decision** tomar una
decisión (20); **— a
mistake** equivocarse (20)
mall el centro comercial
(5)
man *(n.)* el hombre (2)
manner el modo (17)
manufacture fabricar; **—d
product** el producto
fabricado
many muchos,-as (3)
map *(n.)* el mapa (25)
March marzo (3)
market *(n.)* el mercado (14)
marmalade la mermelada
(19)
marriage el matrimonio
(21)
marry, get married (to)
casarse (con) (17);
married casado,-a (7)
mathematician el/la
matemático/a
mathematics las
matemáticas (B)
matter el asunto (30); la
cuestión (30)
mature *(adj.)* maduro,-a
(17)
maximum *(adj.)* máximo,-a
May mayo (3)
mayonnaise la mayonesa
(19)
me, to me me (10); mí
(after prep.) (2)
meal la comida (13)
mean *(v.)* querer (ie) decir
(signify)

meaning el significado
meat la carne (4)
mechanic el mecánico (22)
medicine la medicina (19)
meet encontrar (ue) (9);
    conocer *(preterite);*
    — with encontrarse con
    (18)
member el miembro (28)
memories los recuerdos
mess *(n.)* el desorden
microwave *(n.)* la microonda
middle medio,-a (17)
midnight la medianoche
    (6)
military personnel los
    militares (30)
milk *(n.)* la leche (4);
    — store la lechería
million millón (11); **one —**
    un millón (11)
mind *(n.)* la mente
mine *(adj.)* mío,-a (24)
minimum *(adj.)* mínimo,-a
mirror *(n.)* el espejo (24)
miss *(v.)* echar de menos
    (a person or place); perder
    (ie) *(a bus)* (9)
Miss Señorita, la señorita
    (B)
mode el modo (17)
modern moderno,-a (22)
mom mamá (6)
Monday el lunes (3)
money el dinero (1); la
    moneda *(coin)* (20)
month el mes (3)
monthly mensual
mood el humor; **in a bad
    (good) —** de mal (buen)
    humor (7)
more más (1); **— than**
    más que (17); **— . . .
    than** más... que (17)

morning la mañana; **Good
    —** Buenos días (A); **in
    the —** por la mañana, de
    la mañana (6)
most la mayoría de; **—ly**
    la mayor parte
mother *(n.)* la madre (6)
motor el motor
motorcycle la motocicleta
    (la moto) (8)
mountain la montaña (25)
mouth *(n.)* la boca (12)
move *(v.)* trasladar(se)
movement el movimiento
    (17)
movies, movie theater el
    cine (5)
Mr., Sir Señor, el señor (B)
Mrs., Ma'am, Madam
    Señora, la señora (B)
much, a lot (of) much,-a
    (1)
muffler la bufanda (10)
museum el museo (5)
music la música
must deber; **one —** hay que
mustard la mostaza (19)
my mi (6)

N

name *(n.)* el nombre (6);
    What's his/her/your —?
    ¿Cómo se llama? (A); **My
    — is . . .** Me llamo...
    (A)
napkin la servilleta (24)
narrow *(adj.)* estrecho,-a;
    angosto,-a
nationality la
    nacionalidad (3)
nature la naturaleza
near, nearby cerca (de) (6)
necessary necesario,-a (2)

need *(v.)* necesitar (2);
    faltar *(lack);* **I —** me falta
neighbor el/la vecino/a
    (14); **—hood** la
    vecindad (14)
neither tampoco (8);
    — . . . nor ni... ni (8)
nervous nervioso,-a (7)
never nunca; no... nunca
new nuevo,-a (8);
    — Year Año Nuevo
newlyweds los recién
    casados (21)
news las noticias (4)
newspaper el periódico, el
    diario (4)
newsstand el quiosco
next próximo,-a (12);
    — to al lado de (25)
nibble *(v.)* picar
nice simpático,-a (3)
night la noche; **at —** por
    la noche (6), de la
    noche (6); **last —**
    anoche
nine nueve (B)
nine hundred novecientos,-as
    (11)
nineteen diecinueve (diez y
    nueve) (B)
ninety noventa (B)
ninth noveno,-a (25)
no *(interj.)* no; *(adj.)*
    ningún, ninguno,-a *(not
    any)* (8)
nobody nadie (8)
noise el ruido (14)
none ningún, ninguno,-a
    (8)
nonetheless sin embargo
noon el mediodía (6)
normal normal (21);
    —ly por lo común (18)
nose *(n.)* la nariz (12)

not no (+ *negative expression*)

notebook el cuaderno (6)

notes los apuntes (6)

nothing nada (8); **— to do** nada que hacer

notice *(v.)* darse cuenta (de); fijarse

noun el sustantivo (3)

November noviembre (3)

now ahora (3)

nowadays hoy en día (13)

number *(n.)* el número (B)

nurse *(n.)* el/la enfermero/a (14)

observe observar

obtain obtener (10); conseguir (i) (16)

occupation la ocupación (28)

occur ocurrir (14)

ocean el mar

October octubre (3)

of de (1); **— course** claro, por supuesto (B); **— course not** claro que no (B)

offend ofender

offer *(v.)* ofrecer (11)

office el consultorio *(medical)* (14); la oficina *(business)* (19)

often a menudo (1)

Oh! ¡Ay!

oil *(n.)* el aceite (21); el petróleo (30)

old viejo,-a (3); antiguo,-a (24); **—er** mayor (6); **—est** *(n.)* el/la mayor (6); **be . . . years —** tener... años (7)

on en, sobre; **— condition (that)** a condición de (que); **— top of** encima de

once una vez (18); **— in a while** de vez en cuando (8); **— more** otra vez

one uno, un, una (B); **— must** hay que (24); **no —** nadie

onion la cebolla (21)

only solamente (17); no más

open *(v.)* abrir (23); **—(ed)** abierto,-a *(past part. of abrir)* (22)

opera la ópera

operation la operación (19)

opportunity la oportunidad (17)

opposite contrario

oppressed oprimido,-a

or o (u) (1)

orange *(n.)* la naranja (19)

order: in — to para

other otro,-a (3); **(the) —s** los demás (22)

Ouch! ¡Ay! (B)

ought deber (+ *inf.*) (10)

our, of ours nuestro,-a (6)

outside (of) fuera (de) (25)

oven el horno

over encima de

owe deber (11)

own *(adj.)* propio,-a (12)

owner el/la dueño/a (24)

ownership la propiedad

pack: — the suitcase hacer la maleta

page la página (6)

paint *(v.)* pintar (13)

painting la pintura *(general);* el cuadro *(specific)* (24)

pants los pantalones (10)

paper *(n.)* el papel (4)

pardon *(n.)* el perdón (B); *(v.)* perdonar

parents los padres (6)

park *(a car)* estacionar (15); *(n.)* el parque (23)

parking: — meter el parquímetro (15); **— lot** el estacionamiento

party *(n.)* la fiesta (5); **birthday —** la fiesta de cumpleaños **political —** partido (2)

pass *(v.)* pasar (5)

passenger el/la pasajero/a (26)

passport el pasaporte (26)

past *(n.)* el pasado; *(adj.)* pasado,-a

pastime el pasatiempo

pastry el pastel (21)

pay *(v.)* pagar (23)

peace la paz (18)

pear la pera (19)

peasant el/la campesino/a

pedestrian el/la peatón (15)

pen *(n.)* el bolígrafo (4)

pencil *(n.)* el lápiz *(pl.* los lápices) (4)

people *(n.)* la gente, el pueblo *(a nation)* (2); la raza

pepper *(n.)* la pimienta (19)

per por (20)

percent por ciento (23)

percentage el porcentaje

perhaps tal vez, quizás (20)

permit *(v.)* permitir (que) (24)

persist persistir

person la persona (2)

petroleum el petróleo (30)

pharmacist el/la farmacéutico/a (22)

phone *(n.)* *see* **telephone**

photograph *(n.)* la foto (5)

picture *(n.)* el cuadro (24)

piece *(n.)* el pedazo ·

pill la pastilla

pillow *(n.)* la almohada (24)

pineapple la piña (19)

pity *(n.)* la lástima; **it's a —** **(shame) (that)** es una lástima (que) (26); **What a —!** ¡Qué lástima !

place *(n.)* el lugar (5); *(v.)* poner (24)

plant *(n.)* la planta (9)

plate el plato (24)

play *(n.)* el drama; la obra de teatro; *(v.)* jugar (ue) *(a sport, game)* (12); tocar *(an instrument)* (1)

player el/la jugador/a (12)

plaza la plaza (15)

pleasant agradable (26)

please por favor (B); *(v.)* agradar; **—d to meet you** Mucho gusto (A)

pleasure: it's a — tanto gusto; mucho gusto (B)

plumber el plomero (22)

poem el poema

poet el poeta, la poetisa

point *(n.)* el punto (12); **— of view** el punto de vista

police *(n.)* la policía *(group)* (15); el/la policía *(individual)* (15);

— station la comisaría (18)

polite atento,-a (17)

political político,-a (27)

politician el político (27)

politics la política (27)

pollute contaminar (29)

pollution la contaminación

poor pobre (17)

population la población (29)

pork el cerdo (21)

position *(n.)* el puesto

possibility la posibilidad (28)

possible posible (21)

post *(n.)* el puesto *(position)*

postcard la tarjeta

poster el cartel (24)

post office la oficina de correos (14)

potato la papa, la patata (19); **french fries** papas fritas (19)

pound *(n.)* la libra

poverty la pobreza (30)

power *(n.)* el poder (30)

precede preceder (3)

predict predecir (i)

prefer (that) preferir (ie) (que) (10)

prepare preparar (13); prepararse (16)

present *(v.)* presentar; *(adj.)* actual *(present day)* (17); *(n.)* el presente *(time)*

president el/la presidente/a

press *(n.)* la prensa

pretty bonito,-a; lindo,-a (3)

price *(n.)* el precio (23)

priest el cura

probable probable (21)

problem˙ el problema (17)

product el producto (23)

profession la profesión (28)

professor el/la profesor/a (2)

program *(n.)* el programa; *(v.)* programar (19)

prohibit (that) prohibir (que) (24)

promise *(v.)* prometer (11)

propose proponer

prospect la esperanza

protect proteger

protest *(v.)* protestar

proud orgulloso,-a (17); **be — that** estar orgulloso,-a de (que) (17)

prove probar (ue)

provided, providing (that) con tal que

province la provincia

pumpkin la calabaza

purchase *(n.)* la compra

purple violeta (10)

put poner (8); **— on** ponerse *(clothing)* (16); **— away** guardar; **— up** colocar; **— to bed** acostar (ue) (16); *(past part. of poner)* puesto,-a (22)

quality la calidad (29)

quart el cuarto

quarter el cuarto *(time)* (6)

question la pregunta (6)

quick rápido,-a

quickly rápidamente

quit dejar de

racquet la raqueta *(tennis)* (12)

radio   el radio *(receiver);* la radio *(program)*

Walkman   el radio con auriculares

rain *(v.)*   llover (ue)   (8); **it's —ing** llueve   (8)

raincoat   el impermeable (10)

raise *(v.)*   subir *(lift, increase)*   (23); levantar *(lift)*   (16); — *(children)* criar

rare   curioso,-a *(strange, odd)*   (8)

rather   bastante   (3); más bien

raw material   la materia prima

read   leer   (4)

reading   la lectura

ready   listo,-a   (7)

real estate   los bienes raíces

reality   la realidad

realize   darse cuenta (de) (27)

reappear   reaparecer

receive   recibir   (10)

recognize   reconocer   (8)

recommend   recomendar (ie)   (20)

record *(n.)*   el disco   (5)

record player   el tocadiscos   (9)

red   rojo,-a   (10)

reduce   reducir   (29)

reform *(v.)*   reformar   (30)

refrigerator   el refrigerador (13)

register (in)   matricular(se) (en)

regret   sentir (ie)   (10)

reject *(v.)*   rechazar   (30)

relatives   los parientes

relaxed   tranquilo,-a

relieve   aliviar

religion   la religión

remain   quedarse   (24)

remember   acordarse (ue) (18); recordar (ue)   (9)

remembrance   el recuerdo

renew   renovar

rent *(v.)*   alquilar   (24); *(n.)*   el alquiler   (29)

repair *(v.)*   reparar   (24)

repeat *(v.)*   repetir (i)   (11)

represent   representar

representative   el/la representante

request *(v.)*   pedir (i)   (11); *(n.)*   el pedido

require   exigir   (20)

requirement   el requisito (20)

researcher   el/la investigador/a

resembling   semejante

resource   el recurso

respect *(v.)*   respetar   (21); *(n.)*   el respeto   (21)

respondent in a survey   el/la encuestado/a

responsibility   la responsabilidad   (28)

rest *(v.)*   descansar   (8); **—ed** descansado,-a   (7)

restaurant   el restaurante (5)

résumé   el currículum   (28)

retire   jubilarse   (28)

retired   jubilado,-a

return *(v.)*   regresar   (6); volver (ue)   (9); **—ed** *(past part. of* volver) vuelto,-a   (22)

review *(v.)*   repasar   (6)

revolution   la revolución (30)

rice   el arroz   (21)

rich   rico,-a   (17)

riches   la riqueza   (30)

right *(n.)*   el derecho   (17); **be —**   tener razón   (4); **— away**   en seguida   (21); **— now**   ahora mismo (23); **turn —**   doblar a la derecha   (23); **— there** ahí mismo

ring *(n.)*   el anillo   (21)

ripe   maduro,-a   (17)

rise *(v.)*   levantarse

river   el río   (25)

road   el camino   (25)

robber   el ladrón   (18)

robbery   el robo   (18)

robe   la bata

role   el papel   (17)

roof   el techo

room   el cuarto, la habitación   (4)

roommate   el/la compañero/a de cuarto

root *(n.)*   el radical   (9); la raíz

round trip   ida y vuelta   (24)

rug   la alfombra   (24)

run *(v.)*   correr   (4); andar *(a car)*

S

sad   triste   (7)

sadness   la tristeza   (27)

said   *(past part. of* decir) dicho,-a   (22)

safety belt   el cinturón de seguridad   (26)

salad   la ensalada   (4); **mixed —**   la ensalada mixta   (19)

salary   el sueldo   (23)

salesman, saleswoman   el/la dependiente/a   (14)

salt *(n.)* la sal (19)
same mismo,-a (12)
sandals las sandalias
satisfaction la satisfacción (28)
satisfied satisfecho,-a (28)
satisfy satisfacer
Saturday el sábado (3)
saucer el platillo (24)
save ahorrar *(money)* (23)
savings account la cuenta de ahorros (23)
say decir (i) (11); — **yes/ no** decir que sí/no (11)
scarce escaso,-a (29)
scarf la bufanda (10)
scenery el paisaje (26)
schedule *(n.)* el horario
scholarship la beca (6)
school la escuela; — **of a university** la facultad (20); **elementary** — la escuela primaria (14); **high** — la escuela secundaria (14)
science la ciencia (B)
scientist el/la científico/a
score *(n.)* el resultado (12)
sea el mar
season *(n.)* la estación (8)
seasonings los condimentos *(spices)* (21)
seat *(someone) (v.)* sentar (16); *(n.)* el asiento (26)
second *(n.)* un segundo *(time); (adj.)* segundo,-a (25)
secretary el/la secretario/a (22)
see ver (10); — **you!** ¡Nos vemos!; — **you soon!** ¡Hasta la vista! (17); **let's** — a ver
seem parecer (24)

seen *(past part. of* ver) visto,-a (22)
select *(v.)* escoger (20); elegir (i) (20)
selfish egoísta (3)
sell vender (5)
send enviar, mandar (11)
sensitive sensible (17)
September septiembre
serious grave; serio,-a (3)
serve *(v.)* servir (i) (11); atender; — **as** desempeñar el cargo
service *(n.)* el servicio
set *(v.)* poner (24); *(past part. of* poner) puesto,-a (22); *(n.)* **stereo** — el estéreo (9)
seven siete (B)
seven hundred setecientos,-as (11)
seventeen diecisiete (diez y siete) (B)
seventh séptimo,-a (25)
seventy setenta (B)
shake hands dar(se) la mano (11)
share *(v.)* compartir (24)
shave (oneself) afeitar(se) (16)
she ella (1)
shirt la camisa (9)
shoes los zapatos (10); **shoe store** la zapatería (25); **tennis** — los zapatos de tenis (10)
shoot *(v.)* tirar (18), disparar
shop *(v.)* hacer compras (8); *(n.)* la tienda (5); **dry cleaner's** — la tintorería
shopping center el centro comercial (5)

short bajo,-a *(stature)* (3); corto,-a *(brief)* (10); — **story** el cuento
shorts los patalones cortos
should deber (10)
show *(v.)* mostrar (ue) (11)
shower ducharse (16)
shy tímido,-a (17)
sick: be — estar enfermo,-a (7); — **person** el/la enfermo/a (19)
sidewalk la vereda
sight *(n.)* la vista
sign *(v.)* firmar (23); *(n.)* el letrero, la señal, el cartel
silly tonto,-a
since como; desde
sing cantar (1); —**er** el/la cantante
single (person) el/la soltero/a *(unmarried)* (7); **to be** — ser soltero,-a (7)
sister la hermana (2)
sit down sentarse (ie) (16)
six seis (B)
six hundred seiscientos,-as (11)
sixteen dieciséis (diez y seis) (B)
sixth sexto,-a (25)
sixty sesenta (B)
ski *(v.)* esquiar (12); **skis** *(n.)* los esquís
skill la habilidad
skirt *(n.)* la falda (10)
skyscraper el rascacielos (29)
sleep *(v.)* dormir (ue) (9)
sleeping bag el saco de dormir (26)
sleepy: be — tener sueño (4)
slender, slim delgado,-a (3)

slow *(adj.)* lento,-a (17);
  be — tardar
slum el barrio pobre (29)
small pequeño,-a (4)
smile *(v.)* sonreír; *(n.)* la
  sonrisa
smoke *(v.)* fumar (26)
sneakers los zapatos de
  tenis (10)
snow *(v.)* nevar (ie) (8);
  it —s nieva (8); *(n.)* la
  nieve
so así; para que *(so that);*
  por eso *(because of)* (20);
  — long! ¡Hasta luego !
  (A); **so-so** más o menos;
  — that por lo que, para
  que; así que
soap *(n.)* el jabón
soccer el fútbol (5);
  — game el partido de
  fútbol (5)
society la sociedad (30)
socks los calcetines (10)
soda fountain la fuente de
  soda
sofa el sofá (24)
soldiers los militares (30)
solve solucionar (27)
some alguno, algún,
  alguna (8)
someone alguien (8)
something (to do) algo (que
  hacer)
sometimes a veces (8)
son el hijo (6)
song la canción
soon pronto (20); **as —**
  as tan pronto como, así
  que, en cuanto
sorry: be — sentir (ie) (10)
soul el alma *(f.)*
sound *(v.)* sonar (ue)
soup la sopa (19)

south el sur
Spain España
Spanish el español (B)
speak hablar (1)
speaker el/la locutor/a
  (announcer)
speaking: Spanish-— de
  habla española
speech el discurso
spend gastar *(money)* (23);
  pasar *(time)* (5)
spirit el ánimo
spoon la cuchara *(large)*
  (24); **tea—** la cucharita
  (24)
sport el deporte (12)
sports *(adj.)* deportivo,-a
  (5); **— page** la página
  deportiva
spring *(n.)* la primavera
  (8)
square *(n.)* la plaza (15)
squash *(n.)* la calabaza
squid el calamar
stadium el estadio (5)
stairs, staircase la escalera
  (24)
stale duro,-a
stand *(n.)* el quiosco (23)
stand up levantarse
standard of living el nivel de
  vida (23)
state *(n.)* el estado (29)
statesman el estadista
station *(n.)* la estación (8)
stationery store la
  papelería (25)
statistic la estadística
stay *(v.)* quedarse
  (remain) (24)
steak el bistec (21)
steal *(v.)* robar (18)
stem *(n.)* el radical (9)
step *(n.)* el paso

stereo set el estéreo (9)
steward, stewardess el/la
  aeromozo/a (26)
still aún, aun *(yet);*
  todavía (7)
stockings las medias (10)
stomach *(n.)* el estómago
  (12)
stop *(v.)* parar (26),
  detener; dejar de *(+ verb);*
  — oneself pararse
stopped parado,-a
store *(n.)* la tienda *(shop)*
  (14)
story el cuento
stove la cocina eléctrica, la
  cocina de gas (13)
straight ahead derecho;
  continue (go) — seguir (i)
  derecho
strange raro,-a *(odd,*
  curious)
strawberry la fresa (19)
street la calle (15)
strength la fuerza
strike *(n.)* la huelga (18)
strong fuerte (17)
structure *(n.)* la estructura
  (17)
struggle *(n.)* la lucha (27);
  (v.) luchar (27)
student el/la estudiante
  (2); el/la universitario/a
studies los estudios (6)
study *(v.)* estudiar (1)
style *(n.)* la moda *(fashion);*
  be in — estar de moda;
  latest word in — el
  último grito de la moda
subject *(n.)* la asignatura
  (B); el sujeto; la materia
substitute *(v.)* sustituir
suburb el suburbio (23)
subway el metro (15)

success el éxito (19)

successful: be — tener éxito (22)

suddenly de repente (18)

suffer sufrir

suffice alcanzar

sugar el azúcar (21)

suggest (that) sugerir (ie) (que) (20)

suggestion la sugerencia (20)

suit *(n.)* el traje (10)

suitcase la maleta (8)

summary el resumen

summer el verano (8)

sun el sol (8); **it's —ny** hace sol (8)

sunbathe tomar el sol

sunglasses las gafas de sol (10)

Sunday el domingo (3); **on —s** los domingos

supermarket el supermercado (14)

superstition la superstición

supper la cena (13); **eat —** cenar (13)

support *(v.)* mantener

suppose suponer (22)

sure cierto,-a; seguro,-a; **be — (that)** estar seguro,-a de (que) (27); asegurarse

surely seguramente

surgeon el/la cirujano/a (22)

surname el apellido (21)

surprise *(n.)* la sorpresa (9)

surprising sorprendente (21)

surroundings el ambiente

survey *(n.)* la encuesta

sweater el suéter (9)

swim *(v.)* nadar (1)

swimming pool la piscina

system el sistema (30)

table la mesa (13); **set the —** poner la mesa (22)

tablecloth el mantel (24)

take tomar (5); **— a long time** tardar en (26); **— an exam** tomar un examen (6); **— along** llevar (5); **— off** quitarse (16); **— out** sacar (5); **— place** tener lugar (18); **— a trip** hacer un viaje

tall alto,-a (3)

tape *(n.)* la cinta (6)

tape recorder la grabadora (9)

tape recording el cassette (5)

task el deber

taxes los impuestos (29)

tea el té (4)

teach enseñar (6); enseñar a (24)

teacher el/la maestro/a *(elementary school)* (14)

team *(n.)* el equipo (12)

tear *(v.)* romper (24)

teaspoon la cucharita (24)

telecommunications las telecomunicaciones

telephone *(n.)* el teléfono; **— number** el número de teléfono (11)

television la televisión; **— channel** el canal; **— set** el televisor (9)

tell contar (ue) (17); decir (11); *(imp. of decir)* diga (Ud.)

ten diez (B)

tennis el tenis (12);

— court la cancha de tenis (12)

tent la tienda de campaña (26)

tenth décimo,-a (25)

terrible muy mal

test *(n.)* el examen (6)

thank agradecer

thank you gracias (B)

that que (4); ese, esa *(dem. adj.)* (10); aquel, aquella *(over there)* (10); **— one** aquél, aquélla, ése, ésa *(dem. pron.)* (10); **— is** es

theater el teatro (5)

their, theirs su (6), suyo,-a (24)

them los, las *(dir. obj. pron.)* (10); les, se *(indir. obj. pron.)* (11)

then entonces (8)

theory la teoría

there ahí, allí (6); **over —** allá (6); **— is, — are** hay (B)

therefore por eso (23)

they ellos, ellas (1)

thief el ladrón (18)

thing la cosa (8)

think (about, of) pensar (ie) (en, de) (9); **to my way of —ing** a mi modo de pensar

third tercero, tercer, tercera (25)

thirsty: be — tener sed (4)

thirteen trece (B)

thirty treinta (B)

this este, esta *(dem. adj.)* (10); **— one** éste, ésta *(dem. pron.)* (10)

those who los/las que

thought el pensamiento *(thinking)*

thousand mil (11); **one —** mil (11)

three tres (B)

three hundred trescientos,-as (11)

through por (20); a través de

Thursday el jueves (3)

thus así

ticket el billete (5), el boleto; **parking —** la multa; **one-way —** billete de ida (26); **round-trip —** billete de ida y vuelta (26)

tie *(n.)* la corbata (9)

tight estrecho,-a

time *(n.)* el tiempo *(passing);* . . . **for (a long —)** hace (mucho tiempo) que... ; **on —** a tiempo (20); **What — is it?** ¿Qué hora es? (6); **—** la época *(historical);* la vez *(pl.* las veces) *(occasion);* **from — to —** de vez en cuando (8); **for the first —** por primera vez (15)

timid tímido,-a (17)

tire (of) *(v.)* cansarse (de) (24); *(adj.)* cansado,-a (7)

title *(n.)* el título

to a (1); hasta; **in order —** para (20)

toast *(n.)* el pan tostado (19)

today hoy (3)

toe el dedo (16)

together juntos,-as (7)

toll road la autopista (25)

tomato el tomate (19)

tomorrow mañana (3)

too también *(also)* (1); demasiado (3); **it's — bad that** es una lástima que (26)

tooth el diente (12); **—brush** el cepillo de dientes

tourist el/la turista (24)

toward para (20); hacia

town el pueblo (25); **home—** el pueblo natal

trade *(n.)* el oficio *(vocation)* (22)

traffic congestion la congestión (aglomeración) de tráfico (29)

traffic jam el atasco (15)

traffic light el semáforo (15)

tragedy la tragedia

train *(n.)* el tren (8)

training el entrenamiento (28)

transform transformar

translate traducir (15); *(imp. of* traducir) traduzca (Ud.)

transportation el transporte (15); **public —** el transporte público (15)

travel *(v.)* viajar (1); **— agent** el/la agente de viajes (22); **— by plane** viajar en avión (8)

traveler el/la viajero/a (26); **—'s check** el cheque de viajero (26)

tree el árbol (25)

trigonometry la trigonometría

trip *(n.)* el viaje (8); **be on a —** estar de viaje; **take a —** hacer un viaje (8)

truck el camión

true la verdad; **it's — that** es verdad que (27); **— (isn't it?)** ¿verdad?; ¿no?

trumpet la trompeta

trust *(n.)* la confianza (30)

truth la verdad (11)

try (to) probar (ue), tratar (de)

T-shirt la camiseta (10)

Tuesday el martes (3)

tuition fee la matrícula (20)

tuna fish el atún (21)

turkey el pavo (19)

turn *(v.)* doblar (25); **— off** apagar (24); **— on** encender (24); **— right/left** doblar a la derecha/izquierda (25); **— . . . years old** cumplir... años

twelve doce (B)

twenty veinte (B)

twice dos veces (18)

two dos (B)

two hundred doscientos,-as (11)

type el tipo *(kind)*

typewriter la máquina de escribir (4)

U

ugly feo,-a (3)

umbrella el paraguas (9)

uncle el tío (6); **—(s) and aunt(s)** los tíos (6)

uncomfortable incómodo,-a (24)

under debajo de

undershirt la camiseta

understand comprender; entender (ie) (4)

unemployment el desempleo (28)

unexpected inesperado,-a
unhappiness la infelicidad (21)
union el sindicato (28)
unique único,-a
united unido,-a; — **States** los Estados Unidos
university la universidad (5)
unknown *(adj.)* desconocido,-a (17)
unless a menos que
unmovable inmóvil
unpleasant desagradable (26)
until hasta; hasta que
upon al (15)
upset *(v.)* agitar
urban urbano,-a (29)
us, to us nos (10)
use *(v.)* usar; *(n.)* el uso
useful útil (1)
useless inútil (2)
usually usualmente; por lo común; de costumbre

vacation *(n.)* las vacaciones (8); **be on** — estar de vacaciones (6)
value *(n.)* el valor (30); — *(v.)* valorar
van la camioneta (24)
variety show las variedades
various varios,-as (12)
vegetables las legumbres, las verduras (4); **vegetable shop** la verdulería (25)
verb el verbo (1)
very muy (3)
veterinarian el/la veterinario/a (22)

victim la víctima (18); la presa
village el pueblo; la aldea
vinegar el vinagre (19)
violation la infracción (15)
violator el infractor
violin el violín
virtue la virtud
visit *(v.)* visitar (1)
visitor el/la visitante
voice *(n.)* la voz *(pl.* las voces) (27); **in a loud** — **(loudly)** en voz alta; **in a soft** — **(softly)** en voz baja
volleyball el vólibol (12)
vote *(v.)* votar (17); *(n.)* el voto (27)

wait *(v.)* esperar (8)
waiter el/la mesero/a
wake up despertarse (ie) (16)
walk *(v.)* andar, caminar (8); **take a** — dar un paseo (11)
wall *(n.)* la pared (24)
wallet la cartera (9)
want (that) querer (ie) (que) (25), desear (que) (2)
war la guerra (18)
warmth el calor
washing machine la lavadora (13)
wash (oneself) lavar(se) (13)
waste *(v.)* perder (ie) 9; — **time** perder el tiempo (9)
watch *(v.)* mirar (1); *(n.)* el reloj (6)

water *(n.)* el agua *(f.)* (4); **mineral** — el agua mineral
watermelon la sandía (19)
way el modo *(manner)* (17); **this** — de esta manera, de esta forma
we nosotros (1)
weak débil (17)
wear *(v.)* llevar, usar (10)
weather el tiempo (8); **How's the** — ? ¿Qué tiempo hace? (8); **it's good (bad)** — hace buen (mal) tiempo
wedding la boda *(celebration)* (21); el casamiento *(ceremony)* (21)
Wednesday el miércoles (3)
week la semana (3); **—end** el fin de semana (3)
weigh pesar (26)
weight el peso
welcome: you're — de nada
welfare la salud (19)
well bien (B); **very** — muy bien (B); pues
what? ¿cómo?, ¿qué? (B); **what a/an . . .** ! ¡qué + *n.!* (18)
wheat el trigo
when cuando; ¿cuándo? (2); al + *inf.* (24); **when?** ¿a qué hora? *(what time)* (6)
where donde (2); ¿dónde? (2); **from** —? ¿de dónde?; **(to)** —? ¿adónde? (5)
which que (7); ¿qué?; ¿cuál? (3)

while mientras (que) (18);
al + *inf.* (24); **a — ago**
hace poco (23)

white blanco,-a (10)

whole todo,-a

whose? ¿de quién es... ?

who, whom que; ¿quién?
(2); ¿quiénes? (2); **Who
is it?, Who's that?**
¿Quién es? (A)

why? ¿por qué? (2)

wide ancho,-a

wife la esposa (6)

win ganar (12)

wind el viento (8); **it's
—y** hace viento (8)

window la ventana (24)

wine el vino (4); **— glass**
la copa (24)

winter el invierno (8)

wish *(v.)* desear (2); **— to**
tener ganas de *(feel like);*
(n.) el deseo

with con (1); **— much
pleasure** con mucho
gusto; **— me** conmigo
(2); **— you** *(fam.)*
contigo (2)

withdraw retirar (23)

without sin (12); sin que;
— . . . -ing sin + *inf.;*
— a doubt sin duda
(17)

witness el/la testigo

woman la mujer (2)

wonder *(n.)* la maravilla

wonderful maravilloso,-a

wood la madera

word la palabra (1)

work *(v.)* trabajar (1); *(n.)*
la tarea, el trabajo (6);
temporary — el trabajo
eventual

worker el/la obrero/a

works las obras

workshop el taller (22)

world el mundo (27)

worried preocupado,-a (7)

worry *(v.)* preocuparse
(16)

worse peor (17)

worth: be — valer

write escribir (4); **—
down** anotar

written *(past part. of*
escribir) escrito,-a (22)

wrong: be — equivocarse;
no tener razón (4);
— number el número
equivocado

Y

year el año (3)

yell *(v.)* gritar (18)

yellow amarillo,-a (10)

yes sí (B)

yesterday ayer (13); **day
before —** anteayer (13)

yet todavía (7); aun, aún

you tú *(subj. pron. fam.)*
(1); vosotros *(subj. pron.
fam. pl.)* (1); Ud. *(subj.
pron. formal)* (1); Uds.
(subj. pron. formal pl.)
(1); ti *(obj. of prep. fam.)*
(2); te *(dir. obj. pron.
fam.)* (10); lo *(dir. obj.
pron. formal, m.)* (10); los
*(dir. obj. pron. formal pl.,
m.)* (10); la *(dir. obj. pron.
formal, f.)* (10); las *(dir.
obj. pron. formal pl., f.)*
(10); le *(indir. obj. pron.
formal)* (11); les *(indir.
obj. pron. formal pl.)* (11);
se *(indir. obj. pron.
formal)* (12)

young joven (3); **—er, —est**
menor (6); **— lady** la
señorita (2); **— person**
el/la joven (2)

your tu, vuestro *(fam. pl.),*
su (6)

you're welcome de nada

yours: of — tuyo, suyo
(24)

youth la juventud; **—
hostel** el albergue
juvenil (26)

Index

Photo Credits

1, Victor Englebert/Photo Researchers Inc. **2,** Stuart Cohen/COMSTOCK. **8,** David Kupferschmid. **9,** Chip and Rosa Maria de la Cueva Peterson. **19,** Michael Dwyer/Stock, Boston. **20,** Jean-Claude LeJeune/Stock, Boston. **32,** Peter Menzel/Stock, Boston. **43,** Owen Franken/Stock, Boston. **48,** Fabian/ SYGMA. **58,** Stuart Cohen/COMSTOCK. **60,** Stuart Cohen. **63,** Mike Mazzaschi/Stock, Boston. **64,** Peter Menzel/Stock, Boston. **65,** Courtesy of Ariola Records. **75,** Owen Franken/Stock, Boston. **86,** Peter Menzel/Stock, Boston. **90,** Beryl Goldberg. **101,** Peter Menzel/Stock, Boston. **103,** Stuart Cohen. **105,** Hugh Rogers/Monkmeyer Press Photo. **106,** Ulrike Welsch. **117,** Stuart Cohen. **130,** Peter Menzel/Stock, Boston. **140,** David Kupferschmid. **145,** Martha Bates/Stock, Boston. **146,** Hazel Hankin/Stock, Boston. **157,** Martha Bates/Stock, Boston. **169,** Alan Carey/The Image Works. **181,** David Kupferschmid. **183,** Ulrike Welsch. **185,** Larry Mangino/The Image Works. **186,** Mike Mazzaschi/Stock, Boston. **195,** Mark Antman/The Image Works. **205,** Ulrike Welsch. **216** (both), AP/Wide World Photos. **218,** David Kupferschmid. **220,** Owen Franken/Stock, Boston. **223,** Spencer Grant/Photo Researchers Inc. **224,** Macduff Everton/The Image Works. **232, 234,** David Kupferschmid. **248,** Ulrike Welsch. **258,** Beryl Goldberg. **263,** David Kupferschmid. **266,** Beryl Goldberg. **269,** Martha Bates/Stock, Boston. **270,** Mike Mazzaschi/Stock, Boston. **282,** Michael Dwyer/Stock, Boston. **292,** Ulrike Welsch. **303,** Chip and Rosa Maria de la Cueva Peterson. **309,** Stuart Cohen/ COMSTOCK. **310,** Grant LeDuc/Monkmeyer Press Photo. **316,** David Kupferschmid. **321,** Michael Dwyer/Stock, Boston. **334, 345, 347,** David Kupferschmid. **351,** Ulrike Welsch. **352,** Stuart Cohen/COMSTOCK. **364,** Beryl Goldberg. **372,** Michael Dwyer/Stock, Boston. **376, 389,** David Kupferschmid. **390,** Tom Hollyman/Photo Researchers Inc. **391,** David Kupferschmid. **394,** Beryl Goldberg. **395, 396,** Larry Mangino/The Image Works. **406,** Hugh Rogers/Monkmeyer Press Phto **416,** Francene Keery/Stock, Boston. **421,** Mark Antman/The Image Works.

Cartoon Credit

180, Quino, from *La buena mesa,* Editorial Lumen. Permission authorized by Quipos, srl.